דרך הספירלה

מרים קסמן

דרך הספירלה

נשיות, גבריות ושוויון ביהדות

מגיד

Miriam Kosman

Circle, Arrow, Spiral: Exploring Gender in Judaism

מרים קסמן

דרך הספירלה: נשיות, גבריות ושוויון ביהדות

עורך אחראי: ראובן ציגלר
עורכת ראשית: אוריה מבורך
עורכת משנה: אפרת גרוס
תרגום: טובה מש
עריכת תרגום: יוחנן סלייטר
עריכה לשונית: אריאל הורוביץ
הגהה: שרה המר
עימוד: רינה בן גל
עיצוב עטיפה: שמואל לעסרי

הסכמות לספר אפשר לראות ב־miriamkosman.com

הערות ושאלות יתקבלו בברכה ב־miriamkosman1@gmail.com

ספרי מגיד, הוצאת קורן
ת״ד 4044 ירושלים 9104001
טל׳: 02-6330530 פקס: 02-6330534

office@korenpub.com
www.korenpub.co.il

מסת״ב ISBN 978-965-526-327-5

Printed in Israel 2025 נדפס בישראל

העם ההלכים בחשך ראו אור גדול (ישעיהו ט, א)
אור גדול הוא חכמה (הגר"א שם)

מוקדש לכל ההולכים בחושך ומחפשים את האור

אסטל כהן, מפיקה
www.SetMeFreeMovie.com

תוכן העניינים

חלק 2: משפיע ומקבל

חלק 3: זכר ונקבה בברכות השחר

חלק 4: לאור הלבנה

חלק 5: זה עולם של גברים (אבל הוא אמור להיות של נשים)

ספר שני

חלק 6: נשים בהלכה

חלק 7: עולם פנימי

חלק 8: היהודי כאב־טיפוס של האישה

פתח דבר

באחת השבתות שאל בעלי את הילדים בשולחן השבת, אילו מתנות בחייהם גורמות להם להרגיש שהקב"ה אוהב אותם. זו הייתה שאלה מעניינת והתשובות עליה היו מאירות עיניים עבורנו, ההורים. אבל השאלה גם עזרה לי לנסח את אחת מן המתנות הגדולות ביותר של חיי: מתנת התובנה וההבנה ההולכת וגוברת.

במהלך כתיבת הספר הזה הרגשתי לעיתים קרובות כאילו אני מרכיבה פאזל ענק עם חלקים חסרים. היו מקרים שהגעתי למבוי סתום, או שמשהו נראה כסותר את הרעיון הכללי שאליו חתרתי. ואז באופן מפתיע הייתי נתקלת – בלימוד או בשיחה – ברעיון חדש, ומרגישה את הרטט הזה האומר שחלק נוסף של הפאזל מצא את מקומו; מין תחושה של תנועה לעבר המטרה, של התקדמות. כאילו מצטיירת אל מול עיניי תמונה מדהימה ביופייה בעלת השלכות עמוקות בהרבה מהסוגיה החברתית שאיתה יצאתי לדרכי.

כמובן, הפאזל אינו שלם – וכנראה גם לא יכול לבוא לידי שלמות – בעולם הזה בעל הראות המוגבלת. זאת הייתה החלטה מודעת לקבל את העובדה הזו, ולבחור להציג את השברים האלו שרק רומזים להנאה העילאית שבשלמות שאנו מייחלים לה. היו רגעים שבהם הרגשתי שאם אין תמונה שלמה – מה ערך יש לחלקים שכן השגתי? מה שהכריע את הכף בסופו של דבר היה העונג שחוויתי בַּגילוי. השפע תמיד מבקש לנבוע החוצה, ובמקרה הזה, הספר הזה פשוט התחנן להיכתב.

במובן מסוים, ה'גילוי' שלי של החומר הזה הוא מטאפורה הולמת לנושא הספר הזה. ככל שבעיה הפריעה לי יותר, ככל שרבו תשוקתי ומאמציי למצוא לה פתרון, ככל שנתרוקנתי יותר מרעיונות קדומים ונפתחתי

לחדשים – כמו האישה השונמית במלכים ב, שהיה עליה להרבות בכלים ריקים כדי להכיל את השמן – כך מפעימים ועמוקים יותר היו הרעיונות שהתגלו.

* * *

"כל האומר דבר בשם אומרו מביא גאולה לעולם"[1] – זאת אמירה תמוהה, כי אף שאין ספק שראוי לתת קרדיט למי שזכאי לו, מה הופך את אמירת הדבר בשם אומרו למשמעותית כל כך, עד שהיא מביאה גאולה לעולם? אולי העומק פה הוא העובדה שכשאנו נזכרים במקור של מה שלמדנו, אנו נזכרים גם במקור כל הדברים כולם.

כמה קל לשקוע בחול הטובעני של האגו שלנו. התשוקה הקיומית שלנו להרגיש בלתי תלויים – אותה תשוקה שהנחש עט להיתפס עליה, אז, בגן עדן – רוצה שנשמר את עצמאותנו ונשכח את מערכות הקשרים שלנו. וכשמישהו מעלה רעיון שמהדהד עמוק בתוכנו, קשה לנו כל כך לייחס אותו לנותן. ההרגשה היא כאילו הוא שלנו! ההזדהות העמוקה הזאת, המוחשית כמעט, עם הרעיון, אפשר ששורשיה במפגש התוך־רחמי שלנו עם המלאך שלימדָנו אמת, כשהרעיון הזה הטביע את חותמו הראשון בנשמה שלנו.[2] כשאנו שומעים אותו שוב, הרגשת ההזדהות כה חזקה שהתחושה המיידית היא שהוא שלנו.

ההכרה בכך שיש מקור חיצוני לרעיון, היא גם מטאפורה וגם תרגיל חיוני שעלינו לעבור כדי שנצליח לזהות את **המקור** שלנו, מקור כל הצלחותינו וכל "יצירותינו".[3]

---

1. מגילה טו, א.
2. נידה ל, ב.
3. וז"ל המהר"ל: "כל האומר דבר בשם אמרו מביא גאולה לעולם, כלומר האומר דבר בשם אמרו ראוי שתבא על ידו הגאולה. כי אם אומר דבר בשם אומרו לתלות הדבר במי שבא ממנו, כ"ש שיתלה הגאולה במי שבא ממנו, ולא יתלה לומר כי עשיתי זאת, וכחי ועוצם ידי עשה. ועוד פרשנו במקום אחר והוא עיקר, וזה כאשר יש דבר אחד שהוא אל ראובן והוא ביד שמעון, הרי הדבר הזה הוא דומה אל מי שהוא תחת יד אחר. וכאשר אמר דבר בשם אומרו, הרי אדם זה מוציא הדבר שהוא תחת ידו ומחזירו אל אשר ראוי לו ובא ממנו, וזה נחשב כמו גאולה לדבר כאשר מוציא הענין שהוא בידו ומחזיר אותו אל מי שבא ממנו. לכך מביא גם כן גאולה לעולם להוציא את אחד מתחת יד אחר, **ויהיה תחת הש"י אשר ממנו הכל**" (אור חדש ב, כב).

בגרעין הספר הזה שוכנת התפיסה שההכרה בתלות הזאת אינה מגבילה או מקטינה אותנו, היא מרחיבה אותנו.

הרשימה הזאת תהיה אפוא רשימה ארוכה מאוד של תודות. מעט מאוד מהספר הזה מקורי. אם יש בו מקוריות, הרי שהיא הסידור מחדש של רעיונות ידועים לכדי שלם מגובש ביחס לנושא מסוים – מגדר, נשים ושוויון. אין ערוך לתודתי לריבונו של עולם על ששלח לי מורי דרך כה משמעותיים לאורך השנים. בחתירתי לגלות את הפתח לאחד מן המסתורין הגדולים של החיים, בנסותי למצוא את הא־ל הצדיק והישר במערכת שיש בה רעיונות שנראים סותרים לא פעם, במאמציי להגדיר את המקום של גברים ונשים בפרספקטיבה רחבה יותר – כל אחד מן התמרורים והמורים שנקרו לפניי – הרה״ג ר׳ משה שפירא זצ״ל, הרב ד״ר שלום סרברניק, הרב אמתי פויכטונגר, הרב דב רוזנבלום, גברת דבורה פסטג ועוד – היה לי כמתנה משמיים. ראו הרחבה בפרק התודות בסוף הספר (עמ׳ 335).

הקדמה

היקום כולו מתרחב והולך. כוכבים מתנגשים ומתפוצצים, חלקיקי תאים מתעופפים ונעים בכיוונים שונים אלו מאלו. תינוקות נפרדים מרחם אימם, ילדים עוזבים את חיק הוריהם. חברים מתאמצים להבין זה את זה. אנשים רבים זה עם זה, מתפייסים ואז רבים שוב, או שמעולם לא דיברו זה עם זה מעומק התהומות הפעורים ביניהם. היקום הפיזי שלנו הוא מקום של נִפְרָדוּת ובדידות, שבו כולנו שועטים אל עבר המוות הבודד שלנו, בלי איש לצידנו.[א]

אלא שהנפש כמהה לקשר. במלכות שמיים יש אחדות ושלמות[ב] – ליכוד של חלקים שונים ליחידה הרמונית אחת. כמו דבורים לדבש, נפשנו עורגת אל אותו קשר מסתורי וייחודי, הקשר המרמז על התאחדות העולמות העליונים. שני אנשים, שונים ונפרדים לגמרי, מתאחדים "והיו לבשר אחד" (בראשית ב, כד). שונים ונפרדים, לא רק משום שיש להם, כמו לכל בני האדם, גוף, רגש ומחשבות משלהם, אלא שונים ונפרדים משום שהאחד איש והאחר אישה. עצם המהות הביולוגית שלהם מבטאת את שונותם. ובכל זאת הם משיגים אחדות. לא רק ברמה פיזית, גם ברמה אנושית; לא רק ברמה אנושית,[ג] גם ברמה הלכתית.[ד] האחדות הזאת מהדהדת עולם אחר, משהו שהוא מעבר לכאן ולעכשיו.[ה]

אכן, בפרשת בראשית מספרת התורה שאדם הראשון, שנברא בצלם אלוקים, היה אנדרוגיני: "זכר ונקבה ברא אותם" (בראשית א, כז). המדרש מספר[ו] שאלוקים ברא את האדם תחילה כאיש ואישה מחוברים, ולאחר מכן הפריד אותו לשתי ישויות. לאיש קרא "אדם" ולאישה – "חוה".[1]

1. לפי המדרש, היו אדם וחוה מחוברים גב אל גב. ואם כן, הצלע שממנה ברא אלוקים את האישה (בראשית ב, כב) אינה אלא צד (כמו "צלע המשכן" [שמות כו, כא], שפירושו

מדוע ברא האלוקים את האדם ואת אשתו מחוברים, אם עתידים היו להיפרד? אולי כדי שאותו חיבור ראשוני ימשיך לבעבע מתחת לפני השטח, גם לאחר ההיפרדות, ויחדיר להוויות הנפרדות שלהם כאיש ואישה כמיהה קמאית לשוב לאותה אחדות.[ז]

אולי הגעגועים התוססים הללו, המושכים לאיחוד בין שתי ישויות נפרדות שחיות את חייהן בנפרד זו מזו, הם הם שורש הכאב והתסכול המלווים לעיתים קרובות את המערכת הזוגית. בנקודה עמוקה בנשמה, אנחנו מצפים ומתגעגעים לקרבה החקוקה בזיכרון הרוחני הבראשיתי. גם כאשר החיים מתנהלים למישרין ואנחנו חברים טובים או שותפים נאמנים, תמיד רוחשת הערגה להבנה עמוקה יותר, לקרבה גדולה יותר; אנחנו כמהים להגשמה של אותה אחדות במציאות החיים הנוכחית.

אבל לעיתים קרובות, גם כשהתחושה שהדבש שם, הקשרים האינטימיים שלנו לא מובילים לאותה מתיקות ולהתרגשות שבאחדות. לעיתים הם אף מובילים להתרסקות של החלומות והמאוויים הכמוסים ביותר שלנו. השאיפה להתאחדות נמצאת גם נמצאת, אבל המרחק בין הרעיון לבין המציאות הוא לפעמים כה תהומי, עד שאי אפשר לגשר עליו.

זכר ונקבה ברא אותם

היצור הבראשיתי שנברא בצלם אלוקים היה יצור אנדרוגיני – גם זכר וגם נקבה. כאשר הבורא חילק אותו לשניים, האיש לקח חלק והאישה לקחה חלק. המעניין הוא שהמושגים "זכר" ו"נקבה" רחבים בהרבה מהקשר שבין איש ואישה. הגמרא (בבא בתרא עד, ב) אומרת:

> אמר רב יהודה, אמר רב: כל מה שברא הקב"ה בעולמו זכר ונקבה בראם.

צד המשכן). היצור המקורי האנדרוגיני נקרא "האדם" (בהשוואה ל"אדם" המופיע במקומות אחרים בספר בראשית ומתייחס לאיש ששמו "אדם"). רמז לכך נמצא באחת משבע הברכות הנאמרות מתחת לחופה: "ברוך אתה ה' אלוקינו מלך העולם יוצר האדם". המעניין הוא שברכה זו נאמרת בלשון הווה, "יוצר האדם", ולא "יצר האדם" בעבר, משום שהחתונה היא תחילתו של איחוד מחודש של האיש והאישה – "האדם" הראשוני. למה הופרדה האישה מהאיש ולא להיפך, ומדוע שמר הוא על שם הישות האנדרוגינית המקורית והיא הפכה ל"אחרת" בסיפור – זאת יוסבר להלן באריכות.

הרעיון הזה בא לידי ביטוי בעברית – אין בה ולו מילה אחת שאינה זכר או נקבה. אכן, למושגים זכר ונקבה רבדים רבים במחשבת ישראל, המשמעותי בהם הוא ההקבלה בין הבורא לבין ישראל עמו.[2] ברור אם כן כי מנקודת מבט יהודית, המושגים זכר ונקבה גדולים בהרבה מן השאלה איך מתנהל זוג מסוים בחיי היום־יום.

ספר זה עוסק בניסיון להבין את הכוחות הללו. מהי המשמעות של היות נקבה? מה המשמעות של היות זכר? במה הם שונים זה מזו? כולנו תוצרים של שני הכוחות הללו, ומוסיפים לשחזר אותם במהלך חיינו. איך שני הכוחות האלה משפיעים על חיינו, על הנישואין שלנו, ויותר מכך – על היחס שלנו עם בורא העולם ועם היקום כולו? עד כמה אמורים שני הכוחות הללו להשפיע על חיינו? מה מניע כל אחד מהם, ומה הם צריכים לקבל האחד מזולתו? עד כמה העובדה שנולדתי אישה או איש אמורה להכתיב את מהלך חיי?

מאבק על זהות

מאה השנים האחרונות הביאו בכנפיהן שינויים חברתיים מפליגים בתפקידה ובמעמדה של האישה בעולם. ועם זאת, למרות הקדמה, מתחת לשינויים עובר חוט של כאב. לעיתים הוא מתבטא בכעס, לעיתים בעצב; יש שהוא מטואטא מתחת לשטיח (בפרט כאשר החיים טובים בסך הכול) ויש שקשה להתעלם ממנו. נשים וגברים רבים מתמודדים עם שאלות של זהות, תפקיד ומעמד, ושואלים כיצד כל אלו משתלבים עם הערכים שלהם, ובעיקר – עם מציאות החיים הנוכחית.

האם שוויון הוא ערך יהודי? לעיתים קרובות מוצאת היהדות את עצמה עם הגב לקיר ואקדח לרקה בסוגיית מעמד האישה. דווקא הדת שהריעה לחלש במשך אלפי שנים, שתמיד עמדה לצידו של המקופח, נתפסת כשוביניסטית ופטריארכלית חסרת תקנה – עד שיש הסבורים שאי אפשר לגשר על התהום שבין גישתה לנשים ובין תפיסת העולם המודרנית.

---

2. הדוגמה הקלאסית לזה במקרא היא מגילת שיר השירים.
אבל דינמיקת הזכר והנקבה משמשת במקורותינו מטאפורה למנעד רחב של אינטראקציות: מערכת היחסים בין שמיים וארץ, בין השמש והירח, בין תורה שבכתב ותורה שבעל פה, בין הלכה ואגדה ועוד.

אכן, ערך השוויון מושרש עמוק בנפש האדם, אבל האם התורה מכירה בתסכול הקיומי של האישה המבקשת שוויון? האם נכון הוא שמבנה ההלכה שולל את עקרון השוויון בין גברים לנשים? והאם שוויון בכלל בר השגה בעולמנו? עם כל הדרכים שהפמיניזם סלל, עדיין חיים אנחנו בעולם שמצוקתו מגדירה אותו טוב יותר מהגשמתו.

החוויה האנושית שלנו היא תמיד שיקוף של המתרחש ברמה הקוסמית. מרכזיותם של יחסי הזכר והנקבה בחיינו, כמו גם הקשר המסוכסך של נשים עם שוויון, שורשיהם טמונים עמוק בסיפור בריאת העולם, והם למעשה משל בתוך משל. החוויה האנושית שלנו משתקפת במציאות הפיזית, וזו משקפת בעצמה את מורכבות הריקוד הנצחי בין האדם לבין אלוקיו, הטמון בשורש הבריאה.

אפשר שהאובססיה של החברה ליחסי זכר ונקבה היא ביטוי למודעות האינטואיטיבית הזו; יש כאן משהו עמוק הרבה יותר מאשר ייעול התקשורת של בני זוג, לצורך תפקוד טוב יותר. אין ספק שהמאבקים החברתיים והפוליטיים סביב נושא מעמד האישה, שאובים מחוש צדק שמוצא את בסיסו באמונה בא־ל צדק.[ח] אם, אכן, מערכות היחסים הקטנות, השגרתיות, שלנו הן מיקרוקוסמוס של מאקרו־מציאות – אם המשיכה בין זכר לנקבה והמאבק ביניהם הם המבנה שעליו מושתת עולמנו – כי אז אם נשכיל לנהל נכונה את הדינמיקה הזו בחיים הפרטיים שלנו, נוכל להשפיע על המציאות הקוסמית הגדולה על כל המקבילות הרבות שלה.

* * *

הספר הזה מבקש לחקור שלוש רמות. ראשית, המציאות במובן האידיאלי שלה – איך הדברים אמורים היו להיות; שנית, המציאות במובן הפגום, החברתי, שלה – איך הדברים הינם בפועל; ושלישית, וחשובה מכול, הדרך לשלמות בעתיד המיוחל. הוא מעשי וגם אזוטרי, מתבוסס בחומרי מערכות היחסים שלנו וגם עוסק בחזון אחרית הימים. זהו ספר שלא מעמעם את ייסורי המאבק על שוויון ואחדות, אבל מראה איך המאבקים האלה, אם ניגשים אליהם עם מודעות עמוקה יותר, מכוונים אותנו להגשמת מטרותינו.

זהו ספר עלינו – מי אנו כבני אדם, כגברים וכנשים, כיהודים.

ספר ראשון

חלק 1

שני הכוחות

כשאלוקים חילק את האדם אשר ברא בצלמו לשתי ישויות נפרדות – איש ואישה – נטלה עימה כל אחת מהן היבט אחר של האלוקות. הפרק הזה יתחיל בתהליך הבנת שני הכוחות השונים הללו שהואנשו בזכר ובנקבה המקוריים, ואשר מניעים את כל הבריאה כולה.

פרק א

העיגול, החץ והספירלה

יש שני סגנונות תפקוד בסיסיים בעולמנו. האחד הוא הדחף להתקדם, להשיג, להצליח, לכבוש פסגות, להתגבר על מכשולים; התשוקה לקחת את המצב הנתון, לשנות אותו, לשפר אותו. והאחר הוא השאיפה להרמוניה, לאיחוד, לשלמות; החשק להתענג על המציאות כפי שהיא, בלי כל יומרה לשנותה. במקרים רבים סותרים שני אלו זה את זה, ובגרסתם הקיצונית, עלול כל אחד מהם להוביל לסילופים נוראיים ולחיים לא מאוזנים.

אנחנו יכולים להתרוצץ בקדחתנות יצרנית, כמו אוגר על גלגל ריצה, או לשבת ולהתענג על הרגע ולהפוך לגלמים חסרי מעש. שני הקצוות מובילים לחוסר איזון, ובכל זאת כל אחד מהם – השאיפה למצוינות והתשוקה לשלמות – הוא ביטוי של צלם האלוקים שבנו.

אצל אלוקים מתקיימים שני הכוחות הללו במידה המדויקת: הוא מצוין בשלמותו ושלם במצוינותו. אבל אנחנו, בני האדם, נדרשים לחתור בכל כוחנו למצוא את האיזון בין שניהם, כך שאחד מהם לא יבוא על חשבון האחר.

המערב: קדימה, במלוא הקיטור

העולם המערבי הוא דוגמה טובה לכוח ההתקדמות וההצטיינות. במערב אנחנו שומרים את כל הביצים בסל אחד – סל המצליחנות. אנחנו מתקדמים, משתנים, עושים, משיגים, משכנעים, משפיעים, כובשים יעדים חדשים, ואז – אנחנו יוצאים לחפש את האתגר הבא שלנו. ״היי הטובה ביותר!״,

"חתור קדימה!", "היי אסרטיבית!", "נצל את יכולותיך!", "המציאי משהו חדש!", "שנה את הסטטוס־קוו!", "היי הגרסה הטובה ביותר של עצמך!" – אנחנו אוהבים את הראשון, את הטוב ביותר, את המהיר ביותר.

עורך דין? פסיכומטרי של 750, תואר ראשון בהצטיינות יתרה, התמחות בעליון, שותפות במשרד תל אביבי ענק, המקרים הכי קשים, היאכטה הארוכה ביותר, במרחק דקה מדירת הנופש הגדולה ביותר, במרינה־הרצליה.

אלא שבדרך לדולר המיליון אנו עלולים לפספס את שאלת מיליון הדולר: כמה זה עולה לנו? כמה שלמות, הרמוניה ובריאות נפש עולה לנו החתירה הזו למצוינות? אם אהפוך לעורך הדין הטוב ביותר, האם יהיה לי אי־פעם זמן לשמוע מוזיקה? לדבר עם חברים? לקרוא ספר טוב? האם יישאר לי פנאי לבקר את הוריי או סתם לשבת בנעימים עם בת או בן הזוג שלי ועם ילדיי? השאלות האלה נזנחות במרוץ התזזיתי אל פסגת ההר.

אנחנו נוהגים למדר: אם אנחנו מצליחים בתחום מסוים, אנחנו מרגישים מוצלחים, גם אם כבני אדם אנחנו עדיין רחוקים מכך. אם מישהו מצטיין בתחום מסוים, נסגוד לו, גם אם בכל תחום אחר הוא בינוני ומטה. הוא סוֹפֵר מוכשר, שחקן מדהים, מוזיקאי מחונן, ספורטאי מצטיין – אבל שיכור, בעל ואב נוראי, ובלתי נסבל באופן כללי? עדיין נעמוד ונריע לו.

אנחנו כה שקועים בהתקדמות, במרוץ כה מטורף אל עבר ההצלחה שלנו, שהעיניים שלנו מתרגלות להיות נישאות אל העתיד בלבד, מדלגות מעל ההווה שנמוג לו כהרף עין.

והמזרח: שלם אבל סטטי

הכוח השני מיוצג על ידי תרבות המזרח הרחוק. בעוד העולם המערבי מרוכז בקדמה ובעתיד, העולם המזרחי חי את ההווה. התכונה והמיקוד של דתות המזרח הם לא לשאוף, לא לרצות ולא לתפוס.[1] אם האדם המערבי חי בעימות מתמיד בין רצונותיו ובין אי יכולתו להשיג את מבוקשו, האדם

1. "'המחפש', אמר סידהארתא, 'פעמים עיניו עשויות לראות רק את מבוקשו, ואין הוא מסוגל למצוא דבר ולפתוח ליבו לשום דבר, כיוון שאינו מהרהר אלא במבוקשו, כיוון שהוא חותר למטרה, כיוון שהוא כפוי למטרה. לחפש, משמע היות לך מטרה. למצוא, משמע היותך בן חורין, היות ליבך פתוח ונטול מטרה. אתה, מכובדי, אפשר באמת

המזרחי פותר את הבעיה בכך שהוא אינו מתאווה כלל. התפיסה המזרחית רואה את שורש הסבל בתכונתו של האדם לתפוס, להשתוקק, לרצות.

> זו התשוקה... אשר כובלת אנשים. הבודהה השתוקק להארה והוא ביקש אותה דרך סגפנות וידע, אך היא חמקה ממנו. כאשר חדל מלהשתוקק [וישב תחת עץ הבודהי] מצא הארה.[2]

הבעיה שעומדת במוקד רבות מדתות המזרח היא איך יכול אדם להיחלץ מגלגל החיים ולשים קץ לסבל שנלווה אל החיים. היכולת לקבל את אשר ישנו, לחיות בהווה, להשלים עם הטוב שהוא הרגע הנוכחי – היא הדרך אל השלמות. אם הגדרת האדם המערבי היא שהוא **רוצה**, הגדרת האדם המזרחי היא שהוא **רוצה שלא לרצות**. הפירוש המילולי של "נירוונה" – אותה משאת נפש של המזרח – הוא "כיבוי שלהבת הנר" או "דעיכה". המטרה כאן אינה איזה עתיד־לבוא מלא באושר והתעלות, אלא כיבוי התשוקות – "ויתור על כל ההתקשרויות".[3] גם גיבורי התרבות מייצגים הבדל זה. אם גיבורי המערב הם לוחמים בשדה הקרב ופורצי דרך בשדות המדע, החדשנות וההנהגה, הרי שבמזרח – הסגפנים ולא הלוחמים הם גדולי האומה.

> האגדה מספרת על פגישה בין אלכסנדר הגדול וקבוצת פילוסופים ג'ייניים עירומים בהודו. אלכסנדר התפעל מהם מאוד, אבל הם רק רקעו ברגליהם כמענה לשאלותיו. כשביקש להבין את התנהגותם התמוהה, נאמר לו: "המלך אלכסנדר, אדם יכול להיות בעלים רק על שטח אדמה בגודל זו שהוא עומד עליה. אתה אינך אלא

מן המחפשים אתה, שכן בנהייתך אחר מטרתך יש שנעלם ממך הקרוב לעיניך", הרמן הסה, **סידהארתא: סיפור נוסח הודו**, מגרמנית: אברהם כרמל, ירושלים: שוקן, 2006. (**סידהארתא** הוא רומן העוסק במסע הרוחני של אדם בשם זה בחייו של גאוטמה הבודהה. המילה "סידהארתא" מורכבת משתי מילים בסנסקריט: סידה – להשיג, ארתא – המבוקש, שביחד משמעותן: "הוא אשר השיג את מטרותיו". פסקה זו היא תובנה שסידהארתא מגיע אליה לקראת סוף מסעו).

2. Lewis M. Hopfe, Mark R. Woodward, *Religions of the World* (New Jersey: Prentice Hall, 2007), 126.

3. שם, עמ' 128. "אל ירצה לחיות, אל ירצה למות... בהרס האהבה והשנאה... הוא נעשה כשיר לאלמוות" (*Laws of the Manu: The Sacred Books of the East*, vol. 25, trans. G. Buhler [New York: Charles Scribner's Sons, 1882–1902], 204–10).

> בשר ודם כמו כולנו, אלא שאתה עסוק כל העת ועושה צרות, נודד מרחקים גדולים מביתך ומהווה מטרד לעצמך ולאחרים. אהה! בקרוב תהיה מת, ואז תהיה בעליו של שטח האדמה שדי בו לקבורתך".[4]

אפילו מערכת הקאסטות – המערכת החברתית בהודו שאינה מאפשרת מעבר בין מעמדות החברה השונים – עניינה בהתבטלות מוחלטת למציאות, בנכונות לקבל את הנסיבות כמות שהן. השוו את ההתקדמות המטאורית של השחורים בארצות הברית – מֵעבדות לנשיאות ארה"ב תוך מאתיים שנה – עם ההשלמה הכנועה של בני "מעמד המנודים" ההודים.[5]

לא הולך לשום מקום

היכולת הזו – להפסיק לחתור פשוט כדי להיות – יש לה השלכות עוצמתיות, ולא רק במזרח. בספרה **חוכמה משולחן המטבח** מספרת רחל נעמי רמן איך לפני שנים רבות, כשלימדה בסטנפורד, הוזמנה ליום עיון מקצועי לצידם של פסיכולוגים ורופאים קונבנציונאליים, בהם הפסיכולוג קארל רוג'רס, אחד מאבותיה של הפסיכולוגיה ההומניסטית.

רוג'רס טבע את המונח "הערכה חיובית בלתי מותנית" המשקף את גישתו הטיפולית של קבלת המטופל ללא שיפוטיות. המטרה בגישה זו אינה לתקן את המטופל, לשנות אותו או לשפר אותו, אלא פשוט להימצא שם בשבילו ו"לקבל" אותו לגמרי.

רמן מתארת איך רוג'רס התחיל להסביר את גישתו ואיך התקבלו דבריו בהתנגדות מצד הקהל, בהם רמן עצמה. "הייתי צעירה וגאה על מומחיותי",

---

4. Hopfe, *Religions of the World*, 116.

5. "מערכת הקאסטות חולשת על כל תחומי החיים בחברה ההינדית המסורתית. אדם נהיה חבר בקאסטה מסוימת בהיוולדו להורים בני הקאסטה. הקאסטה מכתיבה לאדם מה לאכול, במה לעבוד, איפה לגור ועם מי להתחתן... היררכיית הקאסטות נשענת על עקרונות של טהרה וטומאה... בְּרַהמִינִים – בני הקאסטה הגבוהה ביותר – נמנעים מכל קירבה אל טומאה. לבני הקאסטה הנמוכה ביותר, המכונים "המוקצים" או "המנודים", השכר הנמוך ביותר, תנאֵי החיים הגרועים ביותר, ותקווה מעטה מאוד לשיפור החיים..." Adrian C. Mayer, *Caste and Kinship in Central India* [Berkeley: University of California Press, 1960], 24–52).

היא מתארת, "ועל שביקשו את דעתי ואת עצתי... ממה שהצלחתי להבין, 'התייחסות חיובית ללא תנאי' התבטאה בישיבה שקטה ובקבלת כל דבר שהמטופל אומר ללא שיפוט או הפרעה. לא יכולתי להעלות בדעתי איך דבר כזה עשוי להועיל". בסופו של דבר הציע ד"ר רוג'רס הדגמה של גישתו. אחד הרופאים בכיתה התנדב למלא את תפקיד המטופל, והם הציבו את כיסאותיהם זה מול זה.

> המפגש שנערך אחר כך היה עמוק. רוג'רס ניהל אותו בלי לומר מילה אחת, והעביר למטופל שלו, באמצעות איכות תשומת הלב שלו, קבלה מוחלטת שלו, בדיוק כפי שהוא... באווירה הבטוחה ובקבלה המוחלטת של רוג'רס, החל הרופא להסיר את המסכות שלו, תחילה בהיסוס, ואחר כך בקלות גדלה והולכת. עם כל מסכה שנפלה, קיבל רוג'רס בברכה את המסכה שמתחתיה ללא תנאי, עד שלבסוף נחשפו לפנינו פניו העירומים של הרופא במלוא יופיים. אני בספק אם אפילו הוא עצמו ראה אותם לפני כן. באותה שעה רבים מן הפנים שלנו היו גם הם עירומים ובעיני אחדים מאיתנו נקוו דמעות. אני זוכרת ש... קינאתי בהזדמנות שנפלה לידי אותו רופא להתקבל על ידי מישהו בצורה מוחלטת כל כך.[6]

אני אוהב/ת אותך כי אני אוהב/ת אותך

הכוח השני – זה שאינו מנסה להשיג, להתקדם, להצטיין – קשור מאוד לחוויית האהבה. ההתמקדות בהווה, בעוצמה ששוכנת ברגע הזה עצמו, פירושה "אני כאן איתך עכשיו, אני אוהב/ת **אותך**, לא איזו דמות דמיונית שהיית לו יכולתי לשנותך". כמו הכוח השני, אהבה היא מלוא החוויה של ההווה – אין לה מטרה מעֵבר לה עצמה – והיא לא חייבת לחתור לשום מקום כדי להצדיק את עצמה.

אולי לכן אי אפשר להסביר במילים למה אנחנו אוהבים מישהו. אכן, נראה לנו שאנחנו אוהבים אותה כי היא מבינה אותנו כל כך טוב, כי יש לה חוש הומור מדהים, בגלל כל מה שעשתה עבורנו, אבל אנחנו הרי יודעים

6. רחל נעמי רמן, **חוכמה משולחן המטבח**, עברית: נורית לוינסון, מושב בן שמן: מודן, 1996, עמוד 217.

שיכול להיות שיש מישהי שאובייקטיבית מבינה אותנו טוב יותר, שיש לה חוש הומור מדהים יותר וכדומה. אלו הן אולי סיבות לכך **שבחרנו** באדם המסוים הזה או נמשכנו אליו, אבל אין הן הסיבות לאהבתנו אותו.

התשובה המדויקת ביותר לשאלה "למה אנחנו אוהבים" מורכבת ממילה אחת: ככה. אני אוהב כי אני אוהב. הניסיון להסביר אהבה צורם כי מניע מעיד על רצון להשיג משהו, ואילו האהבה אינה חותרת לשום מקום, היא פשוט ישנה.

גברים ממערב, נשים ממזרח

התכונה הראשונה – הדחף להצליח, החשק לצאת אל העולם ולהשפיע עליו, לכבוש פסגות חדשות, להצטיין, להתקדם ולשנות את העולם – מקושרת מבחינה חברתית והיסטורית, וגם מנקודת מבט יהודית, עם הזכר. התכונה השנייה – המשיכה להרמוניה ושלמות, הפתיחות למתנות של הרגע, העדפת ההֱיות על העֲשות – היא כוח הנקבה. רבים מאיתנו מאוד לא אוהבים להיות מקוטלגים, בפרט כשהרושם האישי שלנו הוא שגברים ונשים דומים זה לזה ברוב ההיבטים, אם לא בכולם. האמת היא שיש נשים הדומות בתכונותיהן לגברים יותר מאשר לנשים, ולהפך. יש כל כך הרבה צירים להשוואה בין בני אדם – רמה אינטלקטואלית, סגנון אינטליגנציה, תחומי עניין, מעמד חברתי, מוצא, רקע משפחתי – שיש מקום לתהות על המשקל הרב שתופס המגדר במשוואה זו. מסיבה זו, הבסיס לזיהוי תכונה מסוימת כ'גברית' או כ'נשית' ביהדות, הוא התבנית הפיזית – הבחינה היחידה שבה אדם הוא או זכר או נקבה.[א] על פי הקבלה, העולם הגשמי והעולם הרוחני מקבילים זה לזה בכל פרטיהם.[7] מנקודת המבט העמוקה של התורה, בכל היבט של העולם הגשמי מסתתרת האמת על המקבילה שלו – העולם הרוחני. הרעיון הזה מופיע בדברי הזוהר הידועים (שמות קסא, א): "כַּד בָּרָא קוּדְשָׁא בְּרִיךְ הוּא עָלְמָא – אִסְתָּכֵּל בָּהּ בְּאוֹרַיְיתָא וּבָרָא עָלְמָא" (כשברא הקדוש ברוך הוא

7. "קבלה" נקראת כך על שם שקיבלנוה מלמעלה; אבל השם הזה רומז גם על עיסוקה של החוכמה הזו בהקבלות שבין העולם הגשמי והעולם הרוחני (השורש קב"ל מופיע בתורה פעמיים בלבד: "מַקְבִּילֹת הַלֻּלָאֹת אִשָּׁה אֶל אֲחֹתָהּ" ו"מַקְבִּילֹת הַלֻּלָאֹת אַחַת אֶל אֶחָת", שמות כו, ה; לו, יב, ובשתיהן העניין הוא הקְבלה. קב"ל במובן הבסיסי שלו היום מופיע לראשונה רק בספרי הנביאים). ראו הערת סיום יח על פרק כג.

את העולם, (הוא) התבונן בתורה וברא את העולם), ופירושו שכל היבט של העולם הגשמי אינו אלא גילום של העולם הרוחני.

אמת שבכל רובד אחר – הנפשי, החברתי, השכלי – הקווים בין זכר לנקבה נחצים שוב ושוב ומוּעדים לטשטוש, עד שקשה לתייג תכונה מסוימת כתכונה זכרית או תכונה נקבית; אבל המודל הפיזי נותר נאמן למהות הזכרית והנקבית. לכן אנחנו משתמשים במודל הפיזי כמטאפורה לשני הכוחות הללו, אף על פי שאנחנו יודעים שאיש מאיתנו אינו זכר לגמרי או נקבה לגמרי[8] – כולנו מחליפים כובעים פעמים רבות ביום. גם במקורות אפשר למצוא מדי פעם גבר המציג התנהגות נקבית ואישה המציגה התנהגות זכרית.

בחלק הבא נבסס את תיוגן של תכונות מסוימות כזכריות או נקביות במודל הפיזי, מבלי לשכוח שהביטוי המעשי של כל אחת מהתכונות האלה משתנה בין בני האדם ללא קשר למין שלהם.

מה אתה עושה משהו, שב!

ההבדל הבסיסי והבולט ביותר בין איש לאישה מתבטא בתהליך יצירת הוולד. אם החלק של הזכר הוא בתרומה אקטיבית של פוטנציאל, הנקבה תורמת את כניסתה לתהליך. הוא עושה פעולה אקטיבית של הענקה, והיא מקבלת את אותה הענקה ונכנסת למצב ממושך של היות שמאפשר לפוטנציאל להתפתח, לקרום עוד וגידים ולהפוך לתינוק.[9]

לדידה של האישה, יצירה של חיים אינה רעיון ערטילאי על הצורך האנושי בהמשכיות ועל החשיבות בילד שיישא את שם המשפחה לדורות הבאים, אצלה מדובר ביצירה של ממש, דקה אחר דקה, מלווה בחילות וצרבות ודליות. היא לא **עושה** הירַיון – היא **בהיריון**. אישה חכמה אמרה

8. אכן, באופן תיאורטי לא היה קיים זכר שכולו זכר או נקבה שכולה נקבה, זולת אדם וחוה. הוא היה זכר, והיא – נקבה. הניגוד הטוטאלי הזה לא יכול היה לעבור לדור הבא. התינוק הזכר הראשון שנולד לעולם כבר לא היה זכר לגמרי, משום שהייתה לו אימא שתרמה ליצירתו. לתינוקת הנקבה הראשונה שנולדה לעולם היה אבא שתרם ליצירתה. מאותה נקודת זמן ואילך פסה מן העולם טהרת המגדר.

9. המקבילה המטאפורית של הביצית – מה שמביא גוף האישה לצורת יצירת הוולד – רמוזה במסכת נדה לא, א.

פעם, שמה שנחמד בהיריון הוא שגם כשאת לא עושה כלום את בעצם עושה משהו, כל רגע בתהליך הוא גם התוצאה.[10]

הנקה של תינוק – עוד חוויה נשית ייחודית – היא דוגמה נוספת לתכונה הנקבית של **היות** לעומת התכונה הגברית של **עשות**. האכלה מבקבוק היא פעולה תכליתית מובהקת – הבקבוק נועד להאכיל את התינוק. המטרה: להשקיט את רעבונו.

בהנקה, לעומת זאת, סיפוק מזון לתינוק הוא משני בחשיבותו לעצם התהליך שהוא העיקר. אם ותינוקה מתכנסים להם לתוך פקעת של התקרבות. ברור שהתינוק מוזן דרך ההנקה, אבל זה לא בהכרח המניע העיקרי להנקה. אימא עשויה להרים את תינוקה לינוק מכמה סיבות: כי היו רחוקים זו מזה לכמה שעות והם מתגעגעים זה לזה, כי צומחות לו שיניים והוא מצוברח, וכמובן, כי הוא רעב. אבל אפילו אז, לא האימא השולטת במצב. בהזנה מבקבוק, מי שמאכיל את התינוק מחליט כמה עליו לאכול, והוא מנסה לגרום לו לצרוך את מלוא הכמות שיועדה לו. אבל כל אם מניקה תאמר לכם שהנקה מוצלחת כרוכה ברגישות לצורך של התינוק. התינוק הוא שמכתיב את הקצב. האמת היא שהנקה הופכת להיות מערכת יחסים דו־סטרית שבה ככל שהתינוק רעב יותר, כך מפיק גופה של האם חלב רב יותר – מדובר בזרימה **בין** שני אנשים יותר מאשר פעולה של אחת ביחס לאחר.

אפילו עצם הרצון להעמיד צאצאים יש לו שני פנים: עתיד והווה. האם אני רוצה ילד שיישא את שמי, שיקבל את העסק שהקמתי, שימשיך את מפעל חיי, או שאני רוצה ילד בגלל שאני רוצה ילדים. זוג חשוך ילדים יכול לערוג לילד משני טעמים: הם רוצים להותיר זֵכר שלהם בעולם, מי שימשיך את מורשתם, אבל הם גם מבכים את חסרונו של ילד כאן ועכשיו, תינוק מדהים וחייכן, ידיים קטנות בתוך ידיהם, מסיבות יום הולדת וחתונות.[11]

---

10. אולי לכן העולם המערבי – שכה עסוק בעשייה, הגשמה ושליטה – נוטה להשקיע מאמץ רב במעקב אחר משך ההיריון. ספירה דתית כמעט של מספר השבועות ו"מסיבות סיום טרימסטר" הן אולי ניסיון לשוב ולתפוס שליטה על מצב ההיות שהוא ההיריון, ולהקל על אי־הנוחות המערבית נוכח מצב ההיות הנקבי.

11. גידול ילדים עצמו הוא תהליך שבו "הדרך אל" היא עצמה היעד: "אימהות צריכה לקחת ברצינות רבה את הקרוב והשגרתי. יש כאן שן שמחכה לסתימה, ארוחה שמחכה שיבשלו אותה, שיעורי בית שמחכים שיגמרו אותם, מריבה שמחכה להפסקת אש. אירועי היום־יום הם מיידיים ותובעניים. הזמן קצר, המטלות מוגדרות... יומו של ילד מלא בזמן פנוי שבו דבר לא צריך להיעשות... אלפי ארוחות, ימי הולדת, מחלות, ימים

הכוח הזכרי, שמבחינה ביולוגית אינו מעורב בתהליך בנייתו של התינוק, מסמל את ההתמקדות בעתיד. הוא מטביע את האפשרות לחיים, משליך את עצמו לעבר העתיד, ואז נעלם מהבמה. הכוח הנקבי, החי את החוויה של האימהות בזמן אמת, מסמל את הנוכחות בהווה. התהליך עצמו הופך לתוצאה.

למשוך לשני הכיוונים

שתי התכונות הללו – החתירה ממוקדת העתיד למצוינות והדחף ממוקד ההווה לשלמות – שתיהן חיוניות, ואף על פי כן אם תשתלט אחת מהן על השנייה התוצאות עלולות להיות הרסניות. אפשר להעביר חיים שלמים בשלווה ובהרמוניה אך להישאר חסר מעש, חסר הישגים, חסר כל תרומה לעולם; ואפשר גם להעביר חיים שלמים בעשייה קדחתנית, בהישגיות ובכיבוש, מבלי **לחיות** לרגע.

מנקודת מבט יהודית, המטרה היא סוג של נישואין בין שני הכוחות האלו. יש לתחזק את המתח בין שני הקטבים האלו, כך שתיווצר משיכה לשני הכיוונים במקביל – שלמות ומצוינות.[ג] כל אחד מן הכוחות האלו חייב לעבוד בהרמוניה עם האחר, כדי להגיע לידי איזון. דמיינו חץ שפונה למעלה.[ד] זה המאפיין הזכרי, חותר קדימה, נחוש להשיג, להשפיע, לשנות את העולם.[ה] בחץ יש כוח, יש נחישות, יש עוצמה, אבל הוא נוטל עימו בדרכו רק הישגים מוחשיים. אכן, המערב, במעופו עוצר הנשימה כלפי מעלה, מעורר השתאות אפילו בשעה שנזקי אותה עלייה מטאורית – דיכאון, בתים שבורים, אנשים אומללים – מכתימים את הנוף.

המאפיין הנקבי, המתגלם בנקודת המבט המזרחית יותר, מסומל בעיגול. שלא כמו החץ, העיגול אינו הולך לשום מקום. הוא יושב לו עגול ושלם בשלום ובהרמוניה, אבל בלי מעש.[ו]

ראשונים ואחרונים של הלימודים, לידתם ומותם של חיות מחמד... עבודות ראשונות, ועוד אירועים בלתי מתוכננים רבים של הילדות – מציפים שאלות הרות משמעות: למה? בשביל מי? לאיזו מטרה? אימהות רבות ישיבו... בלי סיבה; מטרת הילדות מוצאת ביטויה בתוך חיי הילד, לא מחוצה להם... היכולת הזו לאחוז במקביל בקטן ובגדול, לקפץ בין העכשיו לנצח, מאפיינת את נקודת המבט האימהית שלהן" (,Sara Ruddick *Maternal Thinking: Toward a Politics of Peace* [Boston: Beacon Press, 1989], 77).

מנקודת מבט יהודית, זיווג בין שני אלה צפוי להיראות כמו ספירלה. הספירלה נעה אף היא למעלה, אבל שלא כמו החץ, היא עגולה, שלמה וכוללנית.[י] כל יחידה עולה של הספירלה נעה למעלה, בה בשעה שהיא שומרת על שלמות העיגול.

האידיאל הוא לעלות ללא הרף, אבל לקחת את הכוליות שלנו איתנו. הדבר האחרון שאנחנו רוצים הוא ליצור קריקטורה של אדם, שבה "איבר" אחד שלנו מצטיין וכל שאר ה"איברים" שלנו עדיין בגן חובה.[12] בשעה שאנחנו מתקדמים אנחנו אוספים עימנו את כל החלקים הנפרדים לכדי ישות אחת שלמה **ומאפשרים לאותה שלמות עצמה לדחוף אותנו כלפי מעלה.** השילוב של שני הכוחות הללו – הזכר והנקבה, העתיד וההווה, המודעות לאשר חייב להשתנות והמודעות לְמה שמצוין במצב הנוכחי, הדחף להצטיינות, להתקדמות ולשינוי והחיפוש אחר הרמוניה, שלמות ואחדות – מייצר את האיזון הבריא. עצירה לצורך איסוף הכול לפני שמתקדמים עלולה לעכב אותנו, אבל בסופו של דבר זה מה שיביא לצמיחה הוליסטית ולבני אדם שלמים.

כאמור בהקדמה, צלם האלוקים הראשוני נברא אנדרוגיני – אדם אשר הורכב מזכר ונקבה גם יחד.[יא] מי מאיתנו שמבקש להיות אדם שלם, צלם אלוקים במלוא מובן המילה, חייב לפתח את שני הכוחות האלו ולוודא שאין הם באים זה על חשבון זה. המופת היהודי הוא אנדרוגיני – סינתזה בין שני הכוחות האלו.

והאמת היא שאל תוך מבנה התורה והמצוות ארוגה מערכת לשימור האיזון העדין, אשר מאפשרת לכל אחת מן התכונות הללו לזרוח בזמן

12. כבר בשלהי המאה השבע־עשרה כתב פרידריך שילר על סכנת המידור הקיימת בחברה המערבית: "מרותק לעולם לפרק זעיר ויחידי של הכלל, האדם עצמו אינו נהיה אלא פרקו של דבר; תמיד אינו שומע אלא את הרעש החדגוני של הגלגל שהוא מגלגלו, ולעולם אינו מפתח את ההרמוניה של הווייתו; ובמקום לטבוע בטבעו את חותמה של האנושות, הוא נעשה רק העתק של עסקו ומדעו... בזמן שהקהל עושה את המשרה קנה מידה להערכת האיש, בזמן שאינו מכבד באזרח זה אלא את כוח זכרונו, בזה את שכלו הטכנאי, ושוב בשלישי את מיומנותו במלאכה; בזמן שהאופי אינו נחשב ולא אץ אלא היֶדע, ולא כמו במקום שעמעומו הגדול ביותר השכל נחשב לו לאדם לזכות אם רוח של סדר בו וחוק נר לרגליו... אם כך הדבר, מה פלא ששאר כשרונות הרוח מוזנחים ואין פונה אלא לאחד, המכבד את בעליו ושכרו בצדו?" (פרידריך שילר, **על החינוך האסתטי של האדם**, מגרמנית: שמשון אילת, תל אביב: ספרית פועלים, 1986, עמ' 23–24).

המתאים לה מבלי להאפיל על חברתה. בפרק הבא נביא שתי דוגמאות לביטוי ביהדות של האידיאל האנדרוגיני הזה – הסינתזה בין הכוחות הזכרי והנקבי – אצל כל איש וכל אישה.

סיכום

דרך המערב, העשות, הזכר – עניינה במצוינות, הישגיות והתקדמות, אבל היא חסרה הרמוניה, מכלול, שלמות. לעומתה, דרך המזרח, ההיות, הנקבה – עניינה בכוליות, הרמוניה ושלמות, אבל היא חסרת מעש.

הכוח הגברי מסומל בחץ, ואילו הכוח הנשי מסומל בעיגול.

המופת היהודי הוא שילובם של השניים. השילוב מסומל בספירלה, שבה יש חתירה קדימה תוך שמירה על שלמות.

פרק ב

שמירה על איזון – תפילה ופעולה

בכל אדם טמונים שני הכוחות גם יחד: הזכרי והנקבי.[א] וכשם שהעולם חייב לאזן בין שני הכוחות, וקשרים בין־אישיים חייבים להיות מאוזנים, כך גם האדם בתוך עצמו נדרש לאזן בין שני ההיבטים הללו. בשני הפרקים הבאים נתבונן בשתי דוגמאות המדגימות איך מבנה המצוות יוצר מסגרת המביאה לידי ביטוי את שני הכוחות האלו.

תפילה ופעולה

היהדות היא דת של מעשים. על כל יהודי מוטלת המשימה לשאוף, להשיג, לבנות, ליצור. יהודי אינו מצפה לישועה. הוא מחולל ישועה בקחתו על עצמו את האחריות ל"תיקון" העולם.[1ב] מצד שני, שלוש פעמים ביום היהודי שובת מכל מלאכה. הוא יורד מהליכון החיים ומתחבר עם הקב"ה בתפילה. השילוב הזה – של האחריות לפעול עם החוויה שבעמידה בתפילה – הוא דוגמה אחת לאופן שבו מבנה המצוות יוצר מסגרת המכוונת איזון אנדרוגיני

1. על פי היהדות, חייו ה"רגילים" של האדם אינם טפלים לחייו ה"רוחניים". דווקא בהם – בעבודה, ביחסים הבין־אישיים, בפעילות הפנאי – הוא מביא לידי ביטוי את הקשר שלו עם אלוקים. ברוח זו דרשו דורשי רשומות את המילים "וַיְבָרֶךְ אֱלֹקִים אֶת יוֹם הַשְּׁבִיעִי וַיְקַדֵּשׁ אֹתוֹ, כִּי בוֹ שָׁבַת מִכָּל מְלַאכְתּוֹ **אֲשֶׁר בָּרָא אֱלֹקִים לַעֲשׂוֹת**" (בראשית ב, ג): אלוקים ברא את העולם, והשאיר לנו **לעשות**, עלינו מוטל "לתקן את העולם" באמצעות המעשים שלנו. ראו, לדוגמה, הוויכוח של רבי עקיבא עם טורנוסרופוס, במדרש תנחומא תזריע, ה. ראו הערת סיום.

בתוך כל אדם. הכוח הזכרי הוא הדחף המניע אותנו ליצור ולהתקדם, והכוח הנקבי הוא זה אשר מזמין אותנו לכונן קשר עם הקב"ה.

איפה זה מתבטא ביום־יום?

אנו קמים מוקדם בבוקר, מוכנים לצאת לדרך. העין הביקורתית שלנו בודקת מה לא בסדר, מה טעון תיקון, מה לא הספקנו אתמול ומה עלינו לבצע היום. אנחנו מכוונים על התדר הזכרי – עשייה, התקדמות, הישגיות, שינוי, עין אחת פקוחה כל העת, תרה אחר הבעיה הבאה שצריכה פתרון. ואז מגיע זמן קריאת שמע של שחרית.

בתפילה אנו נכנסים למצב הנקבי של היות. אין מדובר ברשימת קניות של הדברים שאנחנו צריכים.[2] מדובר במערכת יחסים עם אלוקים. אם אנחנו תופסים את התפילה כאמצעי ל"תפעל" את הקב"ה כך שיגשים את מאוויינו, הרי שחזרנו למצב הזכרי – מנסים לתקן ולשנות, ובמקרה זה – את הקב"ה בעצמו! פספסנו את הנקודה לגמרי.

במהותה הפנימית, תפילה אין מטרתה תיקון, השגה או התקדמות כלשהי. עניינה של התפילה הוא כניסה לתוך מעגל הקשר. מהותה היא לרוקן את עצמך כדי להתהוות עם הבורא.

---

2. כמובן, אנחנו מבקשים מאלוקים את צרכינו – התפילה מלאה בבקשות רבות של דברים ספציפיים: מזון, פרנסה, בריאות, דעת, שלום. אבל המהות הפנימית של התפילה – הבקשה העיקרית שלנו – היא קשר עם אלוקים (ראו תהלים כז, ח). מנקודת מבט זו ה"פריטים" ברשימת הבקשות שלנו אינם אלא אמצעי: אנחנו מבקשים את האמצעים והתנאים שיספקו לנו את שלוות הנפש הנדרשת כדי להגיע למטרה: מערכת יחסים עם אלוקים. ראו לשונו הזהב של הרמב"ם (תשובה ט, א): "מה שכתוב בכל התורה כולה 'אם תשמעו – יגיע לכם כך, ואם לא תשמעו – יקרה אתכם כך', וכל אותן הדברים בעולם הזה, כגון שובע ורעב ומלחמה ושלום... **אין אותן הטובות הם סוף מתן שכרן של מצוות, ולא אותן הרעות הם סוף הנקמה שנוקמין**... אלא... הבטיחנו בתורה שאם נעשה אותה בשמחה ובטובת נפש ונהגה בחכמתה תמיד, **שיסיר ממנו כל הדברים המונעים אותנו מלעשותה, כגון חולי ומלחמה ורעב וכיוצא בהן, וישפיע לנו כל הטובות המחזיקות את ידינו לעשות התורה, כגון שובע ושלום ורבוי כסף וזהב, כדי שלא נעסוק כל ימינו בדברים שהגוף צריך להן אלא נשב פנויים ללמוד בחכמה** ולעשות המצוה, כדי שנזכה לחיי העולם הבא... כלומר, אם עבדתם את ה' בשמחה ושמרתם דרכו, משפיע לכם הברכות האלו ומרחיק הקללות מכם **עד שתהיו פנויים להתחכם בתורה ולעסוק בה**".

פנו מקום

כל כך קשה לנו להודות בכך שאנחנו נזקקים ותלויים ושרק אלוקים יכול להשלים אותנו, עד שבקלות אנחנו עלולים להפוך את התפילה לפרודיה של מה שהיא אמורה להיות. במאמצינו הנואלים לשמר שליטה בכל מצב, אנחנו הופכים את התפילה למטלה ברשימת המטלות היומית שלנו. אלא שכדי להתפלל באמת עלינו לנוח מדהרת העשייה שלנו ולעבור לחדר קשר. עלינו **להיות**, לא לעשות.

דרשה חסידית על דברי המשורר בתהלים (קכא, א) מבטאת את עומק הרעיון הזה: "אֶשָּׂא עֵינַי אֶל הֶהָרִים מֵאַיִן יָבֹא עֶזְרִי" – המילים "מֵאַיִן יָבֹא עֶזְרִי" אינן שאלה, אלא הודעה על המקום שממנו יבוא העזר: **מֵאַיִן**. רק משאכיר בחסרוני ואודה בצורך הנואש שלי בקשר עם הקב"ה, רק כשאהיה קצת פחות מלא בעצמי, רק אז יכול אני להיות בקשר עם הקב"ה, להיכנס למערכת יחסים עם אלוקים.[3]

כה קשה עלינו, אוהבי השליטה, הכניעה, שלעיתים נעשה הכול כדי לא למצוא את עצמנו במצב של חוסר שליטה. יש שאנחנו מעבירים את רוב שעות היום בניסיון לשמר מראית עין של שליטה על סביבתנו. כמו אותה אישה במטוס, שנשארת ערה כל הלילה, בדאגה שמא יתרסק המטוס. ככל שהדבר נשמע מגוחך אפילו לה עצמה אין היא יכולה להימלט מן התחושה שהדאגה שלה היא אשר מחזיקה את המטוס באוויר!

חברה תיארה בפניי את החוויה שעברה בעודה יושבת מחוץ לחדר הניתוחים, שעה שבתה התינוקת עברה ניתוח. הימים שקדמו לניתוח היו קדחת של עשייה – היא חקרה את מחלתה של התינוקת, שכרה את שירותיו של המנתח הטוב ביותר, וטיפלה בכל שאר צרכיה. כעת,

3. הרעיון זה מודגם בבירור אצל משה רבנו אשר נקרא "עָנָיו מְאֹד מִכֹּל הָאָדָם" (במדבר יב, ג). ענווה היא תנאי כניסה לכל מערכת יחסים, כי אדם המלא כולו בעצמו, אין לו מקום לזולתו. אפילו ברמה המוחשית ביותר, הסיכויים שהבחור השחצן שצועד בביטחון אל תוך חדר הומה אדם, כשהוא עטוף בטוקסידו, יפתח בשיחה עם זולתו – נמוכים, מפני שהוא שקוע בעצמו כל כך. ואילו זה אשר נכנס אל החדר בהצנע לכת, בהחלט מבחין באנשים האחרים – וזהו הצעד הראשון ביצירת קשר. הקשר בין ענוותנותו של משה לבין מפעל חייו היה היכולת לפנות מקום לאלוקים בחייו.

בחוץ, במסדרון, לא נותר עוד מה לעשות. כשניגש המנתח לומר שלום לפני הניתוח, היא כמעט התלוותה אליו לתוך חדר הניתוח.

"הרי את השבועות האחרונים העברתי בתפקיד 'הצרכן החכם'," סיפרה חברתי, "אספתי כל פיסת מידע, בירורתי וחקרתי. הייתי מוכנה לעשות כל דבר – להגיש לו את הסכין, לתת לו עצות... הכול רק לא לשבת בחוסר מעש כשהתינוקת שלי שוכבת על שולחן הניתוחים, ומשום מה המנתח לא נתן לי להיכנס! הוא נכנס לחדר הניתוח והותיר אותי בחוץ על הספסל. אז הבנתי שהגיע הזמן לפנות לאלוקים בתפילה".

"ופתאום זה היה הדבר הקשה ביותר בעולם. היה לי כל כך קשה להפנים שבשעה שאין לי שום שליטה על הנעשה בחדר הניתוח, אלוקים נמצא כאן איתי, מחכה לי שאפנה אליו ואבין שמערכת היחסים שלי איתו היא בעצם הסוגיה כאן. עשיתי כל אשר יכולתי עבור בתי, ועכשיו כל אשר נותר לי לעשות הוא להסתובב ולפנות לא־ל אשר בראני, אשר בידו נפש כל חי. זה היה רגע של כניעה מוחלטת".

התפילה נקראת "עבודה",[ג] משמע היא כרוכה במאמץ. אבל מה שקשה בתפילה אינו עצם אמירתה, אלא המעבר מן המצב הנוח לנו – מצב של שליטה – למצב של נכונות לקבל.

הגעת ליעד

כינון קשר עם אלוקים במהלך התפילה ממקד את כל העשייה היומית שלנו. אם מטרת העל שלי היא קרבת אלוקים, האם המעשה הזה שאני עושה עכשיו מקדם אותה? התפילה שולחת אותנו אל הפעילות היום־יומית שלנו עם זיכרון חי של היעד שאנו חותרים אליו: קשר עם הקב"ה. בלעדיה עלולים היינו לשכוח זאת בקדחת העשייה שלנו.[ד4]

4. הרב שלמה וולבה זצ"ל בספרו **עלי שור** מגלה שאפילו עשייה של מצוות עלולה להשכיח מאיתנו את האמת. אנחנו עלולים לחשוב שאם אלוקים מבקש מאיתנו לעשות צדקה

במילים אחרות, כשאנחנו מתפללים אנחנו יכולים להפסיק לנסות להגיע לשם; אנחנו כבר שם![5]

המחזור הזה של עֲשׂוֹת וְהֱיוֹת, של לקיחת אחריות על מילוי תפקידי בתיקון העולם ותנועה לכיוון מעגל הקשר עם אלוקים, מכריח את היהודי לתחזק את הספירלה בשגרת יומו. אבל אין מדובר רק בחלוקה לזמני עֲשׂוֹת וזמני הֱיוֹת; מצב הפעילות הזכרי ומצב ההכלה הנקבי פועלים בשיתוף פעולה דו־סטרי: הָעֲשִׂיּוֹת שלנו מושפעות ממידת הקִרבה שעלה בידינו להשיג בתפילה האחרונה, והתפילות שלנו שבות ומשקפות את האדם שהפכנו להיות בעקבות אותן עשיות.

סיכום

כל אדם מכיל בתוכו הן את ההיבט הזכרי והן את ההיבט הנקבי. התפילה היא כניסה למצב הנקבי של הֱיוֹת ואילו הפעולות שאנו פועלים במהלך היום מקבילות למצב הזכרי של עשייה. שני פנים אלו של החיים יוצרים הכלאה של שני הכוחות. המעשים שהאדם עושה מגדירים את ה"אני" אשר מגיע לתפילה, והמפגש עם אלוקים בתפילה משליך על הצורה שבה ניגש האדם למפעלות יומו. המטרה היא הספירלה – מיזוג ההיבטים הזכרי והנקבי שבאישיות.

וחסד, אות הוא שהוא צריך את עזרתנו. האמת היא, כמובן, שאם אלוקים רוצה לדאוג לעני ולמסכן, הוא עושה זאת יפה בלעדינו. הוא מאפשר לנו להיות שותפיו כדי לתת לנו את ההזדמנות לבנות את עצמנו – להיות רחמנים, אכפתיים ואוהבים, או בקיצור להידמות יותר אליו.

אלא שאנחנו עלולים לברוח מעצמנו ומאלוקים, הישר אל חיק המצוות, ולשכוח את המטרה האמיתית: ביטוי צלם האלוקים שֶׁבָּנוּ וקשר עם אלוקים. אנחנו הופכים להיות מְצְווֹתוֹמַטִים, וּבְטֵרֶפֶת העשייה, ההשפעה והשינוי אנחנו עלולים להפוך להיות אנשים לא נעימים.

5. כמו שנאמר בתהלים סט, א: "ואני – תפילתי".

פרק ג

איזון בזמן אמת - שבת

כשם שהתפילה שומרת עלינו ביום־יום לבל נאֹבד בתדר התנועה הזכרי, כך מחלצת אותנו החויה של השבת ממחזוריות העשייה שכופים עלינו ימי החולין, ומחזירה אותנו למעגל הקשר שלנו עם אלוקים.

שישה ימים בשבוע אנחנו בתדר הזכרי: אנחנו מתקנים, יוצרים, משנים ומפעילים. בשבת עוברים לתדר הנקבי.[א]

שבת היא לא רק היום שאין עובדים בו, היא היום שבו יוצאים מתודעת ההישגיות.[ב] הלכות שבת נועדו לבנות כלי של הֱיות – ליצור מרחב שבו איני **עושה**, איני **משנה**, איני **יוצר** – אנחנו פשוט הווה. אפילו ההליכה עצמה, היציאה מתחום שביתת האדם, אסורה בשבת.[1] בשבת אנחנו לא הולכים לשום מקום.[ג] במקום זאת אנחנו פונים כלפי פנים ומתרגשים מעצם הַהֱיוֹת של עצמנו ושל האנשים הסובבים אותנו. אנחנו מתכוונים למערכת היחסים שלנו עם בוראנו, שלנו עם משפחתנו ושלנו עם עצמנו.[ד2]

מטרת השבת היא לחוות את ה"עכשיו" מבלי ללכת לשום מקום. יש אפילו המקפידים שלא להציץ בשעון בשבת, כי שעון נועד לענות על

1. "תחום שבת" הוא השטח שבו מותר ליהודי להלך ברגליו בשבת. שטח התחום הוא בדרך כלל 2,000 אמות (כ־1 ק"מ) לכל כיוון, מחוץ לגבול השטח העירוני שבו נמצא האדם בשעת כניסת השבת.
2. על הפסוק "אַל יֵצֵא אִישׁ מִמְּקֹמוֹ בַּיּוֹם הַשְּׁבִיעִי" (שמות טז, כט) מביא בעל ה"שפת אמת" את דברי הזוהר, שהמילה "מקום" כאן רומזת גם לאלוקים, שנקרא "מקומו של עולם", ואם כן הפסוק אוסר בשבת לא רק על היציאה מן המקום הפיזי, אלא גם על היציאה מן הקשר הקרוב עם אלוקים. ראו הערת סיום.

"מה עליי לעשות עכשיו? עוד כמה זמן יש לי עד...?". שעונים מתמקדים בעתיד. שבת היא יום שבו העתיד אינו קיים. בשבת אין מתכננים תוכניות לעתיד – אפילו לא חושבים על זה. כרגע, אני פשוט ישני. בשבת אנחנו חוגגים את המהות שלנו ואת הקשר שלנו עם הבורא שלנו.

אבל מי אני?

הרעיון הזה – 25 שעות של הגדרה עצמית על פי מי **שהנני** ולא על פי מה שאני **עושה** – עשוי להיות מפחיד.

להעביר זמן עם עצמנו ועם הקרובים אלינו, מבלי שתהיה לנו האפשרות להימלט אל המולת הפעילות המאפיינת את אורח החיים שלנו – זה אתגר לא פשוט. אין "אוי, יש לי טלפון, כבר חוזר"; אין ריצה אל עבר הדלת תוך נפנוף מפתחות המכונית כי "אני נורא ממהרת"; אין לשבת במרכז החדר וּלְאַיֵּן את האנשים בעזרת בהייה אטומת מבע בצג האלקטרוני שבידינו. כשאנחנו מאטים את שגרת החיים, כל מה שנשאר הוא מערכות היחסים שלנו.

כל זה בא לידי ביטוי בהלכה מעניינת: לא זו בלבד שאסור לנו לעשות מלאכה בשבת, נאמר לנו גם ש"כשתבוא שבת, יהי בעיניך כאילו כל מלאכתך עשויה".[ה] למה הכוונה שיהיה בעיניי כאילו כל מלאכתי עשויה? ואם היא לא עשויה? ואם עליי להגיש עבודה עד יום שני ועוד לא התחלתי? את מי אני מרמה כשאני נוהגת כאילו עבודתי כבר כתובה? אני יודעת שהיא ממש לא עשויה, וגם אלוקים יודע!

דמיינו שאתם נוסעים ברכבת בדרך לפגישה עם אהובכם. אינכם יכולים לחכות כבר, אבל הרכבת לא מתחשבת – היא ממשיכה לנסוע בשלווה. נראה כי הנסיעה תימשך לעולם.

הרכבת עוצרת בתחנה ואתם מחכים בכיליון עיניים – נו, שתמשיך לנסוע, שתמשיך כבר! ופתאום, צדה את עיניכם צדודית מוכרת העולה לרכבת. אתם נעמדים על קצות האצבעות כדי לראות טוב יותר ו... כן, זה הוא! זה אותו אדם שבגללו עליתם לרכבת הזו! הוא כאן – הפתיע אתכם.

אתם קופצים ממקומכם ורצים לעברו. ובאותו רגע של אושר גדול אתם חושבים לעצמכם "כמה חבל שנותרו לי שעתיים נוספות של נסיעה ברכבת הזו...".

מה היינו אומרים לאדם המבזבז את רגע המפגש המרגש במחשבה על מה שעוד נותר לו לעשות? "אתה מפספס את כל העניין! כל מטרת הנסיעה ברכבת, הסיבה שבגללה עלית על הרכבת, הייתה לפגוש את אהובך. הרכבת עצמה אינה רלוונטית כלל. אז למה עכשיו, כשסוף־סוף נפגשתם, אתה חושב על המשך הנסיעה? אפילו אם עליך לנסוע עוד יומיים, הרי הם יעברו עליך לצידו!".

בשבת הרכבת עוצרת בתחנה, ואהובנו נמצא כאן, ממש לצידנו. כל הפעולות שבהן אנו עסוקים כל השבוע, מטרתן אחת: להפוך אותנו לאנשי אלוקים, כאלה שהחלק א־לוה ממעל שבנו הוא המאפיין אותנו. ככל שאני מבטא יותר את החלק האלוקי שבי בפעולות השגרתיות הממלאות את השבוע, כך אני חש מחובר יותר לקב"ה. המטרה אינה הישגים, אלא האדם שמתפתח דרך ההישגים. כתיבת העבודה אינה הנקודה; הנקודה היא איזה סוג אדם **אני הופך להיות** דרך כתיבת העבודה.

אז כן, גם הוא וגם אני יודעים שכתיבת עבודת הגמר תלויה על צוואריִ. אבל אם אני נוהגת כאילו היא כתובה, אני מפנימה את הרעיון שכל מטרת השבוע עמוס המעש שלי – כולל עבודת הגמר – היא הפגישה בתחנת הרכבת. נכון, יש לי עוד שעתיים של נסיעה ברכבת. נכון, אחרי שבת איאלץ לכתוב את עבודת הגמר, אבל זו תהיה חוויה שונה לגמרי, כי החיים אף פעם אינם כפי שהיו קודם אחרי הפגישה בתחנת הרכבת.

אין קיצורי דרך

כשם שאל מערכת יחסים זוגית מביא עימו כל צד את חבילת האישיות המלאה שלו – מערכות יחסים בין אנשים שטרם בשלה אישיותם נוטות שלא לשרוד לאורך זמן – כך במערכת היחסים שלנו עם הקב"ה עלינו לסחוב איתנו אל המפגש השבועי עימו את האישיות הייחודית שלנו, הבנויה משאיפותינו, עשיותינו והישגינו.

רגע הַהֱיוֹת הזה הוא הרגע שבו אנו מעלים על נס את מה שהפכנו

להיות בזכות הפעולות שלנו. אלא שכדי להשיג באמת את מצב הַהֱיוֹת הזה, יש לעמול לקראתו. רק מי שמעביר את ימיו בעבודה, הישג ועשייה מתענג על רגעי המנוחה. כפי שיכולים להעיד גמלאים מאוכזבים רבים – לא לעשות דבר כל היום מענג הרבה פחות ממה שנדמה לך כשאתה קורס תחת עול העבודה הקשה. ה"עשייה" שלנו, העבודה שלנו, המאמצים שלנו, הם אשר מייצרים את המהות שלנו.

ימי החול והשבת יחד בונים סינתזה של הסגנון הזכרי והסגנון הנקבי. יום האינטימיות ה"נשי" שלנו עם הקב"ה משליך על הפעולות שלנו במהלך השבוע "הזכרי", ופעולותינו במשך השבוע מגדירות את האדם אשר אנו מביאים עימנו אל המפגש השבתי.[ו]

שבת – מעין עולם הבא

המדרש אומר שהשבת נותנת טעימה מן העולם הבא.[ז] אכן, איש עדיין לא חזר משם, אבל ניתן לנו קדימון לעולם הבא על ידי שמירת שבת. בכל שנותינו על האדמה אנחנו בונים את עצמנו, באמצעות חיים שלמים של עשייה, ובעולם הבא אנחנו פוגשים סוף־סוף את האדם הזה אשר יצרנו באמצעות עשייתנו.[ח] כל השנים האלה של מצב פעולה זכרי – שבהן בנינו, יצרנו, השגנו, עשינו – תגענה לשיאן בחוויה הנקבית של העולם הבא, כשניכנס למצב האושר העילאי של הֱיוֹת, שבו, כמו האדם על הרכבת, ניכנס לעולם של קשר.[3ט]

ובאותה מערכת יחסים סימביוטית בין זכר ונקבה, הידיעה על העולם הבא "הנשי" – עושר הקשר עם הקב"ה – היא אשר מעשירה את פעולות היום־יום שלנו כאן בעולם "הזכרי" הזה, ופעולותינו בעולם הזה הן אשר מגדירות את טיב מערכת היחסים שלנו עם אלוקים בעולם הבא באותו קשר גומלין בין הזכרי והנקבי.[4] ככל שניטיב לפתח את ההיבט האלוקי שלנו כאן

3. מסיבה זו המוות קרוי בעברית פטירה: המת נפטר מן המחויבויות – לרוץ, להשיג, לעשות – המאפיינות את חיי העולם הזה. בעולם הבא אין אנחנו צריכים לעשות עוד; אין עוד חובות. המיצוי של מה שהצלחנו לעשות מעצמנו באמצעות מעשינו בעולם הזה, הוא זה אשר יבוא אל מערכת היחסים עם אלוקים בעולם הבא. הנסיעה ברכבת הסתיימה. הגענו ליעד.

4. זהו אחד מיסודות היהדות המתומצת היטב בלשון המשנה: "לא המדרש הוא העיקר, אלא המעשה" (אבות א, יז). בהקשר שלנו פירושו, שמה שעושה את האדם לבעל

בעולם הזה, כך נהיה קרובים אליו בעולם הבא. העולם הזה הוא המקום שבו אנחנו רצים; והעולם הבא הוא הסיבה לכך שאנחנו רצים כל ימינו. בתוך חיקו של הבורא לא נצטרך עוד לרוץ. הגענו.

אלו החיים הטובים

החוויה הזו של היות, החופש מעשייה, אחריות ומחויבות – מפתה. איננו רוצים לחכות לעולם הבא כדי לחוות אותה. חופשה היא אחת מן החוויות האנושיות הנחשקות ביותר. אנשים מוכנים לעבוד קשה חמישים שבועות בשנה רק כדי להתענג על חופשה במשך שבועיים. מה יש בהם, בשבועיים האלה, שהאדם מוכן להשקיע עבורם כל כך הרבה דם, יזע ודמעות? מה יש בו באותו רגע שבו אנחנו משקיעים רגלינו בחול הרך והקסום שעל חוף הים, אחרי עמל של חודשים? מה היה בה, באותה שנייה בסוף כתה ג׳, שבה הגיע לאוזנינו הצלצול האחרון של השנה?

אלו החיים! התחושה העילאית הזו של מי שהגיע אל היעד, שכבר אינו צריך ללכת לשום מקום, לעשות שום דבר, להפיק שום דבר, להצדיק את קיומו,[י] יש בה מתיקות נשגבה, שביסודה היא טעימה של האושר האולטימטיבי שנפשנו שואפת אליו.[יא] "אלו" הם באמת "החיים", אבל לא עכשיו וגם לא בשנה הבאה. כרגע, לצערנו, אנחנו בעולם העשייה ה"זכרי"; אנחנו לא באמת יכולים לקחת חופש מן המשימה האלוקית שהוטלה עלינו, אנחנו תמיד בתורנות כזו או אחרת. כאן, בעולם העשייה וההישג, כל שאנו יכולים לקבל הוא טעימה מן האושר שֶׁבַּהֲוָיוֹת.

חסד אינו אימוץ אידיאלים הומניסטיים אלא **ביצועם בפועל** של מעשי צדקה וחסד. עד כדי כך שלפעמים, ככל שהמעשה שגרתי יותר, כך ערכו הרוחני גבוה יותר. כך, למשל, גדלותו של האדם נמדדת על פי האופן בו הוא מתנהג עם האנשים הקרובים אליו ביותר, ולא על בסיס מחוות פילנתרופיות אדירות כלפי כאלה אשר אינו מכיר. התנהגות אצילית או נדיבה (או ישרה, או אחראית, או כל מידה נכונה) היא ביטוי של צלם האלוקים שבנו. מכיוון ש"דומה מושך דומה", ככל שאנחנו מבטאים יותר את מהותנו האלוקית באמצעות מעשינו, כך אנחנו נעשים אלוקיים יותר ואנו יכולים לחוש קרוב יותר לאלוקים.

שבת - מטרת העל

השבת אינה, כפי שמקובל לחשוב, איזשהו רעיון סוציולוגי ענק, שמטרתו לשפר את היצרנות שלנו במשך ימי החול. אנחנו לא נחים בשבת כדי שיהיה לנו כוח לעבוד בשבוע הקרוב; אנחנו עובדים כל השבוע כדי שיהיה לנו את מי להביא למפגש השבועי עם אלוקים – את עצמנו! אנחנו לא נחים כדי לעבוד, אנחנו עובדים כדי לנוח. שבת היא היום שבו הנשמה שלנו – אותו ניצוץ אלוקי שפיתחנו כל השבוע דרך מעשינו – זוכה לפגוש את מקורה. שבת היא המטרה של כל המיזם הזה, לא שבוע העבודה.[יב]

הגמרא אומרת שרק "מי שטרח בערב שבת – יאכל בשבת" (עבודה זרה ב, א). ברובד הפשוט הכלל הזה מדבר על האיסור לבשל ולאפות בשבת, כך שרק מי שטרח במהלך השבוע להכין אוכל, יהיה לו מה לאכול בשבת כאשר אסור לבשל. אבל ברובד העמוק פירושו שרק מי שטרח כל השבוע – רק מי שהשקיע את חייו במילוי תפקידו בעולם – יהיה לו עם מי לחוג בשבת ובעולם הבא.

אבן שואבת לאהבה

בסופו של דבר, העיסוק המתמיד של העולם ביחסים שבין זכר לנקבה, שורשו באותה ערגה. התחושה הזו של "הגעתי ליעד", התחושה שהאדם נמצא בדיוק במקום שרצה להיות, היא המתארת את פסגת החוויה האינטימית. זהו מפגש של שני אנשים שונים, שאליו מגיע כל אחד מהם עם עצמו, התוצר של חיים שלמים של עשייה, לרגע של היות ושיתוף מוחלטים. אכן, הדחף למערכת יחסים הוא הדחף של הנשמה שלנו הכמהה לגעת באותה תחושה שמימית של "הגעה ליעד", של היות מוחלט, כאן בעולם הזה.

כשם שהנאת הַהֱיוֹת של השבת מושגת על ידי התנועה והפעולה של השבוע, וכשם שהנאת העולם הבא מושגת על ידי התנועה והפעולה של העולם הזה, כך גם במטאפורה הגשמית שמקבילה לרוחנית בדיוק כה רב. יחסי גברים ונשים כה משמעותיים לחוויה האנושית, כי הנשמות שלנו, הכמהות לאותה חוויה שמימית, נמשכות על ידי האבן השואבת ששמה אהבה.

זו, אם כן, הדינמיקה בין הכוח הזכרי לכוח הנקבי: ששת ימי החתירה הזכריים יוצרים אותנו, והמפגש שלנו עם מצב ההיות הנשי ביום השביעי מטעין אותנו בדלק להמשיך לחתור.

ובכל שבוע, אחרי שגילינו את אושר החיבור, אנחנו לוקחים אותו איתנו אל תוך ששת ימי המעשה, כדי שיניע אותנו אל עבר השלב הבא של הספירלה, רק כדי שנוכל להגיע לרמה גבוהה עוד יותר של צַוְתָּאוּת (סימביוזה) בשבת הבאה.

זהו עולם גברי (אבל הנשמה רוצה עולם נשי)

העולם הזה הוא לרוב כמו חץ – חתירה ועשייה בכוח הזכרי, עם הפסקות קצרות מאוד של כוח נקבי – רגעֵי הֱיוֹת – כמו שבת ותפילה וקשר של אהבה, שמזכירים לנו לאן מועדות פנינו.[יג]

יש אנשים פעלתנים מטבעם, ויש שנוטים בטבעם להתענג על החוויה. התורה יוצרת מסגרת שדורשת מכל אחד מאיתנו, אישה או גבר, לחיות את הספירלה. כולנו, נשים וגברים, נדרשים לאזן את העֲשׂוֹת שלנו עם רגעי הֱיוֹת. אבל אחרי ככלות הכול, חשוב להכיר בזה שאף שהעולם הזה הוא עולם זכרי, העולם הבא – מטרת העל – הוא עולם המאופיין באופי הנשי שלו.[יד] במרומי הספירלה נח לו עיגול.[טו]

ההיבט הנשי (שחשוב להדגיש שוב, אינו מתאר נשים אלא סוג של תפיסה) הוא אשר מזכיר לנו מה מטרת כל העשייה. רגעי החיבור וההיות הפזורים במרחבי חיינו, הם אשר גואלים אותנו מחיים של מרוץ אינסופי לשום מקום ומובילים אותנו אל יעדנו.

בחלקים הבאים של הספר נבחן את שני הכוחות הללו ברמה עמוקה יותר. נראה כיצד ההטיה המערבית לכיוון הזכריות מנתקת אותנו ממצב ההיות הנקבי – תוך סיכון בריאותנו, תחושת האיזון הפנימית שלנו והחיוניות הרוחנית שלנו. נחקור גם את חשיבות הכוח הזכרי במצבנו הנוכחי. אבל אלה אינם רק שני ניגודים, על שני הכוחות האלה לפעול בשיתוף פעולה. הספירלה עניינה בסינתזה. בפרק הבא נבחן את הדינמיקה הזו.

סיכום

התפילה והשבת שולפות אותנו מתוך מחזור העשייה ומכניסות אותנו אל מעגל הקשר בינינו ובין אלוקים.

על השבת נאמר כי היא "מעין עולם הבא": העולם הזה, כמו ששת ימי החול, מתאפיין במצב של עשייה, הישגים, יצירה ובניין. העולם הבא

יהיה עולם נשי, שבו נתענג על הקשר בינינו לבורא העולם, קשר שבנינו במהלך חיינו בעולם מוכוון העשייה הזה.

העולם הזה הוא לרוב כמו חץ – חתירה ועשייה בכוח הגברי, עם הפסקות קצרצרות של כוח נשי. בעוד אנחנו חיים בעולם גברי של עשייה והישג, הנשמה משתוקקת לחוויה של היות – חוויה שמספקים השבת, התפילה, קשר של אהבה, ולבסוף גם העולם הבא.

חלק 2
משפיע ומקבל

כשם שישנם שני דחפים באדם – הדחף להצליח, להשיג ולפעול, והדחף לשלמות, להרמוניה ולחוויה; ושני כוחות בעולם – זכר ונקבה, שמשפיעים זה על זה בקשרי גומלין, כך ישנם שני סוגי נתינה, שתי מתנות שבכוחנו להעניק. האחד מכונה "הכוח המשפיע" – זרם שופע של נתינה, המשויך לכוח הגברי. והשני מכונה "הכוח המקבל" – הנתינה שבקבלה, היכולת לקבל את השפע, המתקשר לכוח הנשי.

בחלק זה של הספר נחקור את שני סוגי הנתינה, ובד בבד גם את האופי הנזיל והדינמי של הנתינה בין גברים לנשים.

פרק ד

שני סוגי נתינה

אנחנו נוטים לקשור אהבה עם נתינה, משום שאהבה נוצרת כששני בני אדם נפרדים מפנים מקום בחייהם ונותנים לזולתם אחיזה בו. ואכן, כשאנחנו מרשים לעצמנו לצאת מהעולם הקטן שלנו ולפנות מקום למישהו אחר, אנו מוצאים את עצמנו מחויבים על ידו. עצם מהותו של האחר קוראת לנו להתייחס אליו.

הורים שאוהבים את ילדיהם, נותנים לילדיהם; בני זוג האוהבים זה את זה, נותנים זה לזה; ידידים מראים את חיבתם על ידי נתינה זה לזה.

אנחנו נוטים לתפוס נתינה כפעולה של הענקה – אני נותן לך את שחסר לך. אבל ישנו סוג אחר של נתינה, עוצמתית לא פחות: היכולת לקבל את שהאחר מעניק לי.

תודה על מה שלא נתת

כיצד תיתכן נתינה על ידי קבלה? התשובה נעוצה באחד הצרכים הבסיסיים של האדם הנברא בצלם אלוקים: הצורך שלנו להידמות לאלוקים – הדחף האנושי הבסיסי לחוש שיש לנו מה להציע לעולם, התשוקה לראות את עצמנו כנותנים.

בעומק אישיותנו, אנו רוצים לבטא את המהות האלוקית שלנו, ואנו מרגישים שאנחנו עושים זאת בצורה הטובה ביותר כשאנחנו נותנים באופן פעיל. אתה רעב – אשביעך לחם. יש לך בעיה – אמצא לך פתרון. אנו

אוהבים להיות במקום של המשפיע המאציל משלו לאחרים, המעניק את החסר. הענקה מצטיירת בעינינו כביטוי המהות האלוקית שלנו.

כשאני מעניק, משפיע, משנה, מעצב את המציאות – גם אני "בורא". אנחנו צלם אלוקים ברצון הבוער שלנו ליצור, להעניק, לתת.[א] אנו מתענגים כשאנחנו מצליחים לתת ביטוי לכישרונות שלנו, ליכולות שלנו, לעצמנו. אנחנו מתענגים מתחושת המלאות – התחושה שאנחנו מלאי שפע ומסוגלים להעניק לעולם. במצב של הענקה אנחנו מרגישים "חיים" במלוא מובן המילה, המהות האמיתית שלנו מבטאת את עצמה.

ואם זה נכון לגבינו, זה נכון גם לגבי זולתנו. פירוש הדבר שהמתנה הגדולה ביותר שאדם יכול לתת לאחר היא לאפשר לו לחוות את התחושה האלוקית שבנתינה. בכך שהוא מאפשר לזולתו להעניק, המקבל נותן למעניק את האפשרות לבטא את המהות הפנימית שלו ברמה העמוקה ביותר – את צלם האלוקים שבו. מי שאין לו אפשרות לתת, מורחק מחיבורו למהות האלוקית שלו.[ב]

מפקד ללא חיילים אינו אלא אדם לבוש מדים

חישבו על מישהו שאתם סבורים שהוא פתטי, בצורה זו או אחרת. על פי הטענה שלנו, ה"פתטיות" שלו נובעת מכך שאין מי שרוצה לקבל ממנו. הוא רוצה לדבר ואיש אינו רוצה להקשיב. הוא רוצה לשיר – ואיש אינו אוהב את קולו. הוא רוצה לעבוד, ואין מי שמעוניין בשירותיו.

באנגלית יש אפילו פתגם המבטא את תחושת החוסר הזו: "לבוש פאר ומצנפת, ואין לאן ללכת". השפע – המתנה שאנחנו רוצים להעניק – מוכן ומזומן, אבל איש אינו רוצה בו. מזה נובע שהמתת הגדולה ביותר שניתן לתת לאדם היא לאפשר לו להעניק לנו.

במודל הביולוגי, האיש מייצג את מעשה ההענקה, והאישה מייצגת את מעשה הקבלה. היא משלבת לתוך ישותה את מה שהוא נותן לה, ואז הופכת למעניקה לעובר.

אך העומק הטמון פה, הנקודה היסודית והלא מובנת לעיתים, היא שאף שבמודל הזה האיש הוא שנתפס כמעניק פעיל (הוא "נותן" את אונו), דווקא מעשה הקבלה של האישה מגלם אולי את הדרך העוצמתית יותר של נתינה.

הגמרא אומרת לנו כי "**יותר** ממה **שהעגל רוצה לינק** פרה **רוצה** להניק"

(פסחים קיב, א). הצורך לתת הוא חזק כל כך, עד שמניעתו דומה למחיקה של כל מהות האדם וערכו.

הלכנו לבקר בחווה חקלאית שהייתה בה פינת ליטוף לילדים. ראינו עז שהופרדה מגדייה היונקים. הגדיים הוזנו על ידי בקבוקים וקיפצו בעליזות, בעוד אימם עמדה ליד הגדר המפרידה ביניהם וביטאה את מצוקתה בצורה קולנית למדי. היה זה מראה קשה, ומבקרים רבים פנו לבעלי המקום בבקשה לגאול אותה מייסוריה.

במשל מרובה הנמשלים של העולם הזה, הכאב הפסיכולוגי שחווה מי שאין לו למי להעניק משתקף בייסוריה הפיזיים של אם (אנושית או מעולם החי) הסובלת מגודש חלב ואינה יכולה להאכיל את ולדותיה. מעניין שבמשל הזה, האישה משחקת את תפקיד המעניק הסובל מכאב, משום שאין לה מי שיקבל ממנה. נקודה זו מחזקת את רעיון הנזילות של תפקידי הגבר והאישה. בעוד במבנה הפיזי, הענקה היא מידתו של הגבר, במציאות היא נעשית לעיתים קרובות על ידי נשים.[1ג]

הורים וילדים – מי נותן למי?

אנשים אומרים שהם חיים "בשביל הילדים". אפשר היה לצפות אפוא שאנשים יעדיפו להעביר את חייהם בלי ללדת ילדים ובכך ייפטרו מהצורך לתת כל כך הרבה! ועם זאת, אנו רואים אנשים המוכנים לנסוע עד קצה העולם כדי לזכות בילד. מה מניע בני זוג להשקיע כוחות ומאמצים, רגשיים ופיזיים, כדי לחבוק ילד משלהם? התשובה היא שהענקה לילד ממלאת לא רק את מחסורו של הילד, אלא גם את הצורך של ההורים להעניק. אנחנו מעניקים משום שהענקה מאשרת את המהות שלנו ומצדיקה את קיומנו.

1. על פי המהר"ל, ברכת יעקב ליוסף "בִּרְכֹת שָׁדַיִם וָרָחַם" (בראשית מט, כה) מתייחסת לשני התחומים גם יחד. שדיים – התכונה הגברית של ההשפעה, ורחם – התכונה הנשית של הקבלה (**גור אריה** שם). כאן מתחדדת הנקודה שמשפיע ומקבל הם ארכיטיפים, ואף על פי שבמקורות הם נתפסים בדרך כלל כמייצגים את הכוח הגברי והנשי בהתאמה, הסיווגים אלו אינם קבועים במסמרות. ראו הערת סיום.

"יותר ממה שבעל הבית עושה עם העני, העני עושה עם בעל הבית" (רות רבה ה, ט). העשיר נותן את כספו, הוא מעניק ממה שיש לו בשפע רב, אולם העני נותן לעשיר את האפשרות לחוש שהטביע את רישומו בעולם. העני מאפשר לעשיר להפיץ את הפוטנציאל ואת השפע שלו, ובזה נותן לו תוקף כמי שיש לו מה להעניק. כאשר מישהו מסיע אותך הביתה, אתה קיבלת טרמפ, אבל הוא קיבל אישור על מהותו כחלק א־לוה ממעל.

קבלה פירושה להידמות לאלוקים

מה יש בו, ב"מקבל", שהוא כה עוצמתי? כשאנחנו מאפשרים לאחרים להשפיע עלינו מטובתם, יש בכך גוון נוסף של הידמות לאלוקים, מכיוון שגם לנו הקב"ה מעניק את מתנת ההענקה.[1] אלוקים יכול היה בקלות להעניק לנו את כל צרכינו, אבל הוא "בולם את עצמו" – "מצמצם" בלשון המקובלים – כדי להשאיר לנו מקום לתרום את חלקנו לעולם. הקב"ה נותן לנו את מתנת היצירתיות והעצמאות.

בתפילת העמידה אנחנו קוראים לקב"ה "הגיבור". המשנה המפורסמת בפרקי אבות (ד, א) אומרת: "איזהו גיבור? הכובש את יצרו". הגיבור הוא הנמנע מעשיית משהו שבכוחו לעשות. אלוקים הוא "הטוב והמיטיב", המעניק האולטימטיבי, המשתוקק להרעיף עלינו משפעו. אולם הוא מגביל את כוח ההטבה שלו כדי ליצור חלל, כדי שגם לנו תהיה הזדמנות לתת.

בברכה שמברכים אחרי האוכל, "בורא נפשות רבות וחסרונן", אנחנו מודים לבורא העולם על שברא אותנו עם חסרונות, משום שרק בזכות החסרונות של אנשים יש לנו יכולת להידמות לאלוקים – להיות נותנים ולמלא את אותם חסרונות.[2]

---

2. הרמח"ל (רבי משה חיים לוצאטו, נפטר ב־1746) מציג השוואה מרתקת בין אלוקים, המגביל את עצמו מלהעניק לנו בעולם, לבין הנשמה, המגבילה את עצמה בתוככי מגבלות הגוף שלנו – וזאת מאותן הסיבות בדיוק.

הנשמה נחבאת בתוככי הגוף ואין קולה נשמע, כדי לאפשר לגוף להעניק לנשמה ולשמח אותה.

על כאבה של הנשמה המוגבלת בכוחה כותב הרמח"ל:

"ואולם צריך שתדע, כי גם עתה בהיכנס הנשמה בגוף העובר, אף על פי שלא קנתה עדיין שלימות במעשיה, הנה מצד יקרה וזוהרה העצמי היה ראוי שתתן זיכוך גדול לחומר, עד שיהיה יוצא מגדר המין האנושי. אמנם גזירתו יתברך כובשת אותה ומעלמת

לסיכום: יש שתי דרכים לתת: נתינה פעילה, שבה אנו מעניקים את השפע שלנו לזולתנו, ונתינה מקבלת, שבה אנו נותנים לזולת את מתנת הנתינה לנו. הסוג הראשון של הנתינה, המתייחס לכוח הזכרי, נקרא "משפיע", והשני, המתייחס לכוח הנקבי, נקרא "מקבל". נתינה באמצעות קבלה, כלומר היכולת לקבל מן האחר, עוצמתית כל כך כי היא לא רק מסירה של חפץ, היא מתן אישור לעצם מהותו של האחר.

בפרק הבא נבחן מדוע תכונת המקבל הזו חיונית כל כך, ומדוע באמת קשה כל כך לקבל.

סיכום

אנחנו נוטים לראות את פעולת הנתינה כמעשה של הענקה, אולם יש סוג נוסף של הענקה עוצמתית לא פחות – היכולת לקבל את שהאחר מעניק.

הרצון לתת הוא חזק כל כך, עד שסירוב לקבל את שהאחר רוצה להעניק יש בו כדי להכחיש את עצם המהות והערך הפנימי של האדם. מצד שני, קבלה של מה שיש לזולת לתת, מעניקה לנותן את מתנת ההתדמות לאלוקים.

אנחנו הולכים בדרכיו של הבורא על ידי כך שאנו מאפשרים לאחרים להעניק לנו, משום שגם הבורא "צמצם" את עצמו מלתת לנו הכול כדי לאפשר גם לנו את ההזדמנות שבהענקה.

כוחה וממעטת זוהרה, באופן שלא ימשך ממנה ענין זה; אבל תשב שמה לוטה בעצמה, באותו השיעור המצטרך לפי הכוונה העליונה, ופועלת בגוף באותו הסדר והשיעור הנרצה מחכמתו יתברך" (**דרך השם** חלק ראשון, ג).

פרק ה

אומנות הקבלה

יש אי־סימטריה מהותית במערכת יחסים שבה האחד נותן והאחר מקבל. אומנות הקבלה, היכולת להפוך את מעשה הקבלה של משהו למעשה של נתינה, בכוחה לגאול את מערכת היחסים ולאפשר לה להפוך לאיחוד של שווים. במקום שאחד ייתן והאחר יקבל באופן פסיבי, שניהם נמצאים במצב פעיל של נתינה. בשעה שלקיחה עשויה להיות קלה לביצוע – לקיחה היא למעשה מצב ברירת מחדל של מרבית הבריאה – קבלה היא אומנות שיש לטפח.

מה ההבדל בין לקיחה וקבלה? לקיחה פירושה שהעולם וכל אשר בו, שלי הם. בשורה התחתונה הכול שם בשבילי. **אני** רוצה, אז **אני** לוקח. אתה אינך אלא סוג של כספומט שממנו אני לוקח את שאני צריך.

קבלה, לעומת זאת, דורשת הכרה בכך שיש אחר. לי יש חיסרון, **ואתה** מילאת את חסרוני ממה שיש **לך**. לכן קבלה היא אומנות. אנו שונאים להרגיש אסירי תודה, נזקקים, תלויים באחר – בוער בנו הצורך לתפוס את עצמנו כמלאים וכמשפיעים, ועל כן נעשה הכול כדי לא להרגיש שהאחר באמת תורם לנו.

ככל שגדֵל חסרוננו, גדֵלה אפשרותנו לאהוב

ברגע שבו אנחנו מעמידים את עצמנו בעמדת המקבל, אנו מרגישים פגיעים. אם אתה צריך לתת לי משהו, פירוש הדבר שאני תלוי בך. בחברה של "ניקח

את גורלנו בידינו", שבה עצמאות היא ערך עליון, נזקקות שווה כמעט לחידלון – נזקק, בדפוס החשיבה שלנו, שווה ערך למת.

אנחנו מנסים לברוח מחוויית הקבלה על ידי הכחשת העובדה שקיבלנו משהו:

"לא היה לו קשה להסיע אותי הביתה, הוא ממילא נסע לכיוון הזה".

"משלמים לה על זה. זה התפקיד שלה".

"היא לא עשתה את זה במיוחד עבורי – זה פשוט האופי שלה. היא אוהבת לעשות דברים כאלה".

אלא שחוסר אינו מעיד על נחיתות. האמת היא שכשאנחנו חסרים, אנחנו לא רק מבטאים את מורכבותנו – ככל שהאורגניזם פשוט יותר, כך הוא צריך פחות כדי לשרוד – אנחנו פותחים את עצמנו ליופי האינסופי של היקום, וחשוב יותר, פותחים עצמנו לחיבור ולאהבה.

לפני שישים שנה סרט קורע לב עשוי היה לספר על גבר שקיבל משרה בארץ רחוקה, ועל ארוסתו שצריכה לקבל את ההחלטה הקשה לעבור איתו בשל אהבתה אליו, למרות הקושי הגדול שלה לעזוב את משפחתה. אחרי פרוץ התנועה הפמיניסטית, הלב היה נקרע מכיוון אחר. כאן, **הוא** זה שצריך לעזוב את משפחתו וחבריו כי **היא** קיבלה תפקיד מעבר לים. בימינו אנו, סצנת הסיום של הסרט תַּראה אותם, כנראה, נפרדים בשדה התעופה, כי הקשר לא מספיק חשוב לאף אחד מהם עד כדי ויתור על עצמאותו.

עצמאות נתפסת אצלנו כחוזק, אולם במציאות, מי שאישיותו מושתתת על עצמאות מגלה בכך את חולשתו. בניסיון נואש להימנע מלהיות אסיר תודה לאחר, הוא מונע מעצמו את הצורך האנושי הבסיסי ביותר: חיבור ואהבה. התשוקה שלו שלא להיות נזקק, כשלמעשה הוא – וכל אדם אחר – נזקק גם נזקק, מעצימה עוד יותר את פגיעותו. בריחה מן ההזדקקות שהיא מהותית להיותנו בני אדם מתישה ובסופו של דבר גם בלתי אפשרית.

לדוד הייתה מריבה עם ידידו ראובן. בשם הנימוס, הם הסכימו להשאיר את אי ההבנה מאחוריהם ולעבור הלאה, אבל הקשר כבר לא היה אותו הדבר. את קרבת העבר החליפו קרירות וריחוק מנומסים. ידיד של דוד ייעץ לו למצוא הזדמנות לספר לראובן כמה הוא מתגעגע אליו – להציף את מכאובו ולהצית מחדש את הידידות – אבל דוד סירב. כגבר שבגברים המחשבה להודות בפני ראובן שהוא פגוע הייתה בלתי נסבלת. דוד העדיף לוותר על ידידות מיוחדת כדי לא להימצא במצב של פגיעות.

הישארות לבד על אי הגאווה שלך היא אולי סימן של עוצמה בעולם המערבי, אבל בעולם שמטרתו אהבה,[א] היא סימן לחולשה – הפחד כה גדול עד שהוא מנתק אותך מהחיים עצמם.

חשוב לזכור שלהזדקק אין פירושו בהכרח לסבול. הזדקקות יכולה להתבטא ככמיהה או כציפייה להגשמה. אנחנו נוטים לברוח מתחושת ההזדקקות משום שנלווית לה תחושה של אובדן שליטה – הרי אנו רוצים משהו שאינו בהישג ידינו. אבל הכמיהה וההשתוקקות שאנו מרשים לעצמנו הן שיאפשרו לנו להתענג בהנאת החיים כשיתגשמו. הזדקקות מאפשרת לנו להתעלות מעל הקיים, ומזמינה אותנו לפתוח את שערי הברזל שלנו, ולקבל את פני ההנאה והיופי המחכים מחוצה לנו. התכונה המאפיינת הזדקקות אינה כאב או סבל, אלא השתוקקות או כמיהה. בשמירה על העצמאות שלנו אנו מכבים את שלהבת התקווה.

אהבה פירושה פגיעות

אכן, כאשר אנחנו חושפים את עצמנו לקבלה מהזולת אנחנו הופכים לפגיעים. לכן אנחנו מעדיפים להמשיך לחיות באשליה שאם נשמור על שליטה, איש לא יוכל לפגוע בנו.

אבל האומץ לעמוד מול הפגיעות הזאת, הוא המזין את האנושיות שלנו.

אנחנו יכולים לנסות להשלות את עצמנו שאנחנו יכולים לאהוב אדם אחר ללא כאב, שאפשר לאהוב בלי להיות פגיע, שאנחנו לא באמת נזקקים – אבל אנו עתידים להתבדות, כי הגדרת האהבה היא שאפשרתי לעצמי להזדקק לְמה שיש לַקשר הזה להציע לי. אנשים נלחמים נגד זה,

מנסים להמציא נוסחאות כדי להגן על עצמם, אבל המשוואה לא משתנה: אי אפשר לאהוב ובה בעת להיות אדיש. אהבה ופגיעות הן שני צדדים של אותו מטבע.

למעשה, אנשים הבוחרים שלא לחשוף את עצמם לקשר, לרוב רק מגיבים לסביבה לא בטוחה. להיכנס לקשר של אהבה, להתיר לעצמנו להזדקק לאחר בחברה שבה אהבה נתפסת כדבר טריביאלי, בחברה שאינה יודעת איך להתחייב לאחר, למשל, הגיוני בערך כמו לקפוץ לתוך מגרסת נייר.

אבל אם החיים הם חיבור,[1] מחיר ההגנה העצמית הזאת הוא החיים עצמם.

> מסופר על אדם שנסע למזרח כדי ללמוד אצל מאסטרו את חכמות הפילוסופיה המזרחית. כשנכנס, מזג לו המאסטרו כוס תה. המאסטרו מזג ומזג, עד שהתה החל להישפך על הרצפה. כאשר התלמיד התקומם על הבזבוז והלכלוך, אמר לו המאסטרו: "במערב מלמדים אותך איך למזוג תה. כאן נלמד אותך איך להיות כלי".

עם כל הקדמה הטכנולוגית, המדעית והאקדמית, החברה המערבית ה"גברית" מפגרת ביכולתה לאהוב, להיות פגיעה, לקבל. אלא שהחיים, במהותם האמיתית, תלויים יותר ביכולת הנשית שלנו לפתוח את עצמנו לקשר, מאשר ביכולת הגברית לעמוד לבדנו, חזקים ועצמאיים.

היכולת לקבל יוצרת דינמיקה תלת־שלבית:

1. שלב שואב האבק

מקבל טוב הוא כמו שואב אבק השואב את השפע לתוכו. העולם מלא בשפע ובברכה, אבל רק המקבל יכול לפתוח את הזרימה הזו.

אנשים שמוצאים את עצמם בתפקיד המטפל, מגלים לעיתים קרובות כי נזקקות המטופל שלהם הציפה כישרונות רבים שלהם שכלל לא ידעו על קיומם. האדם הנזקק הופך בעצם קיומו להר באמצע הדרך, הר שמכריח כל מי שבא איתו במגע לשנות כיוון, ובסופו של דבר – לגלות את עצמו ואת כישרונותיו.

---

1. "החיים הם מציאות זוגית" (**עלי שור ב**, "דרגת 'נוכח'").

המטופל מקבל טיפול, אבל המטפל מקבל את ההזדמנות לבטא את היכולות הנסתרות שלו לאהבה, לסבלנות ולנתינה. כמובן, נתינה ללא גבול קשה היא מאוד לרוב בני האדם, אבל אין ספק שיהיו רגעים שבהם המטפל יפגוש את מהותו האמיתית – את יכולתו דמוית האלוקים לתת – כפי שלא היה פוגש אלמלי אותו חסר ישע שנזקק לטיפולו. מציאותו של מקבל מוציאה מהנותן את השפע הטמון בו.

2. עמוק יותר – שלב יצירת הזרם

למשל שואב האבק יש גבולות. מקבל טוב הוא לא רק זרז להוצאת הטוב הטמון במעניק. מקבל טוב **יוצר** למעשה עוד שפע. אף על פי שהרעיון הזה נראה לא הגיוני, עובדה היא שככל שאנחנו נותנים יותר, כך יש לנו **יותר מה לתת.** כאשר עומד לפנינו כלי קיבול עורג ומחפש, שפע שלא ידענו על קיומו מתגלה.

כמות השפע וגודל הברכה מוגבלים למקום המוכן להם. ועל כן, עומק השתוקקותו של המקבל הוא שיקבע את מידת השפע שיושפע עליו. ככל שהמקבל מעמיק את ריקנותו, ככל שכמיהתו למילוי גדלה, כך גדל השפע שיקבל.[2] דוגמה נפלאה לדינמיקה הזו היא אם המניקה את תינוקה, המגלה כי הפתרון למיעוט חלב הוא הנקה מוגברת. היה אפשר לחשוב שאם אין מספיק חלב, יש להניק במשורה. אבל ההיפך הוא הנכון. ככל שהתינוק צורך יותר חלב, כך גדל ייצור החלב. הכלל הוא: ככל שגדל עומק הכלי – ככל שהכלי רעב יותר – כך גדל זרם השפע.

הערכתו של המקבל לשפע היא המאפשרת לשפע להתרבות.[3] ההכרה

2. כצפוי, גם הקשר שלנו עם הקב"ה משקף בצורה מדויקת את הדינמיקה הזו: "צמאה לך נפשי כמה לך בשרי... **כן** בקודש חזיתיך לראות עזך וכבודך" (תהלים סג, ב–ג), "יהי חסדך עלינו **כאשר** יחלנו לך" (תהלים לג, כב). ככל שהנפש כמהה לאלוקים, ככל שהיא חשה את עצמה חסרה ומיובשת בלעדיו, כך הבורא מעניק לה קרבה.
הגמרא במסכת שבת (לא, א) מספרת לנו על אחת השאלות שהנשמה נשאלת כשהיא מגיעה לעולם האמת: "ציפית לישועה?". זו כנראה שאלה המגדירה את החיים שלנו פה בעולם הזה. מי רוצה לצפות לישועה? מי רוצה להרגיש נזקק ולחכות כל הזמן למשהו חיצוני שאין לו שליטה עליו? במובן מסוים מעדיף האדם להשלים עם מה שיש ולהעמיד פנים שהכול תקין. "לצפות לישועה" פירושו להיות תמיד במצב של כמיהה והשתוקקות. והדעת נותנת שככל שאדם מוכן להכיר יותר בצורך שלו בישועה, כך "מתרחב הכלי", וכך הוא יחווה יותר את המלאות בעת הישועה והגאולה.

של המקבל בחשיבות השפע גורמת למשפיע לרצות למצוא בעצמו שפע נוסף, דבר הגורם לשפע לגדול עוד יותר.

זוהי בדיוק ההשפעה של קהל מאזינים על מרצה. המרצה נמצא בעמדת המשפיע – הוא מעניק בצורה פעילה. אולם ככל שקהל שומעי לקחו מראה סימני עניין והבנה של הדברים, כך ימצא את עצמו מחפש ומתייעל, הופך לחדשני ויצירתי יותר, הרבה יותר מכפי שחשב שבכוחו להיות. קהל חסר סבלנות שמציץ כל הזמן בשעון פועל את הפעולה ההפוכה – הוא מייבש את השפע.

הכרזתו של רבי חנינא, "הרבה למדתי מרבותיי, ומחבריי – יותר מרבותיי, ומתלמידיי – יותר מכולן" (תענית ז, א), אינה רק ביטוי של הערכה מנומסת לתלמיד. זו מציאות אמיתית. התלמיד המהווה כלי לקבלת דברי רבו; התלמיד המרוקן את עצמו מכל דעות קדומות; הפונה למורה מתוך התעניינות אמיתית וצורך במה שיש למורה לתת, המאפשר למורה למלאו בהבנה חדשה, הוא שמכריח את המורה להעמיק לחפור ולפגוש את האמת שבתוכו.

3. שלב השמחה והחיוניות

כאשר אנחנו מבטאים את עצמיותנו, כשיש לנו האפשרות לתת ולהעניק, אנחנו חשים חיות, שפע ושמחת חיים במלוא מובן המילה. מה שאומר שה"מקבל" הוא שמשפיע שמחה זו על ה"משפיע".

ככל שהמקבל מתעניין יותר בקבלה – ככל שהחסר שלו מתמלא מן הנתינה – כך גדלה שמחת המשפיע בנתינה שלו.[3] נעים הרבה יותר להגיש ארוחת גורמה לאנין טעם, מאשר לאדם בעל חוש טעם ממוצע. נעים הרבה יותר ללמד תלמידים בעלי מוטיבציה ותשוקה ללמוד, מאשר תלמידים השואלים ללא הרף אם החומר הזה הוא למבחן.

הערך שהמקבל מעניק למה שקיבל הוא שיקבע את מידת השמחה של המשפיע. ככל שהמקבל מראה עניין אמיתי, הנאה וצורך בשפע של

3. כאן יש להוסיף הבהרה. אם כנים הדברים דלעיל, מדוע זה ישנה נטייה אנושית טבעית לברוח מאנשים שנתפסים בעינינו תלותיים או נזקקים מדי? הסיבה לכך היא ששמחת הנתינה נובעת מהתחושה שיש לי את הנדרש למלא את הצורך הזה. כשאנו מתמודדים עם "אדם ללא תחתית" אנו מאבדים את שמחת הנתינה כי לא משנה מה נעשה, לעולם לא נוכל למלא את חסרונו. במקום להרגיש כנותנים – מלאים ועוצמתיים – אנחנו מתחילים לחוש לא כשירים. זה אומנם לא פוטר אותנו מלתת ככל יכולתנו כאשר אנו יכולים, אבל זה משליך אור על התופעה הזו.

המשפיע, כך תהיה מידת השפעתו על המשפיע, על השפע שלו ועל רמת השמחה והחיוניות בעולם.

בפרדוקס מעניין, נראה כי במסוגלות שלנו להיות פגיעים טמון החוזק הגדול ביותר שלנו. דרך היכולת לקבל, אנחנו מעצימים את כמות האהבה, השפע והשמחה בחיינו.

בעוד כולנו (גברים וגם נשים) חשים אולי יותר בנוח בעמדת הכוח הזכרית של המשפיע, שבה אנו מרגישים בשליטה ורואים את עצמנו כעצמאיים, היכולת הנקבית של הקבלה, הנכונות לקבל את מה שניתן לנו, היא המפתח לאהבה ולקשר. המקבל הוא המחזיק את המושכות וקובע אם בכלל יהיה קשר. המקבל, בכך שפתח את עצמו לשפעו של המשפיע, בכך שהוא מוכן להיות פגיע, יוצר את החיים עצמם (הן במציאות והן בהשאלה).

בפרק הבא נבחן את תכונת היסוד של הכוח המקבל: הכרת הטוב. מעניין שהכרת הטוב אינה רק תכונה יסודית במצב הנקבי של המקבל; היא אף התכונה הבסיסית ביותר של היהודי האידיאלי.

סיכום

אנחנו מפחדים להעמיד את עצמנו במצב של "קבלה" משום שקבלה חושפת אותנו ומשילה מעלינו את מעטה השליטה. האומץ לעמוד חשוף הוא אות לכוח אמיתי. ההתעקשות שאנחנו יכולים לעשות הכול לבד היא סוג של עצמאות מזויפת, שאליה אנחנו בורחים כדי לשמור על חזית של חוסר פגיעות. אומנות הקבלה היא הפותחת דלתות של קשר, שפע ושמחה.

נתינה וקבלה נראות אולי במבט ראשון לא סימטריות – כאילו הנותן הוא החזק והפעיל, והמקבל הוא החלש והסביל. אבל העמקה מגלה שלמעשה יש קשר גומלין ביניהם. המעניק נותן למקבל, אבל המקבל נותן למעניק את מתנת ההענקה בזה שהוא מוכן לקבל את השפע. דפוס הנתינה והקבלה של האהבה הוא האורג שתי ישויות נפרדות לאחת.

פרק ו

הכרת הטוב – התכונה המגדירה את המקבל

אם קבלה היא תנאי מקדים לאהבה, אזי הכרת הטוב היא תנאי מקדים לקבלה. שלא כאמירת תודה, שלעיתים אינה אלא תגובה לנורמה חברתית, הכרת הטוב היא תגובה אינטואיטיבית לקבלה (בניגוד ללקיחה). כאשר אדם מאפשר לעצמו לצאת מחדר הבקרה ולהיות פתוח למתנות, נוצר רִיק. מילוי הריק גורם לזרימה של רווחה ושמחה המתורגמים להכרת הטוב. כשם שבשבת, כשאנחנו מפסיקים לרוץ וליצור ונכנסים למצב שבת, אנחנו מתעלים למקום של עונג, כך כשאנחנו מפסיקים לחטוף, לתפוס ולקחת, אנחנו נכנסים למצב של ״מקבל״ ומוצפים בשמחה ובתחושת רווחה שהן הכרת הטוב.

הכרת הטוב היא המתנה שהמקבל נותן למעניק. הכרת הטוב נותנת תוקף למתנה שניתנה, אבל גם לנותן המתנה עצמו.

אז מי נותן למי?

מבנה זה של נותן ומקבל מעלה שאלה מהותית. אם אכן הנתינה שבקבלה עוצמתית כל כך, מדוע זרם הכרת הטוב אינו זורם בכיוון ההפוך? בעצם השאלה ישנה התרסה כנגד כל קשר אנושי. מדוע להכיר טובה להורים – הרי לא ביקשתי להיוולד, ובסופו של דבר הם נותנים לי רק משום שיש להם צורך להעניק? למה להכיר טובה למורה, בשעה שאני נותן לו יותר ממה שהוא נותן לי? ומדוע להכיר טובה לבן הזוג, כאשר בסופו של דבר

הוא עושה הכול להנאתו האישית? בשורה התחתונה, האם המעניק הזה נותן לי, או לוקח ממני?

בשאלה זו טמונה סכנה אמיתית. כשאני מתחיל להרגיש שכולם נותנים לי רק לתועלתם האישית, קל מאוד להיכנס להלוך הנפש הצר הזה שבו אני חש שמנצלים אותי. אני מתחיל לראות את כולם כבעלי מניע נסתר – עושים הכול לטובתם האישית. הסביבה מתחילה להצטייר בעיניי כעדת ציפורי טרף הממתינה לעוט עליי ולמצוץ את לשד עצמותיי. אדם הנושא במוחו תפיסת עולם מעוותת כזו הופך להיות פצע מוגלתי גדול של טינה, הוא הופך להיות חשדן וצר אופק. מכיוון שהוא עצמו מודר מזרם האהבה החופשי – הטוב העולה על גדותיו הנובע מתחושת הכרת הטוב – הוא בטוח שכל העולם נגדו ורוצה לקחת ממנו.

איך משתחררים מתבנית חשיבה מחניקה וחשדנית זו? איך נחלצים מבִיצת הטינה והכעס? איך פותחים את סגור הארנק הרגשי, הננעל בעת שחשים מנוצלים?

התשובה טמונה בעצם מהותו של היהודי – שמתברר שהוא המקבל המובהק.

יהודי נקרא על שם בנה הרביעי של לאה אימנו – יהודה. לאה קראה לו כך על שם ש"הפעם אודה את השם" (בראשית כט, לה).[א] הודיה פירושה מילוי בתחושת הכרת הטוב על מה שקיבלנו, עד כדי הצפה והשתפכות של עונג ואושר. היהודי הוא זה המוכן להיות במעמד המקבל, ועצם שמו פירושו הכרת הטוב.

יש רק מוצא אחד

כמו הכוח הנקבי המתאפיין ביכולת לקבל, מהותו של עם ישראל היא להשתמש בהכרת הטוב כדי לחלץ אותנו מהצמצום המחניק של החשבונות האנוכיים הצרים, לעבר עולם של קשר ואהבה. כאשר אדם ממלא את עצמו בהערכה והשתאות על המתנות שהוענקו לו, לא נותר עוד מקום לטינה ולתרעומת בליבו.

כאשר אנו מאמצים השקפת עולם של הכרת הטוב, אין אנו מתכנסים ובורחים מפני העולם. להפך: האדם המכיר טובה – אם הוא מעניק המכיר בטובת ה"מקבל" שלו על כך שהוא מקבל את שיש לו להציע, ואם הוא "מקבל" המכיר בטוב שהמעניק נותן לו – פותח את עצמו לאהבה ולקשר.

למעשה, הכרת הטוב ותחושת מלאוּת ממריצות אותנו לתת לאדם הבא. בעוד לקיחה משאירה אותנו במצב של רעבון – כל מה שיש לנו לעולם לא יהיה מספיק – קבלה באמצעות הכרת הטוב ממלאה אותנו ומעוררת בנו השראה לתת לשפע שלנו לזלוג אל שאר העולם.

הדלק של מעגל הנתינה - הכרת הטוב

בעוד הלוקח, עם נטילתו המתמדת, הופך למומחה למיצוי כל מצב לתועלתו האישית, האדם הנותן – בין בצורה פעילה ובין בצורה של הכרת הטוב – מלא בזרם של אושר. באופן פרדוקסלי, הוא אף מכיר טובה על הזכות להעניק לזולתו!

הרב עזריאל טאובר ז"ל המשיל משל נפלא להמחשת הנושא. בשנות הזעם של השואה, יהודי אמריקני עשיר הוגה שיטה להציל בכספו יהודים רבים. הוא משחד את הנאצים, ותוכניתו יוצאת אל הפועל – הוא מציל קבוצה גדולה של יהודים ממוות ודאי. האושר שבהצלת אחיו ממלא את כל כולו, אבל העובדה היבשה היא שהמאזן השנתי מראה כי הוא יצא מההרפתקה עני ואביון.

יש שתי צורות שבהן יכול היהודי שלנו להגיב: הראשונה, המבט המצומצם – "אלוקים, עשיתי כל כך הרבה כדי להציל את בניך. כך אתה עושה לי?! לא מגיע לי יותר? איך זה תשאיר אותי רעב ללחם?".

אבל התגובה היהודית של המקבל המושלם תהיה – "אלוקים, אני כל כך מלא בהכרת הטוב אליך, שנתת לי את הרעיון ואת היכולת להציל את אחיי היהודים. רבים כל כך הם המתהפכים על משכבם בלילות מתוך כאב וצער על הנעשה ואין ביכולתם להושיע, ואילו אני זכיתי להציל רבבות יהודים. אני מלא באושר על שנתת לי, הקטן, את ההזדמנות להיות חלק ממעשה כל כך נאצל, מהיכולת להשפיע כך על העולם. אכן, בכך אמור להיות לי די. אני אפילו מתבייש לבקש עוד, אבל, אולי תוכל לשלוח לי מעט מזון להחיות את נפשי?".

ברמה האידיאלית, אפילו בשעה שהוא נותן, רואה היהודי – המודה האולטימטיבי – רק את מה שקיבל.

הדגש על מה שקיבל לעומת מה שנתן דומה לפתיחת ברז השפע. אין זה משנה מה הוא קיבל או לא קיבל – מבחינה אובייקטיבית, חייו תמיד מלאים בברכות לרוב. מאגר המשאבים שלו תמיד עולה על גדותיו – אם הוא מקבל ואם הוא נותן, הוא תמיד מקבל.

תודה לא־ל!

כאן טמון עומק הבנת המדרש: "כל הכופר בטובתו של חברו סופו שכופר בטובתו של מקום".[ב] אדם שאינו מכיר בטובה שקיבל מזולתו, שרואה רק את מה שהוא עצמו נתן ולא את מה שקיבל – מפתח תפיסת עולם מצומצמת, שאותה הוא מקרין אחר כך כלפי אלוקים. **אינני חייב לו דבר. אני כלל לא ביקשתי להיוולד, וכל מה שיש לי הוא חייב היה לתת לי בכל מקרה.**[ג]

מאידך גיסא, כאשר אדם מתחבר להודיה שביהדות, הוא מתמלא הכרת הטוב על המתנה הגדולה שנתן לו הבורא ברוב חסדו – החיים – בלי כל קשר לתנאי החיים. הכרת הטוב הזו מתגברת ועולה על גדותיה, עד לתחושה של "מה עוד אני יכול לעשות עבור הקב"ה?".

אומנם מי שמעניק לי מרוויח מההענקה שלו, אולם שרשרת ההענקה והקבלה היא אין־סופית, והרשות בידי לבחור אם קשרים אלו יחברו בינינו או יפרידו.

המקבל האולטימטיבי

מעניין לציין שהמילה נקבה שורשה נקב. הנקבה, כמו היהודי ששמו מעיד על היכולת להודות על ההשלמה שמשלימים אותו, מוגדרת בפתיחותה למילוי.[1] אימון של שרירי ההודיה שלנו אינו פעילות משעממת ומייגעת

1. מעניין שכל המילים הנגזרות משורש הודיה עניינן ביכולת האדם להעמיד את עצמו בעמדה של חוסר, של קעירות. אני נותן שבח ו**הודיה** על מה שחסר לי באופן אישי, אני **מודה** למי שנתן לי משהו שחָסַר לי, ו**מודה** שיש לי פגם, שמרמז גם על חוסר (ר' יצחק הוטנר, **פחד יצחק**, חנוכה ב).
נוסף על כך, השם יהודה מכיל את ארבע אותיות שם ה', אבל גם את האות דל"ת. על

שאנו מבצעים מתוך תחושה של מחויבות. לא מדובר ב"תודה רבה" שהגננת לימדה אותנו לומר (כדי שייתנו לנו עוגייה גם בפעם הבאה). הכרת הטוב עושה שימוש בכוח הנקבי של קבלה על מנת ליצור כלי קיבול לעונג.

מבנה החיים היהודי הוא מעין סדנת אימון להכרת הטוב. המשפט הראשון שיהודי מוציא מפיו עם פתיחת עיניו בבוקר הוא "מודה אני" – תפילה בת שתים־עשרה מילים, המבטאת את ההודיה שיהודי חש כשהוא מתעורר משנתו ליום חדש. לפני שהוא אוכל, לפני שהוא שותה, לפני שהוא מריח פרח, כשהוא רואה קשת בשמיים, היהודי מבצע תרגיל מדיטציה של הודיה, שמעוצב כך שייבנה אצלו רגש של התפעלות. אומנותו של המקבל טמונה ביכולת שלו להיות פתוח לקבלה – והביטוי הטבעי לכך הוא הכרת הטוב.[ד]

כניסה למרחב הנשי

היכולת ה"נשית" שלנו להרגיש הכרת הטוב משליכה לא רק על מידת ההנאה והקשר שלנו עם הקב"ה בעולם הזה; יש לה גם השלכות נצחיות.

בתבניתו הנוכחית, עולמנו הוא עולם גברי (עם רגעים קלים של כוח נשי, כפי שהרחבנו בפרקים הקודמים). אולם העולם הבא הוא עולם נשי, שם עצם מהות החוויה תהיה של עונג ואושר. למעשה, המטבע של עולם הבא – עולם התענוג – הוא ההודיה, משום שהודיה במהותה הפנימית היא היכולת להתענג וליהנות.

בפרפראזה על דבריו של הרב דסלר בספרו **מכתב מאליהו**[ה] מתארת שרה יהודית שניידר את חוויית העולם הבא כך:

> השמחה האקסטאטית של העולם הבא היא תחושה של הכרת תודה ההולכת ומעמיקה עד אינסוף. כל נשמה חווה גל אחר גל של תובנות לגבי הרכות, החמלה והאהבה שבהן כיוֵן ה׳ כל פרט בחייה, לאורך כל הדרך. כל שאלה נענית, כל מסתורין נפתר, וכל גל כזה נושא עמו הכרה חדשה וחווייתית של העומקים המופלאים של טוב ה׳. הנשמה רוטטת בתודה וזהו האושר שלה. היא מסוגלת

פי הגמרא במסכת שבת (קד, א) האות דל"ת מייצגת דַּלּוּת, שפירושה מחסור. יהודי מתאחד עם הקב"ה דרך נכונותו להיות דל – דרך הנכונות לא להיות בשליטה.

> אך בקושי להכיל את האהבה שהיא חשה, הן זו הבאה לקראתה מה׳ והן זו היוצאת ממנה כהכרת תודה.
>
> יש רגעים בחיי אדם שבהם הוא חש את השגחת ה׳, את אהבתו ואת חִנו בעיניו. תחושת רווחת קיום מאושרת עוטפת את הנשמה... זו, פי אינסוף, היא האקסטזה של העולם הבא.[2]

מתברר שכל התמודדות, כל קושי, כל מה שבכינו עליו כאן בעולם הזה, כל ההתנגדויות והבעיטות שהפעלנו למול נסיבות חיינו – כל אלו יתגלו פתאום לעינינו ככלי שהוביל אותנו להתגלות האלוקים. ההתפעלות שנרגיש והכרת הטוב שתמלא אותנו על שניתן לנו ליטול חלק בתוכנית הנצחית האלוקית הזו יציפו אותנו. ובדיוק במידה שהצלחנו לפתח את היכולת הנשית שלנו לקבל – להיות ״נשיים״ (נקובים) – כיהודים בעולם הזה, כך יהיה העונג בעולם הבא.

סיכום

הכרת הטוב היא המתנה שנותן המקבל למעניק.

היהודי הוא זה המוכן לעמוד במצב של קבלה, של חיסרון; עצם שמו מורה על ההודיה.

הכרת הטוב עושה שימוש בכוח הנקבי ליצירת כלי לחוויית העונג.

המטבע של העולם הבא, עולם התענוג, הוא הכרת הטוב – המצב הנקבי – משום שהכרת הטוב במהותה היא היכולת להתענג. ככל שנפתח את יכולתנו הנקבית להכיר בטובה, כך יגדלו כלי ההנאה שלנו לעולם הבא.

2. שרה יהודית שניידר, **אכילה כתיקון**, ירושלים: החברים של קול דממה דקה, 2010.

פרק ז

אומנות הנתינה

אם קבלה היא תכונה נשית ארכיטיפית, המבוססת על הקבלה הביולוגית של הנקבה את תרומת הזכר ליצירת הילד, הרי שהענקה פעילה היא התכונה הגברית הארכיטיפית. וגם אם אומנם מייצגת דרך החיים הנשית את העולם האידיאלי, לפי שעה אנחנו נטועים היטב בעולם הזה – הדורש דרך חיים גברית. גברים ונשים כאחד צריכים ללמוד להשתמש בתכונת ההענקה הגברית, בצורה בונה ולא הרסנית.

אפשר שהופתענו לגלות בפרקים הקודמים כי מה שנראה היה על פניו כנטילה, הוא למעשה אחד מאופני ההענקה העוצמתיים ביותר. באותה מידה נופתע אולי לגלות שפעולה, שעל פניה נראית כהענקה במלוא הדרה, היא באמת פעולה של נטילה. בפרק זה נגדיר מהי הענקה אמיתית, ונפרט שלושה קווי מתאר של מעניק אמיתי.

המתנה שלא מפסיקה לתת

שלא כמו נתינה מקבלת, שאותה תיארנו בפרקים הקודמים, נתינה פעילה טבועה בנו כרפלקס מתוך הרצון המהותי להידמות לבוראנו. כשאנחנו מלאים עד להתפקע בברכותיו של הבורא, כשאנחנו ניגשים לאחרים לברר איך אנחנו יכולים לעזור להם, ולא מה הם יכולים לתת לנו, אנחנו מוצפים בתחושה של זרימה - אנחנו מרגישים חיים.

הקב"ה יכול היה לברוא עולם נטול אשליה של עצמאות, עולם שבו היינו פוגשים את התלות המוחלטת שלנו בו. אבל ברוב טובו הוא

נתן לנו עולם בו נוכל לתרגל ולפתח את היכולת להידמות אליו – להיות דמויי אלוקים, עם בחירה חופשית ועם האפשרות לבחור להעניק, להשפיע ולתת.[1]

לתת כדי לתת

כדי לזכות בתואר "נותן" או "מעניק", על הנותן להיות מרוכז במילוי צרכיו של המקבל. על הנותן לתת אך ורק במטרה לתת.[א] כמו הילד שרוצה להרוויח נקודות זכות במבצע "מעשים טובים", ו"מסייע" לאישה זקנה לחצות כביש שהיא מעולם לא רצתה לחצות, שימוש במקבל כדי להתמלא בתחושה של נתינה הופך אותנו ללוקחים, לא לנותנים.

למעשה, כשמה שאנחנו נותנים, או האופן שבו מתבצעת ההענקה, אינו מועיל למקבל, לא זו בלבד שאנחנו לא נותנים – מחקנו בכך את עצם המקבל. הוא כבר לא קיים כאדם בפני עצמו, אלא ככלי לקבל את השפעתנו ותו לא.

בעוד על פניו נראה כאילו אני **נותן** ברוחב לב, למעשה אני **הלוקח**

1. זה עומק הסיבה שבגללה יצר הבורא מערכת שבה האדם לא רק מרוויח את לחמו, אלא אף "מרוויח" – באמצעות קיום המצוות – את שכרו בעולם הבא. על ידי יצירת מערכת שבה אנו לא חשים תלויים בנדבות, הבורא מאפשר לנו לבטא את הצד הנותן שלנו, ולא את הצד הנוטל שלנו. הפסוק "אדם לעמל יולד" (איוב ה, ז) נשמע לנו אולי לא מפתה – כמה אנחנו רוצים חיים נוחים וקלים! – אבל האמת היא ש"עמל" הוא מתנה גדולה, משום שרק באמצעות עמל וטורח להשגת צרכינו – ולא על ידי נטילה – נוכל לחוש את תחושת העצמאות הנפלאה של המעניק והמשפיע. "אדם רוצה [=מעדיף] בקב [=מידת נפח] שלו [=מתוצרתו] מתשעה קבים של חבירו" (בבא מציעא לח, א). לא את הכמות מחפש האדם, אלא את ההרגשה הנפלאה של חיות, מלאות ועצמאות.
בהתבוננות מעמיקה, יש כאן תובנה מרתקת על הרעיון שהקב"ה "מדקדק עם הצדיקים עד כחוט השערה" (במדבר רבה כ, כד). אם אושר הוא תוצאה של ההרגשה שאני מלא שפע, הרי שקבלה של משהו בחינם הורסת את האושר הזה. קבלה של נדבה הופכת אותנו להפך מ"המעניק" האלוקי שאנו שואפים להיות. לאנשים צדיקים, שכל ימיהם עמלים להיות "מעניקים", מגיע שלא לסבול את הצער שבקבלת נדבה. לנו, שאר יצורי העולם הפגומים והחסרים, לא יכול הבורא להעניק רק את המגיע לנו, משום שאז נישאר עירומים וחסרי כול. לכן הוא, ברוב חסדו, מעניק לנו הרבה יותר מ"המגיע לנו". אין ברירה אחרת, אף שיש בכך סכנה שנעמיק עוד יותר לשקוע בתפיסה הגורסת שאנחנו מרכז העולם. אבל לצדיקים, המתענגים על האושר שבלהיות דומים לאלוקים, ניתנת הזכות להרוויח את קיומם ביושר, ועל כן נידונים הם ברמת דקדקנות של "חוט השערה".

הגדול ביותר. אני שר בקולי קולות בקולי הערב בעוד חבריי לחדר נמים את שנתם, אני מדבר ומסביר עוד ועוד בשעה שבן שיחי משועמם להחריד, אני מתעקש שאורחיי יאכלו את שבישלתי אף על פי שאינם רעבים, וכדומה.

בכל הדוגמאות הללו, אני יכול לקרוא לעצמי בצדקנות "מעניק". האם לא שרתי בהתלהבות בקולי הערב? (אכן, אך השירה העירה את כל חברי החדר שביקשו שאשתוק). האם לא הסברתי את המושג המסובך לשומעי לקחי? (אף שהם נרדמו תוך כדי האזנה). האם לא בישלתי ארוחת גורמה מפוארת לאורחים (אף שגרמתי להם להרגיש אשמים עד שהם אכלו ממנה למרות היותם שבעים)?

בעוד המעניק, בהידמות לאלוקיו באופן מעשי, **נותן חיים**, הלוקח – בין אם הוא לוקח בהתעלמו מהנותן, ובין אם הוא לוקח בהתעלמו מהמקבל – במובן מסוים **נוטל חיים**, בשלילת אנושיותו של הצד השני של האינטראקציה.

מכיוון שהיות נותן בסיסית כל כך למהותנו האלוקית, מודעות עצמית היא קריטית. הענקה אמיתית לעולם אינה נבחנת בהעברת חפץ ממקום למשנהו. המבחן האמיתי הוא מה קורה בתוך הלב.

שיהיה לך יום נפלא!

התרבות המערבית הצליחה לשכלל את אומנות הנטילה כך שתיראה כהענקה. לדוגמה, הכלל שלפיו "הלקוח תמיד צודק" אינו מיועד ללקוח. כל מטרתו אינה אלא להחזיר את הלקוח לחנות כדי לזכות בכספו, פעם אחר פעם.

לפני שנכנסנו לעידן ה"אני במרכז", אפשר היה לדמיין חקלאי, שבבעלותו פרדס תפוזים עסיסיים. בהיותו מלא בשפע, אותו חקלאי משתוקק להשפיע. כמובן, הוא מצפה לתמורה עבור התפוזים שלו – לכל מעניק מגיעה ההכרה בערך השפע שאותו הוא מעניק.[2] כסף (או כל חלופה שלו) הוא ביטוי מוחשי לזה שהמקבל מעריך את מה שקיבל.

---

2. למעשה, הכרה זו, בדמות כסף או תודה, היא ההנאה הלגיטימית היחידה שהנותן יכול לקבל מהעסקה תוך שמירה על מעמדו כנותן. ההכרה שמציע המקבל – תהא צורתה אשר תהא – מאשרת את ערכו של השפע, ולמעשה מגדירה את השפע כשפע! אכן, הנותן האמיתי מעריך את מתנתו הערכה רבה מכדי שיסכים לבזבז אותה במקום שבו אינה מוערכת. חשוב להדגיש כי ההכרה בשפע שהוענק יכולה ללבוש צורות רבות – היא יכולה להיות חיוכו של תינוק לאחר האכלה, הבעת העונג על פני האדם כשהוא מאזין למוזיקה שלך, והמוכנות לשלם עבור מה שמוצע.

החקלאי שלנו אינו מנסה למהול במים את מיץ התפוזים שהוא סוחט כדי להרוויח יותר. הוא אינו מנסה להעלות את המחירים בהדרגה מבלי שהלקוחות ירגישו. כמעניק, הוא מעוניין להעניק את התמורה המלאה עבור מה ששילמו לו. בסופו של יום עבודה, הוא הולך הביתה מלא בתחושה טובה שזכה להיטיב באמצעות עבודתו הקשה וגם זכה להערכה. הוא גאה בכך שהוא סוחט את טיפת המיץ האחרונה מהתפוזים שלו, ולא מהלקוחות שלו; הוא מתמלא סיפוק מהענקה של דבר שווה ערך.

לעומתו, המשווק בן ימינו אינו **ממלא** צורך, הוא **יוצר** אותו. הוא מנסה לשכנע אנשים תמימים שהם זקוקים למשהו, בשעה שאינם זקוקים לו כלל. הוא מנסה לשפר את מראה המוצר כדי שייראה טוב יותר משהוא באמת, ואז מתגאה בכך שהצליח לגרום לקונה להוציא כסף רב ככל האפשר. הפרסומת אולי צועקת "צפו ליותר, שלמו פחות", אבל משמעותה האמיתית היא: "אנו לוקחים יותר ונותנים פחות".[3]

מכיוון שאנחנו חשים באופן אינטואיטיבי שהענקה היא אלוקית, ולקיחה (לא קבלה) נובעת ממקום נמוך יותר בתוכנו, אנו נרתעים מסוג כזה של נתינה מזויפת. סיפורים על הקרבה עצמית של הורים כלפי ילדיהם יכולים לרגש אותנו עד דמעות, אולם ההערכה הופכת לסלידה כשההורה מתגלה כמשתמש ב"נתינה" כדי לסחוט תשומת לב מהילד. הבדיחות הרווחות על האמא ("לא אכלתי עשרה ימים מרוב שחיכיתי לטלפון שלך, ופחדתי לענות עם אוכל בפה") או על המוכרת בחנות ("את נראית כמו נערה!") הן ביטוי ציני לסלידה החברתית מן הנוטל המסתתר מאחורי מסווה של מעניק.

כל נטילה שלנו מחלישה את יכולתנו להעניק

בכל פעם שאדם לוקח דבר מה מבלי להשיב תמורתו – הערכה, תודה או תמורה ממשית – הוא מחליש את יכולות הנתינה שלו.[4] "קְנֵה אחד, קבל אחד במתנה" – גימיק פרסומי מבריק. אבל אולי אני לא רוצה לקבל מתנה

3. רוב הדוגמאות בפרק זה לקוחות מספרו של הרב אמיתי פויכטוונגר על משפיע ומקבל, שעודנו בכתובים.

4. זהו עומק ההבנה של מאמר החכם: "שונא מתנות יחיה" (משלי טו, כז). נתינה היא עצם מהותנו האלוקית, ומכיוון שכך, מי שמחפש לקחת מאחרים מנתק עצמו מצלם

"בחינם"? אולי אני רוצה לבטא את הכרת התודה שלי? נותן אמיתי הופך כל אינטראקציה להזדמנות לנתינה.

אדם מכור הוא דוגמה קיצונית למי שעבר לגמרי לצורת החיים של לוקח. המכור חי את חייו כמו שואב אבק, שואב אל תוכו יותר ויותר ממושא ההתמכרות שלו. צרכיו הופכים למיקוד חייו. אדם מכור, מעצם הגדרתו כמכור, אינו יכול לאהוב מישהו אחר, משום שכל חייו סובבים סביב מילוי החסר הבלתי־נגמר שלו, ואין בו פינה אחת עבור אדם אחר העומד מולו. הוא יכול להבטיח שיהיה במקום כלשהו בשעה מסוימת כדי להסיע אותך, למשל, אבל אם הצורך שלך מתנגש עם הצורך במנה הבאה שלו – כל הבטחותיו יתנדפו.[ב] הצורך שלך אינו קיים מבחינתו.

לעומתו, אדם המנתק את עצמו מכל תלות חיצונית, שאינו מנוהל על ידי דחפיו הבלתי־נגמרים, שכל מה שמעניין אותו הוא מה הוא יכול לתת (ובכלל זה נתינה על ידי קבלה) – מגביר את חוויית החיות שלו.[ג] ככל שהוא נמצא יותר במצב של נותן ולא של לוקח, כך הוא יותר קשור לאהבה – מקור החיים.

לתת יותר מדי – האם קיים דבר כזה?

אנשים מפחדים להפוך להיות אסקופה נדרסת, "פראיירים" בלשון העם. שמא אם אתן יותר מדי, אנשים פשוט ידרכו עליי וינצלו אותי.

אבל מעניק אמיתי לעולם לא יוכל להיות פראייר. פראייר הוא מי שחש שהוא נותן ונותן, ואינו מקבל דבר בתמורה. אבל אם אדם מרגיש כך, סימן שהוא לא באמת נתן. הוא התנהג אולי כנותן, אבל בפועל ציפה

האלוקים שלו. הוא הופך לנוטל – ואין דבר שיכול להרחיק אותו מצלם האלוקים שלו יותר מנטילה.

חשוב להזכיר כאן את ההבדלים בין "לוקח" ובין "מקבל": קבלה מַכּירה בנותן ומשתמשת במתת כדי להעניק לנותן את המתנה של הכרת הטוב כלפיו. כאמור, "קבלה" אמיתית היא למעשה נתינה, מה שאומר שסירוב לקבל מתנה עלול להיות נטילה. כאשר קשישה בבית אבות מציעה לך מחרוזת מעשה ידיה; כשהילד מגיש לך ארוחת בוקר על מגש; כשהשכנה מציעה לקחת את הילד לגן איתה כי היא מעוניינת בקשר איתך – קבלה של כל אלה היא למעשה פעולה של נתינה הנראית מבחוץ כאקט של לקיחה.

נוטל רואה את עצמו במרכז היקום, וכל שפע העולם עומד מוכן לימינו ובשבילו. כשקדמונינו צבעו בגוון כה שלילי קבלת מתנה, הם דיברו על "מתנה" כסמל לאדם מרוכז כולו בעצמו ובאשר הוא יכול לקחת.

כל העת לתמורה. אולי רצה כבוד; אולי הערכה או תשומת לב; אולי כָּמַהּ להרגיש שזקוקים לו – הוא ציפה לתמורה ומשלא קיבל אותה, חש מנוצל.

מעניק אמיתי לא נותן על מנת לקבל. מעניק אמיתי נותן על מנת לתת – ונתינה פירושה הענקה, ללא תנאים או הגבלות. נותן אמיתי נותן בשביל טובתו של המקבל, ולא כדי לקבל דבר מה בחזרה. אמת, אין לבזבז שפע על מי שאינו מעריך אותו – מחשש של איסור "בל תשחית".[ד] אולם כל עוד הוא יודע שהשפע שלו מוערך ורצוי למקבל, אין הוא זקוק לתמורה. הוא אף פעם לא חש מנוצל, משום שהוא תמיד נתן רק על מנת לתת – לא כדי להשיג רווח עצמי.

ה"נותן" הרודף אחרי הילד עם מצקת מרק, ומתלונן בו בזמן על גבו הדואב מֵעמידה ממושכת כדי לבשל מרק מזין, אומר למעשה: "בישלתי את המרק כדי לקבל ממך הכרה / תשומת לב / אהבה. לא למענך בישלתי אותו, לא לצרכיך, אלא לצרכיי". אם המרק היה מעשה אמיתי של נתינה, לא היו נכנסות לכאן האשמות ומניפולציות.

מודעות למטרות האמיתיות שלנו היא המפתח למעבר מעמדת ה"לוקח" לעמדת ה"נותן". להלן שלושה מאפיינים של נותן אמיתי.

שלושה מאפיינים של משפיע אמיתי

1. אחריות: משפיע אמיתי חש תחושת אחריות כלפי השפע שלו. בין אם מה שיש לי לתת הוא כישרון מוסיקלי, מרק חם או תובנה – השפע יקר, ואין לבזבזו לריק.

מעניין לציין כי יש לבני אדם נטייה אינסטינקטיבית לסלוד מבזבוז – למראה תוצרת משובחת המושלכת לים כדי לשמור על מחירי השוק אנו מצטערים – גם כשלנו אישית אין זה משנה לכאן או לכאן. אכן, נותן המעריך את שיש לו, לא יניח למתנה שלו להתבזבז לריק – לא על ידו עצמו, ולא על ידי אחרים.

2. מיקוד: משפיע אמיתי מרוכז לגמרי בצרכיו של המקבל ולא ברווחי עצמו. המקבל וצרכיו קודמים לכל דבר, גם במחיר הוויתור על ההנאה של ההענקה בעצמה. כמו הגשם היורד על קרקע יבשה וקשה, שפע המוענק מבלי להביא בחשבון את צרכיו ואת כלי קיבולו של המקבל, יכול לזרוע מוות והרס במקום חיים וצמיחה.

3. משמעת עצמית: משפיע אמיתי, אף על פי שהוא משתוקק לשחרר את השפע שלו, נותן אך ורק מה שצריך במועד שצריך. אף שהוא מבקש לשיר גם כשהאדם האחר עייף, להגיש מרק גם כשהאחר אינו רעב, לחלוק את התובנה המדהימה שלו גם כשהיא אינה נצרכת, המשפיע האמיתי מתמקד בצורכי המקבל, שולט ברצונו לתת, ונותן רק בהתאם לצורכי המקבל.

דמיינו משפחה ענייה שיש ביכולתכם למלא את כל צרכיה. אם ביום בהיר אחד תתפרצו לבקתה המטה לנפול שלהם, עם מאות קרטונים מלאים בכל טוב, אפשר שבמקום לעזור, תזיקו. אולי כל השפע שאתם מפזרים עליהם ימחץ אותם. רבות הן הדוגמאות לאופן שבו סוג זה של נתינה הזיק.[5] היא עלולה להרוס את האיזון של מערכת היחסים ולגרום להם להרגיש מחויבים כלפיכם; הם עלולים לבזבז ולכלות את מה שניתן להם משום שאינם רגילים לשפע כזה; הם עלולים לאבד את הדחף והיוזמה שלהם ולהפוך לתלויים ונזקקים; ועוד.

הנותן, בשומעו את כל הסיכונים שבנתינה שלו, עלול לוותר על הרעיון. "לא חשוב. מסובך מדי. פשוט לא אתן להם וזהו". אבל המעניק חייב להיות אחראי לשפע שלו. הוא לא יכול פשוט להחליט לא לעשות בו שימוש. המעניק חייב להראות שליטה עצמית על ידי נתינה מושכלת, לפי מידת כלי הקיבול והצרכים של האדם שמולו, ולא על פי הרצונות האישיים שלו – לעשות את זה מהר, ולסיים.

בלי שלוש התכונות הללו, המעניק הופך ללוקח. במקום שהמעניק יעניק למקבל, המקבל נמצא שם, ומשמש את הנותן לצרכיו האישיים.[6]

ההבדל בין מעניק שנותן בשביל לתת לבין מעניק שנותן על מנת לקחת מסתכם במילה אחת: מחויבות. מעניק אמיתי הוא אדם מחויב. הוא מחויב ל"שפע" שלו – שלא ילך לאיבוד; הוא מחויב למקבל שלו – לתת

5. אחת הדוגמאות הקלאסיות והטרגיות אירעה לאחר מלחמת העולם השנייה, כשחיילי בעלות הברית העמיסו על ניצולי מחנות הריכוז שוקולד ומאכלים כבדים אחרים – מזון שאחרי שנים של רעב, הקיבה שלהם לא יכלה להתמודד איתו; למרבה הצער, רבים מהם נפחו את נשמתם כתוצאה מנתינה זו.

6. דוגמה מעניינת לנתינה כאמצעי ללקיחה אפשר למצוא במערכות פוליטיות מסוימות כמו מערכות "האיש הגדול" הנהוגות בפפואה גינאה החדשה. "האיש הגדול" נותן מתנות גדולות בהרבה ממה שהמקבלים יכולים להחזיר לו, ובזה משפיל אותם וקונה את מעמדו הפוליטי.

לו בדיוק מה שהוא זקוק לו; ומעל הכול – הוא מחויב למי שנתן לו את כל השפע שיש לו להעניק.

ארוג בצפיפות

בדינמיקה מרתקת, כשהמעניק מכוון את עצמו לצרכיו של המקבל, הוא גם הופך להיות מודע יותר לעצמו, ומתחיל לשים לב כמה הוא עצמו נהנה מכך שהמקבל נהנה מהשפע שלו. הוא מתחיל להכיר טובה למקבל על שהוא מקבל ממנו, ובזה מניע את מעגל ההענקה־קבלה, שבכוחו לחבר שני אנשים נפרדים לקשר של אהבה ואחדות.

אחד המרצים הנודעים בעולם התורה תיאר איך אימץ לעצמו הרגל: הוא משתתף בקביעות בהרצאות בתור מאזין בקהל. "אינכם יכולים לדמיין עד כמה קשה למי שנמצא תמיד על הבמה, מרצה בפני קהל ענק ומעריך, להיות סתם אחד בקהל ולהאזין למרצה אחר", סיפר. "רק השמירה על הפה שלי שלא ייפתח דורשת משמעת עצמית רבה. אבל יותר מזה, אני עובד על עצמי כדי להקשיב ממש ולנסות להעריך את מה שאני שומע. אני מרגיש שההרגל הזה חיוני עבורי, לבל אהפוך לאוטומט שפשוט שופך את השפע שלו בלי להיות מודע למי שמולו".

במפגשים הרבים שלנו עם אנשים במהלך היום־יום אנחנו עוברים הלוך וחזור ממצב מעניק למצב מקבל, אפילו תוך כדי שיחה אחת עם אותו בן אדם. ההדדיות הזו יוצרת סימטריה ומעודדת שוויון וחיבור.

חברה משתפת: מכיוון שאני מבוגרת מחברתי דינה, היא שואלת רבות לדעתי בנושאי חינוך ילדים. אני, מצד שני, נדהמת מהידע שלה על אכילה בריאה. לדינה תואר של תזונאית מוסמכת, ובמשך כמה שנים למדה על גישות הוליסטיות שונות לתזונה נכונה. היא יודעת הרבה על מזונות שונים והאופן שבו הם מתמזגים זה עם זה, וכן על ההשפעה של האוכל על רמת האנרגיה של האדם.

כשהיא מבקשת את עצותיי בחינוך ילדים, אני חשה את עצמי עוברת לעמדת המשפיע. אני מנסה להבין מה בדיוק היא צריכה לשמוע ולא להעמיס עליה בעצות כדי שלא תתבלבל. לאחר מכן, כשאני מבקשת

את עצותיה על הדיאטה שלי, אני מוצאת את עצמי עוברת למצב של מקבל – מאזינה היטב למה שהיא אומרת ומנסה לשים לב לניואנסים של דבריה. אני מוצאת את עצמי מעריכה אותה על הזמן שהיא מקדישה לי, ועל ההסברים הברורים והמסודרים שלה.

הסוד הוא לדעת מתי והיכן לעשות שימוש בכל מיומנות.

כאשר המשפיע הוא מעניק אמיתי, מודע בכנות למתנת ההערכה שהמקבל **מעניק לו**, וכאשר המקבל מוכן להיחשף בחסרונו לשפע של המעניק, והוא מעריך ומוקיר את מה שקיבל, מעגל הקבלה וההענקה זורם הלוך וחזור ללא גבול, אורג בכך את שתי הישויות הנפרדות הללו לאחת, המחוברת על ידי אהבה.

עולמות מקבילים

כמו כפפה המכסה על היד, כך מכסה העולם הפיזי על המציאות הרוחנית.[ה]

אפשר לראות בבירור איך ההענקה הגברית ביצירת ילד היא מטאפורה עוצמתית לנתינה כנותן, או לנתינה כנוטל. מעשה אונס, למשל, הוא מעשה של נתינה שבו המקבל נמחק לגמרי – לקיחה בצורה אכזרית ביותר. ומאידך גיסא, ההלכות הרבות המפרטות את מחויבויותיו של הבעל לאשתו במסגרת חיי נישואין ממחישות איך מעשה הענקה עשוי לאחד שני אנשים נפרדים.[7]

לסיכום: בָּחַנּוּ שתי בחינות של צלם אלוקים – הבחינה הגברית והבחינה הנשית. גילינו שהכוח הנשי מתמקד בהוויה, בהרמוניה ובשלמות,

---

7. הקורא הנבון יבחין בוודאי איך האפיונים המגדירים את ה"משפיע" (אחריות, התמקדות, משמעת עצמית ומחויבות) מתבטאים בהלכות המתייחסות לגברים. כאמור וכנשנה חשוב מאוד ששני המינים יתאמנו בשתי האומנויות (אומנות המעניק ואומנות המקבל), אבל ההלכה מושקעת במיוחד בחיזוק תכונות אלו אצל גברים, אולי בשל הכוח ההרסני של המעניק המרוכז בהנאה שלו עצמו, ולא של המקבל.

הוא מוכוון תהליך, פתוח לקבל ולהתענג. הכוח הגברי מתמקד בעשייה ולא בהוויה, הוא מוכוון תוצאה, תכליתי, מעניק פעיל וחייב להיות ממושמע כדי להיות יעיל. למדנו הן על הספירלה, המסמלת איזון בין שני הכוחות, והן על נזילות תפקידי המשפיע והמקבל אצל גברים ונשים, כשהתפקידים מתחלפים אצלם כל העת. למדנו כמה חשוב הן לגברים והן לנשים להבין כל אחד מן הכוחות, לדעת איך להשתמש בכל אחד מהם, ובמיוחד לדעת מתי להשתמש בכל אחד מהם. בחלק הבא, נבחן פן נוסף של הריקוד הקוסמי האין־סופי בין שני הכוחות הללו.

סיכום

הענקה פעילה מתחברת לרצון המהותי שלנו להידמות לאלוקים. כדי להיות מוגדר כנותן, על המעניק להיות מרוכז בצרכיו של המקבל ולא בצורך שלו להעניק. מעניק אמיתי לעולם לא יהיה "פראייר" משום שהוא אינו נותן על מנת לקבל תמורה.

שלוש תכונות המגדירות משפיע הן אחריות, התמקדות מוחלטת בצורכי המקבל ומשמעת עצמית. ההבדל בין נותן על מנת לתת ונותן על מנת לקחת טמון במילה אחת – **מחויבות**.

חלק 3
זכר ונקבה בברכות השחר

אף על פי שבמשל הרב־שכבתי שהוא העולם שלנו מייצג הכוח הנשי את הממד הגבוה יותר, בעולם הזה הוא עדיין נתפס בדרך כלל כנחות. למעשה, אפילו ביהדות השואפת לַספירלה השומרת על המתח בין שני הכוחות הללו – מתן ערך שווה לכל אחד – אפשר לחוש ירידת ערך לכוח הנשי. תחושה זו מקבלת ביטוי עז בנוסח ברכות השחר, שבהן מברך הגבר "ברוך אתה ה'... שלא עשני אישה". אם כנה הנחת היסוד שלנו שהכוח הנשי הוא סמל לעולם מתוקן, וישנה מערכת המבטיחה ששני הכוחות יישמעו, איך אפשר להבין ברכה זו שנראית כשוללת הערכה חיובית של האישה?

ולא פחות חשוב: אם עם ישראל משול בדרך כלל לנקבה ביחסו לקב"ה המשול לזכר,[1] מה מקומם של גברים בפרדיגמה הזאת? אם האנושות היא נשית ביחס לאלוקים זכר, איך משתלבים גברים במָשל?

שתיים מברכות השחר שגברים ונשים מברכים מדי יום – "שלא עשני אישה" / "שעשני כרצונו" – פותחות בפנינו צוהר לדינמיקה בין שני הכוחות המנוגדים הללו במפגש שלהם לקראת השלמה הדדית. דרך הברכות האלו,

1. כפי שצוין לעיל, הדוגמה הקלאסית ביותר לעניין זה היא מגילת שיר השירים, שבה, על פי מסורת חז"ל, הרעיה היא עם ישראל והדוֹד הוא אלוקינו.

נגלה רובד נוסף של הריקוד הקוסמי האין־סופי בין גבר לאישה.

בשני הפרקים הבאים ננתח את שתי הברכות הללו על רקע סידור התפילה, ונראה איך הן עולות בקנה אחד עם הנחות היסוד שלנו ואף מאירות צדדים נוספים שלהן.

פרק ח

ברכת האיש - מחנה אימונים לגברים

סידור התפילה היהודי ייחודי בכוחו לעצב את אופני החשיבה ואת הנוף הפנימי של העם היהודי. יש בדברים שאנו אומרים מדי יום, ולעיתים שלוש פעמים ביום, כוח לעצב את תפיסות העולם שלנו ואת האופן שבו אנו מגדירים את עצמנו.

דיבור הוא ערוץ דו־סטרי. אנו נוטים לראות דיבור כביטוי חיצוני של הפנימיות שלנו. אולם האמת היא שדיבור גם נותן ביטוי והמחשה לרעיונות מעורפלים שלא תמיד יודעים אנו על קיומם; הדיבור מגשים את בדלי המחשבות, הקיימים־ולא־קיימים בתודעתנו. על ידי ביטוי מילולי של מילים אנו מעניקים להן קיום.[א] [1]

כאשר אנו מתפללים במילים שתיקנו לנו חז״ל, אנחנו לא רק מבטאים רעיונות שכבר קיימים, אנחנו גם מפנימים אותם ונותנים להם קיום בתוך חיינו. מנקודת מבט זו, הסידור הוא גם כלי שדרכו חז״ל מבקשים לעצב את

1. דוגמה מעניינת לכך הוא סיפורה של הלן קלר, שהייתה עיוורת־חירשת מלידה; בחלק הראשון של ילדותה היא חיה בבועה בלתי חדירה. היא חולצה ממערת הבדידות שלה על ידי אן סאליבן, שלימדה אותה שפת סימנים אשר יכלה להרגיש בכפות ידיה, וכך לתקשר. באחד הספרים שלה מתארת קלר את זיכרונותיה מהשנים שלפני שלמדה לתקשר, וטוענת שהדבר היחיד שהיא זוכרת מאותה תקופה הוא כעס וזעם בלתי נשלטים. כל גוני הרגש, כמו קנאה, בדידות, אכזבה ועצב – מנועים היו ממנה, עד שניתנה לה שפה לבטא אותם.
הגייה במילים, המרה לתבנית שפתית כלשהי, היא המולידה את המחשבות והרצונות המתהווים שלנו.

התודעה היהודית. העמקה במילות התפילה תספק לנו אפוא תובנה באשר לאותה תודעה שחז״ל ביקשו להנחילנו.

בָּרוּךְ אַתָּה ה׳ אֱ־לֹהֵינוּ מֶלֶךְ הָעוֹלָם
אֲשֶׁר נָתַן לַשֶּׂכְוִי בִינָה לְהַבְחִין בֵּין יוֹם וּבֵין לָיְלָה.
בָּרוּךְ אַתָּה ה׳ אֱ־לֹהֵינוּ מֶלֶךְ הָעוֹלָם
שֶׁלֹּא עָשַׂנִי גּוֹי.
בָּרוּךְ אַתָּה ה׳ אֱ־לֹהֵינוּ מֶלֶךְ הָעוֹלָם
שֶׁלֹּא עָשַׂנִי עָבֶד.
בָּרוּךְ אַתָּה ה׳ אֱ־לֹהֵינוּ מֶלֶךְ הָעוֹלָם
שֶׁלֹּא עָשַׂנִי אִשָּׁה.

הברכה הראשונה: ״הנותן לשכוי בינה״ – תרנגול עם לב

בברכת השחר הראשונה, הנאמרת לאחר ברכות התורה, אנו מודים לבורא על שנתן לתרנגול (או: ללב האדם; כן, למילה שֶׂכְוִי שתי משמעויות[ב]) את היכולת להבדיל בין יום ולילה.

מה שהופך את יכולתו של התרנגול להבחין בין יום ובין לילה לראויה לאזכור בברכות השחר הוא שהתרנגול מזהה ״יום״ הרבה לפני האדם הממוצע. התרנגול מתחיל את קריאתו כשבחוץ עדיין שולט שְׁחור הליל. רגע לפני עלות השחר – בשיא ״עלות השחור״ – מודיע הַשֶּׂכְוִי לעולם שהבוקר מגיע.

היכולת להבחין באור כשהעולם עודנו שרוי בעלטה העמוקה ביותר, היא נמשל עוצמתי לשליחותו של היהודי.

לעיתים קרובות נִתָּקֵל במשהו שנראה נהדר מבחוץ, אבל בעין בוחנת נגלה שהוא רוחש תולעים. פעמים אחרות, משהו שנראה שחור, כהה ומכוער, עשויה עין בוחנת לגלות את יופיו.

היהודי מתעורר בבוקר ומביע את התפעלותו מן היכולת שלו לראות מתחת לפני השטח, יכולת שהיא אולי הכלי החזק ביותר בארגז הכלים היהודי. כשהוא נכנס לזירת ההתגוששות היומית השוחקת והתחרותית, הוא מודה לאלוקיו על היכולת להביט אל מעבר לחיצוניות, ומכיר בכך, שכיהודי, אל לו לשכוח לעולם שחושך עשוי להסתיר אור.[ג]

הברכה השנייה: קשה אבל טוב

הברכה הבאה, המודה לאלוקים על "שלא עשני גוי", ומתחרה בחוסר הפופולריות שלה רק עם ברכת "שלא עשני אישה", מעוררת התנגדות גם בשל נימת ההתנשאות העולה ממנה, לכאורה. מדוע להודות על שאיננו גויים, כשאנו מבקשים להודות על היותנו יהודים? אם שמחים אנו ביהדותנו, הבה נאמר זאת – למה לזלזל בגוי?

אלא שאם נשוב להנחת היסוד שלנו כי ברכות השחר לא רק מבטאות את עולמו הפנימי של היהודי אלא גם מעצבות אותו, אולי נוכל להבין מדוע הברכה מנוסחת על דרך השלילה.

היצור האנושי הוא פרדוקס מבלבל של רגשות מנוגדים המושכים אותו לכיוונים שונים. כיהודים, אנו חשים לפעמים רגשות סותרים כלפי יהדותנו. מחד גיסא, אנחנו מאושרים על היותנו העם הנבחר ומכירים במתנות שבתורה ובמצוותיה. ומאידך גיסא, לפעמים יש בנו קול אחר, הרוצה שחרור מן העול הכרוך בלהיות יהודי.[2]

ברמה מסוימת התגובה להיותנו נבחרים היא: "תודה, אין צורך". נחמד שבחרת בי לייצג אותך בעולם – אבל האמת שאני פשוט מעדיף לחמוק לאנונימיות, מחוץ לאור הזרקורים, ולעשות ככל העולה על רוחי, לא רוחני ובר חלוף ככל שיהיה.

מצד אחד אנחנו מצהירים בחדווה: "אשרינו, מה טוב חלקנו". ומצד שני אנחנו מכנים את המצוות "**עול** מלכות שמיים".

שני הרגשות הללו, הסותרים לכאורה, הם רקע לחייו של היהודי: מצוות הן אכן עול של אחריות. אילו מילים חיוביות ניתן לומר על עול של 613 מחויבויות המוטלות על כתפינו? הרי בקלות אפשר לחוות את המצוות כ־613 מגבלות במרוץ אחר הנאותינו!

ועם זאת, למרות ההתנגדות הפנימית, יודע היהודי כי "עול" זה הוא

2. המהר"ל (**תפארת ישראל** כז) מסביר שזו הסיבה להבדל בין שמו של חג השבועות בתורה לשמו אצל חז"ל. התורה קוראת לו "יום הביכורים", וחז"ל קראו לו "זמן מתן תורתנו". הקב"ה לא מבקש מאיתנו לעשות חג לרגל קבלת עֳלָן של 613 מצוות- 613 אחריויות הנוחתות על כתפינו. הוא מבקש שנחגוג את מועד הקציר. אבל חכמים, המבינים שעול התורה ומצוותיה הוא מקור כל הברכות כולן, יכולים לבחור לקרוא לשבועות "חג מתן תורה".

המקור והשורש לכל דבר טוב ויפה בחייו. המצוות, לא רק שאינן מפריעות למרדף אחר ההנאה – הן עצמן מקור להנאות. היהודי יודע שעומק ההנאה שאליה אפשר להגיע עם המצוות עולה לאין שיעור על ההנאה האפשרית בלעדיהן. אבל זה אינו משנה את העובדה שהרצון להיות חופשי וחסר מעצורים הוא דחף אנושי בסיסי. הידיעה שמשהו טוב עבורי לא תמיד מתורגמת לתחושות חיוביות.

כשיהודי מודה לקב"ה על שלא עשהו גוי, הוא לא רק מודה על היותו יהודי. הוא מאשר לעצמו, בקול רם וצלול, שאף שיש בו חלק שרוצה להיות "חופשי" – שמעדיף להיות לא משועבד ל־613 מצוות (כמו גוי, שנדרש רק לקיים שבע[ז]) – הוא בוחר שלא להזדהות עם החלק הזה.

בברכות השחר מצהיר היהודי כי בבינתו דמוית השכווי להביט אל מעבר לפני השטח, למרות האחריות והעול הכרוכים בהיות יהודי הוא לא באמת רוצה לחיות את חייו ללא "עול" המצוות. אמת, גם למי שאינו יהודי יש תפקיד בתוכנית האלוקית של העולם, אולם היהודי מצהיר על תודתו על כך שנבחר לשליחות הייחודית של היהודי בעולם.

הברכה השלישית: רק מילאתי פקודות

"ברוך אתה ה'... שלא עשני עבד".

האדם הוא יצור פרדוקסלי. חלק מן האדם משתוקק לחופש – רוצה להשתחל ולצאת מ"עול" הנבחרות – אבל לעיתים קרובות קשה לו להכיר בכך ש"חופש" ו"אחריות" הם שני צדדים של אותו מטבע. במציאות, אין אחריות גדולה מחופש אמיתי. כאשר מאמינים באמת בבחירה חופשית, מבינים כי האדם נושא באחריות מלאה לתוצאות מעשיו ובחירותיו.[3]

אדם אינו יכול לומר, כמו אדם וחוה בגן עדן, "פיתו אותי". תשובתו

3. בספרה "המין השני", מתארת סימון דה בובואר כמה מפתה היא המשיכה להיכנס למצב שבו נשלט האדם לגמרי על ידי האחר. למרות השאיפה לעצמאות, יש בנו משיכה פרדוקסלית לחיי נוחות וקלילות.
"למעשה, כל פרט, לצד שאיפתו האתית להציב את עצמו כסובייקט, חש גם פיתוי לוותר על חירותו ולהיהפך לאובייקט. זו דרך הרת אסון, שכן בהיותו סביל, מנוכר ואבוד, הוא הופך טרף לרצונות זרים, מנותק מן הטרנסצנדנטיות שלו, משולל כל ערך. אך זו דרך קלה: כך אפשר להימנע מן החרדה והמתח הכרוכים בהתמודדות אמיתית עם הקיום". סימון דה בובואר, **המין השני**, הקדמה, מצרפתית: שרון פרמינגר, תל אביב: הוצאת בבל, 2001.

של אלוקים באותו מעמד הייתה בלתי משתמעת לשתי פנים: אתה אדם חופשי – אין זה משנה אם אשתך הסיתה אותך או הנחש פיתה אותך. אינך בובת תיאטרון המופעלת על ידי אחרים. אתה, ורק אתה, נושא באחריות למעשיך.

עבד, כמו רובוט, עושה מה שאומרים לו. כל עוד הוא ממושמע, אין הוא נושא באחריות כלשהי לתוצאות מעשיו; החופש המדומה הזה קורץ מאוד לאדם.

בברכת "שלא עשני עבד" אנו חוזרים ומשננים לעצמנו, "אינני רוצה להצטמק לכדי תוסף נלווה. אני רוצה, ויודע שאלוקים רוצה, שאהיה אדם חופשי בלתי תלוי, מסוגל להחליט עבור עצמי ולשאת באחריות של בחירותיי".

בסוג של תרגיל אימון קוגניטיבי, יוצר היהודי את נוף עולמו הפנימי. איני רוצה להיות גוי, ואיני רוצה להיות עבד. אני מצהיר כי למרות שיש בתוכי חלק המשתוקק לזה, זה לא החלק שאיתו אני מזדהה – זה לא ה'אני' האמיתי.

הברכה הרביעית: תפקידי לכבוש את העולם

בברכה הרביעית מברך האיש: "ברוך... שלא עשני אישה". אם הברכות הקודמות מדגישות באופן ברור עם אילו חלקים אנו רוצים להזדהות ועם אילו לא, ממה רוצה הגבר להתרחק בברכה הזאת? לאיזה קול פנימי צריך הגבר להתנגד כדי לחוות את החיים במלואם כגבר יהודי?

ההסבר הקלאסי הוא שהגבר מודה לאלוקיו על כך שנצטווה מצוות רבות יותר מן האישה,[ה] ובפרט המצווה ללמוד תורה.[ו]

מכאן עולה השאלה המתבקשת: **מדוע יש לגברים יותר מצוות?** מדוע הם חייבים במצוות עשה שהזמן גרמן (מצוות התלויות בזמנים מסוימים), בעוד נשים אינן מחויבות בהן? מדוע הם מצווים לעסוק תמיד בלימוד תורה, בעוד לנשים אין חיוב כזה? ומה מגלות לנו המחויבויות הייחודיות לגבר על הגברים וטבעם?

במקום שבו הלב – שם הבית

עם היפרדם זה מזו בגן עדן, לקחו האיש והאישה כל אחד היבט אחד מצלם האלוקים. האיש, כפי שמשתקף ממהותו הביולוגית, לקח את תפקיד המשפיע

הפעיל, הכובש, הלוחם ובעל החזון – היוצא לשנות ולתקן את העולם. הוא זה שקיבל את הציווי: "מלאו את הארץ **וכבשוה**" (בראשית א, כח). במטלה הכפולה שהוטלה עליהם – "לעבדה ולשמרה"[ז] – האיש מופקד על העבודה והאישה על השמירה.[ח]

התפקיד שלה הוא לחיות, לא לכבוש. עצם השם שלה – חוה – פירושו חוויה.[4] היא הכוח נותן החיים, המטפח; היא ה"הווה" – לא ה"עושה"; המעגל – לא החץ הפורץ קדימה בתנועה. מטרתה לחיות ולהוות את טוב המציאות האלוקית. הכוח הגברי מתקדם, ממוקד במטרה, בעוד היא חיה בצורה מכילה, הרמונית וחווייתית.

במידה מסוימת, צורת החיים הנשית – החווה את חייה על כל עושר גוניהם – היא הנותנת טעם למעשיו של האיש. אמת, באין מי שיֵצא ויביא הביתה את המשאבים, אין משאבים כדי לבנות עימם את הבית – ויושביו פשוט ירעבו למוות. אולם מצד שני, אלמלא הבית ואלמלא אנשי הבית – לא הייתה סיבה לצאת ולהביא דברים הביתה! היא זקוקה לו, שיצא, יתאמץ, יפעיל ויביא הביתה את מה שצריך בשביל לחיות, והוא זקוק לה כדי שתהיה מטרה סופית לכל מאמציו.

כדי להמחיש את הנושא, ציירו בדמיונכם את החלוקה המסורתית של משא החיים:

האיש יוצא לעבודת יומו בעמל כפיים מפרך – צייד, איכר או חייל השומר על הגבולות. בסוף יום העבודה הוא בא לביתו וממלא מצברים במאכל, במשתה ובשינה, כדי שיהיה לו הכוח לצאת ליום עבודה נוסף. אם תשאלו אותו מדוע הוא עמל כל כך קשה, יענה: "לפרנסת ביתי ומשפחתי".

ברור, עבודתה של האישה בבית הייתה קשה ומפרכת לא פחות, אבל

---

4. חוויה היא מילה עברית מודרנית. אבל היבטים של הרעיון של האישה המייצגת את החווייתי אפשר למצוא במקורות הבאים. זו לשון בעל הטורים על בראשית ג, כ: "חוה – על שם שֶׁמְּחַוָּה. וזהו שאמרו (קידושין מט, ב) 'עשרה קבין שיחה ירדו לעולם, תשעה נטלו נשים'".
ולשון רבנו בחיי שם: "חוה – על דרך הפשט מלת חוה פירושה מדברת, מלשון 'אֲחַוְּךָ שְׁמַע לִי, וְזֶה חָזִיתִי וַאֲסַפֵּרָה' (איוב טו, יז)".
יש ב"חוה" יותר מ"חיה", כי "חיה" עניינה חיים בלבד, ואילו "חוה" מביאה אחרים לידי ביטוי, היא גורמת לבעלה ולילדיה לבטא את עצמם – אם אפשר לומר: "מדבירה" אותם – כך שגם אחרי שנתנה להם חיים היא ממשיכה להחיותם. זו מהותו של החיווי המיוחס לאישה (מפי הגר"מ שפירא זצ"ל).

במובן מסוים היא נמצאת במקום העיקרי. היא בבית, **הוא יוצא כדי לחזור הביתה.**

אמת, באותם ימים, אישה לא יכלה לקיים את עצמה בלי בעל, אבל לא היו כל מטרה או סיבה לעבודתו הקשה בלי אשתו וביתו.[5] בדיוק כפי ששת ימות השבוע הם הכנה לשבת שהיא מטרת כל העמל, האישה והבית (או הכוח הנשי) הם המטרה הסופית של יציאתו של הגבר (או הכוח הגברי) לעבודת האדמה – לתיקון העולם.

גברים באימונים

תינוקות זכרים, כמו תינוקות נקבות, נולדים מאמא נקבה. אולם בעוד תינוקת נקבה יכולה פשוט "לזרום" ולחקות את אימה בדרכה לנשיות, התינוק הזכר, החל מנקודה מסוימת, חייב לשנות שינוי קיצוני. עליו להתאמץ במודע לצאת מההוויה ההוליסטית, הנשית, של הבית, ולפרוץ למעמד הפעיל שלו כגבר. הוא נולד לאישה וטופח בידי אישה, אבל חייב להפוך ליצור אחר ממנה – לאיש.[6]

מעניין שבניגוד לבנות שבאופן טבעי, כך נראה, גדלות להיות נשים, נראה שבנים צריכים להתאמץ במודע כדי להפוך לגברים, כפי שאפשר לראות בקטע הבא מתוך ספרו של דיוויד גילמור "גבריות בהתהוות":

> בקרב רוב התרבויות שהאנתרופולוגים מכירים, גבריות אמיתית היא מעמד יקר וחמקמק מעבר לזכריות גרידא. דימוי נכסף, שגברים ובנים שואפים אליו, ושתרבותם דורשת מהם כמדד של השתייכות... הגבריות האמיתית בתרבויות אחרות מראה, לעיתים קרובות, חוסר ביטחון פנימי שזקוק להוכחה דרמטית. צידוק הגבריות מוטל בספק, ונשען על קודים נוקשים של פעולה נחרצת בתחומים רבים של החיים... בשל היותו מעמד מוגבל, תמיד יש גברים שנכשלים במבחן. אלו משמשים כדוגמאות השליליות, המנוונים, הגברים־שאינם־גברים, המוצגים בבוז כדי לעורר קונפורמיות (הליכה בתלם)

5. הרב דב רוזנבלום.
6. Nancy Chodorow, "Family Structure and Feminine Personality", in Rosaldo and Lamphere, *Woman, Culture and Society*, (Stanford University Press, 1974), 9–15

> אל עבר אידיאל מפואר... ואף שאנו [החברה המערבית] בוחרים דרכי ביטוי ססגוניות פחות מבני האמהרה או הטורקנה, גם אנחנו ראינו בגבריות מצב מלאכותי, אתגר שיש להתגבר עליו, פרס המוענק לאחר ניצחון במאבק עז: אף אם לא ה"בלתי אפשרי הגדול", בהחלט דבר המוטל בספק.[7]

לאחר שהוא מונה טקסים מסמרי שיער שונים שתרבויות שונות מטילות על בניהן הצעירים כדי להוכיח את גבריותם, מסכם גילמור: "גברים אמיתיים נעשים... לא נולדים".

אכן, גם אם לחברות פרימיטיביות היו טקסי מעבר מורכבים שהנערים נדרשו לעבור – הן כהכנה לגבריות, הן כהוכחה לה – גם החברה הנאורה שלנו, השוויונית כביכול, מעמידה את הגברים שלה במבחנים. אולי מעודנים יותר, אבל בהחלט מבחנים. דוגמה משעשעת אחת אפשר למצוא במאמרו של דייוויד וקסלר[8] במגזין "Psychotherapy Networker":

> לפני כמה שנים, בטיול משפחתי, ישבתי על ספסל עם אשתי בכיכר בפריז. עמוסה בשקיות קניות, ביקשה ממני אשתי לשאת את תיק היד שלה לנקודה אחרת בצד השני של הכיכר. זה הכול. אבל אף על פי שידעתי שאני נוהג בטיפשות, לא יכולתי לעשות את זה. חמש־עשרה השניות שבהן הייתי נראה נושא תיק יד של אישה היו מעבר ליכולותיי כגבר מן המניין. אשתי הביטה בי כאילו הייתי משוגע, והנידה את ראשה בשאט נפש.

> אז מה הייתה הבעיה שלי? כל שיכולתי לדמיין היה אנשים מגחכים כשהם רואים אותי סוחב את התיק הזה... כל הנקודות הגבריות שנצברו בדי עמל, משך יובל שנותיי כגבר, מתנדפות פתאום, ללא עקבות...

7. David D. Gilmore, "The Manhood Puzzle", *Manhood in the Making: Cultural Concepts of Masculinity* (New Haven: Yale University Press, 1990), 9–29.
8. David Wexler, "Shame-O-Phobia: Why Men Fear Therapy", *Psychotherapy Networker*, May/June 2010.

הגמרא אומרת: "אשרי מי שבניו זכרים" (סנהדרין קב, א), אבל מה שנשמע לכאורה כמו מאמר מיזוגני, מקבל משמעות אחרת בדברי החת"ם סופר: אין כוונת הגמרא לספר על אושרו של מי שזכה לבנים (לעומת בנות) אלא על אושרו של זה שבניו (וגם בנותיו!) מגלמים את תכונת הזכר, בלשונו: "משפיעים לאחרים". מדבריו עולה שבן "זכר" אכן אינו תכונה מולדת.[ט]

מעניין שאין טקסי "מעבר" לבנות על מנת שתוכחנה שהן נשים. בחברה עתיקה אחת שעליה קראתי, נדרשה המתבגרת להתגורר במשך שלושה שבועות בבקתה, לפני צאתה לבגרות. אולם המטרה שם הייתה להשמין אותה, כדי להפוך אותה לאטרקטיבית יותר. בעוד גבר, בהתאם לערכי החברה שבה הוא חי, חייב להוכיח את כוחו, את כישורי הציד שלו, את התעוזה הפיזית שלו, את היעדר הרגש שלו או את יכולתו לעמוד בכאב,[9] אישה היא אישה מעצם היותה אישה.[10]

> ...נשיות אותנטית כרוכה רק לעיתים נדירות במבחנים או הוכחות לפעולה, או עימותים עם אויבים מסוכנים: תחרויות ניצחון־או־הפסד רבות דרמה במרחב הציבורי. במקום סף קריטי שיש לעבור באמצעות מבחנים טראומטיים... נשיות נתפסת בדרך כלל כנתון ביולוגי המעודן או מועצם על ידי התרבות. [ברבות מאותן תרבויות

9. "במחקר שנערך לאחרונה חולקו גברים לשלוש קבוצות, והוטל עליהם להשאיר את ידם במי קרח ככל שיכלו. אלו שנאמר להם שהשארת היד במי הקרח מעידה על רמה גבוהה של הורמונים גבריים וכושר פיזי, הראו רמות גבוהות יותר של תגובתיות לב וכלי הדם, דיווחו שהרגישו יותר ציפיות ביצועיות, והותירו את ידיהם במים במשך הזמן הרב ביותר. זאת בהשוואה לקבוצה שלה נאמר כי הניסוי היווה אינדיקציה לרמת ההורמון הנשי בדמם וליכולתם להתחבר עם ילדים, ולקבוצה השלישית שלא קיבלה הסבר כלל...

"מה זה מלמד אותנו? שמשך הזמן שאיש ישאיר את ידו במים קפואים תלוי במידה שבה הוא סבור שהגבריות שלו מוטלת על כף המאזניים. יש גברים שידם תנשור לפני שיסתכנו בבושה הכרוכה בלהיראות 'לא מספיק גבריים' מכדי לסבול את הכאב" (וקסלר, שם).

10. הרש"ר הירש (על בראשית יז, טו) מסביר את ההבדל בין ההוראה על החלפת שמו של אברהם אבינו להוראה על החלפת שמה של שרה אמנו, וזו לשונו: לעיל (בראשית יז, ה) נאמר: "ולא יקרא עוד את שמך אברם והיה שמך אברהם" – רק מעתה והלאה, יהיה שמך אברהם. זהו ייעוד שעדיין לא השגת, ותפקידך הוא להשיגו. אך כאן נאמר: "לא תקרא את שמה שרי, **כי שרה שמה**" – כבר עתה שרה שמה... שרה אינה צריכה להיעשות לאדם שכזה; היא כבר כזו, עכ"ל.

הדורשות מן הזכר מבחנים וטקסי מעבר קשים] נחגגת – יותר מאשר נכפית באמצעות ריטואל כלשהו – הופעת הווסת הראשונה.[11]

מחנה אימונים גברי

אולי קל יותר לגבר לברוח אל השלמות ההרמונית, להכלה הנשית, אבל תפקידו כגבר דורש ממנו להיות נושא הדגל, הכובש והבונה.[12]

אם היה אפשר למצות את ההבדלים בין גברים לנשים בהלכה היהודית במילה אחת, המילה הייתה: מחויבות. גברים יהודים נמצאים תמיד במצב של מחויבות. הם חייבים להתפלל שלוש פעמים ביום במניין, הם חייבים להניח תפילין ולהתעטף בטלית מדי יום, הם אמורים לעסוק בתורה בכל רגע פנוי.

גם נשים מחויבות בתפילה ובלימוד תורה, אבל מחויבותן לרוב נופלת לתחום ה"רשות" (ולא חובה). אישה מחויבת ללמוד את כל מה שהיא צריכה לדעת כדי להיות יהודייה נאמנה.[י] עליה להתפלל במידה הנדרשת לה לשמור על הקשר שלה עם בורא עולם.[יא] אצל האישה מדובר פחות בחובה מתמדת ויותר במודעות ורגישות למה שקורה במערכת היחסים עם הקב"ה.[יב]

בפועל, רמת המחויבות הגמישה יותר של נשים בתפילה ובלימוד תורה גררה הבדלים משמעותיים במידה שבה נשים עסקו בלימוד תורה ובתפילה (רשמית) במשך הדורות. היו תקופות שבהן נשים לא ידעו קרוא וכתוב, ותקופות שבהן נשים היו למדניות דגולות. היו תקופות שבהן נשים התפללו רק מליבן, ואחרות שבהן נשים התפללו שתיים ואף שלוש תפילות מדי יום.

ההבדלים בחיוב המצוות בין גברים לנשים משקפים את ההבדלים המהותיים בין הכוח הגברי לכוח הנשי: בעוד האיש נמצא בתפקיד ומחויב עשרים וארבע שעות ביממה, האישה מתבקשת להיות עם אצבע על דופק הקשר עם בורא העולם ולנהוג בהתאם.

למילים "גבר" ו"גבורה" שורש משותף. המשנה שואלת: "איזהו

11. Gilmore, "The Manhood Puzzle", 9–29.

12. דוגמה להתמודדות זו מופיעה אצל קטרינה יאנג בדיון על הציפייה התרבותית מגברים לצאת למלחמה: "גברים רבים קינאו במעמד הפריבילגי של הנשים, אשר בשל תפקידן העיקרי בתהליך הרבייה, נזקקו להגנה וכך יכלו ליהנות מתפקידן לתמוך בחיים באמצעות לידה, ולא מוות" (Katherine K. Young, *Fundamentalism and Women in World Religions*, introduction, ed. Arvin Sharma and Katherine K. Young [SUNY Press, 1987]).

גיבור? הכובש את יצרו" (אבות ד, א). ביהדות, גבר הוא "גיבור" – בעל משמעת עצמית, ממוקד מטרה, אחראי ומחויב. עבור גבר שמתייחס ברצינות למחויבויותיו היהודיות, החיים הם עסק רציני. אם על האישה מוטל ללמוד את אומנות העונג,[יג] להתענג על הטוב הקיים, האיש זקוק למסגרת שתטיל עליו אחריות ומחויבות. כמו חייל, עליו להיות תמיד בכושר, ותמיד ממוקד במטרה שלפניו.[יד]

אף על פי שבחיים האמיתיים, כפי שהזכרנו פעמים רבות, הרצף שמזכר לנקבה נזיל מאוד, מנקודת מבט פילוסופית, חייה של אישה דורשים ממנה לטפח את צד ה"הוויה" של החיים, וחייו של הגבר דורשים ממנו לצאת ולעשות.

ואם זה לא מספיק מורכב, היהדות גם דורשת מהגבר לפתח את הצד הנשי שלו. באיזון המדויק שהיהדות מציבה, הוא מפתח את הפן הנשי שבו בתפילה, בשבת, באמצעות הקשר שלו עם רבותיו, ובעוד שלל מערכות יחסים בחייו.

על הגבר ללמוד שהוא יצור רבגוני, בעל צדדים גבריים ונשיים גם יחד. ועם זאת, כגבר, אסור שישכח את השליחות והייעוד.

בהקשר של ברכות השחר האחרות, כשהוא מודה לה' על שלא עשהו אישה, האיש גם מכיר במשיכה שלו לצד ההרמוניה וההכלה הנשי, וגם מצהיר שהוא מבין שעליו לשלול את ההיבט הזה שלו. גבר יהודי מתנגד לחלק שבו המבקש להיות חופשי ממחויבות, כמו הלא יהודי; הוא שולל את החלק שבו שאינו רוצה אחריות, כמו עבד; והוא שולל את ההיבט הנשי שבו המעדיף "להיות" במקום לקחת אחריות "לעשות". כן, הוא מודה לה' על שחייב אותו בלימוד תורה ועל שנתן לו עוד מצוות – המכניסות אותו למצב מחויבות; הוא גם מצהיר שאף שליבו עשוי לנטות לכיוונים אחרים, הוא בוחר להזדהות עם האני היהודי, החופשי והגברי שלו.

סיכום

תפקידו של הגבר הוא זה של המשפיע הפעיל, היוצא בחזון לשנות ולשכלל את העולם; תפקידה של האישה הוא לחיות את טוב מציאות ה'. בעוד גבר צריך לקבל החלטה מודעת להיות לגבר, אישה היא אישה בזכות היוולדה נקבה.

בהקשר של ברכות השחר האחרות, על ידי הודיה לבורא על שלא עשהו אישה, הגבר גם מכיר בנטייה שלו להתמזג בתבנית החיים הנשית, וגם מצהיר שהוא מבין שעליו להתכחש לחלק זה של עצמו.

פרק ט

ברכת האישה – אני מי שאני

בברכות השחר, במקום "שלא עשני אישה" מברכת האישה: "שעשני כרצונו". ברכה זו שאפשר לפרש בדרכים שונות (שאכן הוצעו במהלך השנים). מצד אחד אפשר לראותה כהשלמה עם גורל בלתי נמנע – "אין זה לרוחי, אבל רצונך הוא הקובע". ואכן, ישנם מפרשים המבארים את הברכה ברוח זו. מצד שני, קשה להתעלם מהמילה "כרצונו"; "רצון" היא מילה טעונה במשמעות, המתייחסת בדרך כלל למהות האמיתית של אדם.[א] כשאישה מצהירה שהיא נבראה לפי רצון הבורא, חבויה כאן המשמעות שבדרך כלשהי היא מתואמת – יותר מהאיש – עם רצונו של הבורא. מדוע יהיה הדבר כך?

הקב"ה ברא את העולם כדי שנתענג על ההנאה שבקשר עימו.[ב] אולם, כפי שאמרנו לעיל, לכל האהבה שבעולם אין משמעות אם אין מי שמוכן להיות מושא האהבה, שמסכים להיות אהוב. משפיע האהבה יכול להיות מלא אהבה ורצון להעניק, אבל הוא תלוי לגמרי במקבלת. האם תסכים לקשר עימו?

כאמור לעיל, עצם מהותה של הנקבה הוא קעירותה, נכונותה לקבל.[ג] מעניין לציין כי המילה "כלה" חולקת שורש עם כיליון שעניינו השתוקקות ורצון.[ד] הכלה הנכנסת לחופה משתוקקת למשהו שחסר לה.

היהודי – המקבל המושלם

עם כל זאת, בני האדם מתקשים להודות בחסרונות כלשהם. הפגם הקטלני הזה הופיע כבר בגן העדן, כשהתשובה לצו ה' לבלתי אכול מעץ הדעת

הייתה: "תודה, אבל נסתדר לבד". אלא שרק אם אנו מרוקנים את עצמנו יכולים אנו לכונן מערכת יחסים עם הקב"ה.

כשאישה מודה לבורא על שעשה אותה כרצונו, היא מכירה בכך שעצם מהותה ממחיש את מצבה של האנושות ביחסה אל הבורא.[ה] שלא כמו האיש, היא אינה נדרשת להעמיד פנים שהיא אל בזעיר אנפין.[ו] היא נותרת כפי שהיא, מנוקבת כלפי האיש, ובסופו של דבר מנוקבת כלפי הקב"ה.[1]

אז למה צריך גברים?

אם מהות הקשר שלנו עם הבורא היא שהוא האיש, ואנחנו, עם ישראל, נשיים ביחס אליו בהיותנו נקובים – מדוע יצר הקב"ה גברים, שאינם מסמלים את החיסרון כי אם את הכוח המשפיע? אם נשים, כפי שמשתמע מברכתן, מייצגות את רצונו של הבורא כלפי האנושות, מה מייצגים הגברים?

התשובה טמונה בהבנת הדינמיקה בין ההפכים שנגענו בה לעיל.

אומרים שבעוד הפכים נמשכים זה לזה, קווי דמיון הם המאפשרים אהבה. אמירה זו מסתירה אמת חשובה: בעוד העולם הזה הוא עולם של ריבוי (החל מהיום השני לבריאה), במהותו נובע כל הריבוי מן האחד – הבורא.[ז] מתחת למגוון של הבריאה מסתתרת האחדות.[ח]

אנו שואפים להתאחד משום שבמקור, בשורש, אנו אכן אחד. איש ואישה היו בעבר אדם אנדרוגיני אחד, ובשורשם הם עדיין כאלה.[ט] זו הסיבה לכמיהה להתאחד. וברמה מסוימת, גם אלוקים ואנחנו היינו פעם אחד. הנשמה שלנו היא "חלק א־לוה ממעל" (איוב לא, ב),[י] ומתחת להפרדה ולחלוקה שנוצרו על ידי העולם הפיזי, אנו משתוקקים לחזור לאותה אחדות.

המילה "אחד" מורכבת מהמילה "אח" – לאחות ולחבר את שנפרד ונחלק – והאות ד'. האות ד' מייצגת את העולם הזה: ערכה המספרי הוא ארבע, המציין את ארבע רוחות השמיים, ובצורתה הפיזית היא מרמזת על

1. בנימה קצת אחרת, ה"טורי זהב" (הט"ז, הרב דוד הלוי סגל, פולין. נפטר 1667) מעלה תובנה מעניינת בקשר לברכה הזו (ראו שולחן ערוך אורח חיים מו, ד). הוא מסביר שהאישה מברכת "שעשני כרצונו" כדי להודות לבורא על מעלה מסוימת שניתנה לה, בעוד איש מברך "שלא עשני אישה" משום **שהוא אינו זקוק לאותה מעלה.** הסבר זה מכיר בכך שלאישה יש מעלה מסוימת (אף שהיא לא נדרשת עבור האיש), והיא בהחלט צריכה להודות לה' על כך.

שושנת הרוחות שבה שני קווים מצביעים על כיוונים שונים ונפרדים זה מזה. בעולם הפיזי, החזק הוא המנצח ואין מקום לאחדות – כל אחד מחפש את טובת עצמו, ותו לא.

היהודי לוקח את הריבוי וההיפרדות של העולם – האות ד׳ – ושוזר הכול יחד, וכך מראה איך הכול, בשורשו, הוא ביטוי של רצון הבורא.

ניגודים נמשכים זה לזה משום שבמהותם הם שני צדדים של אותו מטבע. הם שני הקצוות של אותו ספקטרום. ״הפכים נמשכים זה לזה״ ו״קווי דמיון הם המאפשרים אהבה״ – הם לא שני רעיונות סותרים. הם אותו דבר. ניגודים נמשכים זה לזה כי בעומק הם דומים.[א]

השתקפות במציאות

הבנה זו מתבטאת בַּמציאות באופן שבו אנו תופסים קשרים בין־אישיים. אנחנו נמשכים להפכים שלנו, ובה בעת מחפשים את הדומה לנו.

אישה תאמר: ״אני מחפשת גבר רגיש שיכיל אותי ויבין את רגשותיי; שאוהב שיחות נפש ארוכות...״. התגובה הסבירה לזה היא, ״את מתארת אישה, לא איש! את מייעדת את עצמך לתסכול!״.

גבר יאמר (למען האמת, בחברה שלנו, סביר להניח שהוא לא יאמר מאום, כי זה לא תקין פוליטית, אבל הוא עשוי לחשוב): ״אני רוצה אישה שתכבד אותי, שתעריץ אותי, אבל באותה עת, שגם תהיה לה אישיות עצמאית, שתדע להסתדר בחיים״.

שניהם למעשה אומרים, ״אני רוצה מישהו שונה ממני לגמרי, שיש לו את מה שחסר לי, אבל שיהיה דומה לי מספיק כדי שנוכל להתחבר״.

האישה אכן מחפשת גבר – אבל הגבר הזה לא יכול להיות שונה ממנה במידה שלא תאפשר לה להתקשר אליו. היא מחפשת משהו שונה ממנה; בהחלט יכולות להיות לה חברות שמסייעות לה לעבד את רגשותיה, ושאיתן היא משוחחת שיחות נפש ארוכות, אבל הן לא יכולות לספק את הצורך שלה בקשר עם גבר – מישהו שאינו אישה. אולם אותו גבר, כשהיא תמצא אותו, יהיה חייב להידמות לה מספיק כדי שהקשר יהיה בר קיום. באותה

מידה, האיש מחפש אישה – מישהי שאינה איש – הפוכה מהגבריות שלו מכל בחינה – אולם חייבת להיות בה מידה מסוימת של גבריות כדי שיוכלו להתקשר.[יב] כל אחד מהם הוא החיובי של השלילי של השני, כמו גם השלילי של החיובי של השני.

היחס שלנו עם הבורא מבוסס על אותה הנחת יסוד. כדי להיות ביחסים עם הקב"ה, אנחנו חייבים להיות במהותנו דומים לו מספיק, אבל שונים מספיק כדי לערוג אליו.

האיש, בְּמצב המעניק שלו, לקח את תפקיד הדמיון – הוא ממלא את התפקיד של אל בזעיר אנפין; האישה, בְּמצב הקבלה שלה, לקחה את תפקיד הכנגד.

כולנו מכילים את הפרדוקס הזה

האמת היא שכולנו מכילים את הסתירה הזו – יש בכולנו גם גבריות וגם נשיות, והמעבר ביניהם מתמיד ודינמי. עם ישראל נשי ביחס לבורא העולם, אבל גברי כלפי שאר ברואי עולם, בנושאו את לפיד ה"אור לגויים". הנשמה לפעמים פועלת כזכר ביחס לגוף ולפעמים כנקבה. כל גבר וכל אישה מוצאים את עצמם עוברים בין תפקידי המשפיע והמקבל במשך כל ימי חייהם.

למעשה, הקב"ה בעצמו מתייחס אלינו בשתי הצורות.

מתייחסים אנו אל הקב"ה כאל זכר – המעניק – אבל יש גם בחינה שלו הנקראת ה"שכינה", הממתינה בערגה לקשר עימנו. השכינה, ההיבט הנשי של הקב"ה, "תלויה" ונקובה, כביכול, כלפי עם ישראל – משתוקקת להיות איתנו בקשר, מוכנה להיות "פגיעה" עבורנו, כי זו שפת האהבה.

האישה מברכת ברכות השחר ומודה לאלוקים על שעשאה אישה משום שהיא זו המגלמת באופן המושלם ביותר את ערגת היהודי לקשר עם בוראו (וגם את ערגתה של השכינה לקשר עימנו[יג]). אומנם נראה כאילו האיש ממלא את התפקיד הראשי על במת החיים, ברמה הפנימית והמהותית ביותר, האיש הוא זה המתבקש "לשחק אותה" – להעמיד פנים כאילו הוא משפיע, כשאינו אלא בן אדם פגיע ונזקק, העורג למלא את החור הפעור בנשמתו, אשר יכול להתמלא רק באמצעות קשר עם הבורא. האישה היא הממחישה את רצון הבורא בעולם של קשר, בכך שהיא משחקת את עצמה, את היהודי, ובסופו של דבר – את האנושות כולה.

מי לובש את המכנסיים בבית?

כמובן, החיים אינם מתאימים רק לתיאורים דיכוטומיים. גבר עשוי להיות לעיתים קרובות בתפקיד המקבל, ואישה לעיתים קרובות בתפקיד המשפיעה והמעניקה, הן כאדם פרטי הן כיהודי, שייעודו להטביע חותם בעולם.

אפילו בנישואין, אף שבמישור אחד בני הזוג פועלים כזכר ונקבה, במישורים רבים אחרים הם גם חברים ושותפים, ובאלו יכול כל אחד מהם להיות המעניק או המקבל בכל מצב נתון. אין כאן איזו אמירה גלובלית בשאלה מי שוטף כלים או שומר על הילדים כדי שלשני תהיה קריירה.

וכמובן, המין שלנו הוא רק מרכיב אחד באישיותנו. לפני שאנחנו זכר או נקבה, הננו בני אדם.[ד]

עוסקים אנו בכוחות רוחניים, וגברים ונשים, בהיותם צלם אלוקים, מכילים כל אחד מהם את שני הכוחות הללו. החכם הוא זה שעורך הערכה מדוקדקת של מצב נתון ומחליט איזה כוח נחוץ ומתאים בכל צומת.

ועם זאת, למרות הנזילות של ההיבטים הזכריים והנקביים שלנו, הביולוגיה היא צוהר למהות הפנימית שלנו.[2] הגוף הוא השתקפות של דמותנו האלוקית; הוא גם המדיום שדרכו אנו ניגשים לעולם הרוחני.

זה מסביר מדוע, אף בהינתן שכולנו אנדרוגיניים ברמה מסוימת – לכולנו נטיות גבריות ונשיות כאחד – ההלכה עדיין מצפה שהעובדה שאנו נולדים לתוך גוף זכר או נקבה תשפיע על חיינו. בהמשך נראה איך רעיון

2. המעטה בכוח ההשפעה של הביולוגיה עשויה להיות גרועה לא פחות מדחיסה שרירותית של גברים ונשים לסטריאוטיפים מצומצמים. מבט הוליסטי יכיר בכך כי בעוד איננו רק גופים, אנחנו גם לא רק אוסף מרכיבים ונתונים של תכונות, אישיויות ומורכבויות חברתיות. החוויה הביולוגית שלנו – זו המגדירה אותנו כזכר או כנקבה – משפיעה על כל פרט בחיינו, ולא רק על הפרטים המשתייכים ישירות למין שלנו. היהדות מסרבת להפריד את הפיזי מהרוחני – האפשרות היחידה של הנשמה לבטא את עצמה בעולם היא באמצעות הגוף הפיזי שלנו.

עבור אישה, חיים בגוף המשקף את המחזוריות של העולם, המפנים מערכות יחסים ואשר יש לו את היכולת – גם אם לא ממומשת – לשאת ולזון חיים חדשים, הם הצינור שדרכו הנשמה מתבטאת. העולם הגשמי הוא לעולם הרוחני מה שהכפפה היא ליד – הוא מכסה על העולם הרוחני בדיוק מרבי כל כך, עד שהמתבונן בכפפה יכול ללמוד על היד. "ביולוגיה היא הגורל" לא משום שהיא קובעת את **התפקידים** שלנו, אלא משום שהיא מציבה את הפרמטרים לפעולה שלנו בעולם–היא **המדיום** שדרכו מתקשרים עם העולם.

הכוחות הגבריים והנשיים בא לידי ביטוי בהבדלים הלכתיים בין גברים לנשים, אף שהיא מותירה לעיתים קרובות פרצה ליוצאים מן הכלל.

בפרק הבא נדון בתיאורים במדרש על הסיבות לפיחות בכוח הנשי.

סיכום

בברכה הרביעית של ברכות השחר מברכת האישה: "ברוך... שעשני כרצונו". ברכה זו מרמזת על כך שהאישה, במידה מסוימת, מבטאת יותר מהאיש את רצונו של הבורא; זאת משום שהיא מגלמת את מושג ההיעדר והחיסרון, הנקב העורג לקשר ולמילוי, ובכך מרמזת על הערגה של האנושות לקשר עם הבורא.

שני הפכים – כמו איש ואישה – הם קצוות מנוגדים של אותו ציר. עם כל שונותם, הם למעשה ביטויים שונים של אותו דבר. בקשרים אנושיים הפכים נמשכים זה לזה, אולם בני אדם מחפשים את הדמיון הבסיסי שיאפשר את הקשר. באותה מידה, עלינו להיות דומים מספיק לקב"ה כדי להיות בקשר עימו, אבל שונים מספיק כדי ליצור ערגה וכמיהה לקשר. במטאפורת החיים, האיש, במעמד המעניק, נטל את תפקיד הדומה. האישה, במעמד המקבל, מלוהקת כ"אחר" – היא לוקחת את תפקיד הניגוד – ומייצגת את הפתיחות ליחסים, שהיא התכונה המגדירה אנושיות, כפי שעולה מלשון ברכתה.

חלק 4
לאור הלבנה

ככל שאנחנו מעמיקים להבין את הכוח הנשי – המוכנות לקבל ולהיפתח לקשר – אנו מגלים שיש לפעמים פיחות בחברה המערבית בערך תפיסת העולם הנשית וסולם הערכים שלה. מעניין שהפיחות הזה טבוע עמוק בבריאה, ושולח שורשים הרחק אל שחר הבריאה. במדרש רב שכבות המתאר בצבעים חיים את השינוי ביחסים בין השמש והירח, המשל העוצמתי ביותר של מערכת יחסים זו – דינמיקה גברית/נשית – מוצב בצורה חדה.

איך הייתה אמורה להיראות מערכת היחסים המקורית בין איש לאישה? מה השתבש שם ומה השתנה כתוצאה מכך? וכיצד תיראה השיבה האולטימטיבית למצב האידיאלי?

במדרש זה נגלה אישור לכאבו העמוק של הכוח הנשי, שנדחק לעולם המדבר בשפה לא לו. נגלה גם כמיהה החקוקה בהוויה האנושית, לזמן שבו הכול יהיה שונה מכפי שהוא עכשיו.

פרק י

רק לא להיות קטן

בפסקה קטנה ורבת משמעות בגמרא, מספרים חז״ל שהלבנה אמורה הייתה להיות שווה לשמש, אבל הוקטנה בסופו של דבר.[1] לא זו בלבד שהיא אינה יכולה לשקף את כל אורה של השמש, היא אף הולכת ומתמעטת, עד שבכל חודש היא נעלמת, ונולדת מחדש בחודש הבא.[א]

ובכל חודש, במצוות קידוש לבנה, עומד היהודי תחת השמיים ומתפלל לחידושה של הלבנה. נסלח ליהודי שראשו טרוד בדרכים לשלם את המשכנתא ובסוגיות קיומיות רבות אחרות, כמו בריאות, חינוך ילדים ועוד... אם ישאל את עצמו אם חזרתה של הלבנה לגודלה המקורי באמת עומדת בראש סדר העדיפויות שלו.[2]

---

1. הגמרא (חולין ס, ב) מתבססת על הסתירה כביכול בפסוק בבראשית א, טז: ״וַיַּעַשׂ אֱלֹהִים אֶת שְׁנֵי הַמְּאֹרֹת **הַגְּדֹלִים**: אֶת הַמָּאוֹר הַגָּדֹל... הַיּוֹם וְאֶת הַמָּאוֹר **הַקָּטֹן**...״ – בתחילה שניים גדולים ובסוף אחד גדול ואחד קטן – כדי לתאר תהליך שבו הירח, שבתחילה היה אחד מ״שני המאורות הגדולים״, הורד לדרגת ה״המאור הקטן״ .
2. שאלה זו מקבלת הד בפסקה הבאה של י״ל פרץ המצוטטת (ביידיש) בספרו של הרב יוסף דוב סולוביצ׳יק, **איש ההלכה**: ״בנו של בעל הבית, הנער היפה, תנועותיו המגוונות ופאותיו המסולסלות והמלאות נוצות לא ימושו מזכרוני. הנו עומד לפנַי ובכפו ירק בצל, ועיניו זולגות דמעות: עוד אחד! או שומע אני את המיית קולו באמרו קדיש, את ניגונו הרך והעמוק, החודר אל מעמקי הלב...

ברוקדו על רגל אחת, הוא מתבונן אל הירח, השוחה בגאון אצילים מעב קל אל משנהו.

– למה נאנחת, יתום? הראית כוכב נופל ממרומים וצולל בשאול תחתית?

– לא אדוני, חפץ אני שיבוא המשיח.

– ואז?

התשובה היא כן. שיבת הלבנה לגודלה המקורי היא דימוי לשובה של האנושות למצב המושלם שתוכנן עבורה. למעשה, "התמעטות הירח" הזו בישרה, ואולי אף הניעה, את כל הטרגדיה של החוויה האנושית – אף שבתפנית מרתקת ההתמעטות הייתה גם לַזרז להביא את העולם לרמה גבוהה אפילו מזו שתוכננה מלכתחילה.

– אז תגדל הלבנה ויהי אורה כאור השמש! ... בכל פעם – יתוַדה לפני בתום לב – כאשר אביט אל הלבנה, אתמלא רחמים עליה... אמנם חטאה בשפתיה, אבל מוסרה יארך מאד, מאד... הלא האלף השביעי הולך וקרב...

היתום הזה אך שתי בקשות לו: מאביו שבשמים – שתגדל הלבנה, ומאביו על האדמה – עוד ירק בצל!

וחשק נמרץ התעורר בי בקרבי להגיד לו: 'הנה, נער! עוד מעט וישא אביך אשה אחרת ואתה תהיה לבן חורג, ואז תבכה לא מרחמיך על הלבנה, כי אם מחוזק יד אם חורגת, מרעב, מצמא... שכח את הלבנה ואת הבצל יחדיו... והכון למלחמה בעד פת לחם!" (י"ל פרץ, היתום, בתוך **ציורי מסע**, נדלה מ: https://benyehuda.org/read/1037).

הרב סולוביצ'יק ממשיך:

קסם נפלא הוצק באותו הרוכל שהחזיר על הכפרים במחטים ומיני סדקית, במוזג הפשוט והגס, באותו הכפרי המגושם, באותו היהודי הבזוי והמגואל. גחלת של קדושה לחשה בנשמותיהם של בני אדם הללו, שהיו שקועים במ"ט שערי צרות הנפש ודחק רוחני. אש פלאים להטה במעמקי נשמתם ויקדה בחביון ישותם השוממה הסחופה. מחד גיסא התגלמות משאת חייהם בפרוטה ובאסימון, כאותו היתום הגלמוד והנעזב (שמשטמת אם חורגת היתה צפויה לו) שבקש את ירק הבצל השני, ומאידך גיסא שאפו לממשלת הצדק הקוסמי (לא הסתפקו בצדק אנושי לבד) והתגשמותו בכל היצור, כמו יתום זה שהתפלל על מילוי פגימת הלבנה, לביאת המשיח – לא משום דאגותיו הפרטיות, לא משום צורך גאולתו מחייו הזעומים, מן הלחץ והדחק, אלא בשל געגועיו לגאולת היצירה והעולם, להשתלמות הבריאה ושכלולה.

"אני רוצה שהלבנה תתגדל! צר לי עליה! אמנם חטאה אבל לסבול כל כך... אנו חיים כבר באלף השישי". היתום שוכח כי אביו יקח לו אישה חדשה, אם חורגת, והוא יהפך לילד חורג הבוכה על פת לחם; הוא מתפלל על הלבנה הסובלת והנמקה בעוונה, והוא רואה ביסוריה עֹוֶל קוסמי.

האין דמות דיוקנה של כנסת ישראל משתקפת בגעגועים ובכמיהות הללו? גלות מרה וצדק קוסמי, חיי הגטו המזוהמים והחלום על דבר מילוי פגימת הלבנה, עריגה להשתלמות היצירה ועניות מכוערת – הישנם שני הפכים גדולים מאלה? (**איש ההלכה – גלוי ונסתר**, ירושלים: ההסתדרות הציונית העולמית, המחלקה לחינוך ולתרבות תורניים בגולה, תשמ"ט, עמ' 90).

שלושה סוגים של קשר

יש שלושה דימויים במקורותינו לקשר שבין הקב"ה ועם ישראל.

1. **אב ובן.** הורים (לפחות בתיאוריה) מרוכזים לחלוטין ברווחת ילדם. ואף שהורה עשוי לדרוש כבוד מילדו, הורה טוב עושה זאת לא למען כבודו העצמי אלא למען ההתפתחות המוסרית של הילד. בהיבט הזה של הקשר שלנו עם אלוקים, אנחנו, האנושות, נמצאים במרכז הקשר. אלוקים, כביכול, שם אותנו במרכז – דואג לצרכינו, מטפח אותנו ומנחה אותנו.
2. **מלך ועבד.** עבד קיים כדי לשרת את מלכו. אין לו מהות אחרת מלבד מילוי רצון מלכו. ברובד הזה של הקשר שלנו עם הקב"ה, הוא זה שעומד במרכז הקשר. אנחנו כאן למענו; המטרה היחידה שלנו היא לשרת אותו.
3. **איש ואישה.** אם הקשר הראשון מעמיד אותנו במרכז, והשני מעמיד את הקב"ה במרכז, הקשר השלישי הוא הדדי.[ב] אף לא אחד מבני הזוג מרכזי יותר בקשר בָּשֵׁל של אהבה. האהבה זורמת הלוך ושוב בין השניים, כשכל אחד מעניק ומקבל בזרם בלתי פוסק.[ג]

"ישקני מנשיקות פיהו", אומר הפסוק בשיר השירים (א, ב); נשיקה הדדית "כי טובים דודיך מיין". גם יין וגם אהבה משכרים את האדם. אבל יש גבול לַמידה שבה יכול אדם ליהנות מיין לפני שהוא מוצא את עצמו מתגולל על הרצפה באובדן חושים. אהבה, לעומת זאת, יכולה לזרום בלי סוף בקשר הסימביוטי הזה, ולעולם להיות מתוקה.[ד]

החיפוש אחר מערכת יחסים הדדית

הקשר הראשוני בין השמש ללבנה לא כלל את הבחינה ההדדית, לפחות לא במבט של העולם הזה. אף שהלבנה הייתה שווה לשמש – שניהם היו "המאורות הגדולים" – הלבנה נועדה להיות המקבלת: היא תקבל את אורה מן השמש, ותאיר בו את חשכת הלילה. עם כל היופי שבקשר המוצע, יש כאן עוקץ, שאותו הלבנה זיהתה מייד.

"אתה אומר שנהיה שני מאורות גדולים. אבל האמת היא שהעולם הזה, בפרט אחרי חטא אדם הראשון, לא יראה אותנו כשווים. העולם

הזה מעריך כוח ועוצמה. העולם הזה יראה את השמש כמלך, ואותי, הלבנה חסרת האור העצמי, כחסרת חשיבות. אתה מעמיד אותי במקום כואב של חוסר שוויון. כדי ששניים ישמשו באותו כתר חייבים להיות הדדיות ושוויון, אבל בעולם הזה של היררכיות, יש רק מקום אחד בראש".

התגובה הזאת של הירח מובעת בדברי הגמרא (חולין ס, ב):

> רבי שמעון בן פזי רמי [הקשה]: כתיב (בראשית א, טז) "ויעש אלקים את **שני** המאורות **הגדולים**", וכתיב "את המאור הגדול ואת המאור **הקטן**".
> אמרה ירח לפני הקב"ה: "רבש"ע, אפשר לשני מלכים שישתמשו בכתר אחד?"
> אמר לה, "לכי ומעטי את עצמך".
> אמרה לפניו: "רבש"ע, הואיל ואמרתי לפניך דבר הגון אמעיט את עצמי?"
> אמר לה: "לכי ומשול ביום ובלילה". אמרה ליה: "מאי רבותיה, דשרגא בטיהרא מאי אהני?" [מה יתרון יש בכך? מה תועלת יש לנר ביום?]
> אמר לה: "זיל, לימנו בך ישראל ימים ושנים" [לכי, כדי שישראל ימנו ימים ושנים באמצעותך].
> אמרה ליה: "יומא נמי – אי אפשר דלא מנו ביה תקופותא [גם השמש נחוצה כדי לקבוע את הזמנים ואת העונות] דכתיב (בראשית א, יד) 'והיו לאותות ולמועדים ולימים ושנים' ".
> [אמר הקב"ה] "זיל, ליקרו צדיקי בשמיך [לכי, כדי שצדיקים ייקראו בשמך]: יעקב הקטן, שמואל הקטן, דוד הקטן".
> חזייה דלא קא מיתבא דעתה [ראה הקב"ה שלא נחה דעתה]. אמר הקב"ה: "הביאו כפרה עלי שמיעטתי את הירח".

ניתוח הדו-שיח

הבה נבחן את המשמעות הרוחשת בעומק השיחה המרתקת הזו, משפט אחר משפט.

אמרה ירח לפני הקב״ה: רבש״ע, אפשר לשני מלכים שישתמשו בכתר אחד?

אמרה הלבנה לבורא העולם: ״בראת את שנינו שווים. לשנינו קראת ׳המאורות הגדולים׳. אבל האמת היא שאני רק צל של השמש. גם אם בעולם רוחני יש הדדיות בין מעניק ומקבל, משום שהמקבל והמעניק יוצרים סוג של שוויון (המעניק זקוק למקבל בדיוק כפי שהמקבל זקוק למעניק), בעולם הזה איש לא מעריך את המקבל. הם יראו אותנו כמלך אחד (השמש), והצל הפסיבי שלו (אני, הלבנה). בעולם הפיזי של היררכייה שבו שמת אותנו, תמיד המקבל נמוך יותר בסולם ההירכייה ובגלל זה לא מוערך״.

אמר לה: לכי ומעטי את עצמך.

ענה הקב״ה: ״מי שרואה את הבעיה, עליו מוטלת החובה לפעול ולתקן אותה. מכיוון שאת חוששת שהאמת תאבד תחת מעטה העולם הזה, נצטרך לבחור תוכנית חלופית. הפתרון הוא שאת תקטיני את עצמך, כדי שלא תוכלי לקבל את כל אורה של השמש כל הזמן. יכולות הקיבול שלך יתרחבו ויתמעטו מדי חודש. במקום להיות מקבלת כברירת מחדל, שטופת שמש באורח לא רצוני, כעת יהא הדבר תלוי ברצונך. את, המקבלת, תחליטי כמה מהאור ישתקף בך. בדרך זו, כבר לא תהיי פסיבית. כמות האור בעולם תהיה תלויה בו.

אבל קטנותך תשיג יותר מאשר רק להפוך אותך לשותפה פעילה במערכת היחסים. קיוויתי שהיותך מקבלת, בצורה מלאה ומושלמת, של כל שפע אור השמש, תשקף לאנושות את המודל למערכת היחסים שאוכל לקיים איתם, בה יהיו הצינור לאור שלי, בה יהפכו לחלון הבהיר, השקוף ביותר, שדרכו יקבל העולם את האור שלי. אבל את (ובהמשך, האנושות) שואפת לסוג אחר של קשר – קשר של הדדיות מושלמת. כאן, את, הלבנה, מביאה לכלל האנושות את בשורת ההדדיות, את כניסתה של הבחירה החופשית למערכת של קשרים, מה שבסופו של דבר יביא לאור גדול עוד יותר.

אכן, הרמה הזו שאת דוחפת אליה היא גבוהה יותר – הדדיות בוגרת היא התכונה המגדירה של אהבת אמת. אבל מטרה זו עלולה להימחץ בקלות תחת מכבש העולם, הנוטה לחיצוניות ולכוחניות ולא לקשר וליחסים. כאשר אתה גדול, קל לדמיין שאתה יכול להסתדר לבד, שאין לך צורך באף אחד כדי להגיע לשלמות. אבל כאשר אתה קטן, תמיד תקנן בך תחושת החיסרון, והרצון להתקרב ולהגיע לשלמות. מידתך הקטנה היא תזכורת תמידית לכמה בלתי מושלם הוא המצב כרגע, ולשאיפה הראשונית שלך לרומם את הקשר הזה. מידתך הקטנה היא שתקרב אותך ותזכיר לך שהקשר הוא המטרה".

אמרה לפניו: רבש"ע הואיל ואמרתי לפניך דבר הגון אמעיט את עצמי?ה[3]

עונה הלבנה: "גם אם המטרה הסופית היא הקשר, ואתה אומר שהיותי קטנה היא שתוביל לאותה קרבה והדדיות, אתה עדיין מטיל אותי לתוככי עולם הממעיט בערכם של מקבל ושל מידה קטנה. תפקיד זה שאתה מטיל עליי כואב מכדי לבצע אותו. למה עליי להיענש על כך שהצבעתי על הבעיה?"ו

אמר לה: לכי ומשול ביום ובלילה.

אמר לה הקב"ה: "מכיוון שאת הִרגישה לחוסר השוויון, רק באמצעותך ניתן לשנות את המצב. רק על ידי הקטנתך, יכול המסע אל השוויון לצאת לדרך. הקטנתך רק נראית כעונש, אבל האמיני לי, היא לא עונש, היא תחילתו של פתרון.[4]

3. ויכוח על מה שנראה כמו חוסר צדק מתואר כאן כתכונה נשית, אולי משום שהכוח הנשי רואה את העולם מבעד לעדשת מערכת היחסים והדו שיח, לא ההירככייה והכוח. ראו בהערת הסיום את דברי הרמב"ן הרואה את סירובה של שרה לקבל את פיוסי אבימלך – אף שאברהם ניאות לקבלם – באור חיובי. ראו שם גם את דברי המדרש על בנות צלפחד שתביעתן התבססה על אמונתן כי גם אם בני אדם עשויים להפלות נשים, הקב"ה לעולם יהיה הוגן.

4. מעניין שהן הפילוסופים המרקסיסטים והן הפילוסופים הפמיניסטיים משוכנעים

מערכת חדשה זו פותחת את תהליך ההדדיות שאותה רצית. כך יתרומם הקשר למקום שאליו לא יכול היה להגיע קודם לכן. במקום להאיר בצורה פסיבית את מלוא אורה של השמש – להמשיך ולהשפיע את כל מה שאת מקבלת – את תתמלאי ותתחסרי. והמילוי וההתחסרות שלך, כלומר, בחירתך החופשית, הם שיקבעו כמה והאם לשקף את אור השמש. גירוש החושך לא יהיה עוד מה שאת עושה כברירת מחדל, אלא מה שאת עושה מבחירה.

יכולת בחירה משנה את כל התמונה. הבחירות שלך יזכירו לשמש שגם היא תלויה. בך! השמש יכולה לרצות להשפיע את מלוא שפעת אורה על כל פינות תבל, אבל מה שאת תסרבי לקבל – היא לא תוכל להשפיע. חוסר היכולת שלך להשלים עם חוסר השוויון, והתסיסה שלך להביא לשינוי, יעלו את העולם לרמה אחרת לחלוטין. ובדרך זו, תאמיני או לא, בסופו של דבר את תהיי המושלת, אף ש(בדרך) הוא יחבוש את הכתר. כמו שהלבנה נראית לא רק בלילה אלא גם ביום, כך תהיה השמש תלויה בך, ביום ובלילה.

נוסף על כך, נוכחותך שם ביום ובלילה תסייעך בתפקידך כמעודדת שינוי. נוכחות מוגבלת רק ליום או רק ללילה נושאת בחובה סכנה של יצירת זווית ראייה מעוותת של העולם. הימצאות רק בשעות היום עלולה לטפח את המחשבה שרק כוח, עוצמה וחוזק הם החשובים. הימצאות רק בלילה עלולה ליצור תדמית מעוותת באותה מידה. נוכחותך ביום ובלילה תעזור לך לקבל נקודת מבט כוללנית יותר של העולם, נקודת מבט נחוצה כדי שיתרחש שינוי".[1]

שהמעמד המדוכא בחברה הוא בעל הסיכוי הטוב ביותר לראות את הדינמיקה החברתית בצורה הברורה ביותר (אצל מרקס, זה הפרולטריון; אצל הפמיניסטיות, אלו הנשים). אחד ההסברים המוצעים הוא של"מעמד השליט" (הבורגנים או הגבר הלבן) "יש אינטרס להסתיר את מציאות השליטה המעמדית. נקודת המבט של המעמד המדוכא היא גם יותר חסרת פניות וגם יותר מקיפה, מאחר שהיא... אינה צריכה להסתיר את האמת" (John Chandler, "Feminism and Epistemology", *Metaphilosophy* 21, no. 4 [October 1990]).

אמרה ליה: "מאי רבותיה, דשרגא בטיהרא מאי אהני?" [מה יתרון יש בכך? מה תועלת יש לנר ביום?]

אומרת הלבנה: "מה שאתה אומר אולי אמיתי ונכון, אבל כרגע אני תקועה בעולם שמעריך רק את כוחה המעניק, המשפיע והחזק של השמש. אחרי כל ההתפלספות הנחמדה על ההדדיות בין המעניק והמקבל, עדיין איחשב סוג ב'. אף לא אחד יעריך את אורי. אני רוצה להיות שמש בעצמי!".

אמר לה: "זיל לימנו בך ישראל ימים ושנים" [לכי, כדי שישראל ימנו ימים ושנים באמצעותך].

אמר בורא העולם: "צודקת. העולם יתקומם נגד הרעיון הזה בכל הכוח. אבל את תביאי את בשורת הקשר והחיבור לאנושות. המצווה הראשונה בתורה, מצוות קידוש החודש, תכיל בתוכה את האמת הנסתרת הזו, את המארג המשותף למקבל ולמעניק.[ח] באמצעותך יקבע עם ישראל את לוח השנה, המבוסס הן על השמש והן על הירח. הלוח הזה יהיה גם מטאפורה של המסר שלך וגם ביטוי שלו – שאהבה הדדית היא האהבה הנשגבת יותר. וכל זה תלוי בך".

אמרה ליה: "יומא נמי אי אפשר דלא מנו ביה תקופותא [גם השמש נחוצה כדי לקבוע את הזמנים ואת העונות] דכתיב (בראשית א, יד) "והיו לאותות ולמועדים ולימים ושנים".

אמרה הלבנה: "אני שומעת את החשיבות של בשורת ההדדיות שאני מביאה לעולם, ואף מבינה מדוע אתה רוצה אותי קטנה. אבל אף על פי שניתן בידי המפתח לשינוי, עדיין אינני יכולה להשלים עם מעמדי כמקבלת בעולם הירככי של מעמדות. כל מה שאתה אומר לי על חשיבות המסר שלי לא נשמע לי, משום שבעולם שאתה מכניס אותי אליו, השמש תהיה החשובה, לא אני. אפילו בלוח השנה היהודי, שלטענתך נועד לבשר ולבטא את האחדות וההדדיות האידיאליות, השמש עדיין ממלאת תפקיד רציני ביותר".

[אמר הקב"ה] "זיל, ליקרו צדיקי בשמיך [לכי, כדי שצדיקים ייקראו בשמך]: יעקב הקטן, שמואל הקטן, דוד הקטן".

אומר הקב"ה: "סמכי עליי. זה ישתלם בסופו של דבר. בניגוד לדעה הרווחת, התכונה שהכי מייצגת **אותך** – גודלך הקטן – תשמש כדי לתאר את הצדיקים שלי. אנשים חושבים שצדיקים הם "גדולים" בגלל שהם גדולים בחוכמה או גדולים ביכולות שלהם או גדולים בהצלחות שלהם, כלומר בגלל אורם האישי. אבל אני אומר לך שגדלותם אינה נובעת לא מאור אישי, אלא מכך שהם מוכנים להיות כמו הלבנה, לפנות את עצמיותם כדי לקבל אותי.[ט]

הצדיקים הם אלו אשר, כמו הלבנה, חיים מתוך ידיעה ומודעות תמידית לחסרונם ולמידתם הקטנה, דבר הגורם להם לערוג ולכמוה לדבר היחיד שיכול למלא אותם – קשר איתי. מידתם הקטנה היא שגורמת להם להשתוקק לחיבור איתי.

אני מבקש ממך להתבונן מתחת לפני השטח, אל תוככי האמת העמוקה והבסיסית שאני אומר לך. את תהיי המטאפורה להתמודדות של האנושות. את תהיי סמל השליחות האנושית – להבין שגדולתם של בני האדם תלויה במידה שבה הם מפנים את עצמיותם כדי לעשות לי מקום בחייהם.

המסר העמוק והמרכזי ביותר שאני רוצה להעביר לאנושות במאבק הנצחי שלהם לעצמאות הוא, שבסופו של דבר גדלות אמיתית מגיעה מהנכונות להתקטן כדי לאפשר כניסה למישהו אחר.

וקשר זה, מטרת כל היקום, ניתן בידו של המקבל. כמו שאת, הלבנה, מחליטה עד כמה תשקפי את אור השמש, כך גם האנושות היא שתחליט כמה מאורי יזרח בעולם. זה סודו של היקום.[י] לכל האהבה בעולם אין ערך באין מי שמוכן להפוך את עצמו לפגיע ולהיכנס לתפקיד המקבל".

חזייה דלא קא מיתבא דעתה [ראה הקב"ה שלא נחה דעתה].
אמר הקב"ה: "הביאו כפרה עלי שמיעטתי את הירח".

ממשיך הקב"ה: "את אכן תהיי כלי קיבול, סמל האהבה ההדדית בעולם שמעריך רק מי שנמצא למעלה, ומתכחש לערך אמיתי. ואת לא רק מקבלת, את גם הוקטנת. רק על רקע הלילה השחור, שבו דבר אינו ברור לגמרי, וטוב ורע עשויים להתחלף, בחירתך לשקף את אור השמש תקבל משמעות.

כך בכל חודש, עם התמעטות הלבנה, יצטרך עם ישראל להשלים עם קטנותו – תוצאה של התשוקה שלו לעצמאות ולהיפרדות ממני. בכל ראש חודש, עם ראיית המולד, יקריב עם ישראל קורבן לכפרה – שעיר עיזים לחטאת. קורבן חטאת מסמל חיסרון הזקוק לכפרה. תפקידך בעולם הוא אכן תפקיד כואב – וזה מצריך כפרה. בראש חודש ישובו בני האדם וייזכרו שהם קטנים ונזקקים. הם יברחו מהחיים 'תחת השמש' אל הידיעה שללא אהבה, בלעדיי, הם תמיד יישארו קטנים.[יא]

את, הלבנה, תהיי הסמל של עם ישראל, אשר מידתם הקטנה יוצרת כמיהה מגנטית לִגדול, באמצעות קשר איתי.[יב]

במעמקי כאב הקטנות דעי, לבנה, שמתחת לזרמים הסוערים של ההיסטוריה, נוכחותך השקטה, המתמלאת ומתחסרת בקביעות, תשמש אבן שואבת למשוך את האנושות חזרה אליי. את תהיי קטנה. חייך יהיו מיוסרים.[יג] אבל בסופו של דבר, הכול תלוי בך".[יד]

הלבנה הפכה למשתתפת בעל כורחה בתוכנית האלוקית של הבריאה. ובהקבלה הנפלאה של העולם הפיזי והעולם הרוחני, הדינמיקה הזו תופיע בעוד רבדים רבים.

בפרק הבא נבחן את ההקבלה בין הלבנה והשמש לעם ישראל והקב"ה.

סיכום

חז"ל אומרים לנו שהלבנה נועדה בתחילה להיות שווה לשמש, אולם לאחר מכן הוקטנה.

הקטנה זו של הירח הטרימה את כל הטרגדיה של החוויה האנושית, ובה בעת היא הגורם להעלאת העולם לרמה גבוהה יותר.

הקב"ה, כביכול, הסביר ללבנה שהמסר העמוק ביותר לאנושות הוא שבסופו של דבר, התרחבות וגדלות מגיעות מקבלה של ה"אחר" – נכונות להקטין את עצמך כדי לאפשר לאחר להיכנס.

פרק יא

הלבנה והאנושות

הקטנתה של הלבנה מטרימה את הקטנתו של האדם, ואולי אף גורמת לה.[א]

האדם, כמו הלבנה, אינו רוצה להיות צינור ישיר של הקב"ה בעולם. כמו הלבנה, הוא מחפש עצמאות, לא "רק" שיקוף מלא של המציאות האלוקית. סירובו של האדם למלא אחר ייעודו (כשאכל מעץ הדעת), מגלה רצון לקיום עצמאי ונפרד מאלוקים, בדומה לדרישת העצמאות הקדומה של הלבנה. אומנם אתה, אלוקים, מורה שלא לאכול מעץ הדעת, אבל אני, האדם, חושב אחרת. אינני יכול רק לשקף אותך – אני חייב להיות גם שחקן פעיל.

הלבנה, באמצעות הקטנתה, הפכה לסמל הבחירה החופשית, והתמלאותה והצטמצמותה מסמלות את הרעיון של קשר של בחירה – אפשר להסכים או לסרב לקשר. גם האנושות קיבלה את הבחירה החופשית שהיא ביקשה – את החופש לבחור בין טוב לרע – אבל היא שילמה גם את מחיר ההקטנה.

חטאו של אדם הראשון נשא עימו אסון לכלל האנושות. במשך כל ימי חיינו כאן, בעולם שמחוץ לגן עדן, אנו תועים ותוהים, נופלים ומתבלבלים בחושך, מגששים את דרכנו בתוך עיסה דביקה של טוב ורע, מנסים איכשהו, גם בתנאים קשים אלו, למצוא את האור האלוקי ולשקף אותו במעשינו.

כמו הירח, אחרי שעמדנו על הנפרדות שלנו מהקב"ה, איבדנו את היכולת לשקף את מלוא אורו. אנו פועלים במקום חושך וצלמוות, מתמלאים ומתחסרים לסירוגין. אכן, זכינו לבחירה חופשית ברמה הגבוהה שאותה רצינו, אבל אנו גם מתלמדים בדרך קשה וכואבת, שרק כשנבחר לשוב לתפקידנו המקורי ולשקף נאמנה את רצון האלוקים, כשנבחר באופן יזום

לשוב "להמעיט את עצמנו" – במובן זה שנשקף את רצון האלוקים ולא את רצוננו אנו – אזי נאיר באור גדול, ונהיה לגדולים באמת. אז נשיג את ההדדיות שרצינו.

ולמרות הכול, למרות החושך שיצרנו במו ידינו, המרד הזה רשם לעצמו ניצחון. אכן, נעשינו קטנים. אנו נאלצים להתמודד בעלטה, אבל בחסות החשכה אפשר להשיג סוג חדש של קשר: קשר שאינו מתבסס על כוח ומעמד כמו זה של השמש, אלא על אינטימיות ופגיעות כמו של הירח.[ג]

הקשר שלנו ינוע ממקום של קשר לא שוויוני של מעמד וכוח, שבו השמש מציפה את הירח, אל קשר הדדי שבו הירח והשמש הופכים לשותפים להבאת אור לעולם. לא למרות כאב החושך, אלא בגללו, נקבל בסופו של דבר את מה שאנו משתוקקים לו.

כך כותב המהר"ל:

> ודבר זה עניין עמוק [אשר] פרשנו אותו במקום אחר, כי כשם שהיום הוא מיוחד שהוא יתברך פועל בנמצאים... והוא יתברך מוציא את הנמצאים אל הפועל, כך הלילה מיוחד שהנמצאים שבים אל השם יתברך כי הלילה הוא כמו סילוק העולם הזה והוא שב אל העילה. ולכך הלילה נחשב כמו מיתה וסילוק, כי הלילה [הוא] שהכל שב אל העילה יתברך. וזה שהשירה של החיות הוא בלילה דווקא, וזה כי השירה היא השתוקקות אל העילה כמו שהוא ענין השירה בכל מקום.
> (חידושי אגדות מהר"ל עבודה זרה דף כה)

אנחנו כבר לא מקבלים באופן פסיבי את השפע האלוקי. ברמה הזו של הקשר, רמה גבוהה ומפותחת יותר, הקב"ה מעביר את האחריות לידינו – אנחנו נחליט באיזו מידה להתקשר עם אלוקים, והאם נבלה את חיינו באשליית העצמאות המדומה. אולם, כפי שהלבנה הבינה, אם באמת רוצים קשר הדדי, חייבים לאפשר גם לשמש להיות שחקנית ראשית.

השמש והירח מתמודדים על הכתר – סקירה היסטורית

קל לנו להזדהות עם התמודדותה של הלבנה, ושל האנושות בגן העדן. המשיכה לעצמאות בוערת בנו, והדחף הבראשיתי להפעיל את הבחירה החופשית – לבחור לבד – הוא המגדיר אותנו כבני אנוש. אבל בל נטעה

לשכוח שלהתמלאות ולהתחסרות של הבחירה החופשית יש ערך רק בהקשר של כוח מעגן וקבוע העומד מולה. מטרתנו בעולם, אחרי הכול, היא להגיע אל הספירלה, אל השילוב בין הזכר והנקבה.

אמת, השמש זקוקה לירח אבל הירח אף הוא זקוק לשמש. ללא עוגן קבוע ובלתי משתנה, כל התנועה המתמלאת־מתחסרת, הבוחרת יותר ופחות, הופכת לזרם הולך וגובר של נהר המתקדם מהר מאוד לשום מקום. היא תהיה כל הזמן בתנועה מתמדת, ללא כל מטרה סופית.

קל להתבלבל בין פעלתנות והישגיות. בפרט בעולמנו הפוסט־מודרני, שבו הכול יחסי, והדבר המוחלט היחיד הוא שדבר אינו מוחלט, נדמה חסרון הצורה כשיא היצירתיות. אלא שהשילוב בין שני הכוחות הללו, האיזון בין השמש לירח, המציאות הקבועה של השמש יחד עם הדינמיקה המשתנה של הלבנה, הם אשר בונים סדר עולמי חדש.

משהו חדש הוא תמיד תוצאה של פגישה בין משהו משתנה למשהו קבוע – משתנה כמו הירח, וקבוע כמו השמש. דמיינו משאית הנעה במהירות ככוח המשתנה, וקיר אבן גדול ככוח הקבוע. אם השניים ייפגשו, בהחלט יהיה משהו חדש (חור בקיר, משאית מרוסקת). אבל אם יזוז גם הקיר, או שהמשאית תעמוד דום, השניים לעולם לא ייפגשו ושום דבר חדש לא יצמח.

יכולת הקיום של האנושות נקבעת בהתאם לריקוד העדין והמתמשך בין ה"שמש" ל"ירח". תמיד תהיה תנועה באנושות, תנועה המיוצגת על ידי הלבנה. אבל כדי לשמור עלינו שלא ניעלם בתוך ענן מעורפל של יחסיות דמיונית, חייב להיות משהו קיים, יציב ובלתי משתנה, משהו הדומה לכוחה היציב והקבוע של השמש.

כאשר נוצר חיבור בין שני הכוחות הללו – כאשר, כביכול, מתחתנים הכוח הסטטי והכוח הדינמי – נוצר יופי. כל אחד, כאשר הוא עומד בפני עצמו, מהווה עיוות.

כדי להבין את ה"נישואין" הללו לעומקם, נבחן שתי קבוצות באוכלוסייה. האחת מעוותת בכך שהיא נמשכת כל כולה לעבר הלבנה המשתנה, המתמלאת ומתחסרת ללא כוח מעגן וקבוע, והשנייה מעוותת דווקא מן הכיוון ההפוך, מן המשיכה לכיוון של הקבוע והתמידי – השמש.

לאור הירח: דוגמה לחברה מכוונת ירח

ישמעאל – בנה של הגר מאברהם אבינו – יהיה נציג המשיכה לכיוון

הירח לאורך ההיסטוריה. ישמעאל עניינו בחירה חופשית ללא גבול. התורה (בראשית טז, יב) קוראת לו "פרא אדם", ציפור דרור, שאף חוק לא יכבול: "ידו בכל, ויד כל בו". לכללי התרבות אין כל משמעות לגביו. הוא לא כפוף לשום דבר. לפי הרש"ר הירש, בריחתה של אימו הגר מפני גבירתה, שרה, סימלה את סירובה (כמו סירוב הלבנה) להישאר משועבדת – היא רצתה עצמאות.[ג]

ואכן, לוח השנה המוסלמי הוא לוח שנה ירחי, שבו הנצחה של אירועים משתנה בקביעות משנה לשנה. כל שנה, החגים המוסלמיים חלים בעונה אחרת. אין שום דבר קבוע. מה שהיה בשנה שעברה ישתנה לגמרי השנה. ישמעאל הוא איש המדבר – התגלמות הבלתי־מובנה, הבלתי־מעובד.

מצוות ברית המילה לא נכפתה על ישמעאל כפי שנכפתה על יצחק. הוא לא היה תינוק בן שמונה ימים, אלא נער בן שלוש עשרה, בעל בחירה חופשית, כאשר נימול.[ד] בחירה חופשית עשויה להוביל לאפשרויות רבות.

מעניין לציין כי דינמיות זו ניכרת גם בגישת האסלאם לגירושין, בפרט כשהיא מונגדת לגישת הנצרות. הנצרות (במתכונתה המקורית) מיוצגת על ידי השמש[1] – הכוח היציב, הבלתי־משתנה – ואסורים בה גירושין. מה שהיה הוא שיהיה, הנישואין הם בלתי הפיכים – לא יהיה שינוי. באסלאם, הגירושין לא רק מותרים, אלא מושגים ללא הרבה פורמליות; האיש אומר "אני מגרש אותך", ומבנה הנישואין מתמוסס.[2]

ישמעאל מסמל את המשיכה לנזילות ולהשתנות.[3] בקצה השני של

1. ראו להלן.
2. האמת היא שזה נכון רק תיאורטית. אף על פי שהקוראן מציג את הגירושין כְּמַה שהיינו מכנים היום "גירושין ללא אשם" (למשל, סורה 2:231, 2:41), בפועל החברות המוסלמיות מקשות מאוד – מבחינה משפטית ומבחינה חברתית – על נשים להתגרש. אם כי "במדינות מוסלמיות מודרניות רבות, המדינה נטלה סמכות שיפוט בנושא גירושין ו[כתוצאה מכך] זכויות הנשים מוגנות" (Hopfe, *Religions of the World*, 333–334). המחברים מוסיפים: "את עצם העובדה שהאסלאם מתיר גירושין, אפשר לראות כהוראה ליברלית המכירה בחוסר השלמות של בני האדם ובבחירותיהם..." (שם).
3. התיאולוגיה המוסלמית מייחסת ל"אללה את בריאתו של כל פרט בכל רגע, ממש כאילו היה זה הכללי עצמו. הווה אומר שההשגחה מורכבת כאן ממספר אינסופי של מעשי בריאה מפוצלים, ללא קשר ביניהם לבין עצמם, וכל אחד מהם חשוב כבריאה מלאה. זאת היתה תורתה של הפילוסופיה האורתודוכסית השלטת באסלאם. על הפרטי צולחת כאן כל רגע בכל עזוזה יכולת הבריאה האלוהית. אין הוא 'מתחדש' כאן כל רגע, אלא 'נברא' כולו, על קרבו ועל כרעיו, בכל רגע. אין הוא יכול למלט עצמו מן הכוח הנורא

הרצף עומדת חברה הנמשכת לכיוון השמש היציבה – משיכה הנושאת בחובה את סכנותיה היא.

תחת שמש קופחת: דוגמה לחברה מכוונת שמש

עשו, הניגוד האחר בהיסטוריה שלנו, מושך לכיוון השני, לעולם קבוע ובלתי משתנה. שנה נקראת שנה "לפי ששבה השמש שנית אל הנקודה שהחלה ממנה".[ה] שלא כמו הלבנה המתמלאת ומתחסרת, השמש מספקת אור וחום באופן יציב וקבוע. תמיד היא זורחת, תמיד היא שוקעת.

"למה זה לי בכורה"? אמר עשו ליעקב, משום שבכל מקרה "הנה אנכי הולך למות" (בראשית כה, לב). שום דבר לא עומד להשתנות. כפי שמציג זאת הרש"ר הירש (שמות יב, ב), בתפיסת עולם זו, הרוע מוליד רע, אשמה מולידה אשמה. אם עשיתי משהו רע, כך יישארו הדברים תמיד. האנושות חטאה פעם אחת, ומאז בני האדם רשעים הם, וכל שהם יכולים לעשות הוא להמתין לישועה. לבדה, האנושות אינה יכולה להשתנות.

שני הקצוות – שלטון בלעדי של השמש או של הירח – מובילים לעיוות. כאשר יש רק שמש, הקב"ה שולט על הכול, ולאדם אין מקום לפעול. האדם הופך לגרגר אבק, הנישא עם הגלים הגבוהים של חייו באופן פסיבי ומגיש את לחיו השנייה למכים. כאשר ישנו רק ירח והסהר הוא השולט, האדם הוא הבוחר, והקב"ה הוא, לכל היותר, סמל או קישוט. הראשון מוציא את האדם מהתמונה, והשני – את הקב"ה. התייחסות רק למציאות אובייקטיבית, מבלי להביא בחשבון את המציאות הסובייקטיבית של החוויה האנושית, מותירה אותנו עם מציאות נוקשה, רובוטית וחונקת. התייחסות לחוויה האנושית הסובייקטיבית בלבד מותירה אותנו אבודים בתוככי נהר גועש ואינסופי, שוצף לשום מקום.

כדי להגיע לאמת, אנחנו זקוקים גם לסובייקטיביות של החוויה האנושית המשתנה, וגם לאובייקטיביות של האמת המוחלטת של הקב"ה.

הזה של השגחת אללה המפוצלת עד הקטן לאין־סוף" (פרנץ רוזנצוויג, **כוכב הגאולה**, מגרמנית: יהושע עמיר, ירושלים: מוסד ביאליק. תש"ל 1970, עמ' 158).

השמש והירח: הבה ניפגש

המצווה הראשונה שנצטוו בני ישראל בתורה, עוד לפני שהיו לעם ויצאו מעבדות מצרים, היא לקבוע לוח שנה יהודי, שיאחד בתוכו את כללי מערכת השמש ואת מחזוריות הלבנה. לוח זה – שלא כמקבילו המוסלמי המתבסס על הלבנה, ושלא כמקבילו הנוצרי המתבסס על השמש – ישלב את הדינמיקה של הלבנה עם השמש הקבועה. הוא אף יפעל כזרז וכמטאפורה של הקשר האידיאלי בין מעניק ומקבל, ויבוא לידי ביטוי ברמות רבות ושונות.[14]

החודש הזה לכם ראש חודשים, ראשון הוא לכם **לחודשי השנה**.[5]

המילים "חודשי השנה" מתארות את מהות המצווה הראשונה: לחודשים אין שנים, ולשנים אין חודשים. שנה מבוססת על סיבובו של כדור הארץ סביב השמש; חודש הוא סיבוב של הלבנה סביב כדור הארץ. שני אלה במהותם מתארים שני **שבילים** שונים לגמרי. הקב"ה אומר לנו ששני אלו, השמש והירח, צריכים לצעוד שלובי זרוע בלוח השנה היהודי.

הקב"ה אומר למשה שהסנהדרין – בית הדין הגבוה לפסיקת הלכה ומשפט בעם ישראל – תהיה אחראית לכונן לוח שנה יהודי, על ידי קידוש החודש ושילוב החודשים עם שנת החמה, ביצירתה של שנה מעוברת, הנחוצה לקביעת מועדי החגים.[6]

---

4. כפי שיוסבר להלן, הקשר בין הקב"ה והאנושות, הקב"ה ועם ישראל, התורה שבכתב והתורה שבעל פה, והקשר בין איש לאישה – כולם משתקפים בלוח השנה היהודי.
5. שמות יב, ב.
6. "בתוך שנת חמה נכנסים רק שנים־עשר חודשי לבנה שלמים. שנת חמה מכילה 365 ימים, ושנים־עשר חודשי לבנה עולים למניין של 354 ימים בלבד. מחזור הלבנה הוא שלושים יום פחות חצי יום, ומכיוון שחודשים מורכבים רק מימים שלמים (מגילה ה, א), החודשים מתחלפים בין חודשים "מלאים" של שלושים יום, וחודשים "חסרים" של עשרים ותשעה ימים. חודש אחד נמשך שלושים יום ולמוחרת הוא ראש חודש, והחודש הבא נמשך עשרים ותשעה ימים ולמוחרת הוא ראש חודש.
"הפער בין 354 ימים ל־365 ימים הוא אחד עשר יום. כאשר אחד עשר הימים הללו מצטברים לשלושים יום, צריך להוסיף עוד חודש. על מנת לסנכרן את שתי המערכות הללו, הוסיפו חז"ל חודש אחד בשנה, שבע פעמים על פני תשע־עשרה שנה" (**שנת**

החגים אינם נכפים על עם ישראל מלמעלה. מועדי החגים יהיו תוצאה של קשר בין עם ישראל, האנושי, הדינמי והמשתנה, לבין הקב״ה. התורה אומרת לנו באיזה תאריך לחגוג את החגים, ועם ישראל, באמצעות הסנהדרין, יחליט מתי יתחיל כל חודש, ולפיכך גם באיזה יום ייפול החג באותו החודש. אור הקדושה שהמועדים מאירים על העולם יהיה תלוי בנכונות היהודי לקבל את אותה הארת קדושה.[ז]

אלה מועדי ה׳ מקראי קודש אשר תקראו **אֹתָם** במועדם.[7]

הגמרא (ראש השנה כד, א) מסבירה שהתורה כתבה את המילה ״אותם״ ללא ״ו״, כדי לרמז על משמעות נוספת: ״אַתֶּם״. לאמר, קביעת מועדי השנה תלויה בנו. גם אם הסנהדרין תטעה או תשנה את התאריך למטרות של רווחת הציבור, הקב״ה מקבל את החלטתה. ״הרי הוא אומר ׳אתם׳, ׳אתם׳, ׳אתם׳ ג׳ פעמים: ׳אתם׳ אפילו שוגגין, ׳אתם׳ אפילו מזידין, ׳אתם׳ אפילו מוטעין״ (ראש השנה כה, א).

אלוקים אומר לעם ישראל: ״הרצון שלכם, הנכונות שלכם לאפשר לי כניסה לתוך חייכם, הם שיקבעו את הקשר שבינינו. אי אפשר לכפות מפגש של אהבה. אינני יכול לקבוע מועדים (מועד = התוועדות, מפגש) בניגוד לרצונכם. אתם, עם הכוח האדיר הטבוע במקבל, תחליטו מתי יהיה ראש חודש, ובכך תקבעו מתי יחול כל מועד. אני אגיב בהשפעת הקדושה שלי בעולם, ביום שבו תקבעו שחל ראש השנה, יום הכיפורים, וכן הלאה. ח

למעשה, גם אם תשנו בכוונה את תאריך ראש חודש, ותסיטו אותו מהיום השלושים ליום השלושים ואחד בחודש, למען נוחות העם,[8] אקבל את החלטתכם. אין לי מועדים אחרים זולת אלו שאתם קובעים״.

העיבור, שיעורי הרב משה שפירא זצ״ל, תרומה תשס״ח כב, https://ravmosheshapiro.com/parshah04.html).

לדוגמה, מכיוון שחג הפסח חייב להיות באביב, פעם בכמה שנים נוסף חודש שלושה־עשר ללוח השנה היהודי כדי לוודא שחודש ניסן יישאר באביב ולא ״יזחל אחורה״ לחורף, כמנהג לוח השנה המוסלמי. השילוב של חודשי הלבנה עם שנת החמה הוא המייחד את לוח השנה העברי.

7. ויקרא כג, ד.

8. לדוגמה: כדי שיום הכיפורים ושבת לא יהיו צמודים (ראו ראש השנה כ, א), או כדי

המעשה העוצמתי הבא המופיע בגמרא ממחיש את האמת הזו.

הייתה פעם מחלוקת בין חכמי ישראל – רבי יהושע מצד אחד, ורבן גמליאל נשיא בית הדין מצד שני – באשר לתאריך שבו אמור לחול ראש חודש [וממילא: ראש השנה ויום כיפור]. רבן גמליאל גזר על רבי יהושע להופיע בפניו, כשמקלו וארנקו בידו, ביום שלפי רבי יהושע חל יום הכיפורים [שבו אין לצאת לרחובה של עיר עם מקל וארנק]. רבי יהושע עשה כפי שנצטווה, משום שגם אם הוא צודק בחשבונו, הרי שלאחר שבית הדין החליט על יום מסוים כעל ראש חודש – יום הכיפורים, על כל השפע הרוחני היורד בו מלמעלה, יחול רק ביום שקבע בית הדין.[9]

היהודי, עם החוויה הסובייקטיבית שלו שמשתנה כל הזמן, נפגש עם האמת המוחלטת של התורה שנתן הקב"ה. התורה שבכתב, כמו השמש, היא מציאות קבועה שאינה משתנה לעולם. אין להוסיף עליה ואין להחסיר ממנה. התורה שבעל פה היא מציאות הולכת ומתהווה, דינמית, המעבדת, באמצעות הממד האנושי, את האור של התורה ומביאה אותו לעולם.[ט]

תורה שבכתב קבועה במובן הזה שמרגע שהיא נכתבה, כל אות ואות חצובה לנצח ולעולם לא תשתנה. תורה שבעל פה, שהיא גוף המתפתח ללא הרף – ישות חיה נושמת המתרחבת ומתכווצת לאורך ההיסטוריה – היא היצור האנושי הדינמי בשותפות עם הקב"ה.

בכל פעם שיהודי מקדש את החודש, הוא מעיד על המקום שהוא תופס ביצירת קשר עם הקב"ה.[י] הלבנה נאבקה עבור קשר הדדי – היא לא הייתה מוכנה להיות מקבלת פסיבית. רצונה להיות שותפה שוות ערך ופעילה בקשר, יצר ממד חדש בקשר בין השמש לירח – הדדיות. אומנם השמש היא הכוח החזק והבולט, אך הלבנה היא שתקבע כמה מאור השמש ימלא את העולם. אלוקים, כמו השמש, יכול לשפוך את כל אורו עלינו, בלי כל גבול ומידה. אבל החלטתנו לקבל – או שלא לקבל – היא הקובעת כמה אור יהיה בעולם.

כשם שהשתקפות אור השמש תלויה במידת כלי הקיבול של הלבנה המשתנה, כך אורה של המציאות האלוקית תלוי בעם ישראל.[יא] תוצאותיה של הדינמיקה הזו ארוגות בכל פינה בחיי היום־יום שלנו ובכל מקום בקיומנו, כפי שנראה בפרקים הבאים.

להקל על עולי הרגל (ראו סנהדרין יא, א–ב).

9. ראש השנה כד, א.

סיכום

התמעטותה של הלבנה הייתה קדימון להקטנתו של האדם.

השילוב בין השמש לירח – המציאות האובייקטיבית ה"ברורה כשמש" עם הקיום הסובייקטיבי המשתנה של הלבנה – הוא האידיאלי.

האסלאם מייצג משיכה לכיוון של נזילות משתנה; הנצרות מייצגת קיום עומד ובלתי משתנה.

בקשר שלו עם אלוקים יוצר עם ישראל ממד חדש של הדדיות בין שני הכוחות.

פרק יב

לכל דבר יש מחיר

הלבנה קיבלה את מבוקשה: שאיפתה לעצמאות, לשוויון ולהדדיות התגשמה. אבל מילוי רצונה גבה ממנה מחיר כבד – הקטנתה.

בתוכנית המקורית, הלבנה עדיין הייתה מקבלת (גם אם פסיבית) – אבל היא הייתה מקבלת שתואמת לחלוטין את יכולתה של השמש להעניק. היא הייתה מאור גדול במובן הזה שהיא הייתה מחזירה את מלוא אור השמש, ולמעשה מגרשת את החושך לחלוטין. בעוד הלבנה קיבלה את שרצתה – היא מתמלאת ומתחסרת לסירוגין, ובכך הופכת לשותפה פעילה בקשר – מכאן ואילך עליה להיות קטנה מהשמש.

לאי־ההלימה הזו בְּגודל תהיינה השלכות חמורות. היא תיצור קצר בין המעניק למקבל. השמש זורחת בכל כוחה; אבל הלבנה אינה יכול לשקף את כל אורה; הלילה יבוא, והחושך – תוצאת חוסר יכולתה של הלבנה לשקף את כל אור השמש – ישכון. הקב"ה ימשיך להאיר את נוכחותו על העולם, אבל לאנושות לא תהיה עוד יכולת לשקף את מלוא אורו. אי־ההלימה הזו – וההשלכות השליליות הנובעות ממנה – יבואו לידי ביטוי בכמה רבדים בעולם.

בחלק הבא נבחן דוגמה אחת לחוסר ההתאמה בין השמש לירח, שתזרה אור על שכבות אחרות של המטאפורה רבת השכבות הזו.

מוח ולב

התוכנית המקורית הייתה שהלב, הסובייקטיבי, הרגשי, המיוצג על ידי

הלבנה, והמוח, האובייקטיבי, הרציונלי, המיוצג על ידי השמש, ישלטו יחד, ושניהם יהיו למאורות גדולים.[1] הירח, הלב, ישקף לגמרי את מה שמגלה השכל, ועם השיקוף הזה יאיר הלב את אותן פינות שאליהן אין למוח גישה.

"ידיעת האלוקים" אמורה הייתה להיות עבודה של שיתוף פעולה בין מוח ולב.[א] השכל יעביר כל תובנה חדשה ללב שיתענג איתו ויתרגם אותה מייד לקרבת אלוקים ואהבה מתוגברת.

במצב כזה, לא הייתה אפשרות לדיון פילוסופי שאינו מקבל ביטוי גם במיתרי הלב.[2] ומצד שני, אמונה פשוטה לא הייתה מתנגשת עם האינטלקט. שניהם היו גדלים באופן שווה, ובהתאמה.[3]

אבל כאשר אבדה לירח היכולת לספוג את מלוא אורו של השמש, נכנס הפער בין המוח ללב. אנו נוטים לראות את הלב כסוכן בלתי מהימן.[4]

1. רמז לייצוגים אלו אפשר למצוא במילים עצמן: המילה "לב" חקוקה מ"לבנה", והמילה "מח" קרובה ל"חמה".
2. פרידריך שילר, בספרו הנהדר על אסתטיקה, מתאר תרבות עתיקה שבה לרגש ולהיגיון ניתן משקל שווה: "אז, לעת ההתעוררות היפה של כוחות הרוח, עדיין לא היו החוש והרוח בעלי קניינים הנפרדים זה מזה לחלוטין; עדיין לא פיתה אותם שום חילוק לגדור את עצמם זה מזה באיבה ולקבוע את הגבול שביניהם. עדיין לא היו השירה והשנינות צרות זו לזו, וההרהור עדיין לא קולקל בפלפלנות. שניהם היו יכולים להחליף את שימושם כפי הצורך, כי שניהם כיבדו את האמת אלא שכל אחד עשה כדרכו" (שילר, **על החינוך האסתטי של האדם**, מגרמנית: שמשון אילת, עמ' 21).
3. אבל זה כבר לא המצב, כפי שמתאר שילר: "אנו יודעים שרגישות מצד עצמתה היא תלויה בעירנותו של כוח המדמה ומצד היקפה בעושרו. והנה עודף של יכולת אנאליטית נוטל בהכרח מן הדמיון את כוחו ואת להטו, ושדה מוגבל של דברים מפחית מעושרו. לפיכך ההוגה המופשט הרבה פעמים הוא בעל לב קר, משום שהוא מנתח את הרשמים, שאינם פועלים בנפש אלא כל שהם שלמים; ואיש עסקים הרבה פעמים לבו צר, משום שכוחו המדמה, הכלוא בחוג החדגוני של אומנותו, נבצר ממנו להקיף את אופן מחשבתו של אחר" (שילר, עמ' 25).
4. "בתוך המסורת הפילוסופית המערבית, רגשות בדרך כלל נחשבו כחתרניים – בפוטנציאל או למעשה – לידע... מכיוון שערכים ורגשות הוגדרו כמשתנים וייחודיים, הפוזיטיביזם [פילוסופיה של המדע הטוענת שמידע המתקבל ממקורות לוגיים ומתמטיים ושנרכש באמצעות ניסיון חושי הם המקור היחיד לעובדות מהימנות] מניח שלצורך ביסוס ידע מהימן יש להשתמש בשיטות המנטרלות את משקל הרגשות של המדען הפרטי" (Alison M. Jagger, "Love and Knowledge: Emotion in Feminist Epistemology", *Women, Knowledge, and Reality*, 2nd ed., eds. Ann Garry and Marilyn Pearsall [New York and London: Routledge, 1996], 166).

אנחנו מעדיפים "עובדות קרות ומוצקות"[5] ומשועבדים למדע, שאותו אנו רואים כהגיוני וכנטול רגש לגמרי.[6]

מכיוון שרגשות הם פנימיים יותר ונגישים פחות (לעיתים קרובות, משום שאמינותם מוטלת בספק) מתבונה ברורה ובהירה, ומכיוון שהם נזילים, אנחנו נוטים לפקפק ביכולתו של הלב לשקף את המציאות, ומסרבים על כן להכיר באמיתותיו. הן מוח בלי לב והן לב בלי מוח יוצרים עיוותים אבסורדיים, אבל הלב הוא זה שקולו נפסל בקלות רבה יותר.[ב] אלא שאפיסטמולוגים, החוקרים את מהות הידיעה וגבולותיה, מתחילים להבין ששלילת התפקיד שהרגש ממלא בהבנה ובידיעה היא עיוות של החוויה האנושית. למעשה, מה שנחשב ל"ידיעה" אובייקטיבית ומנומקת, מתגלה לעיתים כמושפע מרגשות:

> בדיוק כפי שההתבוננות מכוונת, מעצבת ובחלקה אף מגדירה את הרגש, כך גם הרגש מכוון, מעצב ואף מגדיר בחלקו את ההתבוננות. התבוננות איננה תהליך פסיבי של ספיגת רשמים או קליטת גירויים — זו פעילות של מיון ופרשנות. מה נבחר וכיצד הוא מתפרש מושפע מהמצב הרגשי... עובדות מתבססות על הסכמה הדדית הכוללת, בחלקה, הנחות מוקדמות של מה נחשב תגובה נורמלית או מתאימה למצבים. משכך, דוגמאות אלו מביאות למסקנה כי מצבים רגשיים מהווים משקל כבד בכל התבוננות הגיונית, הן בתחומים מדעיים מוחלטים הנחשבים ל"אובייקטיביים" והן בהבנות הרגילות של חיי היום־יום.[7]

---

5. "במקרים כאלה, רגשות נתפסים **כלא קשורים** לשום דבר, וכמפריעים פוטנציאליים של מציאויות קיימות אחרות **שכן קשורות** למשהו, כמסקנות, רעיונות ותצפיות רציונליות" (Jaggar, "Love and Knowledge", 169).
6. לתיאור משעשע של סגידתו הבלתי־הגיונית של העולם המערבי למדע ראו Paul Feyerabend, "How to Defend Society Against Science," *Radical Philosophy* 11 (1975); תומאס קון, המבנה של מהפכות מדעיות, ידיעות ספרים.
7. Jaggar, "Love and Knowledge", 179. היא ממשיכה: "כמו כל דבר אנושי, רגשות, בחלקם, הם תלויי חברה; כמו כל מבנה חברתי, הם תוצר היסטורי של החברה שיצקה אותם וניתן לזהות בהם את טביעות האצבע של החברה שיצרה אותם. בתוככי שפת הרגשות, בהגדרה הבסיסית שלנו של מה נקרא בושה, כעס או שנאה, מוטבעות נורמות וציפיות חברתיות. התיאור של עצמנו כ'כועסים', לדוגמה, יוצא מנקודת הנחה שאנו חשים שנעשה לנו עוול, היינו קורבן לפריצה של נורמה חברתית מסוימת" (שם).

אם נסכם את דבריה של אליסון ג׳אגר, הקשר בין הרגש וההיגיון קיים גם כשאיננו מודעים לו. ״חקירה תיאורטית היא תמיד מכוונת מטרה, והתבוננות היא תמיד סלקטיבית״. במילים אחרות, מה שאנו רואים בעיניים הוא בדרך כלל סלקטיבי – אנו רואים את מה שאנו מחפשים לראות – רגשות ודעות קדומות של אדם הם שישפיעו על מה שיראו עיניו, ובאיזה נושא יבחר להתמקד. אנו נוטים להתעלם מרגשותינו ומההשפעה שיש להם עלינו, ולא שמים לב לסיכון שהתעלמות זו מהווה עבורנו. באופן פרדוקסלי, חוסר מודעות האדם לרגשותיו וסירובו לאפשר להם מקום בתוכנית הכללית של הדברים, עלולים ליצור מצב שבו יש לרגשות למעשה השפעה גדולה יותר עליו, מאשר אילו היה מודע להם.

לפי התוכנית המקורית, מוח ולב היו אמורים ללכת יד ביד, בתיאום מושלם, מזינים זה את זה בהדדיות מלאה. הן ההיגיון והן הרגשות הם כלים שבאמצעותם חווים את העולם,ג ובאופן אידיאלי אנו אמורים להכיר בתלות ההדדית שביניהם.[8]

ובכל זאת, בעולם שלנו, התרגלנו לחשוב שרגשות אינם אמינים – גם אם בעבר היו הרגשות וההיגיון שווים בערכם. הפיחות בערכו של הרגש – המיוצג על ידי הלבנה – הוא דוגמה נוספת לקצר שבין המעניק והמקבל, עוד השלכה של הקטנת הירח.

האור בקצה המנהרה

ובכל זאת, בקצהָ של כל מנהרה מנצנץ אור. אלוקים מנהל את העולם, ולא נטשנו. התוכנית החלופית, ההקטנה, גם היא תביא אותנו אל המקום שאליו אנו רוצים להגיע – אל הנשיקה ההדדית של שיר השירים.

יש רק כיוון אחד לפנות אליו אחרי נפילה, והוא למעלה. אמת, הלבנה – או מקבילתה האנושות – התרחקה. אבל התרחקות זו היא לצורך התקרבות. ובסופו של דבר תהא זו הלבנה – סמל המקבל המרדן,

8. מעניין שג׳אגר מציעה את דימוי הספירלה העולה לתיאור התלות ההדדית החיונית בין רגש והיגיון.

זו שהתקוממה כנגד מעמדה כמקבל – שתוביל בדרך חזרה אל השלמות. בחשכת ההתמעטות שלה, גילתה הלבנה את סוד ההתחדשות.

חדש ומשופר

החושך משמש כרקע לאור הבהיר של האפשרות. מכיוון שאני, המקבל, אחליט האם לקבל או לא, הרי שבכל התחדשות יש סיכוי שהפעם אפתח את עצמי למלוא אורה של השמש – אולי החודש תחזור הלבנה לגודלה המקורי, ותהיה למאור גדול. ואכן, כך בדיוק מתאר הנביא ישעיהו (ל, כו) את העתיד לבוא:

> והיה אור הלבנה כאור החמה, ואור החמה יהיה שבעתים כאור שבעת הימים, ביום חֲבֹשׁ ה׳ את שבר עמו ומחץ מכתו יִרְפָּא.

הגאות והשפל, ההכרה בשמש או ההתעלמות ממנה, מייצגים את ההתמודדות של האור כנגד החושך. תמיד יש תקווה. אף על פי שהירח נעלם אתמול, ואי אפשר היה לראות ממנו כי אם סהר דקיק ביותר, היום הוא חוזר ומתמלא שוב, מחדש.

חיוניות וחדשנות הן מילות המפתח. החיים אינם מתקדמים בלאות מונוטונית, יום רודף יום, שנה אחר שנה. בכל חודש מחדש נראה ברקיע סהר דקיק המופיע במרומים ומרמז על האפשרות שאולי, אולי הפעם, משהו ישתנה. ואולי החודש תגדל הלבנה עוד ועוד, עד שתוכל לקבל את מלוא שפעת אור השמש ולגרש את החושך מהעולם.

רע אינו מוליד רעה, אשמה אינה מולידה אשמה. איננו צריכים לעמוד ולהמתין לישועה או לנס כדי שהמצב ישתנה. הלבנה המתמלאת ומתחסרת מלמדת אותנו שגם אנחנו יכולים להשתנות.

כמו הלבנה, גם היהודי מתמלא ומתחסר לאורך הלילה הארוך של הגלות. ועם זאת, בדיוק כשנראה כי החושך ישרור לעד, בדיוק כשהיהודי נראה מנותק לגמרי ממקורו – מתעורר הוא שוב לתחייה מחודשת. אכן, אין כל חדש תחת השמש. אבל הזרם הבלתי־פוסק של הימים המונוטוניים, המובילים אותנו קדימה, הלאה והלאה לשום מקום, אותה שמש מאירה,

יְשָׁנָה יְשָׁנָה, חייבת כעת לפגוש את הירח המשתנה כל העת, וכך ליצור סוג חדש של זמן, הנושא במעמקיו תקווה כמוסה ואמונה בהתחדשות.

סוד העיבור

מערכת קביעת לוח השנה העברי נקראת "סוד העיבור".[ד] [9] לוח השנה העברי בלי ספק מורכב מאוד ומעורבים בו גורמים רבים,[10] אבל מה סוד יש בו? ומדוע ייקרא תהליך קביעת לוח השנה "סוד **העיבור**"?

---

9. הרב אהרן לופיאנסקי שליט"א מסביר את ההתרחשות כך:
"די פשוט ליצור נוסחה לחיזוי מסלול הסיבוב של כוכב לכת, שתלוי בעיקר במסה שלו והיחס בינו לבין השמש. זהו קשר פשוט וחלק של אחד מול אחד, שתמיד יכול להתבטא בנוסחה (בהתעלמות מהשפעת כוכבי הלכת האחרים עליה). אם ניקח שני כוכבי לכת שסובבים סביב השמש, נוכל לבטא את הקשר בין המסלולים שלהם במשוואה פשוטה משום שיש להם מכנה משותף. אפשר אפילו ללכת צעד אחד קדימה וליצור נוסחה המקשרת בין השימוש בדלק על פני כדור הארץ לבין סיבוב כדור הארץ סביב השמש. הסיבה לכך היא שהם קשורים ישירות: כשהשמש לא זורחת על כדור הארץ, יש עלייה בשימוש בדלק לחימום ותאורה. אבל אין נוסחה לַקשר בין מחיר הדגים בלוס אנג'לס למחיר תפוחי האדמה במוסקבה. אף שכל שוק עולה ויורד באופן קבוע, ואיש עסקים ממולח עשוי לחזות את העליות והירידות בשערים, אין דרך להשוות שתי פונקציות שונות לגמרי.
זו, למעשה, אחת הבעיות שהפריעו מאוד למייסדי לוח השנה הלועזי. שכן השנה מתבססת על סיבוב כדור הארץ סביב השמש, ואילו יום הוא סיבובו של כדור הארץ סביב עצמו. הם אינם קשורים זה לזה באופן מהותי ולכן אין מערכת ברורה – שלא לדבר על נוסחה – ליצירת שנים מימים. התפתח אפוא לוח שנה שהוא מעשה טלאים של ימי השלמה ושנים מעוברות, שמהוות שיטה נוחה, אבל לא נוסחה אמיתית לארגון שנים כאלה.
הרבה יותר מסובך ליצור מערכת שממירה תופעה סולארית (יום) לתופעה ירחית (חודש) כאשר השתיים אינן קשורות. האתגר גדל עוד יותר כאשר מוסיפים תופעה שלישית, לגמרי לא קשורה – שנת החמה – ומנסים לאחד את כולם יחד. אמת, אפשר ליצור לוח שנה מסובך אד הוק, אבל מערכת פשוטה יחסית שחוזרת על עצמה וטובה במשך אלפי שנים, היא יוצאת דופן.
ובלוח השנה העברי יש מורכבות גדולה עוד יותר, בהביאו בחשבון את ראיית מולד הלבנה, את הצרכים הייחודיים של יום הכיפורים והושענא רבה [שחייבים לחול בימים מסוימים בשבוע] ואת השלכות לוח השנה האחד על לוח השנה הבאה... זהו הפלא הטכני של עיבור השנים והמולד. תרכובת של אירועים בלתי קשורים המנוהלים על ידי מערכת יחסית פשוטה" (Rabbi Aaron Lopiansky, "The Sod Haibur: New Moons, Solar Cycles, & Sacred Emanations of the Soul", in *Jewish Observer* [February 2000]).
10. מאיר הולדר, בספרו [באנגלית] **ההיסטוריה של העם היהודי מיבנה לפומבדיתא**, מסביר:

בעיבור משהו חדש מתהווה בתוך משהו ישן. זהו תהליך המתרחש מתחת לפני השטח, שבו שתי ישויות נפרדות לגמרי מעורות יחדיו באותו מקום, בדו־קיום.

בתוככי המציאות הצפויה והידועה של העולם הפיזי, שבו יום רודף יום בשרשרת אין־סופית, הזמן היהודי מתקדם לעבר משהו חדש, **משהו שעוד לא היה**, ההולך ומתפתח בתוככי **משהו שכבר קיים**. העולם ממשיך, חודש אחרי חודש, שנה אחר שנה. אבל בתוך מסגרת השגרה ה"ישנה", בסתר, מתחת לפני השטח, משהו קורה. משהו משתנה. אנו נעים **אל עבר משהו,**

"כמה מדויקים היו החישובים של הלל השני בקביעת לוח השנה?

אפשר להיות בטוחים בשני דברים: שכל המידות המופיעות בתורה מדויקות במידה שבה נחוצה השפעתן (ראו לשון הרמב"ם להלן); ושנית – שהן עומדות בפני עצמן כדבר האלוקים הנמסר באמצעות חכמינו. עם זאת, מעניין להשוות את הנתונים ששימשו את חכמינו עם המסקנות שאליהן הגיעה הטכנולוגיה המודרנית.

במסכת ראש השנה (כה, א) מביאה הגמרא את דבריו של רבן גמליאל: 'כך מקובלני מבית אבי אבא, אין חידושה של לבנה פחותה מעשרים ותשעה יום ומחצה ושנֵי שלישֵי שעה וע"ג חלקים'. הרמב"ם מציין מספר זה להלכה (הלכות קידוש החודש ו, ג). בתרגום לעברית מודרנית נאמר כאן, שממולד לבנה אחד למשנהו יש 29 יום, 12 שעות, 44 דקות, ו־3 שניות ושליש. במספרים עשרוניים חודש שווה ל־29.530594 ימים.

על פי נאס"א, סוכנות החלל של ארה"ב, אורכו של חודש סינודי, כלומר הזמן שבין מולד לבנה אחד למשנהו, הוא 29.530588 ימים. ההבדל בין מספר זה, אפוא, למספר ששימש כקירוב על ידי חכמינו הוא 0.000006, או שש מיליוניות היום. מדובר באי התאמה לתקופה של חודש, כמובן. בשש עשרה המאות שחלפו מאז שקידש הלל השני את הלוח, מסתכם הפער הכולל בכ־2.84 שעות.

מבלי להיכנס לשאלה האם הנתון המדעי ישתנה עוד בשנים הבאות, חשוב להצביע על כך שלחז"ל הייתה מטרה מעשית בקביעת הנתון הנ"ל – לבדוק את מהימנותם של העדים שבאו להעיד על מולד הלבנה. לא היה להם עניין בידיעת רגע המולד המדויק לצורך הדיוק המדעי. משכך, אומר הרמב"ם (קידוש החודש יא, ה–ו):

> שמא יתבונן חכם מחכמי האומות, או מחכמי ישראל שלמדו חכמת יוון, בדרכים אלו שאני מחשב בהן לראיית הירח, ויִראה קירוב מעט במקצת הדרכים, ויעלה על דעתו שנתעלם ממנו דבר זה ולא ידענו שיש באותה הדרך קירוב; אל יעלה זה על דעתו. אלא כל דבר שלא דקדקנו בו, מפני שידענו בעיקרי הגימטריות בראיות ברורות, שאין דבר זה מפסיד בידיעת הראייה, ואין חוששין לו, לפיכך לא דקדקנו בו.

וכן כשייראה בדרך מן הדרכים חסרון מעט מחשבון הראוי לאותה הדרך, בכוונה עשינו זה, לפי שיש כנגדו יתרון בדרך אחרת, עד שייצא הדבר לאמיתו בדרכים קרובים בלא חשבון ארוך, כדי שלא ייבהל האדם שאינו רגיל בדברים אלו, ברוב החשבונות שאין מועילין בראיית הירח".

(Meir Holder, *History of the Jewish People, From Yavneh to Pumbedisa* [Brooklyn, NY: .Mesorah Publications, 1986], 191n)

לא מפני משהו. איננו מתרחקים והולכים מתקופת האבן, הברונזה ואנשי המערות. אנחנו הולכים וקרבים למקום המפגש, הולכים וקרבים למקום שבו אור הלבנה יאיר כאור החמה.[ה]

סיכום

מפני שאינם שווים בגודלם, נוצר קצר בין המקבל והמעניק. השמש מאירה במלוא כוחה; אבל הירח אינו מסוגל לשקף את כל אורה.

הלב, משכן הרגש, מיוצג על ידי הלבנה, והמוח, משכן החשיבה הרציונלית, מיוצג על ידי השמש. הם אינם שולטים יחד. אנו תופסים את התבונה כחשובה מן הרגש.

בסופו של דבר תהא זו הלבנה שתוביל את הדרך בחזרה אל השלמות. מערכת קביעת לוח השנה העברי נקראת "סוד העיבור", ובכך מרמזת לנו על התפתחותו של משהו חדש מתחת לישן.

פרק יג

הנמשל – איש ואישה

כמו הירח, האישה היא המקבל. היא נוצרה לעמוד מול האיש ("כנגדו") ולקבל את שיש לו לתת (כ"עזר"), ואז לתרגם את החזון שלו למציאות.[א] דבר זה משתקף במציאות הפיזית – היא מקבלת לתוכה את מה שיש לו לתת, סמל הפוטנציאל והחזון, ומגשימה אותו בילד.

כמו הירח, האישה מסמלת את החווייתי והסובייקטיבי – היא משלבת את מה שהיא מקבלת לתוך עצמה ממש. כמו הלבנה, היכולת שלה לקבל את הפוטנציאל משתנה בהתאם למחזור החודשי. וכמו השמש, עם אורה הקבוע, לאיש יש פוטנציאל אין־סופי לייצר חיים חדשים, אבל בסופו של דבר הוא תלוי במקבל; בלי שהיא תקבל את מה שיש לו להציע, כל "אורו", יכולתו לתת חיים, לא יבואו לידי ביטוי.

בהקבלה נוספת, הלבנה שומרת נאמנות לאור השמש וממשיכה להאיר ממנו לעולם בחשכת הלילה, כפי שהיהודי נותר נאמן לאורו של הקב"ה גם בחשכת הגלות. גם האישה שומרת נאמנות לניצוץ החיים שבקרבה במשך חודשי ההיריון הארוכים והחשוכים.[ב]

שיקוף של נאמנות זו בחיים האמיתיים נמצא במדרש המספר לנו, שכשעם ישראל איבד את אמונתו כאשר בושש משה לרדת מההר, הנשים הן שנותרו נאמנות וסירבו לשתף פעולה עם עגל הזהב.[ג] הן סירבו לתת את תכשיטיהן ליצירת עגל הזהב – נשארו נאמנות ל"אור", ואילו מאוחר יותר, כשנדרשו לבניית המשכן תרמו את תכשיטיהן ברצון.[ד] בחושך שהשתרר כאשר משה בושש לבוא, הנשים הן שהאירו באמונתן.

ראש חודש, יום האישה

בהוקרה על נאמנותן של הנשים, על התייצבותן האמונית דמוית הירח בפני החשכה שבעיכובו של משה, זכו הנשים בחג משלהן – יום המבטא את הרעיון שהתגמול על נאמנות הוא התחדשות.[ה]

לשאר בני האדם, יום ראש החודש, תחילת התחדשותה של הלבנה, יהיה חג רק לעתיד לבוא, כאשר ישוב הירח למלוא גדלו ויצא במלוא הדרו – כאשר תוכל האנושות לשוב ולשקף את מלוא אורו של האלוקים הלאה, אל העולם.[ו] אבל לאישה, המגלמת בתוכה הן את ההתכווצות וההקטנה והן את ההתחדשות, האישה השומרת על נאמנות גם בחשכה – לה יש כבר עכשיו קשר לראש החודש. נשים בלבד נמנעות מעשיית סוגים שונים של מלאכה כדי לחוג את ראש חודש.[ז] אוזנן של נשים כרויה למסר של היום הלוחש את סוד ההתחדשות והתקווה של היהודים.[ח]

למעשה, אישה היא שתיקנה את תפילת מוסף הייחודית של ראש חודש. החיד"א מצביע על ראשי התיבות הפותחות את התפילה: "**ר**אשי **ח**ודשים **ל**עמך נתת" – רחל, כדי לרמוז לנו שרחל אימנו היא זו שייסדה אותה.[ט] מקום קבורתה של רחל אימנו הוא בבית לחם, בדרך, במסלול שבו עברו אבותינו בדרכם לגלות. שבורים ורצוצים, חסרי תקווה, עושים אבותינו את צעדיהם הראשונים אל תוך מנהרת הגלות החשוכה, מנהרה הנראית אין־סופית, חושך שלא נגמר. שם, בדרך, פוגשים הם את מקום קבורתה של רחל, המבשרת את בשורת הלבנה, בשורתה של האישה. נכון, חושך ועלטה. השמש איננה. אולם ניצרו את הזיכרון, הישארו נאמנים. הובטח לי כי מתוך החושך, מתוכו ממש, יעלה ויפציע האור, "ושבו בנים לגבולם" (ירמיהו לא, יד).

ההקטנה: הלבנה, עם ישראל והאישה

מעמד האישה הוא נושא שהאנושות עסוקה ומתחבטת בו רבות בשנים האחרונות. גם העולם היהודי לא נמלט מן הדיון הזה, העולה לכותרות השכם והערב. בעוד יש הטוענים כי נשים אכן נמצאות במעמד נחות ביחס לגברים וזהו מצב הדורש תיקון, נשמעים ברקע קולות אחרים הטוענים כי

אין כאן חוסר שוויון מהותי, והכול עניין של זווית ראייה – מה שנראה כחוסר שוויון הוא למעשה ביטוי להבדלים בין המינים.

אבל ברור, הן מהטקסט והן מהמטאפורה של הירח והשמש, שגם האישה עברה תהליך של התמעטות. היא נוצרה במקור כשווה לאיש, "זכר ונקבה בראם" (בראשית ה, ב), וכמו הלבנה, גם היא הוקטנה: "ואל אישך תשוקתך, והוא ימשול בך" (בראשית ג, טז).

בתובנה מפתיעה, הגאון מווילנא מציין שאחרי חטא עץ הדעת השתנה שמה של האישה ל"חוה". שינוי השם, הוא טוען, היה תגובה להתמעטותה. לפני החטא, היא נקראה **אישה** – נקבה מקבילה ושווה **לאיש**. אבל כשם שהלבנה כבר אינה יכולה לשקף את מלוא אור החמה, כשם שהלב אינו יכול לשקף את השכל במלואו, וכשם שהאנושות אינה יכולה לשקף את מלוא אורו של אלוקים,[י] גם היא ירדה ממעמדה ואינה יכולה לשמש עוד ה"עזר כנגדו" המושלם של האיש. יכולות הקיבול שלה פחתו.

לפני החטא תאמה האישה לאיש לגמרי באישיותה ובכושרה האינטלקטואלי, היא הייתה לו, כלשון הגר"א, "לעזר במושכלות, ושניהם שווים". לאחר החטא מתמקדת מציאותה כעזר כנגדו בעיקר ב"קיום המין" – בהולדה. שמה החדש, חוה על שם היותה "אֵם כל חי" (בראשית ג, כ), הוא שם שניתן כתוצאה מהתמעטותה. השם "אישה" ביטא שוויון, איש בגרסה נקבית. השם "חוה" ניתן לאישה שאיננה שוות ערך – יכולות הקיבול שלה יבואו לידי ביטוי רק ביכולתה להביא ילדים לעולם.[יא] הלבנה קְטנה, והאישה, מקבילתה, קְטנה גם היא. אי־השוויון אכן קיים, ולפי הגר"א הוא תוצאה של מציאות – נשים פחתו לאחר החטא וכבר אינן שוות לגברים. אין ספק שמבנה החברה, ואולי אף ההלכה, שיקפו מציאות זו. ועדיין חשוב לציין שההקטנה אינה המצב הרצוי, היא הייתה אמצעי לתיקון, בלית ברירה, שמטרתו היא לשוב אל האידיאל – לקשר של אחדות שוויונית המורכבת משני שותפים שווים.[יב]

נבראו שווים

אין זה מקרה שהשוויון, הקריאה הראשונית של הבריאה, הוא אבן יסוד של החברה המערבית המודרנית ("אנו סבורים שאמיתות אלה ברורות מאליהן,

שכל בני האדם נבראו שווים"[1]). ככל שאנו קרבים לעולם המתוקן, הגיוני שהעולם יהפוך מודע יותר לערכים אנושיים בסיסיים אלה הנמצאים בשורש החוויה האנושית – כפי שראינו, המאבק לשוויון קדם אף לבריאת האדם.

ואכן, הרמב"ן טוען כי לתרבויות המערביות תהיה אחיזה טובה יותר של האמת מאשר לעמים שקדמו להן.[יג] כשם שיעקב אבינו בא אל העולם הזה כש"ידו אוחזת בַּעֲקֵב עשו" (בראשית כה, כו), כך המשיח, שיביא את העולם למצב של אחדות ושוויון, יבנה את ממלכתו על "עקבי עשו" – האידיאלים של שוויון וצדק הם אבן יסוד של החברה המערבית (לפחות בתיאוריה).[2] אכן, ככל שאנו מתקרבים למשיח, נעשה קשה יותר לחיות בעולם שבו הפיזי אינו משקף את הרוחני, עולם לא שוויוני.[יד]

וְלַלְּבָנָה אָמַר שֶׁתִּתְחַדֵּשׁ, עֲטֶרֶת תִּפְאֶרֶת לַעֲמוּסֵי בָטֶן, שֶׁהֵם עֲתִידִים לְהִתְחַדֵּשׁ כְּמוֹתָהּ.[טו]

בתפילה זו נקרא עם ישראל "עמוסי בטן", אלה שהריונם מתקדם מאוד – הם ממתינים בקוצר רוח ללידה מחדש. הם, כמו הלבנה, לא רוצים יותר להיות קטנים. הלבנה נוצרה באחדות ובשוויון, ולשם היא שואפת לשוב. היא רוצה לשוב ולהאיר את החושך. היא רוצה לצאת מעולם שאינו מעריך את מהותה לעולם של אמת.

גם האישה נמצאת במצב של מעבר. היא נקראת אישה "כי מאיש לֻקֳחָה" (בראשית ב, כג). אישה נועדה להתאחד ולהיות שווה לאיש, כשם שאנחנו נועדנו להתאחד עם הקב"ה: ייעודה של האנושות הוא להיות תאומתו של הקב"ה, ובלשון משורר שיר השירים (ה, ב): "יוֹנָתִי תַמָּתִי" – "אל תקרי תַּמָּתִי אלא תְּאוֹמָתִי".[3]

---

1. מתוך הכרזת העצמאות האמריקנית, שנת 1776.
2. וזו לשונו של הרש"ר הירש (בראשית ט, כז): "כל אוצרות הרוח של האנושות – מקורם בשם ויפת; וגם היום, כל התפתחות נוספת של תרבות וחינוך היא המשך לתרומתם; וגם תרומתה הרוחנית של רומא באה מידי היונים. יפת הביא עידון אסתטי; שֵׁם האיר את הרוח וזיכך את המוסר. תרבות יון ותורת ישראל היו גורמים אדירים ופעילים במלאכת חינוך האדם; לעומתם היה כל שאר העולם כחומר גלמי סביל".
3. שיר השירים רבה ה, ג. הפירוש המילולי של "תמתי" הוא התמה שלי, לאמר, המושלמת שלי. אבל חז"ל, כאמור, שומעים כאן הד ל"תאומתי" – התאומה שלי, ההתאמה המושלמת שלי.

> וִיהִי רָצוֹן מִלְּפָנֶיךָ... לְמַלֹּאת פְּגִימַת הַלְּבָנָה, וְלֹא יִהְיֶה בָּהּ שׁוּם מִעוּט. וִיהִי אוֹר הַלְּבָנָה כְּאוֹר הַחַמָּה וּכְאוֹר שִׁבְעַת יְמֵי בְרֵאשִׁית כְּמוֹ שֶׁהָיְתָה קוֹדֶם מִעוּטָהּ, שֶׁנֶּאֱמַר (בראשית א, טז): "אֶת שְׁנֵי הַמְּאֹרוֹת הַגְּדוֹלִים".[4]

ככל שאנו קרבים לימות המשיח, אנו יכולים לחוש בשינוי אצל הנשים עצמן. אנו חשים ב"נְקֵבָה תְּסוֹבֵב גָּבֶר"[5] טז בתכיפות של צירי הלידה. האישה רוצה להיות מאור גדול, להאיר את הלילה. היא מואסת במעמדה המוקטן.

כל מולד לבנה מביא בכנפיו תקווה לחיים חדשים – תקווה שאולי בחודש הזה נגיע לשוויון ולהדדיות שאליהם שאפנו כל העת. אולי יהא זה החודש שבו אנו, עם ישראל, נוכל סוף סוף לשקף את מציאות האלוקים בעולם באופן מושלם; אולי החודש תוכל הלבנה לשקף את מלוא אור השמש ולגרש את החושך מעל פני האדמה[יז] – כפי שמתאר הנביא זכריה (יד, ז) את אחרית המים:

> "והיה יום אחד הוא יִוָּדַע לה', לא יום ולא לילה, והיה לעת ערב [כאשר מצפים לחושך] יהיה אור".

גם אם נוכל להתחבר איכשהו לרעיון של שוויון בין השמש והירח, קשה להבין לְמה הכוונה כשמדובר על התאמה בין אלוקים והאנושות. ברור שזו צורת דיבור המשתמשת במונח "תאומה" כדי להתייחס לאיכות הקשר בין הקב"ה לבינינו. כניסה ליחסי אהבה יוצרת הדדיות הכוללת היבט של שוויון במובן זה ששני הצדדים פגיעים באותה מידה לכאב של אובדן הקשר.

כמובן, במהות הדברים הקב"ה שלם ולא זקוק לנו, אבל בהקשר של מערכת יחסים, גם המעניק וגם המקבל זקוקים זה לזה. שיקוף מעניין של הרעיון הזה נמצא במדרש האומר שלפני חטא עץ הדעת, "אדם הראשון מסוף העולם ועד סופו היה" (סנהדרין לח, ב); זה מתייחס לתוכנית המקורית שבה הייתה התאמה מלאה בין העולם הפיזי הזה לבין נוכחות הקב"ה בעולם הזה. מערכת היחסים המקורית שיקפה לא רק "תמתי", שלמות, אלא גם "תאומתי", רמה כלשהי של שוויון והתאמה. ראו פרק טז להרחבה בנושא.

4. מתוך קידוש לבנה.
5. ירמיהו לא, כא. פסוק זה, המתאר עתיד אידיאלי, קשה עד מאוד להבנה ומתפרש באופנים שונים. בעל ה"כלי יקר" (נפטר ב־1619) עושה שימוש בפסוק לדבר על מצב של שוויון: "...נקבה תסובב גבר מעין דוגמא שלעתיד... ואז זכרים ונקבות שוין" (ראו הערת סיום). להרחבה בנושא אני ממליצה מאוד על הספר *The Moon's Lost Light* (Detroit, MI: Targum Press, 2006) שנכתב על ידי חברתי תחת שם העט דבורה השליס. אפשר להשיג תרגום לעברית של הספר בפנייה לכתובת fastag.df@gmail.com.

בחדר הלידה, הרגעים האחרונים והכואבים ביותר לפני הלידה נקראים "שלב המעבר". אלו הרגעים שבהם התינוק רוצה להיוולד, האֵם כבר אינה יכולה לשאת את הכאב, ובכל זאת הלידה עדיין לא התרחשה.

אנו, היהודים, נמצאים בשלב המעבר, ברגעים האחרונים של צירי הלידה, שבהם הכאב בלתי נסבל והלידה קרובה. היולדת היושבת על המשבר זועקת בציריה: "אינני יכולה יותר! אין כאן חיים בצמצום הזה, בגלות הזו" – כפי שאומר דוד המלך בתהלים (קז, ו): "ויצעקו אל ה' בצר להם".

גם נשים חשות את כאב הצמצום וההקטנה, את חוסר השוויון. הרגע החשוך ביותר של הלילה, הוא מבשר השחר.[יח] המיילדת החכמה, עם שמיעת הזעקה הזו, מכינה את חבילת הלידה. התינוק עומד להיוולד.

סיכום

כאות הוקרה על נאמנותן במדבר עם סירובן ליטול חלק ביצירת עגל הזהב, זכו הנשים בחג משלהן – ראש חודש, המשקף את התפיסה שהאמונה זוכה להתחדשות.

האישה נוצרה בתחילה כשווה לאיש, וכמו הירח היא הוקטנה.

האישה, כמו הירח וכמו היהודים, ממתינה לעת המיוחלת שבה תשוב להיות שווה לגמרי לאיש.

חלק 5
זה עולם של גברים (אבל הוא אמור להיות של נשים)

כשאדם וחוה סירבו למלא אחר ציוויו של הקב"ה בגן עדן, האנושות בחרה שלא לחיות בעולם של אהבה, אחדות ושוויון. התעקשנו להפגין את העצמאות המדומה שלנו, ועברנו לעולם שבו גן עדן חייב להיבנות שוב, נדבך כואב על גבי נדבך כואב.

אדם וחוה אולי לא העריכו נכונה את המחיר הגבוה שיהא על האנושות לשלם, אבל אי אפשר להחזיר את הגלגל אחורנית. יצאנו למסע מנוכר כדי לתקן את העולם שוב. עלינו להידמות לאלוקים ולעסוק בעשייה, בהתקדמות, בתיקון וביצירה. כל זה לא יכול להיעשות אלא בעולם של הירכיות – עולמו של החץ – כדי שתמיד נכוון עין אחת אל המטרה, אל פסגת ההר.[א] התוכנית הייתה שבתוך כל התנועה והעשייה לא נשכח את מטרת כל הפעילות, ההתקדמות, ההשתדלות והעשייה: להיות בקשר עם בורא העולם.

ומי יזכיר לנו שהרצון הזה לביטוי אישי – להתקדמות, לפעולה ולהישג – יכול לבוא לידי ביטוי בצורה האינטנסיבית ביותר באמצעוּת קשר עם מישהו אחר, ובסופו של דבר עם הקב"ה? כשאנחנו מתמכרים לכוח ולהשפעה, מי יזכיר לנו שכוח אמיתי טמון ביכולת להיות פתוח ופגיע לאהבה? מי

יזכור שעצמאות היא רק קדימון לקשר – עלינו לעבור תהליך של מובחנות ומופרדות כדי להגדיר את עצמנו, כדי שיהיה את מי להכניס לקשר – אבל בסוף כל מטרת העולם היא קשר ותלות הדדית?

המשימה להזכיר לאנושות את מטרת החיים באמת, ניתנה לאישה. גלגל ההצלה בעולם המפלג הזה הוא הקול הנשי.

סיפור חייה הוא סיפורו של קול האמת בעולם של שקר – דחוי, מוקטן, מושלך הצידה, אבל תמיד מבעבע מתחת לפני השטח.

פרק יד

האישה כ"אחר"

המדרש (בראשית רבה יז, ו) – בקטע שעלול לצרום לאוזן המודרנית – מספר לנו שהפעם הראשונה שבה מופיעה האות ס' בתורה היא בפסוק "ויסגור בשר תחתנה" (בראשית ב, כא) – המתאר את יצירת האישה מצלע האדם. דבר זה, אומר המדרש, רומז לנו שבריאת האישה שקולה לכניסת השטן, ה"סיטרא אחרא" (מילולית, "הצד האחר") אל תוך העולם.[1]

---

1. ההבנה הבסיסית של מדרש זה היא שהישות האנדרוגינית המקורית הייתה מחוברת גב אל גב. כשהאישה הופרדה ממנו, האיש נשאר עם "גב". הפנים תמיד מסמלות חיבור ואור; האחור – חושך וניתוק. נכון, כעת גם לאיש וגם לאישה יש גם פנים וגם גב, אבל יצירת האישה היא שחידשה את ה"אחור" או ה"גב" הראשון – המייצג את הריחוק והרוע – במצב האנושי.

ברמה אחרת, המעגל הנשי מייצג את גן העדן כמו גם את העולם הבא – הוא סמל לעולם אידיאלי. אבל בינתיים אנחנו בעולם גברי שדורש פעולה, התקדמות וכיבוש. נכון, הקול הנשי הוא מעין מצפן לשמור את הקול הגברי על המסלול, אבל אם העולם היה עובר למצב נשי לגמרי כבר עכשיו, היה זה פוגע קשות בהתקדמות שעדיין דרושה. מעניין שהפילוסוף ארתור שופנהאואר מתאר את הזוועה של עולם המורכב רק ממצב המעגל: "מהות רְצִיָּתוֹ ושאיפתו ניתנת להשוואה מלאה עם צמאון שאין לרוותו... אם יש חוסר לו לִרְצִיָּתוֹ באובייקטים, כשהסיפוק הקל מדי מְיַדִית נוטל אותם ממנו; אז משתלטת עליו ריקנות נוראית ושעמום: זאת אומרת מהותו ועצם קיומו נעשים לו למשא קשה מנשוא. חייו נעים ונדים, אפוא, כמטוטלת שָׁמָּה וָהֵנָּה, בין המכאוב והשעמום, ששניהם מהווים למעשה את חלקיו האחרונים. דבר זה מתבטא באורח מוזר גם בכך שלאחר שהאדם שלח את כל הסבל והעינוי לגיהנום, לא נשאר דבר בעבור השמים פרט לשעמום" (ארתור שופנהאואר, **העולם כרצון וכדימוי**, תרגום: יוסף האובן (נבו), תל אביב: ירון גולן, 2004, כרך א, עמ' 226).

אין זה מסוג המדרשים המעוררים רגשות חמים ונעימים, ובכל זאת ברמה העמוקה ביותר חבויות בו תהומות של יופי. בנצרות, השטן הוא מקור כל הרוע בעולם, אבל ביהדות, היום שבו מופיע היצר הרע, הוא היום שבו אלוקים אומר שהעולם אשר ברא הוא "טוב מאד" (בראשית א, לא). שאר הבריאה טובה, אבל רק כשהרע נכנס לעולם, ראה אלוקים "והנה טוב מאד".[2]

מדוע הרוע "טוב מאד"? כי הרוע אינו באמת רוע. הוא האפשרות לטוב, לאהבה. שׁוֹנוּת היא תנאי מוקדם לקשר. אלוקים יצר אותנו כדי שנוכל לקפץ מעל גבי תהומות המבדילים בינינו, וליהנות מהעונג המעודן של האהבה וההתאחדות איתו. הוא הבדיל את האיש מהאישה כדי שיוכלו לצלוח את מדבריות השׁוֹנוּת המפרידים ביניהם, ולהתענג על ההנאה שבאהבה ובהתאחדות. קיומה של חלופה לאלוקים הוא העושה את ההתקרבות אליו ליקרה ומיוחדת. הבחירה החופשית שלנו, שהיא תוצר של האלטרנטיבות שהעולם הפיזי מציע לנו, היא שתגדיר בסופו של דבר את האיחוד שלנו.[ב]

יצירת האישה כניגוד, כשונה וכאחרת מהאיש, היא מטאפורה חיה לחיינו בעולם הזה. האנושות היא העומדת בתפקיד ה'אחר' כלפי אלוקים.[ג] עם זאת, חשוב ביותר לזכור – השונות אינה המטרה. המטרה היא הקשר. השונות הוא תנאי מקדים לכך, ותו לא.

סיפורה של האישה כ"אחר" הוא סיפור החוויה האנושית: כמיהה לאיחוד נצרבה בנשמתנו, מאז שחווינו אותו לפני הפרידה שגרמה הבריאה. איש ואישה חוו את האיחוד כשהיו יצור אנדרוגיני, והאנושות חווה אותו עם אלוקים, כי הנשמה שלנו היא "חֵלֶק אֱ-לוֹהַ מִמָּעַל" (איוב לב, א). אחר כך מושלכים אנו לעולם של ריבוי והיפרדות, שבו עלינו לבנות את האישיות העצמאית והנפרדת שלנו, מבלי לשכוח שהמטרה היא איחוד וקשר. ובתוך כל זה, ישנו קול קטן ושקט הנשמע מתחת לפני השטח ומזכיר לנו השכם והערב עד כמה רחוקים אנחנו, עדיין.

האישה, אשר נוצקה לתפקיד המקבל מבחינה ביולוגית, רגשית וחברתית, היא הנמוכה יותר בהירררכייה החברתית. היא זו הכמהה יותר מכול לאיחוד הנחווה בגן עדן,[3] והיא המחזיקה בידה את המפתח לגאולה

---

2. כלשון המדרש: "וכי יצר הרע טוב מאד? אתמהא! אלא, שאילולא יצר הרע לא בנה אדם בית ולא נשא אישה ולא הוליד ולא נשא ונתן" (בראשית רבה ט, ז).

3. מלבד האיחוד של היצור האנדרוגיני הראשון, גם גן עדן מסמל את רעיון האיחוד משום שהיו בו רק איש יחיד ואישה יחידה. בברכה השישית מברכות החופה, אנחנו מבקשים

השלמה. כמו מק, הצב הקטן בתחתית ערמת הצבים של המלך "צב צב" של ד"ר סוס, הסובלת הגדולה ביותר מהריחוק שנוצר על ידי העולם ההיררכי הזה, היא זו הכמהה בלהט הרב ביותר לחזור למצב האידיאלי הזה.[ד]

האישה היא המטאפורה של האנושות כולה, הכמהה לייסד מחדש את השוויון וההדדיות של קשר האהבה. עם זאת, כל הכמיהה שבעולם אין בכוחה ליצור אלא כיסים קטנים של אהבה. ואותם כיסים קטנים נמחצים ונהדפים מהכא להתם, מותקפים וחבוטים על ידי עולם הדובר שפה אחרת. ובתוך כל זה, זאת היא – הסוכנת החשאית – שתפקידה לוודא שהעולם לא יסטה מהדרך.

שורשי חוסר השוויון לנשים

בהקבלה רבת השכבות שהיא העולם הזה, הדינמיקה הכואבת והעזה בין משיכה לאחדות ובין הרצון לעצמאות מובנית בכל שכבות הבריאה. רבנו בחיי (ויקרא ב, יג) מספר לנו שלכל יום מימי הבריאה, החל מהיום השני, דרמה קטנה משלו המבטאת דינמיקה זו.

היום הראשון של בריאת העולם לא נקרא יום ראשון אלא "יום אחד".[ה] זאת משום שהמילה "ראשון" מעידה על שני לו, ואילו "יום אחד" עומד לגמרי בפני עצמו. היום הראשון מבטא את הרעיון של אחד ויחיד. היום השני הוא היום שבו נכנסה השונות לעולם, ומרגע זה החל המאבק. הנפרדות היא אולי תנאי מקדים לאיחוד, אבל היא גם מביאה בעקבותיה את כאב הבדידות.

מתחת לפני השטח, בניגון דק, התחוללה הדרמה הנצחית בין המשיכה והדחייה של שני כוחות מנוגדים: תשוקה בוערת לעצמאות, שתדרוש הפרדה, ואחריה כמיהה לאחדות בעולם שבסופו של דבר לעולם לא יוכל לספק אותה לגמרי.

מהקב"ה: "שמח תשמח רעים האהובים (- בני הזוג הנישאים) כשמחך יצירך בגן עדן מקדם". חלק מהשמחה בגן עדן מקדם היה שמחת הבלעדיות. ראו להלן פרק יז הרחבה בנושא.

יום שני: היפרדות המים

ביום השני לבריאת העולם הפריד הקב"ה בין המים העליונים והמים התחתונים:

> וַיֹּאמֶר אֱלֹקִים, יְהִי רָקִיעַ בְּתוֹךְ הַמָּיִם, וִיהִי מַבְדִּיל בֵּין מַיִם לָמָיִם.
> וַיַּעַשׂ אֱלֹקִים אֶת הָרָקִיעַ, וַיַּבְדֵּל בֵּין הַמַּיִם אֲשֶׁר מִתַּחַת לָרָקִיעַ וּבֵין הַמַּיִם אֲשֶׁר מֵעַל לָרָקִיעַ, וַיְהִי כֵן.[4]

מרגע היפרדות המים – המים העליונים נותרו למעלה והמים התחתונים נדחו למטה – נכנס לעולם המתח בין הדחף להיפרדות ובין הדחף לאיחוד. ואכן, המים התחתונים נקראים "מים בוכים" בשל צערם על שנדחו כלפי מטה.[1]

והכאב הוא הגורם למים האלה לגעוש ולזנק, לפרוץ מהאדמה במעיינות, בהקנותו להם שם שני: לא רק "מים בוכים" הם, גם "מים חיים". עצם הזינוק לעבר התאחדות, לעבר קשר ואהבה – למרות המרחק ולמרות הדחתם מטה – הוא המגדיר אותם כמים חיים. החיים מוגדרים כחוסר שביעות רצון מהפרידה וכמיהה לחיבור.[5]

הגשם היורד ממרום, המים מלמטה המתאדים וממלאים מחדש את העננים מלמעלה, משקפים את הקשר הסימביוטי, את האריגה הלוך ושוב של הביחד והנפרדות. מרגע שהמים הושלכו מטה, החיים בעולם הזה יהיו ניסיון אין־סופי של פרידה, בדידות, כמיהה לאיחוד, ורגעים מזדמנים של חיבור מחדש – ואחריהם שוב פרידה.

יום שלישי: עצים ופירות

ביום השלישי מרדה האדמה והתנגדה ליצירת עץ שטעמו כטעם הפרי.

---

4. בראשית א, ו–ז.
5. כך כותב הרב שלמה וולבה זצ"ל: "לשון הקודש היא השפה היחידה בעולם שתיבת 'חיים' היא בלשון רבים, ולא רבים סתם אלא הצורה הזוגית, השמורה לדברים המופיעים רק בזוג, כמו עיניים, אזניים, רגליים ועוד. זאת אומרת: מילת 'חיים' עצמה מבטאת שלחיים שייכים שנים. לא יתכנו חיים בבדידות מוחלטת! חיים הם מציאות זוגית!" (**עלי שור** ב, "דרגת נוכח").

"'וַיֹּאמֶר אֱלֹקִים: תַּדְשֵׁא הָאָרֶץ... עֵץ פְּרִי' – שיהא טעם העץ כטעם הפרי; והיא לא עשתה כן אלא 'וַתּוֹצֵא הָאָרֶץ... וְעֵץ עֹשֶׂה פְּרִי' – ולא 'הָעֵץ פְּרִי'" (בראשית א, יא-יב ורש"י).

אילו טעמו של העץ היה כטעם פירותיו, היה הדבר מסמל איחוד. בעולם מאוחד, לתהליך ולתוצאה יש ערך שווה; שלא כמו בעולם הירַרכי, שבו כל מה שחשוב הוא מי נמצא גבוה יותר בהירַרכייה (ולא התהליך שעבר כדי להגיע לפסגה). העץ (הגזע, העלים, הענפים והקליפה) מייצג את התהליך, בעוד הפרי מייצג את המטרה הסופית, את התוצאה. אם לעץ היה טעם הפרי, היה העץ מסמל איחוד של התהליך והתוצאה. כל רגע בתהליך היה מכיל גם את טעמה של התוצאה. אבל העץ רצה זהות נפרדת. הוא לא רצה להיות רק שלוחה של הפרי.

בעוד הכוח הזכרי, החץ, נעול על מטרה סופית, הכוח הנקבי, בתוככי המעגל, מתענג על ההוויה, על התהליך היום-יומי.[6] בעולם של אמת, לא המטרה הסופית חשובה, אלא התהליך שהוביל אליה.[7] בעולם מתוקן, תהליך **יצירת הפרי** הוא עצמו **הפרי**. כשהעץ בחר ליצור לעצמו זהות נפרדת, נפרד התהליך מן התוצאה וחיזק את דוגמת הפירוד והריחוק.

יום רביעי: השמש והירח

ביום הרביעי נברא הירח כמאור גדול ולאחר מכן הוקטן.[ו]

הלבנה, גם בהיותה מאור גדול, הייתה "מקבל". היא הייתה מקבלת את כל אור השמש ומשקפת את האור הזה לחלקי העולם שאינם נגישים לשמש. יחד, הם היו מאירים את העולם ומגרשים את החושך. הלבנה,

6. לדוגמה: "באופן מסורתי, נשים היו מעורבות בגידול ילדים, בספְּקן לנו דוגמה רבת עוצמה לנחיצות חוסר ההפרדה המלא בין אמצעי ומטרה... יהא הדמיון בין התוצאה ובין המטרה המקורית אשר יהא – ילד ישן או בבית הספר – שיטה הפוגעת בילד כשלה. לסמם ילד לישון או לגרור ילדה לכיתה, אינם אמצעי אלא עיוות של מטרה... או, כלשון הביטוי, 'התהליך **הוא** המטרה'" (שרה רודיק, Sara Ruddick, *Maternal Thinking*, 170).

7. אנשים הנמצאים במקום גבוה בהירַרכייה נוטים להנציח את מה שנקרא "מיתוס ההישג האישי" – הם רואים את עצמם כבעלים הבלעדיים של הישגיהם, ומתעלמים מהתהליך שהביא אותם לשם. כל רשת התמיכה ומערכת הקשרים שהביאו אותם לשם "נעלמים" כדי לשמור על מיתוס ההישג האישי. להרחבה על נטייה זו, ראו: Joyce K. Fletcher, *Disappearing Acts: Gender, Power, and Relational Practice at Work* (Cambridge, Massachusetts, and London, England: Massachusetts Institute of Technology, 1999).

המקבלת הסמלית, הבינה שבעולם של הירכייה לא יכול להיות שוויון. שני מלכים אינם יכולים לשמש בכתר אחד, משום שבעולם הירכי שניהם יחתרו לעליונות.[8] הלבנה חשה את חוסר הקיימות המהותי של מערכת יחסים שוויונית בעולם פיזי, מחתה על חוסר השוויון, ואז התמעטה ונדחקה, כמו המים התחתונים, למצב של נחיתות וירידה. מדי חודש אנו מתפללים לחידושה, בידיעה שכשהירח יחזור להיות "מאור גדול" – המסוגל לשקף את מלוא אור השמש – הוא יהיה מבשרה של תקופה שבה גם אנחנו נשקף לגמרי את נוכחות הקב"ה בעולם, וישררו אהבה ואחדות.[ח]

יום חמישי: הלווייתן

ביום החמישי נברא הלווייתן.[ט] המילה "לווייתן" קרובת משפחה של לוויה, ליווי.[י] שני הלווייתנים שנוצרו ביום החמישי, זכר ונקבה, המחישו איכשהו בדמותם את רעיון השיקוף והלוויה – שני יצורים נפרדים, המלווים זה את זה לאורך כל הדרך.

אבל באותו יום חמישי נהרגה נקבת הלווייתן.[יא] השיתוף והאיחוד שהיא מרמזת עליו – היחד המוחלט שהמושג לוויה מציין – אינו יכול להתקיים בעולם זה. היא נשמרת לעולם הבא, שם ממלכתה – סוג העולם שאליו היא מתאימה מטבעה.[יב]

הגמרא (בבא בתרא עד, ב) אומרת שלא רק שנהרגה הנקבה, גם הזכר סורס. כאשר המקבל מוקטן, הופך גם המעניק למוגבל. אפשר להעניק רק מה שהכלי מסוגל לקבל. כאשר האנושות המעיטה את עצמה, היה על הקב"ה, כביכול, להגביל את כמות השפע האלוקי היורד עלינו. למרות שהיה רוצה להרעיף עלינו כל טוב, לטובתנו, הוא מתאפק, כביכול. [יג]

אנחנו, בעולם הזה, נותרנו עם הידיעה הקלושה על הלווייתן הממתין לנו אי שם בעתיד, לתקופה שתתאים יותר למסר שלו.[9] [יד]

---

8. "סימטריה בין אנשים מצמיחה שיתוף: אם שני אנשים משתדלים ליצור קרבה, שניהם נאבקים למען אותה מטרה. אסימטריה של מעמד מצמיחה התמודדות: אי אפשר שידם של שני אנשים ביחד תהיה על העליונה, ומשום כך התמודדות על מעמד היא מטבעה התמודדות שיש בה יריבות" (דבורה טאנן, **קצר: למה אין הבנה בין נשים וגברים**, מאנגלית: ברוך קורות, תל אביב: מטר, 1991, עמ' 25).
9. המדרש (בבא בתרא עה, א ועוד) אומר ש"עתיד הקב"ה לעשות סעודה לצדיקים מבשרו של לויתן". ראו מהר"ל בחידושי אגדות על מסכת תמיד, המסביר שמכיוון שהעולם

יום השישי: האיש והאישה

ביום השישי נברא האדם, היצור האנדרוגיני שדרכו ישתקף אורו של הבורא בעולם.

נאמר לנו כי האדם הכיל פעם את כל העולם. הוא "היה מסוף העולם ועד סופו" (סנהדרין לח, ב). הוא היה ההתאמה האחת והיחידה בין הקב"ה לבין העולם הפיזי. אבל האנושות בחרה להצהיר על עצמאותה כשהמרתה את פי הבורא. אדם וחוה ביצרו את החלוקה הגדולה שהחלה בימים שקדמו.

האובדן

הזרם התת־קרקעי מתחת לששת ימי בראשית עסק בחוסר ההתאמה הזה בין המעניק למקבל – רצונו של המקבל לעצמאות, וכתוצאה מכך חוסר יכולתו לקבל את כל השפע המוצע. לחוסר ההתאמה הזה היו השלכות רבות, על חלקן נדון כאן.

1. ההשלכה הראשונה והחשובה מכול היא שהאנושות, למרות היותה נבראת בצלם אלוקים, אינה יכולה לשקף את אורו של הקב"ה בצורה מלאה. למעשה, לעיתים קרובות בוגדים בני האדם במהות האלוקית שלהם לגמרי.
2. שנית, הגשמי אינו משקף עוד במדויק את הרוחני. במקום שהעולם הפיזי ישקף את אחדותו של אלוקים בכל פן זעיר, הוא עומד בהתרסה – כניגוד לרוחני.[10]
3. שלישית, יש קצר בין הנפש ללב – בין היגיון לרגש.[ט] אדם יכול להיות בעל הידע האינטלקטואלי המתקדם ביותר ובכל זאת בלי קשר לאלוקים, ולהיפך, יכול אדם להיות בקשר רגשי עמוק עם אלוקיו ועם זאת להיות בעל ידע מוגבל, מה שעלול להוביל לעיוותים של האמת.

הבא הוא עולם רוחני שאין בו אכילה, הסעודה האמורה אינה יכולה להתפרש באופן מילולי. "אכילה" בעולם רוחני עניינה הגשמה של רעיון מופשט.

10. לדוגמה, רק לאחר החטא, כשהגוף הפיזי כבר לא היה ביטוי מושלם של הנשמה, נאלצו אדם וחוה ללבוש בגדים כדי לכסות את גופם.

כל אלה יבואו לידי ביטוי באופן העמוק ביותר בחוסר התאמה בין גברים לנשים. איש ואישה כבר לא יהיו שותפים שווים. בדרך כלשהי האישה תקטן, תאבד מכוחה.[טו] במשל הקוסמי הגדול, האיש והאישה ישקפו את העיוות הזה שבין מה שהיה אמור להיות ומה שיש בפועל. הם ישקפו את הכמיהה של האנושות לעצמאות, יחוו את ההיפרדות על בשרם, וישקפו במציאותם את דקות החסד הבודדות שבהן אחדות מושגת כאן, בעולם הזה.

החומה האטומה, לכאורה, המפרידה בין העולם העליון לתחתון, בין המים העליונים והתחתונים, בין השמש והירח, בין העץ ופריו, בין איש ואישה, בין האנושות ואלוקים, ניתנת למעשה להבקעה. אבל היא עדיין חומה, חומה שהפכה למציאות המגדירה של העולם הזה ושל קיומנו בו.

זה אולי טוב, אבל זה לא אומר שזה לא כואב

אף שהשונות נקראת "טוב מאוד" (משום שההיפרדות היא המובילה לרמה הגבוהה ביותר של איחוד – איחוד מתוך רצון ובחירה חופשית), היא עדיין מקור רוב הכאב והצער בעולם הזה. ככל שאנחנו מתרחקים מאלוקים וזה מזה, כן גדֵלה תחושת הבדידות והזרות שלנו, וכן מתחדד כאב החוויה האנושית.

כמו המים התחתונים, הבוכים בהשתוקקותם להתאחד עם המים העליונים – אך מושלכים להישאר כאן על פני האדמה; כמו הלבנה שהוקטנה למאור קטן – אך כמהה לחזור לגדולתה המקורית; כמו האנושות שנזרקה מגן העדן, הרחק מאלוקים – כך נאמר לאישה (בראשית ג, טז): "ואל אישך תשוקתך, והוא ימשול בך".

חשוב לזכור כי המילים הללו, הצרובות לתוככי ההוויה הנשית,[יז] אינן מתארות מציאות אידיאלית. הן מתארות קללה. קללות אדם וחוה הן תיאור המציאות לאחר החטא. הקללות מתארות את המציאות כפי שהיא, לא כפי שהיא אמורה להיות. האידיאל הוא שוויון. התמעטות – הלבנה, האנושות, האישה – היא התוצאה השלילית של ההתרחקות מאלוקים. המטרה היא לנוע קדימה לקרבה, לשוויון.

על הבמה הקוסמית הגדולה, האישה היא המגלמת את התפקיד הראשי. היא המייצגת את היהודי, את האחר, את הדחוי והמופלה, זה המתגעגע וכמהַ להתאחד, זה שבגלל ריחוקו מבין בצורה העמוקה ביותר שרק על ידי קשר

ואיחוד יחזרו השלום והשמחה לשרור. היא המתאמצת להנחיל לעולם שוויון וקשר, היא הנאבקת שלא יזלזלו במתנותיה, אלא יעריכו אותן.

בפרק הבא נבחן מה קורה כשמתעלמים מקולה של האישה – לא רק העולם שבחוץ, אלא גם כשהיא עצמה מתעלמת מקולה.

סיכום

נפרדות ומובחנות הן תנאי ראשון לקשר.

ההרחקה והמשיכה בין שונות ואיחוד ארוגות בכל שכבות הבריאה, ומתבטאות במים העליונים ובתחתונים, בעצים ובפירות, בשמש ובירח, בלוויתן ובבת זוגו, באיש ובאישה.

הזרם התת־קרקעי הזורם מתחת ששת ימי הבריאה הוא של חוסר ההתאמה בין המעניק לבין המקבל – שאיפתו של המקבל לעצמאות, וכתוצאה מכך חוסר יכולתו לקבל את מלוא השפע של המעניק.

בעוד הקטנה היא תוצאה שלילית של התרחקות מאלוקים, המטרה היא להתקדם לכיוון קרבה ושוויון.

פרק טו

מה שרואים מלמטה

התבוננות במסעה הכואב של האישה במרחבי ההיסטוריה החברתית העולמית מספקת הצצה למציאות האמיתית של האנושות כולה.[א]

מאבקן המודע והלא מודע של נשים לשוויון גרם לעיוותים רבים, אך ברובד הבסיסי ביותר התסיסה הזו לשוויון נובעת מהמקום הבראשיתי והטהור ביותר. אף שההשלכה – ההפרדה – היא המגדירה את העולם הזה, ההשלמה, ההתאחדות למרות המרחק, היא מעין עולם הבא.

וכשהאנושות רועשת את דרכה אל קו הסיום, ככל שאנו קרבים לגאולה השלמה, האי־שוויון המהותי המובנה במערכת, אותה הפרדה שעימה חיה האנושות במשך אלפי שנים, החלה להציק ולהכעיס;[ב] החברה המערבית מכרסמת בהתמדה כל שריד של הירארכייה.[ג]

הרש"ר הירש כותב (בראשית ט, כה-כז) כי תכליתה של החברה המערבית היא הכנת העולם לאורה של האמת.[ד] אכן, יש סיבה טובה להזדהות העמוקה שאנו חשים עם מילות הכרזת העצמאות האמריקנית: "אנו סבורים שאמיתות אלה ברורות מאליהן, שכל בני האדם נבראו שווים".[1] לא בכדי הפנימה החברה המערבית שחוסר השוויון בין גברים לנשים הוא חלק מבעיה רחבה יותר.

אבל בשאיפה שלנו להסיר את הכאב – לפתור את בעיית האי־שוויון – יצרנו מסכת שלמה של בעיות חדשות. התנועה הפמיניסטית

1. שנים רבות עברו, כמובן, בטרם הפנימה החברה המערבית שהמשפט "כל בני האדם" כולל גם נשים...

הייתה, אולי, צעד בהתקדמות האיטית להחריד של האנושות לעבר האמת והגאולה, אבל היא המיטה אסון על גברים ועל נשים כאחד.

בעיה נכונה, פתרון שגוי

הבאת העולם למצב של שוויון דורשת יכולות כמו אלו הנדרשות לריקוד על פי תהום. נדרשת מיומנות איזון מפותחת כדי להביא את הכוח הנשי הממועט[2] לבולטות רבה יותר, מבלי לחסל באותה עת את הנשיות או את הגבריות. אלפי שנים היה הטנגו בין גברים לבין נשים ידוע ומתואם. כשהחלו הנשים לשנות את התנועות, היה על הגברים להתאים את עצמם לשינוי. ובעוד בשנים האחרונות אנו רואים נשים המתקדמות ופורצות דרך מכל בחינה, גברים לא נטלו חלק בעלייה המטאורית.

---

2. הפיחות של הנקבה מומחש במחקר הבא: "כמה עדויות מעניינות נוספות סופקו בניסוי שנעשה ע"י ברוברמן ועמיתיה (1970). תחילה הוכנה רשימת פריטים דו־קוטביים כגון 'מאוד תוקפני/ת – כלל לא תוקפני/ת' שעליהם ניתן היה להגיע להסכמה גבוהה בשאלה אילו מהם מאפיינים בדרך כלל גברים ונשים. לאחר מכן ביקשו ברוברמן ועמיתיה מ־79 פסיכולוגים, פסיכיאטרים ועובדים סוציאליים – גברים ונשים – לעבור על הרשימה ולציין אילו תכונות הם רואים כעדות ל'בריאות הנפש'. קבוצה אחת התבקשה לעשות זאת עבור 'מבוגרים' (מגדר לא מפורט), קבוצה שנייה עבור גברים, וקבוצה שלישית עבור נשים. התוצאות היו מעניינות: היה מתאם מובהק בין הפריטים שנחשבו כמאפייני בריאות הנפש של הגבר לבין אלה שנחשבו כמאפייני בריאות הנפש של מבוגר (מגדר לא מפורט). אבל היה מעט מאוד קשר בין נקבה למבוגר (במילים אחרות, אינך יכולה להיות גם נקבה בריאה נפשית וגם מבוגרת בריאה נפשית). אבל יש כמה תכונות מעניינות ברשימת הפריטים ה'נשיים'. ראשית – אולי כצפוי – נשים נתפסות כפחות שאפתניות, תחרותיות, עצמאיות, אובייקטיביות וכן הלאה. שנית, רבים מהפריטים הנשיים מתוארים בצורה מזלזלת במשתמע. להלן כמה דוגמאות, כשהצד הנשי מופיע תחילה:

1. ערמומית מאוד / ישיר מאוד
2. חש מאוד שלא בנוח לנהוג בתוקפנות / כלל אינו חש שלא בנוח לנהוג בתוקפנות
3. לא יכול להפריד בין רגשות לרעיונות / בקלות יכול להפריד בין רגשות לרעיונות
4. מושפע בקלות / לא מושפע בקלות

ברבים מהפריטים הנ"ל נקבות נתפסות כמבולבלות, אמביוולנטיות, לא בטוחות, תלותיות, לא מסוגלות לעשות דברים, חשות שלא בנוח, חרֵדות וכן הלאה. יש תכונות נשיות המתוארות באור חיובי, אבל הרושם הדומיננטי המתקבל מהרשימה הוא שאם תכונה נחשבת נשית היא מתוארת באור שלילי" (Jean Grimshaw, *Feminist Philosophers: Women's Perspectives on Philosophical Traditions* [Brighton, England: Wheatsheaf Books, 1986], 189).

לאן נעלמו כל הגברים?

בביקורת על ספר העוסק ב"מגיפה ההולכת וגוברת של נערים חסרי מוטיבציה וגברים חסרי הישגים",[3] כותב המבקר:

> ספרו של לאונרד סאקס הוא יותר מניפסט, זעקה לכולנו לשים לב למה שקורה לבנינו. בנים בעייתיים ומרדנים הם סיפור ישן בחברה שלנו, אבל הבנים שממלאים את דפי ספרו של סאקס לא נראים מרדניים במיוחד, וגם לא סובלים מחרדה – הם פשוט יושבים בבית הוריהם ומשחקים במשחקי מחשב. רובם מגיע ממעמדות הביניים והבינוני הגבוה. גם בשנות העשרים ואפילו השלושים לחייהם, הם מאכלסים את חדרי השינה של ילדותם וחיים במצב של התבגרות תמידית. יש להם עכשיו שם טרנדי, על שם הסרט המצליח משנת 2006... דור ה"אין כמו בבית".
>
> כמה מהם יש שם בחוץ? אנחנו לא כל כך יודעים, אבל הנה [כמה] מספרים מרעישים. ראשית, הסמן החברתי: "שליש מהגברים בגיל 22-34 עדיין גרים בבית עם הוריהם – עלייה של מאה אחוז בעשרים השנים האחרונות... מדוע יותר ויותר בנים אינם מסוגלים להתחיל את החיים?"[4]

כמעט עשרים שנה אחרי שלאונרד סאקס כתב את ספרו מצב הגברים לא השתפר. מארק פרי, פרופסור לכלכלה וחוקר במכון הארגונים האמריקאיים לחקר מדיניות ציבורית, ה־AEI, מנתח בבלוג שלו, "קַרְפֶּה־דִיֶּים", סטטיסטיקות של הלשכה לענייני סטטיסטיקת עבודה של ארה"ב (Bureau of Labor Statistics) מאוקטובר 2021, ומצביע על הפערים המדהימים בין צעירים לצעירות באקדמיה ובכוח העבודה:

---

3. Leonard Sax, *Boys Adrift: The Five Factors Driving the Growing Epidemic of Unmotivated Boys and Underachieving Men*, New York: Basic Books, 2007.
4. Richard Handler, "Has Society Become Toxic to Both Genders?", *Psychotherapy Networker*, July/August 2008.

- כנגד כל 100 נערות שנשרו לאחרונה מבית הספר התיכון, נשרו 130 נערים. על כל 100 צעירות שנשרו מתיכון והן כרגע מובטלות, יש 238 צעירים נושרים מובטלים.
- כנגד כל 100 צעירות, בנות 16–24, שהיו רשומות במוסד להשכלה גבוהה ועובדות בסתיו האחרון, היו רק 69 צעירים שעשו כך.
- לכל 100 נשים עם תואר מתקדם (שני או שלישי) עובדות, היו רק 30 גברים. על כל 100 נשים שסיימו עם תואר ראשון ועבדו, היו רק 55 גברים.
- על כל 100 נשים שקיבלו לאחרונה תואר ראשון ומעלה שאינן עובדות, היו 249 גברים לא מועסקים באותו מחזור.

מלבד העובדה שאינם מתחילים את חייהם, נראה שגברים רבים אינם מעוניינים להתחתן או ללדת ילדים. לראשונה בהיסטוריה יש בארצות הברית יותר נשים רווקות מאשר נשואות. ולמרבה הפלא אחד מכל שלושה תינוקות בארצות הברית נולד לאם שאינה נשואה. איפה הגברים בחייהן של הנשים האלה?

חנה רוזין, בכתבה שמצוטטת רבות,[5] כותבת:

> מוקדם יותר השנה [2010], בפעם הראשונה בהיסטוריה האמריקאית, נוטה מאזן כוח העבודה לעבר נשים, אשר מחזיקות כיום ברוב המשרות באומה האמריקאית. מעמד הפועלים, שהגדיר זה מכבר את מושגי ה"גבריות" שלנו, הופך אט־אט לשלטון אֵם, כאשר גברים נעדרים יותר ויותר מהבית ונשים מקבלות את כל ההחלטות. נשים שולטות כיום באוניברסיטאות ובבתי הספר המקצועיים – על כל שני גברים שיקבלו תואר ראשון השנה, תקבלנה שלוש נשים. מתוך 15 תחומי העבודה הצפויים לצמוח הכי הרבה בעשור הבא בארה"ב, כולם למעט שניים מאוכלסים בעיקר על ידי נשים. ואכן, כלכלת ארה"ב הופכת במובנים מסוימים לסוג של אחוות נשים נודדת: נשים מהמעמד הגבוה עוזבות את הבית ונכנסות לשוק העבודה, יוצרות בזה מקומות עבודה מקומיים שנשים אחרות תמלאנה.

5. Hanna Rosin, "The End of Men", *Atlantic*, July/August 2010.

> הכלכלה הפוסט־תעשייתית אדישה לגודלם ולחוזקם של גברים. התכונות החשובות ביותר כיום – אינטליגנציה חברתית, תקשורת פתוחה, היכולת לשבת בשקט ולהתמקד – הן, לכל הפחות, לא בעיקר גבריות. למעשה, ייתכן שההיפך הוא הנכון. נשים באזורים העניים של הודו לומדות אנגלית מהר יותר מגברים כדי לעמוד בדרישות של מוקדי טלפוניים עולמיים. נשים מחזיקות ביותר מ־40 אחוז מהעסקים הפרטיים בסין, שם פרארי אדומה היא סמל הסטטוס החדש ליזמות... [6]

דוגמאות נוספות לתת־תפקוד גברי יש בשפע: ממוצע ההרשמה למכללות ואוניברסיטאות בארצות הברית כיום עומד על 58 אחוז נשים ורק 42 אחוז גברים, ולראשונה בהיסטוריה, נשים תופסות למעלה ממחצית כוח העבודה, כולל ברפואה ובעריכת דין. נשים קיבלו 60 אחוז מכלל התארים השניים והשלישיים שניתנו בשנת 2010. ב־2011 יותר מפי שניים נשים מגברים קנו לעצמן בתי מגורים, ונשים החזיקו בלמעלה מ־51.4 אחוז מסך כל המשרות הניהוליות והמקצועיות (עלייה של 26 אחוז משנת 1980).[7]

6. אומנם בתגובה לגל הספרים והמאמרים המהללים את הצלחותיהן של נשים ומונים את כישלונות הגברים, מבקשת קמיל פגליה להעמיד דברים על דיוקם: "אחרי האפוקליפסה העולמית הבאה, האנושות שוב תזדקק נואשות לגברים! ודאי עוד תימצא בחורה אמזוניסטית הישרדותית מוזרה, שיכולה לצוד חיות מתוך הסבך כדי להאכיל את צאנה, אבל מרבית הנשים והילדים יצפו לגברים שיביאו מזון ומים ויגנו על מרחב המחיה. אכן, אי אפשר בלי גברים גם עכשיו, שקופים ככל שיהיו עבור מרבית הפמיניסטיות, העיוורות לכל התשתית המאפשרת את חיי העבודה שלהן. הרוב השקט והמכריע של מי שעושה את העבודה המלוכלכת והמסוכנת של סלילת כבישים, יציקת בטון, הנחת לבנים, בניית גגות, תליית חוטי חשמל, כריית גז טבעי, הנחת קווי ביוב, חיתוך וניקוי עצים ופינוי שטח לבנייה. גברים הם שמעבירים ומרתכים את קורות הפלדה הענקיות המרכיבות את בנייני המשרדים שלנו, וגברים הם שעושים את העבודה מסמרת השיער של איטום וזיגוג חלונות הזכוכית המעוצבים של גורדי השחקים בני חמישים הקומות. כל יום, לאורך נהר הדלאוור בפילדלפיה, אפשר לצפות במעבר של מכליות נפט ענקיות וספינות מטען גדולות המגיעות מכל רחבי העולם. ענקים אלה נטענים, מנווטים ונפרקים על ידי גברים. הכלכלה המודרנית, עם רשת ההפקה וההפצה העצומה שלה, היא שיר תהילה גברי, שבו נשים מצאו תפקיד יצרני – אבל לא הן שחיברו אותו. אין ספק שנשים מודרניות חזקות מספיק כדי לתת קרדיט למי שזכאי לו!" (Camille Paglia, "It's a Man's World, and It Always Will Be", *Time* [December 16, 2013]).
7. ראו גם: Richard Vedder, "Why Do Colleges Dislike Men? The Disappearing Collegiate Male", Forbes.com, June 14, 2021.

התחושה הזאת, שמשהו ממש השתבש במצבם של גברים ובנים, צפה ועולה שוב ושוב בתקשורת הפופולרית. במאמר בשם "משבר הגברים והבנים" (The Crisis of Men and Boys), שפורסם בניו יורק טיימס בספטמבר 2022, כותב דיוויד ברוקס על הדרכים הרבות שבהן גברים מתקשים:

- הם מתקשים בכיתות. לבנות אמריקאיות סיכוי גבוה ב־14 אחוז להיות "מוכנות לבית הספר" מאשר לבנים בגיל 5, אחרי ניכוי השפעות הוריות. בתיכון, שני שליש מעשרת האחוזים העליונים של הכיתה, לפי ממוצע ציונים, הם בנות, בעוד כשני שליש מהתלמידים בעשירון התחתון הם בנים. בשנת 2020, באף לא אחד מכתבי העת המשפטיים המובילים, בהוצאת 16 בתי הספר המובילים למשפטים בארה"ב, שימש גבר כעורך ראשי.
- גברים מתקשים במקומות עבודה. אחד מתוך שלושה גברים אמריקאים בעלי השכלה תיכונית בלבד – 10 מיליון גברים – נמצא כעת מחוץ למעגל העבודה. הירידה התלולה ביותר בשיעור ההעסקה היא בקרב צעירים בני 25–34. גברים שהצטרפו לכוח העבודה ב־1983 צפויים להרוויח כעשרה אחוזים פחות במונחים ריאליים, במהלך חייהם, מאלה שהתחילו דור קודם לכן. במהלך אותה תקופה, רווחי נשים לאורך חייהן עלו ב־33 אחוז. כמעט כל העליות בהכנסות משפחות מעמד הביניים באמריקה מ־1970 מקורן בעלייה בהכנסות הנשים.
- הקושי של הגברים הוא לא רק כלכלי. בקירוב שלושה מתוך ארבעה מקרי "מוות מייאוש" – התאבדות או מנת יתר – הם של גברים. נכון לאמצע ספטמבר 2021, כנגד כל 100 נשים בגיל העמידה שמתו כתוצאה מקורונה, מתו 184 גברים בגיל העמידה.

מעניין שברוקס רואה בירידה הזו שינוי קיומי בתפיסה העצמית של גברים:

> גברים רבים פשוט נראים פחות שאפתנים. נשים במוסדות להשכלה גבוהה צפויות להירשם לתוכניות לימוד בחו"ל בסבירות גבוהה פי שניים, כמעט, מגברים. ב־2020, בעיצומה של הקורונה, הירידה בשיעור הנרשמים למוסדות להשכלה גבוהה בקרב סטודנטים הייתה גבוהה פי 7 מהירידה אצל סטודנטיות.

יותר גברים מקיימים אורח חיים מקרי ובודד. כ־15 אחוז מן הגברים אומרים כי אין להם חברים קרובים, בניגוד ל־3 אחוזים שהצהירו כך ב־1990. אחד מחמישה אבות לא חי עם ילדיו. ב־2014, יותר צעירים חיו עם הוריהם מאשר עם אישה או שותפים.

זאת ועוד:

גברים ישתמשו בכל סוגי הסמים הלא חוקיים בסבירות גבוהה יותר מנשים, ושימוש בסמים בלתי חוקיים יוביל לאשפוז בחדר מיון ולמוות ממנת יתר אצל גברים בסבירות גבוהה יותר מאשר אצל נשים... במרבית קבוצות הגיל, שיעור הגברים הצורכים סמים בלתי חוקיים ואלכוהול או מכורים להם, גבוה משיעור הנשים.[8]

התיאוריות באשר למגמות המטרידות האלה פורחות.

...מה משותף לאירועי הירי האלה? רובים, כמובן. אבל גם בנים. בנות לא סוחטות את ההדק. אלו בנים. כמעט תמיד בנים... הבנים של אמריקה שבורים. וזה הורג אותנו.

...הבנים הושארו מאחור. אף תנועה תואמת לא צמחה, לעזור להם לנווט את דרכם אל עבר ביטוי מלא של המגדר שלהם. כבר לא מספיק "להיות גבר" – אנחנו כבר לא יודעים אפילו מה פירוש הדבר להיות גבר.

...יותר מדי נערים לכודים באותו מודל גבריות חונק ומיושן, שבו הגבריות נמדדת בכוח, שבו אין אפשרות להיות פגיע מבלי להסתרס, שבו להיות גבר פירושו לשלוט על אחרים. הם לכודים ואין להם אפילו את השפה לספר בה איך זה להיות לכודים, כי

8. https://nida.nih.gov/publications/research-reports/substance-use-in-women/sex-gender-differences-in-substance-use.

השפה הקיימת לתיאור המנעד המלא של הרגשות נתפסת עדיין כרגישה ונשית.

> ...גברים חשים מבודדים, נבוכים ומסוכסכים באשר לטבעם. רבים מרגישים שהתכונות שבעבר שימשו להם להגדרה עצמית – הכוח, התוקפנות והתחרותיות שלהם – כבר לא רצויות או נצרכות; רבים אחרים מעולם לא הרגישו חזקים, תוקפניים או תחרותיים. איננו יודעים איך להיות ואנחנו מתים מפחד.[9]

מאמר מעניין דווקא מציע קשר בין ההתקדמות הנשית להידרדרות הגברית: רבקה טוהוס דבראו, בכתבה שכותרתה "קיצם של הגברים היהודים?", כותבת על ההתמודדות בתוך היהדות הרפורמית.[10] מעניין שלאחר שהתנועה הרפורמית הציבה את השוויון בחזית תנועתה הציבורית, כעת היא מתמודדת עם מה שנראה כתופעת לוואי של ההתקדמות הנשית.[11]

בכותרת המשנה של המאמר נאמר כי "כמה פרופסורים ורבנים מודאגים מכך שהיהדות הליברלית הופכת לנשית מדי. האם זהו משבר?". המחברת מתארת יוזמות חדשות "לגברים בלבד" שצמחו בתנועה הרפורמית, בהן הוצאת הגדה של פסח ב־2007 לסדר פסח "לגברים בלבד", וטקסי תפילה "לגברים בלבד".[12] היא מסבירה איך היוזמות הללו נועדו להילחם בירידה

---

9. ראו .Michael Ian Black, "The Boys are Not All Right", New York Times, Feb 21, 2018 גם Amanda Mull, "Psychology has a New Approach to Building Healthier Men", *Atlantic Monthly* January 10, 2019, המביאה מחקרים על העלייה בשיעורי הדיכאון והחרדה, ההתאבדות והמוות ממנות יתר בקרב גברים.

10. .Rebecca Tuhus-Dubro, "The End of Jewish Men?", *Slate Magazine*, June 2010

11. מעניין לציין שתחושת חוסר החיבור של גברים אינה תופעה חדשה ליהדות הרפורמית. אפשר למצוא אותה כבר בשנות העשרים של המאה הקודמת והיא קשורה קשר הדוק לגישה השוויונית של התנועות הרפורמיות. ג׳נה ויסמן ג׳וזליט, במאמר בכתב העת המקוון **טאבלט** ("The Rise of Men's Clubs", Dec 30, 2019), מתייחסת לכמה מאמרי מערכת שהופיעו בירחון Temple Brotherhood Monthly של התנועה הרפורמית בשנות העשרים: "...הגברים האשימו גם את הנשים בחייהם, בטענה שהן אשמות לא פחות מהרבנים בכך שהם כבר לא מרגישים בַּבַּיִת בְּבֵית הכנסת... [הגברים] הרגישו 'לא רצויים' או גלגל חמישי, או גרוע מכך, הם החלו לתפוס את הדת כ'מתחת לכבודם'. הגברים התעקשו שמאחר שנשים השתלטו על כל כך הרבה מתפקידי בית הכנסת, הפכה היהדות ל'נשית', ולבעלת צורך נואש ב'גבריות'...".

12. יוזמה נוספת – פרי פיתוחן של התנועות הקונסרבטיבית והרפורמית – שנועדה להחזיר

הניכרת של המעורבות הגברית "בהנהגה ובהדיוטות כאחד",[13] ואומרת כי "דאגה זו מצביעה על מציאות בלתי נעימה. בעוד לעיתים קרובות נשים תובעות חלק במוסדות הנשלטים בידי גברים, מוסדות בשליטה נשית סביר יותר שיבריחו גברים".

מצד אחד, היא כותבת, "השתתפות נשים היא סיבה לחגיגה", ומצד שני, "עזיבת גברים היא בעיה". אבל מה לעשות אם "הראשונה תורמת למעשה לשנייה[?]. [איך] יכולה התנועה הרפורמית להלך על הגבול הדק שבין שליטה גברית והתנתקות גברית?"[14]

גברים לחיים הקהילתיים היהודיים היא "מועדון הגברים". האתר הרשמי של היהדות הרפורמית מדווח כי מועדוני גברים הוקמו בתגובה ל"מה שבעיני רבים הוא ירידה בנוכחות גברים בתפילות... היהדות הרפורמית הופכת ל'נשית' בדרכים שהופכות אותה לפחות אטרקטיבית לגברים, מה שמעיד על כך שעדיין קיימת, ואולי אפילו מועצמת, אי נוחות לנוכח השתתפותן הפעילה והבולטת של נשים בחיים היהודיים" (https://www.reformjudaism.org.uk/reform-judaism-1gender/ 07/03/2017).

ואכן, איחוד מועדוני הגברים היהודים (FJMC) מוצג כ"רודף האגרסיבי ביותר אחר הזכר היהודי האמריקאי הנמלט" (Sue Fishkoff, "Jewish Men's Clubs Push for a Revival: Groups Ponder how to Attract Men Back to Communal Life", *Forward*, July 14, 2011).

13. סך הרשומים בהיברו יוניון קולג', הסמינר המרכזי להכשרת רבנים, חזנים, מחנכים ועובדים קהילתיים בתנועה הרפורמית, בשנת 2022 הוא 322, עם **התפלגות מגדרית של 38.2 אחוז (סה"כ 123) סטודנטים ו־61.8 אחוז (סה"כ 199) סטודנטיות** (https://www.univstats.com/colleges/hebrew-union-college-jewish-institute-of-religion/).

14. מעניין לציין שהניו יורק טיימס קושר את הבעיה דווקא לחתירה המוצהרת לשוויון הקיימת בתנועות הפרוגרסיביות ביהדות. בכתבה על מאמצי התנועה הרפורמית למצוא מסילות ללב הגברים נאמר: "נראה שהבעיה לא קיימת ביהדות האורתודוקסית, שבה נערכים כל הטקסים הפומביים הדתיים בידי גברים בלבד, מה שמאפשר לבנים לראות מקום מוגדר וברור לעצמם". Debra Nussbaum-Cohen, "Reform Jews Examining Ways to Retain their Young Men", *New York Times*, Feb. 4, 2006.

מאמרם של סילביה ברק פישמן ודניאל פאלר בגיליון סתיו 2008 של *Jewish Political Studies Review*, שכותרתו "ההשלכות המדיניות של חוסר האיזון המגדרי בקרב יהודים אמריקאים" משתמש למעשה במונח "פמיניזציה" של היהדות הליברלית, מונח שלטענת סו פישקוף "מרגיז את מי שאינם רוצים לראות את ההתקדמות הנשית בהובלת טקסי הדת מואשמת בבריחת הגברים. אבל התופעה ["דימום" של גברים מהתנועה] בולטת והיא עוררה עשרות יוזמות לשינוי" (פישקוף, לעיל הערה 99).

זה מחמיר לפני שזה משתפר

בשעה שנשים מתקדמות לעבר מה שהיה פעם הרעיון הגברי של הצלחה – או כפי שהגדירה זאת גלוריה סטיינם המפורסמת, "אנחנו הופכות להיות הגברים שאיתם רצינו להתחתן" – חלק מהגברים, כך נראה, פרשו לגמרי מן המרוץ: הם מסרבים לקחת אחריות על משפחה ואפילו על עצמם. בעוד נשים אינן מעוניינות עוד להיות בעמדת נחיתות – הן לא מעוניינות בגברים כפטרונים שלהן – נראה שהחלופה אינה נכונות גברית להיכנס לשותפות שווה באמת. נראה שגברים מערביים בוחרים לעיתים קרובות לפרוש מכל הסיפור ולהפוך להיות טובים מאוד במשחקי מחשב. מה שמפחיד בדינמיקה הזו הוא שגם כשגברים עוברים למצב הילדותי הזה, הם עדיין שומרים על הכוח המהותי של עליונות גברית.[15] והכוח הזה, כשהוא לא ממוקד ולא מתועל, יכול להוביל למחיקת האידיאל הנשי לגמרי. דינמיקה זו באה לידי ביטוי במיוחד בתחום שבו גבריות ונשיות באות לידי ביטוי – מערכת היחסים בין גברים לנשים. למרות כוחן הגובר כמעט בכל תחום בחברה, באופן מוזר, נשים בחברה המערבית ממשיכות לשתף פעולה עם מערכת הדוגלת בגישה גברית ולא בגישה נשית למערכות יחסים.

ואכן, קייט בוליק, במאמר ב"אטלנטיק", מציינת כי מידת כוחן של נשים קשורה קשר הדוק לצורה שבה מתפתחת מערכת היחסים בין גברים לנשים:

> בחברות שבהן יש עודף היצע של גברים [כלומר, נשים מבוקשות]... נשים מוערכות וזוכות ליחס של כבוד והוקרה. הן משתמשות בכוחן

15. "אין שום קשר בין גבריות רעילה או גבריות הירואית לרעיונות הנוכחיים שלנו על...'מהותיות מגדרית'. הללו קשורים רק לעובדה עיקשת אחת, שנטועה הרבה מעבר לחופי התיאוריה ועומדת על סלע האמת הגסה: גברים (כקבוצה ובמידה משמעותית) הם גדולים יותר, מהירים יותר וחזקים יותר מנשים. אי אפשר לערער על זה, ואי אפשר לתפוס את זה כאיזה חוסר רלוונטיות, כי זה בא עם שאלה מוסרית ברורה שעל כל אדם לענות עליה בעצמו: האם ישתמש בכוחו כדי לשלוט בחלשים, או כדי להגן עליהם?" Caitlin Flanagan, "In Praise of Heroic Masculinity: Teach Boys That Strength Can be) .(a Virtue", *Atlantic Monthly* August 30, 2023

> הדיאדי הגבוה ליצירת קשרים אוהבים ומחייבים עם בני זוגן ולגדל משפחות. שיעורי הילדים מחוץ לנישואים והגירושין נמוכים...[16]

היא מצטטת את רוברט ה' פרנק, כלכלן באוניברסיטת קורנל, שכתב על היצע וביקוש בשוק הנישואים, "התנהגות החיזור (בטרם נישואין) משתנה בכיוון של רצון הגברים. אם מספר הנשים יעלה בהרבה על מספר הגברים... הנורמות החברתיות נגד יחסים פיזיים מזדמנים ייחלשו".

הטיה גברית

אז אם, כפי שהסטטיסטיקות למעלה מראות, נשים הן הרוב בקמפוסים ובמקצועות הצווארון הלבן – ולכן פחות מבוקשות – מובן שהנורמות החברתיות סביב מערכות יחסים ייבנו בהתאם לצרכי הגבר. את ההטיה הגברית הזו במנהגים החברתיים של החברה המערבית אפשר לראות בשלושה תחומים:

1. **מחויבות**: אומנם ניתן להסביר את העניין הרב יותר של נשים במחויבות (אפילו כשהמילה מחויבות מעוררת פאניקה בגבר המודרני) כתגובה לתקתוק השעון הביולוגי שלה, מבחינה יהודית, הרצון למחויבות מעיד על מודעות גבוהה יותר למהות האהבה. למעשה, מנקודת מבט יהודית, **אהבה אינה אפשרית ללא מחויבות**. כי כשחודרים לבסיס הסירוב להתחייב מגלים שבן הזוג הבלתי־מחויב אומר: "אני לא אוהב/ת אותך. אני אוהב/ת את עצמי, ואת/ה גורמ/ת לי להרגיש טוב. אני לא יכול/ה להתחייב אליך, לא רוצה לכבול את עצמי אליך, למקרה שיבוא מישהו שיגרום לי להרגיש אפילו יותר טוב. אני רוצה להישאר חופשי כדי לרדוף אחרי ההנאה שלי". חוסר מחויבות מצהיר (למרות אמירות חוזרות של אהבה עזה) שהדגש הוא על הנאותיי האישיות ועל החופש שלי לרדוף אחריהן.

מצד שני, כשאדם מתחייב, הוא מחויב לאחר. כשחודרים לבסיס המחויבות מגלים שבן הזוג המחויב אומר: "אני מחויב/ת אליך – לא למידת ההנאה שאולי תספק/י לי". מחויבות פירושה גם כאשר את/ה כבר

16. Kate Bolik, "All the Single Ladies", *Atlantic*, November 2011.

לא כל כך יפה, לא כל כך מוצלח/ת או לא כל כך מושך/ת – אני עדיין אהיה מחויב/ת **לך**.

ברמה עמוקה יותר, הרצון למחויבות הוא הבעה עמוקה יותר של אהבה, כי הנשמה כמהה להעניק, ובקשר זוגי, יש רצון משכר לחלוק הכול. אבל אם אתה לא באמת שלי ואני לא באמת שלך – אם לא התחייבנו זה לזו במלוא הרצינות – יש מחסום מהותי לזרימת הנתינה והקבלה האמיתיות. כאשר הדחף האלוקי להעניק אינו יכול להתבטא במלואו, התוצאה תהיה כאב וצער.[17]

עבור האישה, המייצגת את האידיאל הגבוה של האנושות, ואשר נוצרה במסגרת של קשר – כ"עזר **כנגדו**" – החיים הם כולם מערכות של קשרים. כשהיא נמצאת בקשר עם אדם שאין לו מחויבות מלאה כלפיה, זו בגידה במהותה הפנימית. ללא מחויבות – שלו ושלה – הקשר עלול להפוך לחגיגה פרועה של סיפוק יצרים עצמיים, שזורה בכאב הקיומי של חיים באשליה.

2. **בלעדיות**: נשים הן אלו שבדרך כלל מוטרדות מחוסר בלעדיות. הן אלה שאינן יכולות להבין: "אם אתה אוהב אותי, איך אתה יכול להסתכל על אישה אחרת?".

ובכל זאת, פרספקטיבה גברית חסרת עידון רומסת את התשוקה הזו לבלעדיות, ואפילו מתעקשת ש"בלתי אפשרי לדרוש מאדם שיהיה בקשר רק עם פרטנר אחד כל החיים". התייחסות קלילה לקשרים מזדמנים כל כך מושרשת בתודעה המערבית שמילים כמו תלותית, דביקה, קנאית ורכושנית שזורות בשפה היום־יומית שלנו.

למרבה הצער, במין תגובה קלאסית של "אם אינך יכול לנצחם, הצטרף אליהם", דווקא האישה שזורמת עם "המונוגמיה החדשה", שאין לה עניין בזוגיות ובבניית משפחה, היא הזוכה לעיתים קרובות לאידיאליזציה כאישה המודרנית המשוחררת באמת.

רש"י (בראשית ג, ו) מספר לנו שחוה נתנה לאדם לאכול מעץ הדעת כדי "שלא תמות היא ויחיה הוא, ויישא [אישה] אחרת". זה אולי קשה לקרוא אבל ברובד העמוק יותר, הרצון לבלעדיות, החקוק כנראה עמוק בנפש הנשית – הוא שאיפה לאחדות אמיתית.[ה]

---

17. אני מודה לידידתי חיה ברגר על תובנה זו. אין זה אומר, כמובן, שזוג נשוי אינו חווה כאב וצער, אבל נחסך מהם הכאב הזה של אי יכולת לתת. כשנישאו, נתנו זה לזו הצהרת קבלה ללא תנאי – את/ה שלי ואני שלך.

אכן, אולי הקנאה אינה בעיה אלא פתרון. מודעות לכך שקשר של אהבה צריך שמירה מפני רוחות התחרות ותאוות מזדמנות, דורשת בהירות רבה. זוהי עובדת חיים עצובה שכשריבוי נכנס לעולם, אישה (או איש) אחרים עשויים להוות מקור להתעניינות גם למי שנמצא כבר במערכת היחסים,[18] אך זו עובדת חיים שאנו מתעלמים ממנה תוך סיכון עצמנו. קולה של האישה, המושך לבלעדיות ולאיחוד אמיתי, טובע פעמים רבות בקקופוניה של קולות גבריים שהחברה המערבית אימצה כאילו היו תקניים.

לאהבה בוגרת בין איש לאישה דרושה בלעדיות[יז] – ובעולם השונות שבו אנו חיים, את הבלעדיות הזו צריך לעטוף בצמר גפן ולשמור אותה בכספת.[19] אם לא נגן עליה, היא תאבד, ואז נמצא את עצמנו בונים תלי תלים של הסברים ותיאוריות – כפי שעשתה החברה המערבית – להסביר מדוע אין זה מעשי לדרוש מאנשים נאמנות, ואסטרטגיות חדשות להסביר את חוסר הנאמנות באופן שישמור על כבודנו.[20]

בברכה השישית מתחת לחופה אנו מברכים את החתן והכלה שהקב"ה ישמח את לבם, "כשמחך יצירך בגן עדן מקדם".[21] השהות הקצרצרה בגן העדן הייתה התקופה שבה חוותה האנושות איחוד מושלם – איש אחד

---

18. ראו בפרק כו דיון על האופן שבו היהדות מנסה לפצות על הטרגדיה הזאת. דוגמה מעניינת של איך תחרות היא ניגוד לבלעדיות הדרושה לאהבה בשלה, וכמה חשוב לתקן את העיוות הזה, נמצאת ברש"י בפירושו למסכת עירובין דף ק ע"ב. הגמרא שם מתארת את אחת מקללות האישה: "וחבושה בבית האסורין". רש"י מפתיע וכותב: "כל כבודה בת מלך פנימה" (תהלים מה, יד). פסוק זה, על כבודה האמיתי של בת המלך, משמש בדרך כלל כתיאור חיובי של תפקיד האישה: אין לה צורך להתהדר בכבודה – מכיוון שהיא בת מלך, כבודה מתבטא בצורה הראויה ביותר במרחב הפרטי. אבל רש"י מביא פסוק זה כדי **לתאר את הקללה**: מאז החטא עליה להיות סגורה בבית, כמו בבית האסורין! ככל הנראה שתי הגישות לפסוק נכונות. בעולם שחוסר אחדותו מגדיר אותו, יש יופי באישה השומרת על הקשר שלה עם כבוד פנימי. אך בעולם מתוקן של אחדות, תוכר התחרות כפי שהיא באמת – עיוות – ואז לא יצטרך כבודה של האישה להיות כה נסתר ופנימי. אפשר כי – כמו באשר למושג צניעות – מעמדה הפרטי והפחות פומבי של האישה ביהדות חיובי רק כתגובה למצב בלתי שלם בעליל. ראו להלן פרק כו להרחבה ברעיון הצניעות.

19. Claire Caine Miller, "It's not just Mike Pence, Americans are wary of being alone with the opposite sex", *New York Times*, July 1, 2017.

20. דוגמאות לסוג זה של אפולוגטיקה, ראו: Tammy Nelson, "How Far Should We Go?", Psychotherapy Networker, July/August 2010; Joe Kort, "Why Can't It Just Be an Acceptable Diversion?", *Psychotherapy Networker*, November/December 2009.

21. הרחבה בנושא ראו בפרק יז.

ואישה אחת, ללא כל תחרות או הסחות דעת מאנשים אחרים – ואת האושר שבחוויה הזו אנו מתאווים לנסות וליצור שוב בעולם רבגוני זה.[ט] האישה היא שנותרה מודעת למטרה זו, ועלינו להישאר נאמנים לקולה.[22]

3. מהות היחסים הפיזיים: בעוד הגברים מסוגלים להותיר יחסים ברובד החיצוני בלבד, נשים נוטות לרצות קשר רגשי כלשהו כתנאי מוקדם לקשר פיזי. בהתאם לרעיון שהעולם הפיזי משקף את העולם הרוחני,[23] אברי הזכר הם חיצוניים, ואברי הנקבה – פנימיים. האישה מקבלת ומפנימה אל תוכה את הקשר, פשוטו כמשמעו. לאיש יש היכולת להותיר את החוויה לגמרי מְחוּצָה לו ולהשאיר את ה"עצמי" שלו מחוץ לתמונה. מצד אחד, הפיזי הוא הביטוי ההכרחי ואולי המוחלט של הרוחני; אכן, הביטוי הפיזי עצמו הופך לקדוש כאשר הוא כלי לביטוי הרגשות האנושיים הנשגבים ביותר. מצד שני, כשהפיזי הוא רק פיזי – כשקשרים מתבססים על משיכה חולפת – הפיזי מְחֻלָּל ומושפל. קשרים מזדמנים קצרים ומערכות יחסים לא מחויבות בוגדים במהות הדינמיקה שבין העולם הפיזי לעולם הרוחני־רגשי.

בעוד שאישה עשויה להזדהות באופן טבעי עם התפיסה שהפיזי צריך להיות ביטוי לרוחני ולרגשי, החברה המודרנית מאותתת לה שאל לה לצפות אפילו למינימום של קשר רגשי לפני התעסקות בקשר הפיזי. ציפייה לכזה דבר נחשבת אובססיה נשית: אם הייתה 'זורמת' מספיק ופרוגרסיבית מספיק היה עובר לה ה'שיגעון' הזה.

קבור עמוק בפנים

אז מה עושה אישה עם הרצונות הלא־מקובלים האלה לבלעדיות, למחויבות ולקשר רגשי עמוק, בעולם שבו המילים הללו נתפסות במקרה הטוב כמיושנות ותמימות, ובמקרה הגרוע כסימן להדחקה? היא קוברת אותם עמוק בתוכה, ויוצאת להתגושש בעולם של גברים.

---

22. Brittany Wong, "Are Men Really Having a 'Friendship Crisis'?", *Huffington Post*, Nov. 6, 2019.

23. כפי שצוין בהערה 7 בפרק א למעלה: "קבלה" נקראת כך על שם **שקיבל**נוה מלמעלה; אבל השם הזה רומז גם על עיסוקה של החכמה הזו ב**הקבל**ות שבין העולם הגשמי והעולם הרוחני.

והעולם הגברי אינו מקום שנעים להיות בו, כי כאשר גבריות כבר אינה מוגדרת כגבורה, כשליטה עצמית וכמוכנות להגן, וכשהשכם והערב גברים שומעים עד כמה נשים הן עצמאיות ואינן זקוקות לגברים, נראה שחלק מהגברים שוקעים בביצה טובענית של אגואיסטיות נהנתנית.[24] 'אם אף אחד לא זקוק לי', סבור הגבר, 'אם אינני צריך לקחת אחריות ולהיות ג'נטלמן, אזי אני יכול לעשות את מה שתמיד רציתי (ברמה מסוימת לפחות): לממש את הדחפים החייתיים הבסיסיים שלי, ועוד להתגאות בזה'.

ובמערכת המעגלית הזו שמזינה את עצמה, הנשים פועלות בדרך היחידה האפשרית. אהבה אמיתית דורשת פגיעות. אבל מסוכן להיות פגיע בפני אדם אנוכי, המשרת את עצמו ודואג למלא רק את צרכיו שלו. רק אידיוט ימשיך להשתוקק לאהבה עם אדם שרק טובת עצמו לנגד עיניו.

אם בעבר, אישה רווקה בשנות הארבעים לחייה הייתה תגובת ברירת מחדל לנסיבות בלתי רצויות – היה ברור שאף אחד לא **בוחר** להיות רווק ולא להקים משפחה – היום זה נתפס כאופציה לגיטימית, אחת מתוך מגוון אפשרויות.[25]

---

24. Loise Perry, "How the Sexual Revolution Has Hurt Women", *Wall Street Journal*, August 19,2022.

25. "למן היום שאנשים קידמו נישואים, הם גם הכירו בכך שקשה למצוא גבר טוב. אבל מה שבעבר נפטר כתלונה של נשים ברנניות, מקבל כעת גיבוי של שלל נתונים. אותם מומחים המעודדים נישואים גם מקוננים על המשבר בקרב גברים ונערים, שזכה לכינוי 'הסחף הגברי'... דניאל קוקס, עמית בכיר ב־American Enterprise Institutes, מצא שכמעט מחצית מהסטודנטיות אמרו שאינן בזוגיות משום שהתקשו למצוא מישהו שעונה על הציפיות שלהן... נראה שכשהגברים מתחילים סוף סוף לצאת הם 'מוגבלים יחסית ביכולת ובנכונות שלהם להיות בעלי נוכחות וזמינות רגשית מלאות... הבנות יוצאות מגדרן והבנים עושים מעט או לא כלום'" (Anna Louise Sussman, "Why Aren't) More People Marrying? Ask Women What Dating Is Like", *New York Times*, Nov. 11, 2023). במאמרה כותבת אנה זוסמן על הירידה באחוזי האנשים המתחתנים: "במקום לנזוף באנשים (בעיקר נשים, בעיקר אימהות יחידניות) להתחתן לטובת הילדים, מה דעתכם לגלות קצת אמפתיה על היותנו חיים בנקודת זמן שבה כוחות שונים הפועלים בזירה מקשים על מציאת זוגיות משמעותית?" ספרה של מרשה אינהורן, על הקושי של נשים למצוא בן זוג, המצוטט אף הוא במאמר, מתאר את התסכול והאכזבה של רבות מהנשים הללו – ומתעקש כי "כמעט ללא יוצא מן הכלל, נשים 'התאמצו מאוד' למצוא בן זוג אוהב", אבל סיפרו שנראה שגברים לא היו מעוניינים. "הם השתמשו לפעמים בביטוי 'חרדת מחויבות' או 'חרדת התקשרות' כדי לתאר את חוסר הנכונות של גברים להתמסר" (Marcia Inhorn, *Motherhood on Ice: The Mating Gap and Why Women Freeze Their Eggs*, New York: NYU Press, 2023, 33-38).
אכן, רשימת עשרת הארכיטיפים הגבריים של אינהורן – כל אחד עם הרציונליזציה

אין מי שנהנה כשדורכים עליו. נשים הגיעו למסקנה שאם גברים אינם מוכנים להיכנס למערכת יחסים מחייבת, להן אין מה לחפש שם. עדיף שלא להתחיל קשר כזה מאשר לנסות להזיז מה שנראה כמו קיר לבנים.

באופן פרדוקסלי, השינויים שנבעו משחרור האישה הם שהמליכו את קללת "והוא ימשול בך" (בראשית ג, טז). זהו עולם של גברים, ומוטב לה ליישר קו. במצב הנוכחי, אישה יכולה לבחור לוותר על תחושת העצמי הבסיסית שלה או להיכנס למערכת יחסים מדומה בתנאים שלו.

להחזיר את השד לבקבוק

אבל קללה איננה דבר טוב. המטרה הסופית היא להחזיר את העולם למצב של אחדות, אהבה ושוויון. החזרת השד לבקבוק בלתי אפשרית. פתרון שטחי של החזרת האישה למעמדה המוקטן כדי ללטף את האגו של הגבר או לגרום לו לפעול נכון, הוא בלתי אפשרי. בעצם, זה היה צריך לעבוד הפוך: התוכנית הייתה שנשים תעלינה את הגברים לרמה גבוהה יותר – לא שגברים יגררו את הנשים למטה אחריהם.[26]

הפעם הראשונה שהתורה קוראת לאדם "איש" – בניגוד לכינוי הכללי יותר "אדם" – היא כשהוא פוגש את חוה: "לזאת יקרא **אִשָּׁה כי מאיש** לֻקֳחָה זאת" (בראשית ב, כג). הכינוי איש מציין חשיבות.' כשאדם הראשון פוגש את האישה, אזי נעשה הוא לאיש. דרך האישה בא האדם במגע עם

שלו לגבי הסיבה שהוא לא מעוניין בנישואים – היא טרגית־קומית ו"נשמעת כמו גרסה אקדמית קפדנית של כל התלונות שאי פעם שמעת מחברותייך הרווקות" (Sussman). הביטוי ה"פרוגרסיבי" לאנשים ללא ילדים אינו "חשוכי ילדים" כבעבר, אלא "חופשיים מילדים" או "אַל־הוריים" (מ"אַל־הורות"). זה מעין "אם אין לי דרך להשיג את סוג המשפחה היציבה שאני רוצה, אמסגר את זה מחדש כבחירה להיות אל־הורית". ראו Jen Kirkman, *I Can Barely Take Care of Myself: Tales from a Happy Life without Kids*, New York: Simon & Schuster, 2013.

26. דיוויד פרנץ' סבור שההנחיות החדשות של ה־APA (האגודה האמריקאית לפסיכולוגיה) לטיפול פסיכולוגי בבנים ובגברים בעייתיות במהותן. "ההנחיות עצמן טוענות ש'אידאולוגיית הגבריות המסורתית' – חִברוּת בנים לכיוון 'אנטי־פמיניזם, הישגיות, הימנעות מהצגת חולשה, הרפתקנות, סיכון ואלימות' – הוכחה כמגבילה את 'התפתחותם הפסיכולוגית של זכרים, כובלת את התנהגותם, וגורמת למתח תפקוד מגדרי ולקונפליקט תפקוד מגדרי', ובעלת השפעה שלילית על בריאות נפשית ופיזית" (David French, "Grown Men are the Solution, Not the Problem", *New York Times*, Jan. 7,2019).

האני הגבוה שלו, עם העצמיות היותר גבוהה שלו.[27] התובנות המהותיות של האישה על קשרי גומלין והדדיות אמורות לעזור לאיש – ולעולם – לחתור אל העולם האידיאלי.

בניגוד מעניין, אם הנורמות המערביות דורשות מנשים להיענות לרצונות גבריים, נראה שההלכה רואה בפרספקטיבה הנשית על מערכות יחסים את האידיאל, ובונה מערכת הלכתית המקרבת גברים לזווית ראייה זו.[28] הלכות שמירת העיניים מלמדות את האיש על **בלעדיות**.[יא] הכתובה, מסמך המפרט את חובות האיש כלפי אשתו, מלמדת את האיש על נטילת אחריות **ומחויבות**.[29] מערכת החוקים המחזורית של טהרת המשפחה עוזרת לבני הזוג לפתח קשר רגשי, ואף מספקת מסגרת לשמירת הקסם וההתרגשות מחיי הנישואין.[30] ובזמן שכל זה קורה, האיש נדרש לשמור את צרכיה של אשתו בראש מעייניו. עליו לקחת אחריות על סיפוקה וצרכיה.[31] [יב] כל אלה משרטטים עבורו את **המהות הרצויה של היחסים הפיזיים**: ביטוי של קשר אישי ועמוק מאוד.

מתברר אפוא כי את הדברים שלאישה יש זיקה טבעית אליהם, האיש רוכש במסגרת שמירת ההלכה. במובן מסוים, ההלכה היא אמצעי להקלת

27. המחשה אחת של ההשפעה שיש לנשים על גברים מצויה בתיאוריה הקרימינולוגית הידועה, שמרבית הפשעים האלימים מתבצעים על ידי גברים שאינם נשואים (ראו *Does Marrige Reduce Crime*, Crime and Justice, A Review of Research, volume 44, 2015, University of Chicago Press). אפשר לתת לנתון הזה הסברים שונים – לגברים אלימים קשה יותר להתחתן – אבל אנו רשאים לטעון שהסיכוי שגבר יהיה אלים יורד אם הוא נשוי. האישה גורמת לאיש לפגוש את האני העליון שלו.

28. "הלכה – מילה שנוצרה מהפועל הלך שמשמעותו הראשונית היא דרך שהולכים בה" (מילון אבניאון, ערך הלכה). היהודי צומח ומפתח את אנושיותו בחיים באמצעות התקדמות בדרך ההלכה.

29. בחתונה יהודית, החתן נותן לכלה כתובה – מסמך המפרט את **חובותיו כלפיה** ולא להיפך. ראו פרק כד להרחבה בנושא.

30. במשך ימי המחזור ושבעה ימים נוספים אחרי סיומו (מינימום 11 או 12 יום בסך הכול, תלוי במנהג), נמנעים בני הזוג ממגע פיזי. הלכה זו יוצרת מסגרת שבה, במשך כשבועיים בכל חודש, בני זוג המעוניינים להתקרב זה לזו חייבים להעמיק את הקשר הרגשי שלהם, כי רק כך הם יכולים להתחבר. להתנזרות בת השבועיים תוצאה רצויה נוספת – הגברת החשק של בני הזוג זה לזה.

31. מצוות עונה, המופיעה ברשימת ההתחייבויות בכתובה, מתייחסת לחיי אישות. המילה "עונה" חולקת שורש עם "היענות", לאמר, עליו להיות קשוב לצרכיה ורצונותיה ולהיענות להם. ראו הערת סיום.

מרירותן של הקללות. הרגישות הנדרשת לצורכי אישה היא התמרור המזכיר לאיש את תכליתו האמיתית.[יג] "אל תשתיק אותה", אומרים לו. "הוקר אותה.[יד] קולה הוא שיביא את הגאולה".

סיכום

האנושות יצאה לחפש פתרון לבעיית חוסר השוויון של נשים, ויצרה אוסף בעיות חדש. בעוד אנחנו עדים לעלייה מטאורית של נשים בכל תחומי החיים, גברים אינם שותפים להתפתחות.

למרות כוחן ההולך ועולה בחברה המערבית, נשים ממשיכות לשתף פעולה עם הגישה הגברית למערכות יחסים, כפי שראינו בפרט בתחומים הבאים: 1) מחויבות, 2) בלעדיות, 3) החצנה של הפיזי.

התוכנית הייתה שנשים תרוממנה את הגברים לרמה גבוהה יותר, לא שגברים יגררו את הנשים אחריהם. בהלכה, המבט הנשי על מערכות יחסים הוא האידיאלי, ובאמצעות שמירת ההלכה גברים מתקרבים ומסתגלים לאותה נקודת מבט.

פרק טז

השמיעיני את קולך

קשה מאוד לשמר נאמנות לקולה של האישה בעולם המבטל אותו, או גרוע מכך, מגחיך אותו כמי שמתאר מציאות בלתי ניתנת להשגה, אבל הסיכון – לנו, למערכות היחסים שלנו ולחברה בכלל – גבוה מאוד. הקול הנשי מוסיף להיות קרש ההצלה להיאחז בו בעולם נפרד ומפוזר זה.[א]

כמעט הגענו

ככל שאנו מתקדמים לסופו של האלף השישי,[1] חבוטים ופצועים, אמור קול השוויון, קול האחדות, להתחזק יותר ויותר. ובזכות האישה זה אכן קורה.

בפרספקטיבה רחבה, השינויים בחברה נטענים במשמעות. נשים צוברות השפעה בכל תחום. קולן נשמע בתקשורת, וספריהן נקראים ומתקבלים על ידי כל שכבות החברה. נשים כיום פעילות בתחומים האינטלקטואלי והרעיוני לא פחות מגברים, אף על פי שבמשך דורות רבים מצאו נשים את מקומן בתחומי הטיפול והתחזוקה הפיזיים.

עלייתן המטאורית של נשים מלווה גם בשינויים בציפיות. נשים דורשות שוויון בקשר הזוגי – הן כבר אינן מוכנות להיות נספחות לבעליהן.

1. בעת הדפסת הספר אנו עומדים בשנת ה'תשפ"ה – 5785 לבריאת העולם. ראו את דברי הרמב"ן בהערת סיום ד לפרק טו, להקבלה בין ששת ימי חול ושבת וששת אלפי שנות העולם ותקופת הגאולה.

בימינו, המניע המקובל לנישואין הוא אהבה, והחברה, למרות הדיבורים הרבים על פוליאמוריה, לרוב עוד משלמת מס שפתיים לערך הבלעדיות.

האזינו לקול הדממה הדקה

במשך אלפי שנים שלט הקול הגברי – מצב החץ מָלַךְ – ואילו כעת, ככל שאנו מתקרבים לעולם המתוקן, הקול הנשי הוא המתגבר. בהתבוננות על העולם מנקודת מבט של התקדמות לקראת שלמות, יכולים אנו לזהות ארבע סיבות לשינוי זה:

1. כיבוש, זכייה וניצחון היו נחוצים במשך אלפי שנים, אבל כעת על קול האהבה וההרמוניה לתפוס את מרכז הבמה.

> מעשה באלכסנדרוס מוקדון שהגיע לקרטגני, מדינה שכולה נשים. ביקש לעשות עמהן מלחמה. אמרו לו: ״אם תהרוג אותנו, יאמרו ׳נשים הרג׳; ואם נהרוג אותך יאמרו ׳מלך שהרגוהו נשים׳״. כשיצא משם כתב על שער המדינה: אני אלכסנדרוס מוקדון שוטה הייתי, עד שבאתי למדינת קרטגני ולמדתי עצה מנשים.[ב]

קולו של אלכסנדר, המייצג פה את הקול הגברי, היה קול שהבין את הכיבוש וההשתלטות, או בלשונו של המהר״ל: ״שכל ענינו היה לשלוט בעולם לקצוי ארץ״.[ג] אבל כמו שאימא נהגה לומר לכם, צריך שניים כדי לריב – שני הצדדים צריכים לרצות לנצח, לכבוש ולצאת וידם על העליונה. לא רק שאי אפשר להילחם עם מי שאינו רוצה להילחם – הלוחם יוצא נלעג על עצם הניסיון. ממלכת הנשים דיברה בשפה שונה מזו של אלכסנדר. אכן, עולם המעגל, העולם הנשי, אפילו לא נכנס לזירת האגרוף. בעולם של אהבה ואחדות, כיבוש וניצחון אינם רלוונטיים.[ד]

במשך אלפי שנות התקדמות, העולם היה צריך להיות במצב כיבוש. היינו חייבים להתקדם, להשתלט, לכבוש, להצטיין ולשלוט בטבע. אבל ככל שאנו מתקרבים לזמן המתוקן, את הקול המסרב להשתתף בקרב – הקול המדבר בשפה של השלמה, של חיבור והרמוניה, של שוויון והדדיות – עלינו לשמוע.[ה] לקראת סוף האלף השישי, שומעים את קולה של השבת המתקרבת – הזמנה להיכנס לתחומה של הנשיות.[ו]

2. הגיעה השעה לתקן את העיוות בעולם

כאשר התמעטה הלבנה, היא לא יכלה לשקף את כל אורה של השמש. כאמור לעיל,[ז] גם האנושות כולה התמעטה ביכולתה לקבל את מלוא אורו של הבורא. ככל שאנו מתקרבים למועד הגאולה והשלמות, על המקבל להיות גדול יותר, כדי שיוכל לקבל את מלוא אור השמש.[ח] [2]

כשחז״ל מתארים נשים כמוגבלות אינטלקטואלית, ומדירים אותן בכפיפה אחת עם עבדים וקטנים, זה נשמע מוזר לאוזנינו המודרניות, אבל אולי הם בעצם תיארו מציאות. אין ספק שתמיד היו נשים אינטליגנטיות ואינטלקטואליות, אבל נראה מהמקורות שהללו היו היוצאות מהכלל.[ט] יש לכך הרבה הסברים אפשריים, כולל אחד שמעלה את השאלה, מי קדמה: התרנגולת או הביצה? ייתכן שנשים היו מוגבלות מבחינה אינטלקטואלית (אם אכן היו כאלה) כי מעולם לא ניתנה להן הזדמנות לפתח את היכולות האינטלקטואליות שלהן.

הסבר אחר מביא בחשבון את המסגרת הראשונית המובנית בבריאה, שנדונה לעיל.[י] ההסבר הזה מניח שבאותם ימים נשים אכן היו פחות מסוגלות לפעילות אינטלקטואלית – התוצאה של החטא הייתה שהן "התמעטו". אבל ככל שאנו מתקרבים לזמן האחדות – ימות המשיח – על המקבל להתרחב ביכולותיו כדי שתתאפשר התאמה מלאה בין המעניק למקבל.[יא] רמת האהבה הגבוהה ביותר נמצאת במערכת יחסים בין שווים. דוגמה מעניינת לתיאוריה

---

2. זהו ההסבר שניתן לעובדה שהידע נעשה בימינו נגיש הרבה יותר מבעבר. אף שבכל הנוגע לקדושה יש מושג של "ירידת הדורות", לפיו ככל שאנו מתרחקים מסיני כך נסוגה רוחניותנו (ראו למשל: שבת קיב, ב), קשה שלא להבחין בכך שמושגים אזוטריים עמוקים, שבעבר היו נגישים רק לגדולי התורה, נלמדים ומוסברים היום באופן שאפילו אנשים בורים יכולים להבין. ואכן, הפסוק "וְכָל בָּנַיִךְ לִמּוּדֵי ה׳" (ישעיהו נד, יג) מתייחס לאחרית הימים, כאשר לא תהיה הירכייה של הידע – האמת האלוקית תהיה נגישה לכול (ראו הערת סיום).

והערת אגב מעניינת: גישה חופשית לידע מתכתבת לעיתים קרובות עם הכוח הנשי, כפי שעולה מהמאמר הבא על סגנונות המנהיגות של גברים ונשים: "נשים נוטות יותר לדחות מסורת הנהלתית ותיקה, בטענה שהיא משחק כוח חסר תועלת: מידור מידע. 'עדיף לתקשר יותר מדי', אומרת שוקלה, שסטארט־אפ האינטרנט שלה 'רובריק' הפך 65 מתוך 85 העובדים שלה למיליונרים. במקום לחלק מידע לפי עקרון ה'מי שצריך לדעת – יודע', היא דאגה לחלוק מידע עם כל עובדיה. היא גם יזמה את 'צהריים עם המנכ"ל', והזמינה בכל פעם שישה עד שמונה עובדים לדון איתה על העסק" (Rochelle Sharpe, "As Leaders, Women Rule", *Bloomberg Businessweek*, November 2000).

זו היא ניתוח הנסיבות שהובילו להקמת תנועת ״בית יעקב״, שהייתה חלוצת לימוד תורה לבנות לפני כמאה שנה. מייסדת ״בית יעקב״, שרה שנירר, דגלה בלימוד תורה פורמלי לבנות, ובגיבוי גדולי התורה של זמנה, הנהיגה חידוש ששינה את שיטות החינוך של אלפיים השנים האחרונות של ההיסטוריה היהודית.[יב]

לכאורה, תנועת ״בית יעקב״ נולדה בתגובה למציאות חדשה: ככל שבנות הפכו מחויבות בלימודי חול פורמליים על פי החוק האירופי,[3] החינוך היהודי הבלתי פורמלי, שעבר מאם לבת ושהספיק במשך אלפי שנים, לא היה די בו לשמר את מחויבות הבנות ליהדות. הפולקלור השטעטלי מלא בסיפורים על אבות היושבים לשולחן בליל שבת ולומדים תורה עם בניהם, מבלי לדעת שבנותיהם יושבות באותה שעה במטבח ומחללות שבת בהכנת שיעורי בית לגימנסיה. סיפורים כגון אלה הם שהניעו את שרה שנירר לקחת על עצמה את משימתה המונומנטלית; כמה מגדולי התורה הסכימו איתה שהמשכיות העם היהודי בסכנה והעניקו לה גיבוי מלא.

פרספקטיבה היסטורית זו עשויה לענות על השאלה מדוע הונהג חינוך פורמלי לבנות יהודיות – בתגובה למציאות חברתית שלא התקיימה קודם לכן, כלומר, חינוך חילוני חובה לבנות. אבל האמת היא שהתשובה מעוררת שאלה הרבה יותר גדולה. מדוע זה, אחרי אלפי שנים, הציעה החברה לימודים כלליים לנשים? מה השתנה באופן שבו העולם ראה נשים? מדוע עד אז לא הונהג ברחבי העולם שוויון הזדמנויות בחינוך לנשים? בית יעקב היה תגובה למצב בעולם, אבל לְמַה היה מצב העולם תגובה?

אפשר אולי לומר שבמסע הבלתי נמנע לעבר אהבה ואחדות, נשים השתנו. זמן ההמעטה הגיע לסיומו, והיה צורך להרחיב את יכולות הנשים כדי שאפשר יהיה להשיג שוויון.[יג]

---

3. בשנת 1869 התקבל חוק חינוך חובה על ידי האימפריה ההבסבורגית המחייב את כל הילדים בין הגילים 6–14 ללמוד בבית ספר ציבורי או לשלם קנס (Naomi Seidman, *Sarah Schenirer and the Bais Yaakov Movement: A Revolution in the Name of Tradition,* (London: Littman Library of Jewish Civilization, 2019, 18.)
ראו גם: Tatiana Andreeva and Paola Zappa, "Whose Lips are Sealed? Gender Differences in Knowledge Hiding at Work", *Journal of Occupational and Organizational Psychology,* 22 May, 2023.

3. רק מעניק אמיתי יודע להעריך את מתנת המקבל

האדם הגבוה יותר במערכת עשוי לראות את כל אלו שמתחתיו כקרשי קפיצה, המונחים שם כדי לסייע לו בדרכו מעלה. אבל כשהוא הופך למעניק אמיתי – תוך התמקדות בצרכיו של המקבל – הוא לומד עד כמה יקרה המתנה שנותן לו המקבל.

ככל שנשים מתחזקות ומוצאות את עצמן יותר ויותר בתפקיד המעניקות, הן נעשות רגישות יותר לערך המתנה של המקבל. בהבינן עתה עד כמה חשובה הקבלה, ובהיותן גם מתורגלות באומנות הקבלה, עולה ערכה של הקבלה בחברה שלנו.[4]

זה חשוב מכיוון שבעולם ההירכי שבו אנו חיים, הקבלה מופחתת – אבל בעולם המושלם, היכולת הזו תהיה כלי ההבעה החזק ביותר. בעולם של אהבה, קבלה היא שם המשחק.[5]

אהבה בוגרת היא תולדה של הבחנה

אהבה אמיתית היא תולדה של שני בני אדם עצמאיים שבוחרים זה בזה מרצונם החופשי. אהבה אינה אדם אחד והצל שלו. ככל שמתגבר קולה של האישה, היא תופסת את עצמה, ונתפסת על ידי החברה, כישות נפרדת לגמרי.

---

4. את ההתעניינות הגוברת ואת התקדמות החברה המערבית לעבר סגנון הקבלה הנשי, אפשר לראות למשל בפופולריות העולה של פעילויות קבלה כמו מדיטציה, מיינדפולנס, הנאה חווייתית, יוגה ועוד.

5. המחשה מעניינת לאופן שבו העלאת התודעה בקרב קבוצת מהנדסים הצליחה להגביר את ההערכה והמודעות לערך של ה"מקבל" – מי שרואה את עצמו כחלק מרשת רחבה של קשרים הדדיים, ולא כיחיד הדוהר קדימה בגפו: "...הוא השיב שמנקודת המבט האישית שלו, הוא לא ירצה מזכיר גבר. הוא מעדיף אישה, אמר, כי הוא רוצה מישהו שיקבל קצת סיפוק והערכה עצמית מלעזור לו לעשות עבודה טובה. לדעתו, לגבר יש סיכוי גבוה יותר להיות טרוד בביצוע משימותיו האישיות, וסיכוי נמוך יותר לעשות 'כל מה שנדרש' כדי לתמוך בו. הכרה זו... הייתה נקודת מפנה חשובה בתוכנית ההתפתחות האישית הזו. הרהור במשמעות של מצב שבו כל חברי הארגון, בכל רמות ההירכייה, יקבלו סיפוק והערכה עצמית מעזרה לאחרים להגיע להישגים, שינה את השקפתו על הבעיה המרכזית והעניק לו חזון חדש של ארגון בעל מיומנות התייחסותית. יחד עם זאת, הוא זיהה איך הנוחות שחש עם תמיכה נשית מבוססת על ציפיות מגדריות שנוצרו בשלב מוקדם בחייו" (Fletcher, *Disappearing Acts*, 133–135).

נשים היו צריכות להיבדל מגברים ולעמוד על עצמאותן כדי שבחירתן תהיה תוצאה של רצונן החופשי.[6] האידיאל אינו יחסי הורה־ילד, אלא יחסי איש־אישה, שבו הקשר הוא תוצאה של כל אחד מהם בוחר בחופשיות באחר.[יד]

במשך דורות, להיות כפוף לגבר לא היה רק הדבר הקל ביותר, אלא גם האפשרות היחידה. נשים לא יכלו להתפרנס בעצמן, לעיתים קרובות לא ידעו קרוא וכתוב, לא יכלו להצביע, לא יכלו להנהיג, ואפילו דעה לא היה מצופה שתהיה להן. כיום, נשים מפרנסות את עצמן, ולעיתים קרובות מפרנסות את משפחותיהן.[7] הן נוהגות במכוניות שלהן, קוראות את הספרים שלהן, לומדות את התורה שלהן, מעורבות בפוליטיקה – למעשה, נראה שאין עוד שום דבר מהותי שבשבילו הן צריכות גבר.

בעבר הרחוק, חָיִינוּ בעולם כה מפחיד ומבלבל, שכמעט שלא הייתה שום אפשרות אחרת מלבד ביטחון בה'. היינו כמו נמלים קטנות הננשפות לכאן ולכאן על ידי כוחות שאינם בשליטתנו, והנחמה היחידה שלנו הייתה נוכחותה של ישות אלוקית יודעת כול ושולטת בכול. זה גרם לנו להרגיש בטוחים יותר.

היום קל לחיות באשליה של עצמאות. אנחנו יכולים ליצור תינוק במבחנה ולהמטיר גשם על ידי זריעת עננים. יש הרגשה שאנחנו על סף שליטה מלאה בטבע כולו. ואכן, העמדה השלטת בעולם ההיי־טק של ימינו היא: יחלפו שנים ספורות בלבד ואנחנו "נשלוט" בכול.

ובכל זאת, חיים ללא אהבה הם עסק בודד ונטול מעוף. והחיים בלי הקב"ה הם חוויה עלובה, כואבת, מצמצמת.

נכון, נשים כבר אינן זקוקות לגברים שיגנו עליהן מפני חיות השדה. אבל הן עדיין זקוקות לגברים כי יש דבר אחד שאף אחת אינה יכול לעשות בעצמה, וזה להיות במערכת יחסים של אהבה.

כשאישה זקוקה כיום לגבר, זה לא מפני שבלעדיו היא תמות ברעב או משום שהיא זקוקה להגנתו (אף על פי שהכנסה נוספת והגנה גברית הן

---

6. ראו להלן, הקבלה של הדינמיקה הזאת בקשר בינינו ובין הקב"ה.

7. "... 45 אחוז מהנשים מרוויחות כמו בן הזוג שלהן או יותר ממנו, כמעט פי שלושה משיעורן ב־1972 – כך על פי [מרכז המחקר] פְּיוּ" (Aimee Picchi, "Even 'Breadwinner' Wives Do More Housework than Husbands", *CBS News*, April 13, 2023).

תוספות נחמדות למדי). היא פונה אליו היום לא מפני שהיא רוצה את מה שהוא יכול לתת לה, אלא משום שהיא רוצה **בו**.

היום, קשר בין בני זוג יכול להיות קשר של אהבה בוגרת ובשלה, המבוסס על שני שווים שרק באמצעות הקשר יכולים להגיע לשלמות. בני הזוג יכולים לפנות זה לזו פחות מתוך צורך, ויותר מתוך רצון.

במידה מסוימת, הפנייה שלנו לקב"ה כיום משקפת את אותה דינמיקה. אף שבמציאות אנחנו תלויים בחסדיו של הבורא בדיוק כפי שאבותינו היו בעבר, הניסיון האנושי שלנו סותר זאת. אנחנו משתדלים לנסות ולזכור עד כמה אנחנו נזקקים לחסדי הבורא ותלויים בו, אבל נוטים לשכוח זאת כי כלפי חוץ נראה שאנחנו יכולים להסתדר מצוין בעצמנו.

כשהאיכר הקדום ניסה להוציא את לחמו מהאדמה הקשה והבוגדנית, הוא פנה לאלוקים מתוך ייאוש. הוא היה כמו עבד המתחנן לחסדי אדונו, או ילד הפונה לאביו לישועה.

אבל היום, עם אשליית העצמאות שלנו, כשאנחנו פונים לקב"ה זה יכול להיות פחות מתוך צורך בְּדברים, ויותר מתוך צורך **בו**.[8] הפנייה יכולה להיות יותר מתוך ההבנה שבלעדיו אנחנו חסרי תכלית, בני חלוף וחסרי משמעות.[טו]

ההתאמה המושלמת

בשיר השירים (ה, ב) מכונה הרעיה "יונתי תמתי". פירושה המילולי של המילה "תמתי" הוא "המושלמת שלי", אולם חז"ל שומעים בה הד של המילה "תאומתי" – התאומה שלי או ההתאמה המושלמת שלי.[טז] בעוד אנו עשויים להבין את משמעותו של השוויון ביחס שבין השמש והירח, קשה להבין לְמַה הכוונה כשמדברים על שוויון או התאמה בין האנושות לאלוקים.

התשובה היא תיאור של אהבה בוגרת. לאלוקים אין צרכים והוא לא היה צריך לברוא אותנו, אבל מרגע שהוא רצה בקשר הזה, הוא נכנס אליו והפך, כביכול, "פגיע" ו"מחויב" אליו כמונו.[יז] אין אפשרות אחרת, כי זה מה שעושה האהבה. אי אפשר לחייב מישהו להיכנס לקשר של אהבה, אבל

8. ראו חובות הלבבות י, ב, שם מתאר רבנו בחיי סיבות שונות לאהבת הבורא ומסיים כי האהבה הגדולה ביותר אינה אהבתו בשל מה שהוא עושה עבורנו, אלא עבורו בעצמו: להיות כל אהבתך והשתדלותך בזולתו לשמו.

מרגע שהוא עושה זאת, הוא "כלוא" ברמה מסוימת. אדם מאוהב אינו יכול להפוך להיות אדיש למושא אהבתו ולא להיחלץ בקלות מיחסי האהבה, גם כשהם הופכים לכאובים. הרעיון הזה שמערכת היחסים בין הקב"ה לעם ישראל משתנה או תשתנה מובע במשל נפלא בזוהר.

> משל למלך שרגז על הגבירה וזרק אותה מהיכלו לזמן ידוע. כשהיה מגיע אותו זמן, מיד הגבירה הייתה נכנסת ושבה לפני המלך, וכן פעם ושתיים ושלוש פעמים. לפעם האחרונה התרחקה מהיכל המלך, והשליך אותה המלך מהיכלו לזמן רחוק. אמר המלך "הפעם הזאת ... אלך עם כל בני היכלִי ואבקש אותה". כשהגיע אליה, ראה אותה שהייתה שוכבת בעפר. ... המלך אוחז אותה בידו ומקים אותה ומביא אותה להיכלו, ונשבע לה שלא ייפרד ממנה לעולמים.[יח]

בגלויות הקודמות ידענו בדיוק עד מתי נהיה מגורשים, מתי תבוא הגלות לקיצה.[9] היה בזה צד חיובי – זה לא היה לילה אין־סופי. מצד שני, היה חיסרון – היינו כמו ילדים קטנים שגורשו לפינה, מחכים באופן פסיבי לָשוב האהבה. לגלותנו הנוכחית אין מגבלת זמן. אבל מצד שני, זו גלות שבה ה׳ מבטיח שיבוא לחפש אותנו ולהחזיר אותנו.

> כך הקדוש ברוך הוא – כל זמן שכנסת ישראל בגלות, כשהיה מגיע הזמן, היא באה וחוזרת לפני המלך. ועכשיו בגלות הזאת לא כך, אלא הקדוש ברוך הוא יאחוז בידיה ויקים אותה ויתפייס עמה וישיב אותה להיכלו.

9. הקב"ה אמר לאברהם שבניו יהיו גולים "בְּאֶרֶץ לֹא לָהֶם... אַרְבַּע מֵאוֹת שָׁנָה" (בראשית טו, יג). מאוחר יותר בהיסטוריה הוגלו היהודים מארץ ישראל לבבל למשך שבעים שנה בין השנים 586–516 לפנה"ס. גם גלות זו הייתה קצובה מראש: "כֹּה אָמַר ה׳, כִּי לְפִי מְלֹאת לְבָבֶל שִׁבְעִים שָׁנָה אֶפְקֹד אֶתְכֶם וַהֲקִמֹתִי עֲלֵיכֶם אֶת דְּבָרִי הַטּוֹב לְהָשִׁיב אֶתְכֶם אֶל הַמָּקוֹם הַזֶּה" (ירמיה כט, י). הם שבו לארצם ובנו שוב את בית המקדש. ואז הם הוגלו שנית לאחר חורבן בית המקדש השני, בשנת 70 לסה"נ. הקב"ה הבטיח אומנם להשיבם (ראו ירמיהו לא, טז ועוד), אבל לא ניתנה מגבלת זמן מוגדרת לגלות זו (שעדיין לא תמה).

בכך שהוא יבוא לחפש אותנו, בתנאים שלנו, היבט של הדדיות נכנס למערכת היחסים.[יט]

האישה צריכה הייתה להיבדל ולהפוך לעצמאית כדי לשקף את הרמה הגבוהה יותר של הקשר בין הקב"ה ועם ישראל, הרמה שאליה האנושות מתקדמת.

מתחלפים הזמנים

קולה של האישה הושתק והודחק במשך אלפי שנים. אבל ככל שאנו קרבים לקץ הימים, לימות המשיח, הולכים הדברים ומשתנים: "נְקֵבָה תְּסוֹבֵב גָּבֶר".[כ] מעניין שדווקא התכונות הרמוסות ביותר, מתבררות בסופו של דבר כאלה העתידות להביאנו למקום שאליו אנו שואפים. הנכונות להיות מקבל היא שפותחת לנו בסופו של דבר את הדלת ליחסי שוויון שאנו מייחלים להם.

מתחת לפני השטח, חשוף לעין רגישה בלבד, מתרחש תהליך של שינוי שבו קולה של הנקבה הולך ומתחזק.[10] בפרק הבא נראה כיצד נרמז הדבר בברכות הנאמרות מתחת לחופה.

סיכום

במשך אלפי שנים שלט ברמה קולו של הגבר. כעת, ככל שאנו מתקרבים לזמן הגאולה, לעולם המתוקן, הקול הנשי הולך וגובר.

יש ארבע סיבות לשינוי זה:

10. הרעיון שהעולם נע לעבר פרספקטיבה נשית הוא רעיון מרתק עם הרבה השלכות חשובות. כשהתחלתי לחשוב על הדרכים הרבות שבהן העולם מתקדם לעבר גישה נשית – למשל, העניין בקַשִּׁיבוּת (מיינדפולנס), הדגש על אמפתיה ותקשורת, המודעות הגוברת ליחסיות וסובייקטיביות גם בתחומים "הכי קרים ויבשים", הדמוקרטיזציה של מעמדות בחברה, הקשב לצורכי הפרט ומתן קול לקבוצות מיעוט, ובכלל התנועה לכיוון פוסט־מודרניזם – הבנתי שלעולם לא אוכל להקיף את הרעיון בכמה פרקים בלבד. כל נקודה שהתחלתי לחקור הובילה אותי לכיוונים רבים, והגעתי לנקודה שבה חשבתי שלעולם לא אוכל לסיים את הספר, כי הקטע רק הלך וגדל. לבסוף קיבלתי החלטה מודעת למחוק את הסעיף על הדרכים שבהן העולם נעשה נשי יותר, והבטחתי לעצמי שהתובנות שמחקר נוסף יגלה יהוו בסיס לספר נוסף.

1. כיבוש, זכייה וניצחון היו נחוצים במשך אלפי שנים. אבל עכשיו צריך קול ההרמוניה והאהבה לתפוס את מרכז הבמה.
2. הגיעה העת לתקן את חוסר ההתאמה בעולם. על המקבל להגדיל את יכולות הקבלה שלו כדי שיוכל לקבל את כל המתנות של המשפיע.
3. רק מעניק אמיתי יודע להעריך את מה שנותן לו המקבל.
4. אהבה בוגרת היא תוצאה של מובחנות ושונות זה מזה.

פרק יז

החזון של ברכות החופה

התהליך הבלתי נמנע הזה, שבו הקול הנשי – קולו של המעגל המייצג את ההתייחסותיות, יחסי הגומלין וההדדיות – מתגבר ותופס יותר מקום בחברה, נרמז בשתי הברכות האחרונות של שבע הברכות הנאמרות מתחת החופה.

> שַׂמֵּחַ תְּשַׂמַּח רֵעִים הָאֲהוּבִים [– הזוג העומד כעת מתחת לחופה], כְּשַׂמֵּחֲךָ יְצִירְךָ בְּגַן עֵדֶן מִקֶּדֶם. בָּרוּךְ אַתָּה ה׳, מְשַׂמֵּחַ חָתָן וְכַלָּה.

> בָּרוּךְ אַתָּה ה׳ אֱלֹקֵינוּ מֶלֶךְ הָעוֹלָם, אֲשֶׁר בָּרָא שָׂשׂוֹן וְשִׂמְחָה חָתָן וְכַלָּה, גִּילָה רִנָּה דִּיצָה וְחֶדְוָה, אַהֲבָה וְאַחֲוָה וְשָׁלוֹם וְרֵעוּת. מְהֵרָה, ה׳ אֱלֹקֵינוּ, יִשָּׁמַע בְּעָרֵי יְהוּדָה וּבְחוּצוֹת יְרוּשָׁלַיִם, קוֹל שָׂשׂוֹן וְקוֹל שִׂמְחָה, קוֹל חָתָן וְקוֹל כַּלָּה, קוֹל מִצְהֲלוֹת חֲתָנִים מֵחֻפָּתָם, וּנְעָרִים מִמִּשְׁתֵּה נְגִינָתָם! בָּרוּךְ אַתָּה ה׳, מְשַׂמֵּחַ חָתָן **עִם** הַכַּלָּה.

אוזן קשבת תבחין בהבדל שבין שתי הברכות. בראשונה מבין השתיים, העוסקת במצבנו הנוכחי, אנו מבקשים מהקב״ה שישמח את בני הזוג ויעניק להם את אותה שמחה שהישות האנדרוגינית המקורית חוותה בגן העדן.[א] אנו מברכים אותו על שהוא משמח חתן וכלה. השמחה בעולם הזה היא שמחת החתן. הוא מביא אותה לממלכה שלו והיא שמחה איתו.

אבל הברכה האחרונה – מסביר בעל ה״תניא״[1] – מדברת על זמן

---

1. **תפילות לכל השנה** קלח-קלט, ראו הערות סיום ו, ז וח בפרק זה.

אחר: לא כאן ועכשיו, אלא מתישהו בעתיד המושלם. בברכה הזו מתפללים אנו שנובא במהרה לזמן שבו הששון והשמחה ימלאו את חוצות העיר וקול הכלה יישמע גם הוא רם וברור. כאן הנוסח הוא: "משמח חתן **עם** הכלה".

בטקס החתונה של ימינו, קולה של האישה אינו נשמע. בעוד האיש אומר את דברו, "הרי את מקודשת לי..." האישה לא מגיבה מילולית – היא נעתרת (או לא).[ב] זה מייצג את מצב העניינים הנוכחי: הקול הנשי אינו מקבל ביטוי מלא בעולם הלא מושלם הזה. אבל בעתיד, בעולם אידיאלי, שמחה תתבטא כש"יִשָּׁמַע... קוֹל כַּלָּה".[2][ג]

הכלה תהיה במקומה הטבעי: עולם של שוויון, של אחדות ושל שלמות – של אהבת אמת.[ד] הזכר זר לעולם השוויון הזה, ולכן ה' יְשַׂמֵּחַ אותו **עימה**. היא תהיה המדריכה שלו. היא תהיה "עטרת בעלה" (העטרה היא החלק העליון של האדם),[ה] זו שעוזרת לו לרכוש את התכונות שהיא מטפחת כבר ששת אלפים שנה. הוא יהיה האורח שלה בעולם המושלם הזה.[ו]

ההקבלה ממשיכה: תפילת שמונה־עשרה,[3] המגלמת את ההכלה,

---

2. נאמר בזוהר (זוהר חדש שיר השירים כד, ב) "שֶׁעוֹלוֹת הָאוֹתִיּוֹת [של התורה] לְשִׁשִּׁים רִבּוֹא, כְּחֶשְׁבּוֹן שִׁבְטֵי יִשְׂרָאֵל", דהיינו, שכנגד כל אחד מ־600,000 הזכרים (בגיל 20–60) שעמדו בהר סיני יש אות בתורה (למעשה, יש רק 304,805 אותיות בתורה; פתרונות שונים הוצעו לסתירה זו, אחד מהם הוא שחז"ל מנו את האותיות בצורה מסוימת, שבה חלק מן האותיות, הבנויות משתי אותיות, נמנו כשתיים כל אחת).
הזוהר הזה מבטא אמת נהדרת על יחסי הגומלין בין מכלול עם ישראל למכלול התורה. השאלה היא: היכן הנשים במשוואה הזו? האם לנשמת האישה אין גישה לתורה? כמובן, תשובה לשאלה הזאת יכול להיות הרעיון שבתורה 600,000 שורשים המתפצלים לענפים רבים, והנשים כלולות בענפים האלו.
אבל יש דרך אחרת להסתכל על זה. יש הלכות סבוכות רבות בסוגיית כתיבת ספר תורה; אחת מהן היא שאסור לאותיות לגעת זו בזו. הרווח הלבן בין האותיות הוא ההקשר שבו לכל אות יש משמעות. אפשר שנשים אכן לא מיוצגות באותיות השחורות, המודגשות, הברורות, אלא במרחב הלבן, בהקשר הנותן לאותיות השחורות ערך. בעולם בעל אוריינטציה גברית, המרחבים הלבנים אפילו לא זוכים להכרה, שלא לדבר על הערכה רבה. אבל בעולם של אמת, בדיוק כמו שהעיגול בקצה הספירלה נותן משמעות לחץ, המרחבים המקבלים מספקים משמעות ובהירות לאותיות השחורות האסרטיביות. ראו הערת סיום.
3. "תפילת העמידה", הנאמרת שלוש פעמים ביום: שחרית, מנחה וערבית. נקראת "שמונה עשרה" על שם מספר הברכות שהכילה במתכונתה הראשונית. בניגוד לשאר חלקי התפילה, את תפילת העמידה נוהגים להתפלל בלחש. המחשה מעניינת לדרך אמירת

הכמיהה והכיסופים הנשיים,[ז] נאמרת בלחש בעולם הזה. אך בעולם העתידי המושלם, קולה של הכלה הוא שיישמע, והוא יהיה הקול השולט.[ח]

היא שכל השנים הללו סבלה בעולם הירככי – היא שנשאה את חוסר הבלעדיות והתחרות ואת חוסר המחויבות בשתיקה מייסרת – תהיה זו שתוביל אותו בעולם המושלם. היא שתחוש בבית בעולם של אהבה ואחדות, תהיה המארחת שלו.[ט]

כוחן של נשים

האתגר של הנשים הוא להישאר נאמנות לקול הנשי שלהן, המתמקד בפנימיות, בקשרים ובחיבור, המחבר את הרוח לגשם, והרואה את האנושות כקשורה זה בזו בקשרים הדדיים. נשים חייבות להחזיק חזק כדי לא ללכת לאיבוד בעולם גברי של הירככייה, המעריך מעמד, עצמאות, תחרות וכיבוש.

החייאת כוחה של הנשיות אין פירושה שלילת מצוינות. אין לה דבר עם דחיקת הנשים חזרה אל תפקידיהן הצרים. אישה יכולה להעביר את המסר שלה לעולם כשהיא לבושה מדי מנתח, נושאת תיק של מנכ"ל או חגורה סינר במטבח. הנקודה החשובה פה היא לא **מה** היא עושה אלא **איך** היא עושה זאת.

מעניין לציין שהמסורת היהודית אינה משרטטת תפקיד מוגדר לנשים. נשים, אולי במפתיע, אינן מחויבות להינשא או ללדת ילדים. אף שהמשנה (כתובות ה, ה) מונה את חובות האישה לבעלה, גם הללו אינן מוחלטות.[4]

אין בזה כדי לשלול את מרכזיות הבית והמשפחה במחשבת ישראל, וגם לא את מרכזיותה של האישה במשפחה; הבית היהודי היה ונשאר

תפילה זו שמעתי מפי יהודי צופה מן הצד שהשתתף באירוע סיום הש"ס השנים-עשר בשנת 2012 באצטדיון מטלייף במזרח רד'רפורד, ניו ג'רזי, עם קהל של למעלה מתשעים אלף יהודים – גברים, נשים וילדים – באירוע הגדול ביותר שהתקיים אי פעם במטלייף: "רגע השיא של הערב עבורי היה כשהקהל העצום לקח הפסקה מהנאומים, השירה והריקודים, כדי להתפלל תפילת ערבית. עמדתי פעור פה כשהאצטדיון כולו דמם, והצליל היחיד שאפשר היה לשמוע היה צלילה הרך של לחישתם של כ־100,000 גברים, נשים וילדים מתנועעים בשקט, בהתייחדות אישית עם בוראם".

4. כך, למשל, כשהיא נידה, לפחות אחת מן המטלות האלה, אסורה היא לבצע. כמו כן, היא רשאית להכניס שפחה שתמלא את מקומה בביצוע המטלות (אבל הגמרא מזהירה לבל נשכח שבטלה מביאה לידי חטא). ובשורה התחתונה, בהסכמה הדדית רשאים שני בני הזוג לוותר – היא על תמיכתו בה והוא על חובותיה כלפיו (כתובות נט, ב).

מעוז האמונה היהודית, ונשים תמיד היו עמוד התווך של הבית הזה. אכן, הפנימיות והאינטראקציות האנושיות של הבית הן שמטפחות, מצמיחות ונותנות ביטוי לקול הנשי; הבית הופך למעין סדנה או מעבדה שבה תכונות נשיות נלמדות ונרכשות על ידי גברים ונשים כאחד.[5]

עם זאת גם נכון שאישה לוקחת את עצמה איתה לכל מקום אליו היא הולכת. או ליתר דיוק, היא **יכולה** לקחת את עצמה איתה, אם לא תאבד את עצמה – כפי שקורה לרבים, גברים ונשים כאחד – בזוהר המפתה של העולם הגברי. השאלה הגדולה היא: האם היא תצליח להחזיק במתנה שהנשיות מביאה לעולם, או שתאבד אותה ברוחות האגרסיביות והסוערות שם בחוץ?

כשתצא כמדענית גרעין, עורכת דין או יועצת השקעות – האם גם היא תיכנס לזירת האגרוף ותתמודד על מעמד, רכוש ושליטה? או שתרומם את העולם למקום שבו פנימיות, אותנטיות, קשרים והדדיות הם המאפיינים? האם תשכיל להפוך את העולם, אם תרצו, לשלוחה של הבית היהודי?[6]

---

5. תובנה מעניינת על האופן שבו מיומנויות "נשיות" אלו יכולות להשפיע על תחום רחב יותר נמצאת בהשוואה שעושה פלטשר בין מהנדסים ומהנדסות: "אף שצמיחה בחיבור יכולה לקרות בהקשרים ארגוניים, מחקרים עדכניים מראים שאנשים רבים חווים סוג זה של למידה ביחסים אישיים ורק אחר כך מעבירים אותה למסגרות ארגוניות. למשל, מי שלמדו סוציולוגיה טיפולית טוענים שהטיפול באחרים מעודד גישה הוליסטית להבנה ותגובה לאירועים, גישה שמפתחת יכולת לשלב נתונים רגשיים, קוגניטיביים והתנהגותיים ביצירת תגובה. מעניין לציין שמחקר שנערך לאחרונה על עובדי שירות מצא, שמי שהיו מסוגלים לנקוט בגישה הוליסטית זו, או מה שכונה 'אחריות מוחלטת' לעבודה, היו אלה שהיו קשורים לפעילות טיפולית כלשהי **מחוץ לעבודה**, כמו הורות, אימון או הנהגה בקבוצת נוער...
אם לוקחים את זה צעד קדימה, אפשר לדמיין, למשל, שבסביבת עבודה שבה מיומנויות יחסים זהות בחשיבותן למיומנויות טכניות, תכניות התפתחות עשויות לכלול צורה כלשהי של מעורבות משפחתית או קהילתית כתנאי הכרחי לקידום או להמשך תעסוקה. הערכות ביצועים יכולות לכלול הצעות להשלמת החסר בהתפתחות בין אישית זו באמצעות שימוש ב'יועצים חיצוניים' (למשל, ילדים, הורים קשישים, חוסים במקלטים וצוותי בתי חולים ובתי ספר). הרעיון הרדיקלי הזה יחזק את עצמו. אלו שיעסקו בטיפול באחרים יפתחו מיומנויות יחסים. אם ארגונים יתגמלו מיומנויות אלה ויקשרו אותן לכישורים ספציפיים ולתוכניות קריירה התפתחותיות, הדבר עשוי לעודד אחרים לשאוף לרכוש מיומנויות אלה באמצעים דומים" (Fletcher, *Disappearing Acts*, 133–35).
6. סיפור יפהפה המדגים הטלת נקודת מבט נשית על היבטים אחרים של החיים, מובא בביוגרפיה של הרבנית בת שבע קנייבסקי, אישיות גדולה מהחיים שנפטרה בשנת 2011. הרבנית קנייבסקי הייתה מגדלור של אהבה ואור עבור מאות פונים – גברים, נשים וילדים – שהגיעו להתייעץ איתה ולקבל את ברכתה מדי יום. פעם ביקר אותה ילד

לא לגרוע עין מהמטרה

כל עוד אנו מאכלסים את עולם השקר, אנו צועדים על חבל דק. אנחנו רוצים שהקול הנשי יתחזק ויתפשט יותר, אבל אנחנו לא רוצים לעשות את הטעות הגורלית ולעשות זאת על ידי אימוץ נקודת מבט גברית, הקובעת את הערך לפי היררכייה ומעמד.[7]

אפשר היה להניח שאם הגיע הזמן שהקול הנשי יהיה הדומיננטי יותר, הפתרון הוא לקדם סדר יום פמיניסטי ביהדות (כפי שכבר נעשה ביהדות הרפורמית). אבל אם גם נשים תיכנסנה לזירה הציבורית ותתחלנה להתחרות על מעמד, מי יישאר לזכור שהמלך בעצם עירום?

האיזון בין חיזוק הקול הנשי לבין מחיקתו הטוטלית בביצת העולם התחרותי הוא עדין במיוחד. ההלכה היא חבל הצלה, משום שהיא ממשיכה לנתב נשים לאזורי פעילות פנימיים, ובה בשעה יוצרת מסגרת הנותנת לקול הנשי להרחיב את השפעתו על העולם. מרתק לחקור (כפי שנעשֶׂה בפרקים הבאים) איך המבנה ההלכתי משמר ומטפח **גם** את הקול הגברי **וגם** את הקול הנשי – בתתו לזה וגם לזה תוקף – אך בו זמנית משאיר מרחב רב ליחידים לבטא את הכוחות הייחודיים להם, ולחברות שונות בתקופות שונות בהיסטוריה לבטא את האתוס המיוחד שלהן.

מבריק מאוד בן אחת עשרה שסיפר לה שהוא מסתבך בעקביות בבית הספר: הוא מבין את השיעור בפעם הראשונה ואז מוצא את עצמו משתגע משעמום כשהמורה מסביר את החומר לילדים החלשים יותר במשך שעה ארוכה.

לאחר שהזדהתה עם הקושי שלו, נתנה לו הרבנית סידור עם הקדשה אישית יפה, ואמרה לו: כשהמורה מסביר את החומר לתלמידים החלשים, תנצל את הזמן להתפלל על חבריך שגם הם יבינו מהר.

כמובן, הפתרון שלה לא התיימר להחליף פתרונות מעשיים, כמו לתת לילד חוברות עבודה פרטיות לעבוד עליהן או למצוא חומר מאתגר שיעסיק אותו – רעיונות שיושמו כנראה. אבל מה שמדהים בתגובתה הוא הניגוד שלה לתגובה האוטומטית שלנו על טיפוח והשבחת מצוינות. בעיניה, הדבר החשוב ביותר היה שהילד הזה יהפוך לאדם אכפתי ואדיב. החיים הם לא תחרות או מרוץ, הם הקשרים הבין־אישיים. ראו Naftali and Naomi Weinberger, *Rebbetzin Kanievsky: A Legendary Mother to All* (New York: Mesorah Publications, 2012), 368.

סיכום

התהליך שבו הולך ומתחזק קולה של האישה מובע בשתי הברכות האחרונות הנאמרות מתחת לחופה.

האתגר של האישה הוא להישאר נאמנה לקולה.

האיזון בין חיזוק הכוח הנשי לבין אובדנו המוחלט בחול הטובעני של ההירכייה ומאבקי הכוח, עדין הוא מאוד. ההלכה היא חבל ההצלה שלנו, כי היא ממשיכה לתעל נשים לתפקידים פרטיים יותר, תוך שהיא יוצרת מסגרת המאפשרת לקול הנשי להישמע ולבלוט יותר.

פרק יח

בזכות נשים צדקניות

המדרש (שמות רבה א, יא) מספר לנו שגאולת מצרים באה בזכותן של נשים צדקניות שבאותו הדור.[א] מה בעצם קרה במצרים, ואיזה תפקיד מיוחד מילאו הנשים בגאולה? פרעה היה נחוש להרוס את הדינמיקה המגדרית: "וַיַּעֲבִדוּ מִצְרַיִם אֶת בְּנֵי יִשְׂרָאֵל בְּפָרֶךְ" (שמות א, יג) – "שֶׁהָיוּ מַחֲלִיפִין מְלֶאכֶת אֲנָשִׁים לְנָשִׁים, וּמְלֶאכֶת נָשִׁים לַאֲנָשִׁים" – עבודות פרך אפוא עניינה בהרס המהות הפנימית של גברים ונשים. בכל יום ויום נדרשו כל גבר וכל אישה להתכחש למהותם הפנימית. גברים יהפכו לחלשים וחסרי מוטיבציה, לא מסוגלים או לא רוצים להעניק את מתנותיהם, ונשים יהפכו לכאילו־גברים. התוצאה של התהליך המיועד הזה הייתה שהגברים נפרדו מנשותיהם.[ב] אם השפע של אדם מופחת ונהרס – במקרה הזה, מושלך ישר אל היאור[ג] – אם נלקחת מהותו של האדם כגבר, מהותו הזכרית מתכווצת ונעלמת.

לעורר את המשפיע

האם הייתה דרך לצאת מהמעגל הזה של גברים תשושים שכבר לא הרגישו שיש להם מה לתת? גבר בא במגע עם הגבריות שלו כשהוא פוגש אישה. אבל גם הנשים חוו "עבודת פרך" ואולי כבר לא היו בקשר עם הנשיות שלהן. זה היה מלכוד 22 קלאסי. אף אישה לא רוצה להפוך את עצמה לפגיעה לגבר חלש, אלא שהגבר לא פוגש את כוחו ואת גבריותו בלי אישה. חייבת להיות דרך לצאת מהמבוך. מישהו צריך לעשות את הצעד הראשון.

ה"מישהו" הזה היה הנשים הצדקניות שבאותו הדור. המדרש מספר

שהנשים היו יוצאות אל השדה אל בעליהן העייפים בגוף ובנפש, נושאות עימן אוכל ושתייה, וגם מראות. הגשת המזון הייתה השלב הראשון. בהגשת מזון ושתייה יש ביטוי מעשי של כבוד. ואז השתמשו הנשים במראות כדי להוכיח לבעליהן שהאישה יפה יותר מן האיש: "היו... נוטלות המראות, וכל אחת רואה עצמה עם בעלה במראה ומשדלתו בדברים, לומר 'אני נאה ממך', ומתוך כך מביאות לבעליהן לידי תאווה ונזקקות להם".[ד]

יופי הוא ממד של נשיות.[ה] הוא דרך של האישה להזמין את הגבר למעגל החוויה הסובייקטיבית.[ו] יופי לא מציע משהו תכליתי – הוא מציע משהו חווייתי והוא סובייקטיבי במהותו, כמאמר העולם "על טעם אין להתווכח".[1] במעשה ההתייפייפות יש גם ממד של פגיעות, כי המתייפה מזמין את השני להתענג ביופיו, ומה אם הלה לא יתענג? הזמנת מעניק מסתכנת בדחייה.[ז][2] אבל בנטילת הסיכון הזה היא הבהירה שהיא האישה, והוא האיש. בנכונותה לבוא ולבטא את רצונה במה שיש לו להציע היא העירה את בעלה למהותו האמיתית. "היופי שלי נמצא כדי למשוך את ליבך, משום שהכמיהה הגדולה ביותר, העמוקה ביותר, היא אליך, אישי.[ח] אתה הוא השמש שלי; קומה, האירה". כאשר אישה מביעה תשוקה לגבר,

---

1. יופי הוא חוויה, לא פעולה; הוא מקור להנאה כאן ועכשיו. דמיינו פסל יפהפה שעלה הון תועפות ליצור. אף אחד לא ישאל, "לאיזה שימוש הוא מיועד? לתליית מעילים?". ברור שלפסל אין מטרה תועלתנית. ערכו טמון בהווייתו. מטרת הפסל הזה היא פשוט לשבת שם ולהיות יפה!

בהרחבה, אומנות באופן כללי היא סוג של חוויה של הוויה ברגע, הן עבור האומן והן עבור הצופה. אנשים עשויים אולי להשתמש באומנות כדי להשיג מטרה כלשהי, אבל בעשותם זאת הם סוטים מחוויית האומנות. האמיתה "אומנות לשם אומנות" מונעת שימוש באומנות כדי להשיג מטרה כלשהי, או אפילו כדי להצהיר הצהרה. אומנות, כדי להיחשב אומנות, צריכה להיות ביטוי של מצב פנימי.

דוגמה מעניינת לכך היא הצעה שנויה במחלוקת משנת 2011 של משרד התרבות הישראלי לְמתן "פרס היצירה בתחום הציונות"; המחלוקת התמקדה במה שנראה כמו שימוש באומנות, שבהגדרה אין לה אג'נדה, לקידום נקודת מבט מסוימת (אלעד סמורזיק, "מאות אמנים נגד פרס 'היצירה הציונית' של לבנת", **הארץ**, 6 בדצמבר 2011).

2. מעניין שבעבר, כשהגבר היה "מעניק" אמיתי, התייחסות למראה חיצוני נחשבה ללא־גברית. הגבר המאצ'ו המבולגן והחזק, העומד בהיכון לכבוש את העולם, אף פעם לא הציץ במראה, והיה צריך ללחוץ עליו שילך להסתפר או יקנה חליפה חדשה. בשנים האחרונות נראה שגברים מקפידים יותר ויותר על המראה החיצוני שלהם, ואפילו משתמשים באמצעים לייפוי עצמם שתמיד נתפסו כנשיים. זו המחשה מעניינת לאופן שבו אפשר "לחטוף" את כוח המקבל ולהפוך אותו לאמצעי של נטילה. ראו הערה בסוף הספר.

היא בעצם נותנת לו הזדמנות להכיר את עצמו כגבר. ובעוד הבעת תשוקה הופכת אדם לפגיע, לא ייתכנו אהבה וחיבור בלעדיה.[ט] המתנה הגדולה ביותר שהמקבל יכול לתת למעניק היא ההערכה של מתנתו וההנאה ממנה. המתנה שלו לה ושלה לו, הן שאורגות את השניים לאחד בקשר של אהבה.[3]

היה זה בזכות נשים אלו במצרים – שהעמידו את עצמן בעמדה הכואבת של פגיעות, שלא אמרו "טוב, אתה אינך רוצה בי, אז אני לא רוצה בך", אלא היו מוכנות לאפשר לעצמן להשתוקק לאחדות ולחיבור – שזכינו לצאת ממצרים.

המקום הקסום של האחדות

הגמרא (סוטה יב, א) מספרת לנו שכשהנשים עוררו את בעליהן, הן נזקקו להם לתשמיש "בֵּין שְׁפַתָּיִם" – בין גבולות וגדרות השדות.

המהר"ל (גבורות השם, מג) מצביע על משמעות ה"שְׁפַתָּיִם", גבול השדה: אחדות היא מושג שלא ממש קיים בעולם הפיזי הזה. כאן הכול או-או: או שאתה בתחום אחד או שאתה בתחום השני; אתה לא יכול להיות בשניהם בו זמנית. אבל יש תחום קסום אחד – הגבול – המאפשר לך

---

3. "היופי הופך לשיח של אהבה. יופי נוצר מאהבה והאהבה מקרינה עוד יופי. זהו ביאורו של מדרש חז"ל (תנחומא פקודי ט) על הנשים הצדקניות במצרים:

בשעה שהיו ישראל בעבודת פרך במצרים, גזר עליהם פרעה שלא יהיו ישנים בבתיהן, שלא יהיו משמשין מטותיהן. אמר רבי שמעון בר חלפתא: מה היו בנות ישראל עושות? יורדות לשאוב מים מן היאור, והקדוש ברוך הוא היה מזמין להם דגים קטנים בתוך כדיהן, והן מוכרות ומבשלות מהן ולוקחות מהן יין והולכות לשדה ומאכילות את בעליהן שם, שנאמר: "בכל עבודה בשדה". משהיו אוכלין ושותין, נוטלות המראות ומביטות בהן עם בעליהן, זאת אומרת: **אני נאה ממך**, וזה אומר: **אני נאה ממך**, ומתוך כך היו מרגילין עצמן לידי תאווה ופרין ורבין, והקדוש ברוך הוא פוקדן לאלתר.

במאמציהן לעורר את בעליהן מקהות החושים של הייאוש והדיכאון, אמרו נשות ישראל הקדושות לבעליהן: "אני יפה **ממך**" – "היופי שלי מגיע ממך", האהבה שלך מפעילה ומעוררת את היופי שלי. ובעליהן המדוכדכים והמיואשים חוו התרוממות רוח מהזמנה זו לקשר, והגיבו באותו אופן: אני יפה **ממך** – התייחסותך אלי, היא שמעניקה לי את יופיי (תובנה זו שמעתי מהרב דב רוזנבלום). במקום שהיופי יהיה דומם חסר תנועה – או שמראה יפה או שהוא לא יפה – היופי קורן וזורם הלוך ושוב בין הצופה למראה. דרך נשותיהם, הגברים במצרים היו מסוגלים לראות את היופי גם בתוך השעבוד ודלות הרוח של מצרים. זאת באמצעות המשחק העדין, הכּה־נשי, בין המביט והניבטת, בין היופי למתבונן בו" (מרים קסמן, "בין צניעות לפרישות", **צריך עיון**, כ"ד באב תשע"ח).

להיות בו זמנית בשני התחומים. במהותו העמוקה ביותר, הגבול הוא טעם של אחדות תת־הכרתית שלא באמת קיימת בעולם הזה.

ברגע האחדות, הגבולות מיטשטשים. עד אותו רגע של אחדות, זה עשוי להיראות כאילו הוא הנותן והיא המקבלת – מה שמציב אותה במעמד נחות. אבל ברגע שהם נכנסים לאזור הלימינלי של אחדות, היא הופכת לנותנת נוסף על היותה מקבלת, והוא הופך למקבל נוסף על היותו נותן. היא נותנת לו את מתנת הכמיהה למתנה שלו, והוא נותן לה את המתנה שהיא כמהה לה – חלקים של כל אחד מהם קיימים באחר, והם מתמזגים **להוויה אחת המורכבת משניים**. באותו רגע של אחדות הם הופכים ל"גבול" בין שני שדות נפרדים – המקום הקסום שבו שניים נעשים אחד.[4] הילדים, פירות איחוד שכזה, אומר המהר"ל, ראויים לגאולה. עצם היווצרותם, שורש ההוויה שלהם, נובע מטעם של מה שהיה ומה שיהיה.

גם אנו רוצים להביא את הגאולה הסופית. גם אנו, כמו המים הבוכים ביום השני של הבריאה, כמו הירח שהומעט,[י] וכמו האישה, כמהים לצאת ממצבנו המופחת.[יא] גם אנחנו בודדים ומשתוקקים לשלמות שרק מערכת יחסים עם הקב"ה יכולה לתת.[יב]

כדי להגיע לשם, נצטרך ללמוד את אומנות הנשיות.

אין פירוש הדבר שאיננו זקוקים עוד לכוח הגברי. כל עוד אנחנו כאן בעולם הזה, אנו חייבים להמשיך לשאוף, להתקדם, להשיג ולבנות – היררכייה ומעמדות עוזרים לנו להתמקד בהתקדמות, מין מסוע שמניע אותנו לטפס גבוה יותר ויותר. ועם זאת, לכולנו – גברים ונשים כאחד – אסור לשכוח לאן פנינו מועדות ומהי המטרה הסופית.

דוד המלך, הלוחם והמלך הגדול, איש ההישג הגדול, הוא זה שהשאיר לנו את מתנת התהלים, ספר הכמיהה ליחסים עם הקב"ה. למעשה, דוד המלך הוא המושווה לירח[יג] – שהיה מוכן להיות חסר ונזקק כלפי הקב"ה – והוא זה שממנו יגיע המשיח. ככל שאדם גדול יותר, חזק יותר, ואישיותו מפותחת יותר, כך ההכנעה שלו כלפי הקב"ה משמעותית יותר.

העץ שהתעקש לשמור על עצמאותו, הלבנה שהבינה שאחדות היא

4. מעניין לציין שהאישה חווה סוג זה של חוויה לימינלית גם בשעת הלידה: "כדי לנשום, התינוק חייב לנשום לבד. רגע ההסתבכות של היולדת והתינוק המתהווה הוא רגע יחידאי בין 'נפרדות העתיד' שבישר ההיריון ו'איחוד העבר' שמהדהדת ההנקה" (Peta Bowden, *Caring: Gender-Sensitive Ethics* [London and New York: Routledge, 1997], 30).

בלתי אפשרית כאן בעולם והאדם שפנה עורף לציווי אלוקיו – סיפור הבריאה כולה – משאירים אותנו עם משימה עתיקה כימי עולם: הביטו מעבר לחיצוניות והבינו את סודה של הבריאה.[5] פינוי מקום לאחר איננו הקטנה, אלא התרחבות.

עכשיו, כולם ביחד

זה ספר עלינו. בני אדם. גברים. נשים. עם ישראל. היהודי, הנקבה המובהקת ביחס לקב"ה, כמו הירח, משתוקק לשוב להיות שלם. הדרך לשלמות עוברת בנכונות לאפשר לאורו של אלוקים לזרוח החוצה אל חשכת העולם, דרכנו. אומנות הנשיות היא המהות של היהודי. בזכות נשים צדקניות תבוא הגאולה.[יד]

> בַּיּוֹם הַהוּא, יִהְיֶה ה׳ אֶחָד וּשְׁמוֹ [כלומר התגלותו כאן בעולם: אנחנו] אֶחָד.[6][טו]

סיכום

המדרש מספר לנו כי בזכות נשים צדקניות נגאלו אבותינו ממצרים. הנשים יצאו אל השדות ועודדו את בעליהן, בהראותן שיש להן רצון במה שיש לבעליהן להעניק, ובכך עוררו את בעליהן למהותם האמיתית הפנימית. כדי להגיע לגאולה השלמה, עלינו ללמוד את אומנות הנשיות – האומנות של הקבלה, של ההדדיות ושל החיבור. עלינו לנסות לזכור כי פינוי מקום עבור האחר אין פירושו הקטנה אלא הרחבה.

---

5. המטאפורה החיה להרחבה זו היא לידה. רק באמצעות מתן מקום למציאות של אדם אחר, אפשר ליצור חיים חדשים. זו הדוגמה החזקה ביותר שלנו להתרחבות שהיא תוצאה של כניעה. גבר ואישה מכניעים את עצמאותם, מקבלים את קיומו של "אחר" בעולמם, ורק כך מתדמים לאלוקים ביכולתם ליצור – למעשה, דרך צאצאיהם השפעתם על העולם היא אין־סופית.
6. זכריה יד, ט.

ספר שני

חלק 6
נשים בהלכה

בספר הראשון התעמקנו במטאפורה המשמשת במקרא – ובפרט בשיר השירים – של מערכת היחסים בין גבר לאישה בכל הנוגע ליחסינו עם הקב"ה. ניסינו להבין את האב־טיפוס הגברי ואת האב־טיפוס הנשי, מבלי לשכוח שלכולנו – גברים ונשים – יש היבטים שונים של התכונות הללו. אכן, שני הכוחות הללו הם מרכיבים מכוננים מבחינה קיומית בתוך כל אדם. מנקודת מבט זו, המגדר הופך למסגרת מושגית לסוגי מערכות יחסים ולא לגישה מהותנית לגברים ולנשים. שניהם היבטים לגיטימיים של כל אדם, ללא קשר למין.

כתוצאה מכך, יש רבדים רבים במשל זה: גם גברים וגם נשים הם נקבה ביחס לקב"ה, למשל, בשעה שהיהודים בכללם הם "משפיע" [זכר] ביחס לאומות העולם[א] וחתן ביחס לשבת הכַּלה;[ב] נשמותינו הן זכר ביחס לגופינו;[ג] ותורה שבעל פה נקבה ביחס לזכרות התורה שבכתב.[דה] לכן, תפיסה אמיתית של הנושא תהיה פחות דיכוטומית ויותר הוליסטית – כולנו נעים הלוך וחזור על הציר המגדרי, בהתאם לנסיבות.

עם זאת, בעוד גברים ונשים נעים בין הממדים הגבריים והנשיים שלהם, ההבדלים ביניהם, או היעדרם, יבואו לידי ביטוי כאשר הם נפגשים בהלכה. ההיוולדות בגוף של איש או אישה יש לה השלכות משמעותיות על האופן שבו יחווה האדם את חייו היהודיים. בחלק הבא נבחן מדוע זה כך, וכיצד הדבר משפיע על חיי היום־יום.

פרק יט

ההבדלים בין גברים לנשים בהלכה

בעוד ההלכה היא מסגרת ששורשה בתורה האלוקית, ובפרטיה עוסקת ב"איך" וב"מה" של המצוות, בחלק זה מטרתנו לסגת צעד לאחור ולנסות להבחין ברעיון כולל המסתתר מאחורי כל הפרטים הללו.

אנו טוענים כי ההלכה יוצרת פרדיגמה שגם מחזקת ומאמתת הן את הקול הגברי והן את הקול הנשי, וגם שומרת על מתח ביניהם – כשהמטרה היא סינתזה בין השניים. החלק הזה אינו התנצלות על מה שנראה כאנטי פמיניזם; הוא ניסיון לראות את ההלכה – ובפרט את ההבדלים בין גברים לנשים בהלכה – דרך הפריזמה הרעיונית שפיתחנו עד כה.

הצעד הראשון שלנו בניתוח המבנה ההלכתי כרוך בסתירה־לכאורה זו: אם לכל הגברים ולכל הנשים יש גם צד גברי וגם צד נשי, מדוע ההלכה מתייחסת לנשים כקבוצה ולגברים כקבוצה, וכופה את עצמה פחות או יותר ללא הבחנה על כל בני מין מסוים? אף שחשוב לגלות שברוב המוחלט של המצוות אין הבדל בין איש לאישה, נכון גם שבתחומים מסוימים גברים ונשים מחויבים בצורה שונה. אנו טוענים כי מגמה זו בהדגשת ההבדלים בין גברים לנשים מבוססת על עקרון יסוד במחשבת ישראל: אם המטרה היא סינתזה נדרשת קוטביות; אם השאיפה היא מיזוג או נישואי ה"גבריות" וה"נשיות", יש צורך בשני קטבים (או שני כוחות) שונים.[1]

1. מעניין לשים לב כי גם הכינוי "סגולה מכל העמים" שבו הקב"ה מכנה את עם ישראל (שמות יט, ה) [ושפירושו הפשוט הוא: "אוצר חביב" (רש"י שם)] משקף את הרעיון הזה. למילה "סגולה" אותו שורש כמו לסימן הניקוד "סֶגול", שצורתו היא שתי נקודות זו

"זכר ונקבה בראם"

הטוענים כי ההבדלים בין גברים לנשים אינם מהותיים אלא כפויים בידי החברה ושוויון יושג רק באמצעות טשטוש ההבדלים, צודקים אולי (לפחות בחלק מן התחומים) אבל מפספסים את הנקודה.[2]

מול זו, ואחת מתחתיהן. הסינתזה, המפגש בין שני הפכים המייצרים ישות שלישית, היא המתנה הייחודית של עם ישראל לעולם. ראו גם מהר"ל, **תפארת ישראל**, נ.

2. הטענה היא שהדגשת ההבדלים בין גברים לנשים היא בחירה פוליטית וחברתית שאנו בוחרים; דיכוטומיות אלו, כך נטען, רק מחזקות את הסטריאוטיפים שכדאי לטשטש אם המטרה היא שוויון. לדוגמה: "גברים ונשים הם בוודאי שונים. אולם הם לא שונים כמו יום ולילה, ארץ ושמיים, יין ויאנג, חיים ומוות. מנקודת המבט של הטבע, גברים ונשים דומים אלה לאלה יותר מכל דבר אחר – למשל, הרים, קֶנְגּוּרוּאִים או דקלי קוקוס. מה שאומר שהרעיון שגברים ונשים שונים אלה מאלה יותר ממה שכל אחד מהם שונה מדברים אחרים, נובע ממקור שאינו הטבע. יתר על כן, אף על פי שיש הבדל ממוצע בין זכרים ונקבות במגוון תכונות, טווח השונות של תכונות אלו מראה חפיפה ניכרת. תמיד יהיו כמה נשים גבוהות יותר מכמה גברים, למשל, אף על פי שגברים גבוהים בממוצע מנשים...
זהות מגדרית יחידה רחוקה מלהיות ביטוי להבדלים טבעיים; היא אינה אלא דיכוי של קווי דמיון טבעיים. היא דורשת הדחקה: אצל גברים, הדחקת הגרסה המקומית של תכונות 'נשיות'; אצל נשים, הדחקת ההגדרה המקומית של תכונות 'גבריות'. חלוקת המינים גוררת הדחקת חלק ממאפייני האישיות של כמעט כולם, גברים ונשים. אותה מערכת חברתית... מדכאת את כולם בהתעקשותה על חלוקה נוקשה של אישיות" (Gayle Rubin, *Toward an Anthropology of Women*, ed. Rayna R. Reiter [New York: Monthly Review Press, 1975], 39–40).
אבל אף שנכון, כפי שמציינת סוזן בורדו, ש"מגדר יוצר רק ציר אחד של מבנה מורכב, הטרוגני, החודר כל הזמן, בדרכים היסטוריות מסוימות, לצירים רבים אחרים של זהות [גזע, תרבות, מעמד]...", יש עדיין סיבות טובות לנתח הבדלים בין המינים. אכן, בורדו כותבת שחלק מהרטוריקה נגד הדגשת הבדלים בין המינים נובע מהחשש שֶׁבְּתִתֵּנוּ מקום להבדלים אנו מסתכנים בקִטלוג – על ידי החברה אבל גם על ידי עצמנו. אבל האם הפתרון לכך הוא שלילת הבדלים אפשריים? האם אין זה מקרה קלאסי של זריקת התינוק עם מי האמבט? סוזן בורדו כותבת: "בהקשר של ההיסטוריה הספציפית שלנו [של הפמיניזם]... אני מאמינה שהפמיניזם עומד פחות בסכנה של 'הסכמה' עם מגמות פמיניסטיות, מאשר של חרדה הולכת ומחמירה מפני נפילה לתוך... 'מהותניות'... האם אנחנו רוצים לעשות דה־לגיטימציה, אפריורי, לחקר ההמשכיות החווייתית והמכנה המשותף המבני בין נשים?... עלינו לבדוק את המידה שבה זה משרת לא העצמת קולות וסגנונות תרבותיים מגוונים, אלא את ההגמוניה האקדמית... של שיח מטא־תיאורטי מנותק. אם ברצוננו להעצים קולות מגוונים, נעשה טוב יותר לדעתי אם נמיר את האסטרטגיה האוסרת לדבר על מציאות 'גברית' ו'נשית'... להתמודדות המבולגנת, החלקלקה והמעשית יותר..." (Susan Bordo, "Feminism, Postmodernism, and Gender-

גברים ונשים אכן דומים זה לזה באלפי דרכים, ולמעשה, דומים זה לזה הרבה יותר מכל שתי ישויות אחרות בבריאה. אבל עצם המונחים "זכר" ו"נקבה" במחשבת ישראל מתייחס לתבנית הפיזית, שבה זכר ונקבה לא רק שונים זה מזה אלא למעשה מנוגדים זה לזה; הוא מלא במקום שבו היא חסרה ולהפך. היהדות מושקעת בשמירה על ההבדלים הללו – שרירותיים ככל שיהיו עבור אנשים מסוימים – מכיוון שמטרתה היא סינתזה, שעבורה צריך שני הפכים קוטביים.

"לא טוב היות האדם לבדו"; הוא זקוק ל"עזר כנגדו".[1] זאת משום שדמיון לא יביא את "טוב" האמת. ההתנגשות בין ניגודים, המפגש בין ישויות מנוגדות בתכלית, הוא אשר מוליד את האמת. בשורה התחתונה, אין זה משנה, מנקודת מבט יהודית, אם ההבדלים בין גברים לנשים הם תרבותיים או ביולוגיים או – מה שהכי מסתבר – שילוב של השניים.[3] ההבדלים חייבים להישמר, כי ללא שמירה על קוטביות, טוענת היהדות, לא תתקבל סינתזה אלא תערובת בלתי מזוהה.

Sceptism", in *Feminism/Postmodernism*, ed. Linda Nicholson [New York: Routledge, .(1990], 139

זה נכון במיוחד ביהדות, שבה הקוטביות היא התנאי המקדים לסינתזה. כמו כן, בעוד שהפרדיגמה של זכר ונקבה במקורותינו (למשל, בכתבי המהר"ל) היא "מהותנית", פרדיגמה זו בורחת מהמהותנות על ידי השימוש שלה במודל לתיאור אינספור אינטראקציות שאין להן שום קשר לגברים ולנשים בפועל – המודל של זכר ונקבה משמש להסבר אינטראקציות גם בעולם הדומם, וכפי שצוין לעיל (ראו פרק ד, הערה 1), תכונות "גבריות" משמשות לעיתים לתיאור נשים ולהיפך. נוסף על כך, ההלכה, גם בשעה שהיא עורכת הבחנה ברורה בין גברים לנשים בסוגיות מסוימות, מותירה מרחב פעולה ניכר ליחיד, כפי שיפורט להלן.

3. מרתק בהקשר הזה מחקר מפתיע שפורסם ב־*Science* (https://www.science.org/doi/10.1126/science.aas9899) ואשר דווח עליו בלונדון טיימס. המחקר מעניין במיוחד בגלל מספר הנבדקים העצום שסקרו החוקרים בדרכם למסקנות הללו: 80,000 משתתפים ב־76 מדינות. וכך נשאלו: "תארו לעצמכם חברה שוויונית שמתייחסת לנשים ולגברים בכבוד שווה, שבה שני המינים זוכים לאותן הזדמנויות, ושהכלכלה בה חזקה. מה יקרה להבדלים בין המינים באוטופיה הזו? האם הם יתמוססו?". התשובה, על פי המחקר החדש הזה, היא **לא** מהדהד.
הממצאים, שפורסמו ב־*Science*, מצביעים על כך שבניגוד למצופה, ההבדלים בין המינים באשר לשש תכונות אישיות מרכזיות, **גדלים** בחברות עשירות ושוויוניות יותר. בינתיים, בחברות עניות יותר ושוויוניות פחות, ההבדלים המגדריים הללו **מתכווצים** (ההדגשות שלי) (Deborah Netburn, "The More Equal Men and Women Are, the Less They Want The Same Thing", *London Times*, Oct. 18 ,2018).

"והיו לבשר אחד"

חשוב לציין שהמטרה איננה כור היתוך או תמונה רבת פנים ורבת גוונים. המטרה היא התנגשות עוצמתית ויזומה בין שני הפכים, שעל ידי שמירה על ייחודיותם – גם בעת המפגש ההדדי – יוצרים משהו חדש לגמרי. האדם שמולנו – הזכר של הנקבה והנקבה של הזכר – הוא שמזמין אותנו למקום המסתורי של ה"אחרות", ובכך מאפשר להביא משהו חדש לעולם.

כשאנו מטשטשים את השונות בינינו, לא זו בלבד שאיננו מרחיבים את עצמיותנו – אנחנו מצמצמים את עצמנו לפרספקטיבה אחת ויחידה. רק בעמידה מול האתגר של פרספקטיבה שונה, יכולים אנו לשנות את המבט המצומצם שלנו על החיים.[3] הדוגמה החזקה ביותר לרעיון זה היא יצירתו של ילד – במפגש בין שני הפכים נוצרת ישות חדשה. הילד החדש הזה נותן ביטוי והמשכיות לכל אחד מהקטבים, בה בשעה שהוא מתעלה על שניהם והופך למשהו שלא היה קיים קודם לכן. בזכות נכונות ההורה לבוא במגע עם ה"אחר", נוצר ילד, שמצד אחד הוא המשך של כל אחד מהוריו, ומצד שני הוא חדש לגמרי.

תן לחיות? חֲיֵה!

על פי היהדות, אמת מושגת רק כאשר הפכים מוכרחים להתעמת, להתגושש ולהגדיר את עצמם זה מול זה. רק על ידי מתן אפשרות להבדל להתקיים, יכול אדם לברר ולהגדיר את עמדתו האישית.[4] אין כאן פלורליזם מתקתק הדוגל בקבלה חמה ומטושטשת של השונה. נכונות לקבל את השונה

4. "את המספר שבעים אנחנו מוצאים בכמה עניינים, שבעים פנים לתורה, שבעים זקנים שמינה משה רבינו, שבעים דיינים של סנהדרין, שבעים אומות. ענין שבעים הוא, הסיכום השלם של כל הפרטים, מכל צד ובחינה האפשריים, אשר בהצטרפותם מושגת שלמותו של אותו הענין בבחינה מקיפה של כלל שלם. שבעים פנים לתורה ושבעים דסנהדרין, היינו צירוף של שבעים גישות והבחנות שכליות בדיון על ענין, שבו מושגת שלמות מקיפה של המחקר השכלי, להעמיד את הדבר על אמיתו. כל אופן של השגה הוא אמת כשלעצמו לפי ההבנה של השכל של הפרט, אך בהצטרפות כולם תושג השלמות המקיפה את האמת מכל צדדיה, בחינת אמת לאמיתה" (מכתב מאליהו ג, עמוד ריב). הגמרא (חגיגה ג, ב) מתארת כך את התהליך: "הללו מטמאין והללו מטהרין, הללו אוסרין והללו מתירין, הללו פוסלין והללו מכשירין".

מבלי להתעמת עם ההבדלים יוצרת סוג של קבלה מדומה, שלא מחייבת אותי לשום שינוי במבט על החיים. הכרה אמיתית ב"אחר" דורשת תגובה אמיתית, מענה להזמנה שקיבלתי.[5] אם אני מאפשר לך לחיות לצידי ללא עימות, אני דן את נקודת מבטך ככזו שאינה ראויה להתייחסות אמיתית שלי. נתינת מקום אמיתי ל"אחר" שלצידי דורשת ממני להתאים ולשנות את דרך החשיבה וההוויה שלי בתגובה לשלו. אכן, עצם ההכרה בעמדות אחרות לא בהכרח מביאה לשינוי בחייו של אדם; התנגשות בעמדות אלה עושה כן.[6]

מעניין שהפוסטמודרניזם, עם הפלורליזם הרב־תרבותי שלו, לוקה בדיוק בנקודה זו. מבקריו טוענים כי למרות הפתיחות שלו, הפוסטמודרניזם יכול ליצור פרספקטיבה צרה כמו הגישה המודרנית המתעקשת שיש אמת אובייקטיבית אחת.

> רעיון השונות בפוסט־מודרניזם... מזכיר את המערביים העשירים המביטים על המדפים בחנות במוזיאון אתנוגרפי – עם כל הדברים הנחמדים, הצבעוניים, האסתטיים והאתניים האלה שאפשר לקנות; בלי שום התחשבות במשמעותם... איך ולמה הגיעו לשם... רק כל הגיוון הזה ללא שום תזוזה רגשית כלשהי...
>
> אפשר לשהות שבוע באיי סיישל, שבוע לאחר מכן בתוניס, ולא לקבל שום השפעה או להותיר שום השפעה באף לא אחד מהמקומות... כפי שציינו גם סוזן בורדו וגם דונה הראוי, הנוף מ"שום מקום" הוחלף בנוף הבלתי אפשרי כמוהו מ"כל מקום".[7]

5. סוזן סטריקלנד מתארת את התהליך בצורה יפה: "התהליך שאני מתארת לעצמי הוא בדרך כלל הרבה יותר לא נעים, תוצר של עימות ומתח – יותר כמו ויכוח שבו את עוזבת כועסת ופגועה ומגוננת על נקודת המבט שלך – אבל לא יכולה לשכוח את זו של האחר, וממשיכה להרהר בה, ותוך כדי משנה בהדרגה את נקודת המבט שלך, כך שהמפגש הבא ביניכם שונה במקצת מהקודם, וכן הלאה. זהו אפוא תהליך איטי ודיאלקטי אך ללא סיום או יציבות סופית. גישתי שונה אם כן מזו של הטוענים לקונצנזוס, ואינה בהכרח תלויה בהסכמה" (Susan Strickland, "Feminism, Postmodernism, and Difference", *Knowing the Difference: Feminist Perspectives in Epistemology*, eds. Kathleen Lennon and Margaret Whitford [London and New York: Routledge, 1994], 271).
6. פרנץ רוזנצווייג, **כוכב הגאולה** (עמ' 205): "'אנכי' הוא לעולם לאו שניתק לקול. באמירת 'אני' מוצב תמיד ניגוד...".
7. Strickland, "Feminism, Postmodernism, and Difference", 269.

מסיבה זו, היהדות מעוניינת לשמור בתקיפות על הקוטביות – המטרה היא לתזמר ריקוד מתמשך בין הקוטב הגברי והקוטב הנקבי – מה שמאלץ את שתי נקודות המבט להתנגש זו בזו על בסיס קבוע. שינוי וצמיחה הם בלתי נמנעים במסגרת זו, כי המפגש עם האחר – שהוגדר בבירור כאחר – יקרה. אין כאן בלבול שמא כולנו אותו הדבר; ההבדלים מוגדרים היטב וקוטביות מתחדדת.

מרחב תמרון

בה בעת, חשוב לזכור כי דיכוטומיות היא התהליך, לא המטרה הסופית. טענתנו היא כי באופן פרדוקסלי התעקשות על קוטביות פותחת בסופו של דבר את הדלת לנזילות בין שני הקצוות עבור הפרט. כאשר הזכר והנקבה מתוחמים בבירור, הפרטים בתוך כל קבוצה יכולים לגלות כמה הם מזדהים באופן אישי עם כל אחד מן הקצוות, כמו גם את הגוונים האין־סופיים הצובעים כל אחד מאיתנו.

נפלא הדבר שעל ידי הכרה בהבדלים, אפשר לגלות דמיון. המקבל הוא גם מעניק, המעניק גם מקבל – הם נפגשים בגבול, שם הם מגלים ש"אני" ו"לא אני" הם הגדרות גמישות. לעיתים קרובות ההתנגשות בין ניגודים היא המקלפת את הקצוות האגואיסטיים והשטחיים.

הרצון לקיים את קוטביות הניגודים, תוך הכרה בתנועה המתמדת שבין שני הניגודים אצל כל אדם פרטי, מקבל ביטוי מוחשי בהלכה. ניתן לראות זאת בצורה שההלכה, בה בשעה שהיא מנתבת גברים ונשים לנתיבים שונים (בתחומים ספציפיים שיידונו בפרקים הבאים), גם מאפשרת מקום לאלו שאינם מתאימים להגדרה הכללית.

דוגמה מעניינת לכך ניתן לראות ב"כתובה", שבה מתחייב האיש לפרנס את אשתו. בתמורה, כל כסף שהיא מרוויחה הופך להיות שלו. הוא מקבל עליו אחריות על פרנסתה ופרנסת המשפחה, ולכן אחראי על כל הכנסות המשפחה.[8]

8. יש לציין שב"שטר התנאים", המסמך שנחתם בשעת האירוסין (בניגוד לכתובה הנמסרת בחתונה), מתחייבים החתן והכלה להתייחס לכל רכושם כשייך לשניהם בשווה: "ואל יבריחו ואל יעלימו לא זה מזו ולא זו מזה שום הברחת ממון בעולם, אלא ישלטו בנכסיהון שוה בשוה ובשלום ושלוה כדרך בני תורה ויראי השי"ת" (**נחלת שבעה** סימנים ח–י).

אבל הגמרא (גיטין עז, ב) מאפשרת לאישה לשנות הסכם זה. בכל שלב בנישואיהם היא יכולה לומר: "איני ניזונת ואיני עושה" – "אני רוצה לשמור לעצמי את הכנסותיי, ואתה לא צריך לפרנס אותי". בהסכם כזה, היא שומרת על עצמאות כלכלית, אבל מוותרת על התמיכה שלו.

הכתובה הבסיסית מנתבת אותנו לכיוון מסוים של קשר, שבו האיש נעשה היוזם והמפרנס, והאישה נעשית למקבלת. אולם ההלכה מותירה מוצא ברור לסוג נוסף של קשר בין איש לאישה. לא כל הגברים גבריים, ולא כל הנשים נשיות, אבל כאשר ההבדלים מוגדרים בצורה ברורה, כל אחד יכול למצוא את עצמו על הרצף.[9]

לסיכום, כאשר מתבוננים בהלכה מבעד למשקפיים הרעיוניים המוצעים בספר זה, ניתן לזהות מטרה בעלת שלושה יסודות:

א. ההלכה מאשרת ומכירה בשני הקולות – הקול ההוליסטי, המכליל, ממוקד היחסים, של האישה, וקולו ממוקד ההצטיינות, ההתקדמות והניצחון של הגבר.
ב. ההלכה שואפת לשמר מתח בין שני הקולות, כדי שלא יהיה אחד מהם שיבטל את האחר ויישמר האיזון ביניהם.
ג. ההלכה יוצרת מסגרת מכלילה, ובה בשעה היא מאפשרת ליחידים מידה מסוימת של זליגה בין הקצוות.

הספירלה בחיים היהודיים

כהקדמה לחלק זה של הספר, מעניין להתבונן בדוגמאות של הספירלה הנוצרת בחיים היהודיים, כאשר גם לכוח הגברי וגם לכוח הנשי יש מקום

9. מעניין לראות איך תתי־קבוצות מסוימות בתוך העולם הדתי־חרדי נוטות יותר להדגיש היבטים נשיים של היהדות, בעוד אחרות שמות דגש על היבטים גבריים. לדוגמה, אפשר לראות חצרות חסידיות המדגישות תפילה והתבודדות, שמחה, ריקוד והתבטלות בפני הרבי – כמאפיינים גישה נשית יותר ביהדות. מאידך גיסא, הגישה הישיבתית המאוד רציונלית, אנליטית, נוטה יותר להתעמתות ולעצמאות הגברית.
אולם, למרות מגוון האפשרויות לנזילות בין התבניות הגבריות והנשיות, ביהדות **המגדר מבוסס על הגוף שבו נולדנו.** בפרספקטיבה זו, בעוד "ביולוגיה אינה גזירת גורל", לביולוגיה בהחלט יש השפעה גדולה על הגורל – אפילו כשהיא משאירה מרחב פעולה מסוים ליחיד במסגרת זו.

במבנה החברה, ושניהם חייבים למשוך בחוזקה כדי לשמור על המתח ביניהם, ובכך לשמור על חברה שומרת הלכה וגם בריאה.

דוגמה אחת היא בית הדין היהודי.[10] מצד אחד, בירור ההלכה – החוק העיוני – דורש מצב חשיבה "גברי": המטרה היא ראיית העולם בתבניות מוגדרות היטב, שאליהן מגיעים על ידי ניתוח והשלכה של כללים על מצבים היפותטיים. בבית המדרש, המאבק הוא להגיע לחקר האמת בכל מצב נתון.

אולם כאשר שני בעלי דין מגיעים לבית הדין, הם פוגשים את הגישה "הנשית" – כאן לא מדובר במקרים תיאורטיים, אלא בחיים המציאותיים. ההלכה היהודית מעודדת את בעלי הדין להגיע לפשרה,[ח] שאינה מבוססת על נוחות או חיסכון של עלויות בית הדין, אלא על רצון טוב. ההבנה היא שפחות חשוב מי צודק ומי טועה, ויותר חשוב שהשניים יוכלו להמשיך לחיות ביחד בשלום.[11] אכן, על פי המדרש (מכילתא שמות יח, כ), דיין ירא אלוקים הוא זה המביא לפשרה בין בעלי הדין המתדיינים לפניו.[12]

דוגמה נוספת לשילוב בין הקולות ניתן למצוא בהלכות הנוגעות למסחר. בעוד ההלכה מעודדת תחרות בריאה ושוק חופשי, בה בעת היא מתריעה בחומרה מפני תחרות מוגזמת היוצרת סביבה חסרת רחמים,[13]

10. ראו Steven F. Friedell, "The 'Different Voice' in Jewish Law: Some Parallels to a Feminist Jurisprudence", *Indiana Law Journal*, Oct. 1992.

11. אפשר לתאר את שתי הגישות על ידי שאלת שתי שאלות שונות: גישה אחת [הגברית] תשאל: "האם כולם קיבלו את המגיע להם במצב הזה?", והגישה האחרת [הנשית] תשאל: "האם לכולם יש את מה שהם צריכים? כולם מרוצים?" ראו Sabina Lovibond, "Feminism in Ancient Philosophy" in *The Cambridge Companion to Feminism in Philosophy*, eds. Miranda Fricker and Jennifer Hornsby (Cambridge: Cambridge University Press, 2000), 10–28.

12. מן הראוי לזכור שזו דוגמה למיזוג המושלם של שני הקולות, גם אם במקרה זה הן הקול הגברי מחפש האמת והן הקול הנשי מבקש הפשרה מבוטאים על ידי גברים – השופטים הם גברים ביהדות, עם דבורה הנביאה כיוצאת הדופן המפורסמת. למה זה כך – ראו להלן פרקים כא וכב.

13. "אם המתדיינים בשוק היו מתרגשים מנסיבות מי שעימם ניהלו משא ומתן, הם לא היו אוכפים מחירים תחרותיים; אם המעסיקים היו מתחשבים בקשייהם של העובדים הלא פרודוקטיביים הם לא היו מציגים שיטות ייצור יעילות יותר; אם יזמים היו רגישים לרגשות בעלי החוב הם לא היו דורשים פשיטות רגל, וכן הלאה" (Ross Poole, "Morality, Masculinity and the Market", *Radical Philosophy* 39, Spring 1985). מעניין שההלכה מצפה שיסחרו בצורה תחרותית, ועם זאת דורשת מן המתדיינים שלא להפסיק לראות את האדם הפרטי העומד מולם.

אוסרת על הפקעת מחירים[ט] ומזהירה בתקיפות מפני ניצול מצוקת הזולת כדי לשלם מחיר נמוך מדי או להלוות לו בריבית.[י]

מחד גיסא, החברה זקוקה לקול אגרסיבי, כובש ותחרותי; מאידך גיסא, החברה זקוקה גם לאנשים הרואים זה את זה כחברים בקהילה שיתופית ומאוחדת. אפשר לראות במבנה ההלכה יצירת מקום לשני הקולות ומטרה להגיע בסופו של דבר למיזוג ביניהם.

בשנים האחרונות סופגת היהדות ביקורת קשה מן הכיוון הפמיניסטי; אכן, לא קשה לראות מדוע הבאים מתרבות מערבית־גברית יחשבו שמעמדן ההלכתי של נשים מצריך רפורמה. אבל אם נוכל לפרק לכמה רגעים את התפיסה שהיהדות פטריארכלית ושוביניסטית, ומנסה לדחוס את הנשים לתוך קופסה כדי לשלוט בהן, אולי נוכל לשמוע קול אחר, לא צפוי, מתחת לפני השטח – קול שמקבל ומייקר את הפרספקטיבה הנשית ובה בעת דואג לשמור גם על הקול הגברי.

סיכום

ההלכה יוצרת תבנית שמחזקת ומאשרת את שני הקולות, וגם שומרת על מתח ביניהם, כשהמטרה היא מיזוג בין השניים. היהדות מושקעת בשמירה על ההבדלים בין גברים לנשים – שרירותיים ככל שיהיו בעיני אנשים מסוימים – משום שהמטרה היא מיזוג, שעבורו יש צורך בשני הפכים קוטביים.

כאשר הגבר והאישה מובחנים בצורה ברורה, כל אדם חופשי לברר מה וכמה משני המינים כלול בו, כמו גם את הגוונים האינסופיים הצובעים כל אחד מאיתנו.

בעוד היהדות סופגת ביקורת רבה מצידן של פמיניסטיות, אם נתבונן במבט אובייקטיבי על העניין נשמע קול אחר מתחת לפני השטח – קול שמאשר וגם מעריך את המבט הנשי, בשעה שהוא דואג גם לשמר את הקול הגברי.

פרק כ

ההבדלים

תחילה עלינו לברר את העובדות היבשות.[א] מבחינה מעשית, ישנם הבדלים מעטים בין גברים לנשים בהלכה. בתורה נצטווינו 613 מצוות, מתוכן 365 מצוות לא תעשה – מעשים שאנו מוזהרים שלא לעשות, ו־248 מצוות עשה – מצוות שעלינו לעשות.

נשים מחויבות בכל 365 מצוות לא תעשה.[ב] מתוך 248 המצוות המעשיות, הן פטורות מ־14 מצוות.[ג] מרביתן הן מצוות שהזמן גרמן, כלומר שהן תלויות בזמן (להלן נתייחס לשאלה מדוע נשים פטורות ממצוות התלויות בזמן). המצוות הללו הן:

1. קריאת שמע בבוקר ובערב;
2. לימוד תורה;
3. הנחת תפילין על היד;
4. הנחת תפילין על הראש;
5. הטלת ציצית בבגד בעל ארבע כנפות;
6. כתיבת ספר תורה;
7. ברכת כוהנים;
8. ספירת העומר;
9. ישיבה בסוכה;
10. נטילת לולב;
11. תקיעת שופר;
12. פרייה ורבייה;
13. שמחה עם האישה בשנה הראשונה לנישואין;
14. ברית מילה.[ד]

ראוי לציין, שבפועל נשים מקיימות את רוב המצוות הללו, כגון: קריאת שמע, לימוד תורה, ספירת העומר, ישיבה בסוכה, נטילת לולב, תקיעת שופר ועוד. נשים קיימו את המצוות האלו לאורך כל ההיסטוריה, ונשים

אשכנזיות אף מברכות "אשר קדשנו במצוותיו וציוונו" בשעת קיום מצוות אלו.[ה] תקיעת שופר היא דוגמה מעניינת למצווה שנשים אינן חייבות בה, אבל היא התקבלה בצורה גורפת. ברוב הקהילות האורתודוקסיות נהוג לקיים תקיעות מחוץ לשעות התפילה עבור נשים שאינן יכולות להשתתף בתקיעות בשעות התפילה.

המצווה השביעית – ברכת כוהנים – אינה חלה על נשים משום שמעמדות הכהונה, לוויה וישראל מועברים לבנים על ידי הגברים במשפחה (בעוד היהדות עצמה מועברת על ידי האם).[ו]

את המצווה השישית – כתיבת ספר תורה – מקיימים רוב הגברים (שאינם מיומנים בספרות סת"ם) באמצעות תשלום לסופר סת"ם העושה את המלאכה. נשים החפצות בכך יכולות גם הן לעשות זאת.

המצוות השלישית, הרביעית והחמישית – ציצית ותפילין – הן מצוות שההלכה לא רואה בעין יפה נשים המקיימות אותן, אף על פי שלאורך ההיסטוריה היו נשים יחידות שלבשו ציצית והניחו תפילין.[1]

ואם כן אפוא, מבחינה טכנית, ההבדלים בין חובות הגבר היהודי והאישה היהודייה קטנים למדי. אולם אי אפשר להתכחש לעובדה שההבדלים בין חובות הגברים והנשים, במיוחד בתחום לימוד התורה והתפילה,[ז] גוררים עימם השלכות חברתיות ענקיות. זאת משום שאלו הן מצוות בסיסיות העוברות כחוט השני בהוויית החיים היהודיים.

---

1. ההסבר המקובל לכך הוא שהמניח תפילין חייב לשמור על מידה מסוימת של טהרת המחשבה וניקיון הגוף בעת שהוא עטור בתפילין (רמב"ם, משנה תורה, הלכות תפילין פ"ד, הלכות יד, טו, כה). נראה שבתקופות קדומות, יכלו אנשים לשמור על רמה כזו של טהרת המחשבה במשך שעות רבות, ולכן היה מקובל להתעטר בתפילין כל היום. כיום, גברים מתעטרים בתפילין למשך הזמן המינימלי הדרוש, כדי שלא להסתכן במחשבות שאינן מתאימות. מכיוון שאישה אינה חייבת בתפילין, הסיכון של גוף לא נקי או מחשבות רעות הופך את הנחתם למעשה לא זהיר (ראו עירובין צו, ב, על מיכל בת שאול שהניחה תפילין ועל סיבת היותה יוצאת מן הכלל).

הסבר דומה קיים גם בציצית: גבר חייב במצוות ציצית רק כאשר הוא לובש בגד בעל ארבע כנפות (פינות). כאשר אינו לובש בבגד זה, הוא אינו חייב במצוות ציצית. גברים קיבלו על עצמם ללבוש בגד כזה כל הזמן, כדי להתחייב ולזכות במצווה זו. עבור אישה, לבישת בגד של ארבע כנפות כדי להטיל בו ציצית (מצווה הרחוקה ממנה מרחק כפול: גם אילו הייתה לובשת בגד של ארבע כנפות, היא לא הייתה חייבת בציצית) נראה כחסידות יתר ו"מחזי כיוהרא" (שולחן ערוך אורח חיים יז, ב, ומשנה ברורה לז, ז, וביאור הלכה שם).

בפרק הבא נבחן את פרטי ההבדלים האלו, את גמישותם, את הסיבות האפשריות להם וכיצד הם באים לידי ביטוי בזמננו. אולם קודם לכן, נחקור מדוע נשים פטורות מלכתחילה מ"מצוות עשה שהזמן גרמן"– מצוות התלויות בזמן מסוים.[2]

לרתום את הזמן

מדוע נשים פטורות ממצוות עשה שהזמן גרמן?

ככל הנראה אין תשובה אחת לשאלה הזו, אף על פי שבמקורות מופיעות כמה השערות. השערה אחת, המעשית, רואה בפטור אמצעי שנועד לאפשר לאישה למלא את התפקיד הגדול שלה: גידול ילדים וניהול הבית. נשים הנשואות בְּעול המחויבויות לבני הבית והטיפול בילדים, אינן יכולות לזנוח את מחויבויותיהן כדי לקיים מצווה בזמן מסוים.[ח] לפי גישה נוספת, בשל המחזור החודשי שלה, האישה כבר קשורה לזמן, ואינה זקוקה למצוות שתלויות בזמן כדי לעגן אותה בזמן היהודי.[ט]

כאן נעמיק בגישה המשתלבת עם הרעיון המרכזי של ספר זה.

המהר"ל בספרו תפארת ישראל (ד) כותב על המצוות:

> והם הם [המצוות] כמו החבל שמעלין את האדם מבור התחתיות הוא העולם השפל, אל עולם העליון להושיב אותו עם המלך ה' צבאות.

כאשר התורה אומרת לנו שאלוקים כביכול "כפה עלינו הר כגיגית" כדי שנקבל את התורה,[י] היא אומרת לנו שכפיית התורה על העולם דורשת מידה מסוימת של אגרסיביות. העולם והתורה מתנגשים במהותם, והעולם אינו רוצה שהתבנית של התורה תושלט עליו. המצוות הן ההיפך המוחלט של הצורה שבה העולם רוצה להתנהל, ועם זאת, זהו התפקיד שלנו – לקחת

2. מתוך ארבע-עשרה המצוות שנשים פטורות מהן, שבע תלויות בזמן: קריאת שמע בוקר וערב; ציצית ותפילין; ספירת העומר; שופר וסוכה. חשוב לציין כי מלבד ציצית ותפילין, נשים אינן מנועות מלקיים את המצוות שמנינו, הן פשוט פטורות. הן יכולות לבחור לקיים אותן, וכאמור לעיל, קיום המצוות האלו על ידי נשים הפך לסטנדרט בקהילות רבות.

את החומר הגולמי של העולם, ולהשליט, באמצעות התורה והמצוות, את החזון האלוקי על העולם.

העולם כולו נתון בידנו – לשנות, ליצור ולהביא לשלמות. והכלים לכך הם המצוות.

המוכנות להתחייב

המדרש מספר שכאשר משה רבנו רצה לתת את התורה לבני ישראל, הוא ניגש תחילה אל הנשים.[יא] אפשר שזה משום שנשים, שהן מכוונות מערכות יחסים, יכלו לראות שמחויבויות הן המאפיינים הברורים של מערכת היחסים. את הגברים היה צריך לשכנע שההגבלות והאיסורים הנלווים למערכת יחסים משתלמים.[3]

יש מן המצוות שמטרתן היא אכן שמירה על טיב הקשר בין היהודי ובוראו. ויש מצוות שבהן היהודי כופה בצורה פעילה את חזון האלוקות על העולם.[יב]

מצוות לא תעשה

מצוות לא תעשה, אותם האיסורים שאסרה התורה, נועדו לכך שלא נצא מאותו קן חמים ומגונן של הקשר עם בורא העולם. "אל תטוש תורת אמך"[יג] – הישאר בתוך המקום שממנו באת. אין כאן פעילות אקטיבית כלשהי, אלא רק שימור של המצב הקיים.

לא תגנוב, לא תרצח, לא תנאף. כל פעולה כזו תרחיק אותך מהמקום שבו אתה רוצה להיות. אל תוציא את עצמך מתחת לכנפי השכינה.

כמו מניין ימות שנת חמה 365, וכמו השמש עצמה, השומרת על קביעות ומבנה מסודר וקבוע בעולם הפיזי, כך 365 מצוות לא תעשה שומרות על המבנה של הקשר היהודי-אלוקי. הן שומרות על הקיים. נאמר לנו כי מניין הגידים בגוף האדם עומד גם הוא על 365.[יד] הגידים מחזיקים

3. מחקר מעניין השווה בין תפיסת האלוקים של בנים ובנות: "הבנים במחקר תיארו אלוקים רציונלי מאד, חושב ויודע־כול... האלוקים שהבנות תיארו הראה קרבה רגשית" (Daphne Hampson, *Theology and Feminism* [Oxford, England, and Cambridge, Mass.: Blackwell, (1990], 161).

את האיברים שלא יקרסו. האיסורים, מצוות לא תעשה, הם עמודי התווך של המבנה שבונה היהדות.[טו]

מצוות עשה

עם זאת, אי אפשר רק לשבת ולהשתזף בשמש. צריך לעבוד! 365 האיסורים הם הגידים, התומכים באיברים, ו־248 האיברים עצמם? הם מקבילים למצוות העשה. אלו מעשים פעילים, שמטרתם להשלים את העולם. הם כופים שינוי על העולם. הגידים תומכים ושומרים כדי שהאיברים – מצוות עשה – יוכלו להשפיע, ליצור ולבנות.[טז]

אין זה מספיק לא לגנוב ותו לא – יש להשיב אבדה לבעליה. לא מספיק לא לנאץ את הקודש – יש לקרוא קריאת שמע פעמיים בכל יום. לא די בכך שנמנעים מעבודה ביום השביעי – יש לעשות קידוש וליצוק תוכן של קדושה ליום השבת.

מי אם כן לוקח איזה תפקיד?

למעשה, גברים ונשים כמעט שווים במחויבויותיהם היהודיות. שניהם חייבים בכל מצוות לא תעשה, וכמעט בכל מצוות עשה. ההבדלים נעוצים במספר קטן של מצוות, מרביתן תלויות בזמן, שנשים אינן מחויבות בהן.

מבחינה רחבה וכוללנית, הכוח הגברי הוא הממונה על שינוי העולם באופן פעיל, בעוד הכוח הנשי שומר על היופי הקיים כבר.[יז] הגבר הוא כמו החץ: נורה קדימה בתנופה הישגית. האישה היא המעגל – נוטרת, מגוננת ומשמרת.[יח]

מכל המצוות כולן, מצוות עשה שהזמן גרמן הן אלה המחייבות שינוי בצורה הפעילה ביותר. מצוות עשה הקשורות לזמן כופות השקפת עולם רוחנית על עולם פיזי במהותו. [יט] הן לוקחות שבוע רגיל והופכות אותו לחג סוכות; לוקחות שעת שקיעה וכופות עליה את מצוות קריאת שמע. אם הכוח הגברי מובע במצוות הפעילות והכוח הנשי בשימורן, אז חטיפת הזמן מהעולם הפיזי והכנסתו לתוך עולם רוחני מצטיירת כלא הולמת את הכוח הנשי.

חירות מזמינה שותפות

יש המציינים שעבדים ושפחות כנעניים פטורים מאותן מצוות שנשים

יהודיות פטורות מהן – מה שסותר לכאורה את נקודת המבט שהצענו לעיל, ומצביע על כך שעם כל הכבוד להסברים היפים, נשים תופסות את אותו מעמד נחות שתופסים העבדים והשפחות. אולם דומה אינו בהכרח זהה. העבד אינו מחויב במצוות הללו משום שהוא אינו נוטל חלק בבניין של חזון עולמי. הוא אינו בונה ויוצר – הוא עבד, והוא חייב לבצע רק מה שהתבקש. מצוות עשה, שתפקידן לשנות ולקדם את העולם עם מבט להשלמה עתידית, אינן רלוונטיות לגביו.

האישה היהודייה, לעומת זאת, שותפה בבניין העתיד המזהיר,[4] אולם כדי שלא ייוותר הרס וחורבן מאחורי הטיסה הממריאה לתיקון העולם, היא משמרת, מטפחת ומגוננת. היא גם שומרת שהמעגל יישאר שלם, ומזכירה לנו להיכן אנו רצים – מהו היעד של הטיסה. ונוסף על כך, היא, ביחד עם האיש היהודי, יוצרת שינויים בעולם באמצעות המצוות המעשיות הרבות שבהן היא כן מחויבת.

הוכחה להבדל המהותי והבסיסי בין אישה יהודייה לבין עבדים ושפחות ניתן לראות בתהליך שחרורה של שפחה כנענית. כששפחה שאינה יהודייה משתחררת, לפי ההלכה, היא חייבת לעבור תהליך גיור כדי שתיחשב יהודייה. זאת אף על פי שעם שחרורה היא אינה מתחייבת במצוות חדשות כלשהן.[5] מכאן עולה כי אף שבשני המצבים היא חייבת באותן מצוות ואין כל הבדל בחיוביה, מעמדה משתנה לגמרי. היא עוברת ממעמד של שפחה לחלק בלתי נפרד מהחזון היהודי העולמי (עבד, לעומת שפחה, לאחר שחרור וגיור, לא רק משנה את מעמדו – הוא הופך לחייב בכל מצוות העשה שהזמן גרמן, בתור גבר יהודי, שמהן היה פטור כשהיה עבד).

בפרקים הבאים נבחן את ההבדלים המעשיים בין גברים לנשים בחיוביהם בלימוד התורה ובתפילה, נברר מדוע נשים אינן יכולות להעיד בבית הדין, ונשאל מדוע מערכת הנישואין היהודית בנויה כפי שהיא.

סיכום

נשים מחויבות בכל 365 מצוות לא תעשה. מתוך 248 מצוות עשה, יש 14 מצוות שבהן הן אינן מחויבות.

---

4. בכמה מקומות בש"ס דרשו חז"ל את המילה "אחיו" למעט עבדים ושפחות, ואף פעם לא למעט נשים.

מטרתן של חלק מן המצוות היא שימור טיב הקשר עם בורא העולם, ואילו באחרות יש כפייה של חזון האלוקות על העולם. בהכללה, הכוח הגברי ממונה על שינוי פעיל של העולם – קיום מצוות עשה, בעוד הכוח הנשי אחראי על שימור הטוב שכבר קיים – שמירה על האיסורים. מצוות עשה שהזמן גרמן עניינן הטלת השקפת עולם רוחנית על עולם גשמי, מה שמהווה הסבר אחד – התואם את המודל שלנו – לשאלה מדוע נשים פטורות משבע מן המצוות הללו.

פרק כא

תפילה ותלמוד תורה

כפי שכתבנו לעיל, ההבדלים בין גברים לנשים ברמת החיוב בתפילה ובתלמוד תורה משליכים על תחומים רבים בחיי החברה היהודית. הבה נבחן את ההבדלים ואת סיבותיהם.

מצוות תלמוד תורה (לגברים) היא המצווה האחת־עשרה במניין מצוות העשה של הרמב"ם. מקור המצווה בפרשה הראשונה של קריאת שמע (דברים ו, ז): "ושננתם לבניך". הפרשה מוסיפה ומפרטת את זמנה של מצוות תלמוד תורה: "בשבתך בביתך ובלכתך בדרך, ובשכבך ובקומך".

לעומת זאת, חובתן של נשים בלימוד תורה נלמדת ממצוות הקהל, מצווה שבה כל עם ישראל – גברים, נשים וילדים – מחויב להתקהל כדי לשמוע את קריאת התורה.[1]

לדעת רוב הפוסקים האישה נדרשת ללמוד תורה רק כדי שתדע איך לקיים את המצוות.[א] החפץ חיים סבר שעל הקהילה לדאוג למסגרות לימוד תורה לנשים במידה כזו שתשמר את התלהבותן ואמונתן בתורת ישראל.[ב]

מכאן עולה כי חובתו של האיש בלימוד התורה היא חובה תמידית וקבועה. הוא נדרש ללמוד תורה כל שעות היום והלילה, אלא אם כן הוא עוסק בחובותיו הקודמות לחובת תלמוד תורה. חיובה של האישה, לעומת זאת, סובייקטיבי יותר: עליה ללמוד תורה במידה כזו המאפשרת לה לשמר קשר חי ופועם עם בורא העולם.

1. דברים לא, יב.

תפילה

הקבלה מעניינת להבחנה זו שבה ומופיעה בשטח מרכזי נוסף בחייו של היהודי – תפילה.

לדעת הרמב"ם, מצוות תפילה מורכבת משתי מצוות: מצווה מדרבנן של שלוש תפילות ביום – שחרית, מנחה וערבית – ומצווה מהתורה, שאין לה זמן קבוע: תפילה אישית מכל הלב, לפחות פעם ביום.[ג] מצווה זו מתוארת ברמב"ם כמצווה סובייקטיבית התלויה ביכולותיו של המתפלל: "אם היה רגיל – מרבה בתחינה ובקשה, ואם היה ערל שפתיים – מדבר כפי יכולתו ובכל עת שירצה. וכן מנין התפלות כל אחד כפי יכולתו: יש מתפלל פעם אחת ביום ויש מתפללין פעמים הרבה". על פי הרמב"ם, מצווה אחרונה זו מחייבת נשים כגברים.[ד] באשר למצווה מדרבנן של שלוש תפילות מסודרות כל יום, חלוקות הדעות במידת חיובן של נשים.[32]

בפועל, נשים יְראות ושלֵמות רבות, לאורך כל ההיסטוריה, לא הקפידו על תפילות מסודרות, אף על פי שקיימו תמיד את החיוב להתפלל תפילה בלתי פורמלית במילותיהן האישיות.[4ה]

תבנית זו, של חובה מול רשות בלימוד תורה ובתפילה, מקבילה לתבנית הכוחות הזכריים והנקביים שהוצגה לעיל. האיש, המופקד על

---

2. הגמרא במסכת ברכות (כ, ב) אומרת שאף על פי ששתי המצוות הקשורות בתפילה – תפילין וקריאת שמע – הן מצוות עשה שהזמן גרמן וככאלה אינן מחייבות נשים, בתפילה עצמה נשים חייבות לפי שגם הן זקוקות לרחמי שמיים המתעוררים על ידי תפילה.

3. "בעל ה'מגן אברהם' הוא פוסק ההלכה הראשון שהציע שאולי יש הבדל בין חובת האיש והאישה [בתפילה]. הוא עצמו סבור אומנם שאין הבדל, אבל בפועל, הוא אומר, נשים רבות אינן מתפללות שתי תפילות ביום. כפי הנראה מתבססות הנשים על שיטה הגורסת, כדעת הרמב"ם, כי תפילה היא מצווה מהתורה, והן מחויבות אפוא רק במצוות התפילה מהתורה – תפילה לא רשמית, מכל הלב. המצווה מדרבנן – קריאת טקסט מוגדר פעמיים ביום – חיובה תלוי בזמן, ומשכך נשים פטורות ממנה. הגישה הזו אינה מוצגת כדעתו האישית של ה'מגן אברהם', אלא כלימוד זכות שלו על המנהג המקובל, הסותר לכאורה את ההבנה הפשוטה בדברי הגמרא" (מיזלמן, **נשים יהודיות**, 132 [New York: KTAV, 1978] *Jewish Woman in Jewish Law*). ראו גם משנה ברורה קו, ד, בהערה בסוף הספר.

4. מעניין לציין שלב התפילה הרשמית, תפילת העמידה, עוצב על פי מתווה תפילתה של אישה: חנה, אימו של שמואל הנביא, בספר שמואל א א.

משימת הבנייה, ההתקדמות והעשייה, נמצא במצב מתמיד של חיוב. הוא חייב כל ימי חייו ללבוש את המדים[5] ולשאת את הדגל.

המבנה הקשוח פחות של חיובן של נשים בלימוד תורה ובתפילה יוצר מערכת סובייקטיבית יותר עבור האישה. האישה, המתפקדת מתוך מעגל החיבור, הקשר והאהבה, נשארת עם הוראות אישיות מאוד; חיוביה משתנים: מצופה ממנה לשמור את האצבע על הדופק – לפקח, כביכול, על האווירה שבמערכת היחסים.[1] בהתאם לתקופה, לזמן, למקום ולחברה שבהם היא גדלה, ובהתאם לצרכיה ולאישיותה, ישתנו חובותיה בתחומים של תלמוד תורה ותפילה. עליה ללמוד די תורה ולעסוק בתפילה במידה כזו שתשמור על קשר חי, חם, אוהב וקרוב עם בורא העולם.[6]

בנקודות מסוימות בהיסטוריה, ולנשים מסוימות בתקופות שונות, קשר כזה דורש רמה גבוהה של לימוד תורה או תפילה רשמית.[7] מצד שני,

---

5. כלומר, ציצית ותפילין.

6. החיד"א (רבי יוסף חיים דוד אזולאי, נפטר בשנת 1806) בפירושו **יוסף תהלות** על הפסוק "שמע אֱלֹהִים קולי בְשִׂיחִי" (תהלים סד, ה) כותב: "'בשיחי' פירושו תפלתי, כמו שאמרו רז"ל 'אין שיחה אלא תפלה', והיינו שיחי - תפילת הפרטים, לאפוקי התפלות הסדורות". הדיוק הזה על מהות ה"שיח" – שעניינו שיח אישי, לא מוגדר – מעניין במיוחד על רקע אמרת חז"ל "עשרה קבין של **שיחה** ירדו לעולם, תשעה נטלו נשים" (קידושין מט, ב).

7. רמת העיסוק בלימוד תורה בקרב נשים ידעה עליות ומורדות במהלך ההיסטוריה. היו תקופות שבהן נשים לא ידעו קרוא וכתוב, והיו תקופות, בעיקר של רווחה כלכלית, כשהנשים לא היו עסוקות כל כך במשק ביתן, שהן העפילו לרמות גבוהות של למדנות. תופעה זו של נשים למדניות ומשכילות הייתה הרקע לדיונים הלכתיים רבים בנושא לימוד תורה לנשים.

החיד"א, למשל, סובר שמניעת לימוד תורה שבעל פה לנשים אינה מפני שלימוד כזה הוא איסור אלא זו עצה טובה בלבד. הוא מתבסס על העמדה החיובית המובעת בגמרא כלפי למדנותה של ברוריה אשת רבי מאיר. אם "כל המלמד את בתו תורה כאילו מלמדה תפלות" (סוטה ג, ד) – הכיצד יכלו חכמי הגמרא לשבח אותה? אין זאת אלא שמכיוון שחז"ל ראו שמניעיה של ברוריה היו טהורים, והיא ניחנה בתבונה רבה, טוב היה ללמד אותה תורה שבעל פה. לדעת החיד"א, מניעת לימוד תורה לנשים היא גישה כללית. אם אישה מסוימת מגלה את רצונה הטהור ללמוד תורה שבעל פה, והיא מוכשרת דיה, מותר ללמדה. "ברוריה, שהכירו בה שהייתה כונתה ללמוד בכל לִבה וגֹדל שכלה, לכך למדוה" (שו"ת **טוב עין** סי' ד).

בעל ה"פרישה" (רבי יהושע פלק מפולין, נפטר בשנת 1614) על ה"טור" (רבי יעקב בן אשר מקלן, נפטר בשנת 1270) אומר שבדרך כלל אין ללמד נשים תורה שבעל פה, אולם כאשר אישה לומדת בעצמה, היא מגלה בכך שהיא יוצאת דופן ואפשר ללמדה (פרישה, יורה דעה רמו, ו).

נשים גדולות בכל הדורות, כמו גם בימינו אנו, שימרו קשר קרוב עם בורא העולם ללא הרבה תפילה רשמית או עיסוק אינטלקטואלי כלשהו ביהדות.

איך לומדים?

ההבדלים בין גברים לנשים בלימוד תורה מתבטאים לא רק ברמת החובה, אלא גם בסגנון הלימוד. לימוד תורה רציני אצל הגבר פירושו בדרך כלל גישה שכלית־אנליטית ללימוד גמרא. בחורים בישיבה ממוצעת לומדים גמרא למעלה מתשע שעות ביום. מנגד, תוכנית הלימודים בבתי הספר לבנות דתיות כוללת בדרך כלל עיון מעמיק בתנ"ך, במחשבת ישראל, בפילוסופיה יהודית ובהלכה מעשית.[8]

אנקדוטה מעניינת שמעתי מפי אדם גדול, ששמעה ישירות מפי הרב אליהו אליעזר דסלר (בעל "מכתב מאליהו"). הרב דסלר ראה שלושה גדולי ישראל מהדור הקודם: רבי ירוחם ליבוביץ, רבי אליהו לופיאן ודמות נוספת חשובה, שהיו מגיעים באופן קבוע לבקר במעונה של הרבנית נחמה ליבא, בתו של הסבא מקלם (רבי שמחה זיסל זיו, מגדולי תנועת המוסר בליטא במאה התשע־עשרה). מאוחר יותר התברר לו כי שלושת גדולי תורה אלו באו לשמוע שיעור מוסר מפיה של הרבנית.

יש דוגמאות רבות לדברי תורה של נשים שנכנסו לספרות התורנית. בעל ה"ספר מאירת עינים" (רבי יהושע פלק, לעיל) בפירושו על השולחן ערוך מזכיר כי "שמעתי מאמי". בעל ה"חוות יאיר" (רבי יאיר חיים בכרך מגרמניה, נפטר בשנת 1702) קרא לספרו על שם סבתו חוה, נכדתו של המהר"ל ואישה גדולה בזכות עצמה.

דוגמה לאישה למדנית נוספת נמצאת בתיאור שנכתב על ידי בעל "חובת התלמידים" (רבי קלונימוס קלמן שפירא מפיאסצנה, נרצח על ידי הנאצים ימ"ש בשנת 1943) לתלמיד לאחר פטירתה של רעייתו. מלבד צדקותה הרבה בכל התחומים, הוא כותב עליה: "זה י"א שנים מעת עזבת אתה אותנו, ואף שגם אז הייתה צדקת עדינה וטובה מצוינה, מ"מ מן אז ועד עתה הרבה עלתה בכל העניינים, כמעט שלא עבר עליה יום שלא תלמד תורה, בשעה 6 בבוקר קמה ועד שעה 10 למדה והתפללה, ולשמה למדה כדי להתקשר בתורה וקדושה. ואם מפני איזה סיבה יוצאת מן הכלל נאנסה ולא למדה איזה יום, נצטערה כל היום והתאוננה שיום חשוך לה היום. למודיה היו בתנ"ך, מדרש, זוהר, ספרי קבלה וחסידות, והיתה לה ידיעה רחבה בקבלה וחסידות, והרבה פעמים נשתוממתי על ידיעתה ורוחב דעתה בעניינים אלו..." (דרך המלך, עמ' 445).

עוד יש לציין שלימוד מקרא לבנות מוזכר במשנה עצמה: "מלמד הוא את בניו ואת בנותיו מקרא" (נדרים ד, ג). המילים "את בנותיו" אינן מופיעות בכל הגרסאות, אבל ביאור הגר"א (יורה דעה, הלכות תלמוד תורה א, יג) מביא משנה זו כמקור שעליו מסתמך הרמב"ם. כמו כן, בש"ס יש כמה אזכורים של "אישה חברה" (אישה מלומדת) (קידושין נו, א; סנהדרין ח, ב ומא, א).

8. מעניין שאף על פי שלצעירה ממוצעת תהיינה בקיאות והבנה מעמיקות יותר בנושאים

בעולם שבו למעלה ממחצית ממסיימי בתי הספר לרפואה ומבחני לשכות עורכי הדין הם נשים; שבו נשים מצליחות בכל תחומי הלימוד וההשכלה, קשה לטעון שנשים לא תהיינה **מסוגלות** ללמוד גמרא.[ז] ברור שאישה מסוימת (בדיוק כמו איש מסוים) עשויה להיות פחות או יותר בעלת יכולת חשיבה ביקורתית הדרושה ללימודי גמרא. אם אין כאן בעיה של יכולת או מסוגלות, השאלות הבאות נשאלות ביתר שאת: מדוע שונה חיובה של האישה בלימוד תורה מחיובו של האיש? מדוע, גם כאשר נשים לומדות תורה, לא מעודדים אותן ללמוד גמרא?

עונג וכוח

אפשר להתייחס לרכישת ידע בשני אופנים. יש החווים רכישת ידע כתהליך המביא לעונג. לימוד עשוי לשאת עימו פענוח תעלומות, את יראת הכבוד מפני הבלתי־ידוע, את השמחה שהיא מנת חלקו של מי שפותר אפילו חידה אחת קטנה בעולם הגדול והמסתורי שלנו. בגן העדן, לדוגמה, נמשכה חוה לאכול מעץ הדעת בגלל החוויה הנעימה שהעץ הציע, לפי התרשמותה: **"וְנֶחְמָד הָעֵץ לְהַשְׂכִּיל"**.[9]

אבל רכישת ידע יכולה להצטייר גם ככיבוש של מוצב אחר מוצב, עוד ועוד מידע. הלא־ידוע מחכה מעבר לגבול, ממתין ללוחם שיסתער עליו. בידע גלום כוח למיומנות ושליטה.

אלו מאשר לצעיר המקביל לה, אין לחץ חברתי להשוות את הרמות ולאפשר לגברים שוויון הזדמנויות בתחומים אלו.

9. בראשית ג, ו. "לו היתה חוה מונעת... לבקש לה נצחיות ובלעדיות אלוהית, לא היתה חולקת לעולם את פרי החטא עם אדם הראשון... התאוה להשגת כוח היא בבסיסה תחושה מפרידה ומייחדת. לו היתה חוה רעבה לכוח, היתה מבקשת לדכא את הכול ואת כולם, ואדם הראשון בכלל זה. הזמנתו לבוא ולטעום מן הפרי האסור היתה סותרת לחלוטין את שאיפתה להשיג כוח...

'ותתן גם לאישה **עמה** ויאכל' היא רצתה שהוא יחלוק עמה חוויה זו, רצון שניתן להבינו רק בממד האסתטי. חווית התענוג היא בבסיסה תחושה משתפת ומכלילה; האישיות האסתטית... מבקשת להנות את עצמה בחברת אחרים" (הרב יוסף דוב סולוביצ'יק, **אדם וביתו: על חיי המשפחה**, עריכה: דוד שץ ויואל וולוולסקי, מאנגלית: אביגדור שנאן, תל אביב: משכל, 2009, 48–49).

לומדי הגמרא עומדים לפני סבך שכלי של הגדרות מורכבות, ומתוארים בדברי חז"ל כלוחמים היוצאים לקרב לבירור נקודות האמת. לימוד גמרא מסורתי אכן מעודד גישה לוחמנית כזו.[10]

לומד הגמרא מתואר כ"עוקר הרים וטוחנם זה בזה", בית המדרש כ"שדה קרב במלחמתה של תורה", והלימוד עצמו מחדד את המוח.[ח]

מעניין לציין כי בלימוד הגמרא (לפחות כפי שהוא נעשה היום בהרבה ישיבות), הדגש הוא פחות על השגת הידע, ויותר על תהליך הלמידה עצמו.[ט] הגמרא אינה ספר חוקים עם רשימות כללים לכל מצב נתון. אפילו למדן מופלג העושה לילות כימים בלימוד מעמיק של גמרא – מציאת עקרונות

10. לימודי משפטים בכללותם עשויים לעודד גישה כזו. החיפוש הבלתי פוסק אחר החוליה החלשה בכל טענה יכול ליצור אווירה של מנצח ומנוצח. אחת מתלמידותיי המבריקות, שזכתה במלגת לימודים מלאה ללימודי משפטים באוניברסיטה מהשורה הראשונה בעולם, סיפרה לי על קושי שחוותה בשנות נערותה – היא תמיד התקוטטה עם אנשים. רק לאחר שנים רבות הבינה שאותן תכונות שהעניקו לה הצלחה מזהירה בחייה האקדמיים, היו שורש כישלונה בחייה האישיים.

אותם כישורי חשיבה בדיוק, ההכרחיים במהלך מלחמה אינטלקטואלית, עשויים להיות הרסניים בחלקים אחרים של החיים. מנהל בית ספר דתי לבנים בארצות הברית סיפר כי המורה ללימודי חול, שמעולם לא נחשף ללימוד גמרא, התלונן בפניו שהתלמידים וכחניים מדיי. המנהל סבר לתומו שהתלמידים מתווכחים על ציונים או על עומס המטלות, אבל לאחר צפייה באחד מהשיעורים גילה כי התלמידים פשוט עשו שימוש בכישורי לימוד הגמרא שפיתחו – במקום הלא־נכון. המורה לא יכול היה להבין מדוע כל משפט שלו גרם למבול של ויכוחים וניתוחים מעמיקים. נדמה היה לו שהתלמידים נהנים למצוא חוסר דיוק וחוסר עקביות בדבריו. בעוד המורה לגמרא נהנה ואפילו עודד סוג כזה של לימוד, המורה ללימודי חול, שלא הכיר סוג כזה של למידה, ראה בה התנהגות לוחמנית ומעצבנת.

הסגנון הווכחני, גם אם לוחמני, הוא לא בהכרח תחרותי – זהו רצון לברר את האמת, לאו דווקא להוכיח מי חכם יותר. אבל אין להכחיש כי אפשר לעשות שימוש בידע ככוח לשלוט במי שיודע פחות.

מעניין לציין כי ג'ויס פלטשר, בספר המנתח כמה מן ההבדלים בין מהנדסים ומהנדסות, מספרת שנשים מהנדסות נמנעו במודע ממאבקי כוח בכל הנוגע לידע. הן נטו להעביר מידע באופן שהשווה את מערכת היחסים ומנע יצירת הירכרכייה: "מידע הועבר בדרך כלל בשילוב של אמירות כמו, 'משהו שעשוי לעזור זה...', או 'מה שאני עושה במקרים כאלה...', או, 'יש כנראה הרבה דרכים לעשות את זה, אבל...'. השפה השיתופית הזאת לוותה לעיתים קרובות בנימה של התבטלות, ששימשה במודע להסתיר את הבדלי המעמדות... התופעה בלטה במיוחד כאשר המהנדסת הדוברת הייתה למעשה גבוהה יותר בסולם ההירכי, ומצופה היה ממנה ליטול לעצמה את מעמד המומחה" (פלטשר, *Disappearing Acts*, 58).

וניתוחם, והשלכתם על מציאויות היפותטיות שונות – עשוי למצוא את עצמו מתקשר לפוסק הלכה, כדי לברר הלכה למעשה במצב נתון כלשהו.[11]

סוג כזה של למידה מייצר קו מחשבה מסוים מאוד – הוא מעלה על נס התגוששות שכלית אינטנסיבית המבוססת על בדיקת חוזקם של כללים מול מצבים היפותטיים, וכתוצאה מכך הלומד עוסק כל היום בדו־שיח מתמשך עם דברי אלוקים חיים.[12] היהדות, בניגוד לדתות אחרות, אינה רואה את היחס לאלוקים כיחס חד־סטרי; בתפילה – האדם מדבר עם אלוקים, ובלימוד התורה – אלוקים מדבר עם האדם.

התהליך ההתפתחותי של התורה שבעל פה יוצר דו־שיח בן שלושת אלפי שנה עם הקב"ה,[13] וכשאתה באמצע שיחה עם מישהו, קשה לשכוח

11. רבים יסכימו שמצב זה אינו אידיאלי – לימוד תורה אמור בהחלט להוביל לידיעת ההלכות המעשיות, אבל עובדה היא שבמקרים רבים, תהליך ההגעה אל האמת הוא העומד במרכז הלימוד הישיבתי.

12. מאמר מעניין (George Johnson, "Quantum Leaps", *New York Times*, August 3, 2012). מאמר ביקורת על הספר: סטיבן גימבל, **המדע היהודי של איינשטיין: פיזיקה בצומת הפוליטיקה והמדע**, מאנגלית: עמנואל לוטם, ירושלים: הוצאת כתר, 2014) מתייחס להשפעתו של לימוד גמרא על הדפוס החשיבתי של היהודי:

> מה שנותן לעבודתו של איינשטיין טעם יהודי, סבור גימבל, הוא גישה ליקום שמזכירה לו את האופן שבו התלמיד־חכם מבקש להבין את האמת האלוקית. זה מגיע בהבלחות בלבד. "לא תגנוב", נראה פשוט למדי. אבל האם לשים בכיס שטר של 200 ₪ שמצאת על הרצפה נחשב גניבה? תלוי. האם ראית את האדם שהשטר נפל מכיסו? האם היה זה ברחוב הומה אדם או בחצר הפרטית של הבר? בלובי של מלון עם חדר אבדות ומציאות? בלי המותרות של נקודת המבט האלוקית, עלינו להתחשב בנקודות תצפית רבות.
>
> "לב נקודת המבט התלמודית הוא שיש אמת מוחלטת, אבל האמת הזאת אינה זמינה לנו ישירות ובאופן מושלם", כותב גימבל. "מתברר שבדיוק אותו סוג של חשיבה קורה בתיאוריית היחסות ובכמה מן המחקרים האחרים של איינשטיין"... גימבל אינו טוען שרק יהודי יכול היה לגלות את התגליות האלה, אלא שיש סיכוי שהעובדה שאיינשטיין היה יהודי נתנה לו יתרון.

13. "אבות אבותיהם של היהודים האשכנזים של היום, יהדות מערב אירופה בימי הביניים – היו קבוצה שיצאה דופן בהיותה עסוקה כל היום בלימוד תורה. התמסרות ללימוד התורה היא אמת המידה שבה ניתן להבדיל בין קבוצות חברתיות שונות ביהדות במהלך הדורות. אם ניתן היה להשוות את כמות הזמן הממוצעת שקהילות שונות למדו תורה, היינו יודעים רבות עליהן. בשלושת אלפי השנים האחרונות, איכות חייו של היהודי נקבעה על פי מידת ההתמסרות שלו ללימוד והעמקה ב...תלמוד. היה הבדל תהומי באורח חייהם של יהודים שמנהיגיהם עסקו רק בלימוד התנ"ך, ובין אלו שמנהיגיהם למדו והעמיקו ב...תלמוד. ככל שעלו האחוזים באוכלוסייה של לומדי

את קיומו.[14] מטפלים זוגיים מציינים כי אותם זוגות שממשיכים לריב על

תלמוד או לומדי תנ"ך, כך גברה השפעתה על אורחות חייהם מהבחינות החברתיות והפוליטיות של הקבוצה...

הלחץ הגדול לנצר את היהודים במדינות הקתוליות באירופה, שהתמיד במשך קרוב לארבע מאות שנים, יצר תהליך קשה של שחיקה אצל היהודים באותה תקופה ובאותו אזור. בכל דור, במשך למעלה מעשרים דורות, היו רבים שנשרו מן היהדות ונפלו שדודים לתכסיסיה וללחצה של הנצרות הקתולית, והמירו את דתם. עם זאת, בני משפחותיהם של לומדי התלמוד, אלו אשר משחר ילדותם הקדישו את מרבית זמנם ללימוד מעמיק של יהדות רבנית [תורה שבעל פה], היו היחידים שהיה להם הכוח לעמוד בלחצה של הכנסייה, דור אחר דור, ולשמור בהרואיות על אמונתם. התוצאה הייתה שאלו שעדיין שרדו כיהודים באירופה הקתולית בשנת 780 לספירה היו ברובם צאצאים של משפחות של תלמידי חכמים" (אברהם יצחק אגוס, "Medieval European Christendom and Judaism", בתוך *Great Confrontations in Jewish History*, עורכים: סטנלי מ' וגנר ואלן ד' בק [אוניברסיטת דנוור, מחלקה להיסטוריה, בשיתוף המרכז ללימודי יהדות, 1975], 91-94).

14. כך כותב הרב דב רוזנבלום במאמר מרתק על חג השבועות ("פגישה על ההר, או, איך לא טבענו ביום של בדידות?"):

"ובכל זאת, אם יום ו' בסיוון הוא מעין שחזור של נתינת התורה בסיני, הרי שהיינו מצפים שהדגש יושם היום על חויה מיסטית־אקסטטית, שופרות, התעלפויות, הארה פנימית וקפיצות לגובה. אז באים היהודים האלה, וחוגגים את מתן תורה בלימוד למשך כל הלילה. צאו אל בתי המדרש בליל שבועות ותשמעו על שוורים הנוגחים כבר אלפי שנים פרות אומללות, אבידות והלוואות, שטרות ופקדונות, מתנות כהונה ומקוואות טהרה. האש שנפגוש בליל הלימוד היא רק אחת מארבעה אבות נזיקין, והמסע היחיד אל תוך הערפל הוא נסיונו של הלומד להסיר את אי הבהירות מן הסברה שזה עתה התחדשה במוחו. בבוקר, עם הנץ החמה, מתכנס הקהל לתפילת החג. קצת עייף, אבל מלא סיפוק. הרי הוא נטל חלק הלילה בקבלת התורה.

האם תהיה זו העזה לשאול: עם כל הכבוד לחשיבות הלימוד, האין לנו משהו נשגב יותר להציע ביום שבו נשקו השמים לארץ ?

...איך לא נבין ללבו של עדין הנפש בעל החוש הרוחני, שחש אכזבה בבואו בפעם הראשונה אל המקדש הלא נודע, אל ליבת הכור, אל סף בית המדרש, ובו הוא נדרש להפשיל את שרוולי הטוהר שהובילו אותו עד כאן, לפתוח את מכסה הספר הקדוש – התלמוד – ולגלות שם שני אנשים, לאו דווקא רוחניים במיוחד, שאוחזים בטלית.

...כי המפגש בין האדם ואלוקיו, כמו כל המפגשים, הוא מפגש דו־סיטרי. האדם פונה אל האלקים והאלקים פונה אל האדם. שני החלקים הללו באים לידי ביטוי בשתי חוויות שונות, בני האדם פונים אל האלקים בתפילתם, והאלקים פונה אל בני האדם בתורתו. הנצרות, בכך שהמשיכה להתפלל אבל פסקה מלימוד התורה, הפכה את הדו־שיח לחד־שיח, את הפגישה ל'חצי פגישה', בה האדם זועק היטב, אבל אינו מוצא מענה. הימים חולפים, התקוה מתחלפת בדמיונות, והשמים מתאכלסים אט אט במפלצות וברוחות רפאים, השלכה של היצרים ושל האני הבודד שלנו. לאחר מכן מתחלפים הדמיונות

הנושאים המפרידים ביניהם, הם ששומרים על חיוניות הקשר הרגשי. כל אחד מאין־ספור הוויכוחים – גם אם לעיתים יצר מתח – קירב אותם מילימטר אחד נוסף להבנה הדדית. הוויכוח, ההבדלים המוטחים ונידונים שוב ושוב, הם המשמרים את חיוּת הקשר שלהם.[י]

אפשר שהאיש, שמטבעו בורח מן התלות ההדדית שנוצרת כתוצאה מקשר, הוא שצריך להיות מעורב ועסוק תמיד בקשר עם אלוקים. הוא צריך לעסוק בוויכוח נלהב עם דברי אלוקים, יומם ולילה. אהבה טמונה בפרטים – הלימוד והעיסוק המדוקדק בפרטי פרטים הוא היוצר את הקשר.

מעניין לציין כי הרמב"ם כותב שבאמצעות ההתאמצות וההתמודדות המושקעות בתהליך הלימוד, מגיע האדם לשמחה והנאה של אהבה וידיעת השם: "נשכיל מצותיו ופעולותיו עד שנשיגהו ונתענג בהשגתו תכלית התענוג... בהשתכלות תתאמת לך ההשגה ויגיע התענוג ותבֹא האהבה בהכרח"[יא] – דרך החץ, מגיע האיש לעיגול. עבור האבטיפוס הגברי, שנוטה לברוח מקשר, סוג כזה של לימוד תורה הוא חיוני. ההתעסקות המתמדת, האחריות שבפענוח דבריו של אלוקים, וההשלכה המעשית והתיאורטית על כל תחומי החיים בכל רמות הקיום, הן שמכניסות את האיש לתוככי הקשר עם הבורא. עבור האבטיפוס של האישה ש"כבר שם", כבר בתוך המעגל, אפשר שצורת לימוד כזו נדרשת פחות.[יב]

ביאוש, והמבט כבר לא מופנה כלפי מעלה. הרי שם, מעבר לעננים, ישנם רק נתיבי טיסה בינלאומיים, שבאמצעותם הייאוש נעשה יותר נוח. אחר כך כמה תחנות חלל רוסיות, חוצבות שקופיות של פירורי אור מתוך השקט הקפוא. אחר כך, מעבר לחידות הגלקטיות שקצת גדולות על מוחות הנמלים שלנו, ישנם בעיקר חורים שחורים.

ואילו בבית ספרנו מלמדים כי הדו־שיח קיים, והאופן בו בחר האלקים לפנות אל האדם הוא בתורה. וכך, למרות האקסטטיות של מעמד הר סיני, למרות הברקים והערפל, למרות אינסופיות הפער, בסופו של יום מתקבלים דברי האלקים כמילים סדורות, דבר דבור על אופניו, שיחה שאין אחריה חידלון וריקנות, אלא שיחה שמחייבת לחשוב על תכניה, להבין דבר מתוך דבר, להמשיך את הפגישה לאחר תום המפגש...".

וכ־150 שנה לפניו כתב הרש"ר הירש (בראשית ט, כו): "**רוח ישראל איננה מגדלת בעלי הזיות, היוצאים מגדר המציאות ודעתם נטרפת עליהם.** היהדות שואפת לקרבת ה', אך היא מקיימת באדם את צלילות דעתו המיושבת והמפוכחת. בעלי הזיה 'המתמזגים עם האלהות' הם נטולי חופש הבחירה; כביכול, אין הם פועלים דבר, אלא האל פועל בהם. אך לא זו הדרך לעבוד את ה'; אלא עלינו להפעיל את הרוח והחירות, שניתנו לנו מאת ה'; עלינו לפעול בארץ, הנתונה לבני אדם; תפקידנו לעבוד את ה' **בנאמנות, בזהירות ובצלילות הדעת.** רק כך נשיג את השלמות העליונה, שאדם יכול לזכות לה; רק כך יתקדשו מעשינו, ונהיה ראויים לקרבת ה'".

"למה", לא "איך"

סוג כזה של לימוד לוחמני, הממוקד כולו בסינון ובעיבוד מחשבתי מאומץ, עמוס בפרטים ובחשבונות המתבססים זה על זה, נדבך על גבי נדבך, אינו סוג הלימוד היחיד. חוקרות לימוד והכרה נשית (אפיסטמולוגיות פמיניסטיות) מצביעות על כך שישנה הטיה גברית בקביעה מה נחשב לידע; אכן, הגישה האנליטית הרציונלית הנדרשת ללימוד גמרא מסורתי, נותנת עדיפות ברורה למערך מיומנויות מסוים מאוד. נקודת מבט אחרת על העולם מזמנת גישה שונה לגמרי; למשל, בחינת ה"למה" במקום ה"מה" או ה"איך". כאשר מנסים להעמיק בקשר בין הקב"ה לעולם, בניגוד לניסיון להבין "איך" הבורא רוצה שנחיה את חיינו ו"מה" הוא רוצה מאיתנו, מגיעים לצורת לימוד אחרת, פחות ממוקדת בכללים ובפרטים הקטנים ויותר במשמעות רחבה והוליסטית.[15]

לאונרד סאקס, בספרו **מדוע המגדר חשוב: מה שהורים ומורים צריכים לדעת על המדע המתחדש של שונות מגדרית**, מציין שהתמקדות בלימודים מופשטים הוכְחָה כיעילה פחות לבנות.[16] במשך שנים רווחה ההנחה שאף שמעט בנות עשויות להצטיין במקצועות ה"גבריים" כמתמטיקה ופיזיקה, בנים באופן כללי טובים בהם יותר. אלא שמחקר על השפעת הוראת פיזיקה מכוונת בנות, המביאה בחשבון את עניינן בהתאמה בין תיאוריה למציאות, הראה שמיומנותן בפיזיקה שווה לזו של הבנים.

> זהלר וסלע מצאו שהצבת מספרים במשוואות, לבדה, לא סיפקה את רוב הבנות בכיתות הקדם־אקדמיות בתיכונים שנסקרו. הבנות

15. מסיבה זו, ניסיונותיה המייסרים של הפילוסופיה הסכולסטית להוכיח את קיום הא־ל מעיקים. הפיכת המודעות לאלוקים לתרגיל לוגי ארוך ומייגע יש בה מן האבסורד. כטענתו של קירקגור: החבוקה ודבוקה בזרועות אהובהּ אינה טעונה הוכחה לקיומו. מצד שני, מודעות לאלוקים מעוררת בנו כמיהה עזה לדעת ולהבין אותו ואת העולם שלו, ככל יכולתנו (ראו מהר"ל, **דברי נגידים** על הגדה של פסח, שם הוא טוען בהקשר של הבן ש"אינו יודע לשאול" שאכפתיות מולידה התעניינות). סוג כזה של ידיעת השם אינו דורש כישורים אנליטיים, אלא פתיחות לקרבה ולהבנה.

16. בהקשר זה, ראו Olga Khazan, "The More Gender Equality, the Fewer Women in STEM" (*Atlantic Monthly* Feb. 18, 2018), הבוחן מדוע נשים במדינות מתקדמות יותר נוטות פחות לעסוק במתמטיקה ובמדעים.

> התעניינו יותר בלמה. למה, למשל, המשוואה המתארת את כוח הכבידה בין שני גופים עומדת ביחס הפוך למרחק ביניהם בריבוע? למה היא לא פרופורציונאלית לחזקה השלישית או הרביעית? כאשר תנסו לענות על השאלה הזו, תראו שניתן ללמד פיזיקה בלי לדבר ולו פעם אחת על שחקני כדורגל או סקייטבורדים. חתן פרס נובל לפיזיקה, ריצ׳רד פיינמן המנוח, עשה בדיוק כך בספריו. לא תמצאו הרבה פצצות או התנגשויות בספריו של פיינמן, אבל תמצאו הרבה הסברים מדוע היקום בנוי כפי שהוא. אתם יכולים ללמד פיזיקה בשיטה של פיינמן, או בשיטת הפְּצצות והקליעים באותה קפדנות חישובית... ואם תתמקדו בגישה אחת על פני השנייה, אתם מעדיפים מין אחד על חשבון השני.[17]

הרמב״ם (הלכות תלמוד תורה א, יג) מצביע על כך ש״רוב [ולא כל] הנשים אין דעתם מכוונת להתלמד״.[18] בעוד האישה המודרנית עשויה להתכווץ למשמע הצהרה כוללנית שכזו על יכולתן השכלית של נשים, אפשר שהאבטיפוס הנשי (ולאו דווקא כל אישה) באמת אינו קשוב ללימוד הדן במקרים תיאורטיים המתבססים על מושגים מופשטים, כפי שנראה להלן:

> במקום לנוע דדוקטיבית מעקרונות המולבשים על מצבים, נשים מבקשות ל׳מלא׳ את הנתונים ההיפותטיים במטרה להפכם למוחשיים. נניח, למשל, שאנחנו שוקלים ענישה הולמת לעבירה

17. Leonard Sax, *Why Gender Matters: What Parents and Teachers Need to Know about the Emerging Science of Sex Differences* (New York: Doubleday, 2005).

18. מעניין לציין שהרמב״ם בדבריו על לימוד תורה לנשים כותב כך: ״מפני שרוב הנשים אין דעתם מכוונת להתלמד אלא הן מוציאות דברי תורה לדברי הבאי״. אלא שלשון זו נראית כסותרת את דבריו במקום אחר (הלכות יסודי התורה ד, יג): ״ואפשר שידעם הכול: קטן וגדול, איש ואישה, בעל לב רחב ובעל לב קצר״ – כלומר, ידיעת התורה נגישה הן לגברים והן לנשים.

נראה שהרמב״ם משתמש במילה ״הבאי״ כמילה נרדפת ל״תִּפְלוּת״, שבה משתמשת הגמרא להסביר מדוע נשים לא תלמדנה גמרא (ראו סוטה כ, א). המילה ״תפלות״ מתפרשת בדרך כלל כ״דברים של מה בכך״ או ״דברים בלתי מהוגנים״. הסבר אחד לדברים הוא שנשים, בשל היותן פטורות מלימוד תורה אינטנסיבי, עלולות שלא להשקיע את המאמץ הנדרש, ולימוד שטחי יכול בקלות להביא את הלומד להתייחס לחומר הלימודי כבלתי רלוונטי או קטנוני.

> מסוימת. הגישה המסורתית, זו של האבא, תשאל לאיזה עיקרון מתאים המקרה. אבל האימא תבקש לברר על האשֵם ועל הקורבנות. אף לא אחת מהגישות מיוצגת נאמנה על ידי הצעד הראשון שלה, אבל ברור שהן שונות. הגישה הראשונה פונה ישר לַמופשט, שבו יש מקום לחשיבה ברורה ולוגית במנותק מהגורמים המורכבים של אנשים, מקומות ונסיבות מסוימים. הגישה השנייה פונה לקונקרטיזציה, שם יכולות תחושותיה להשתנות בעקבות מפגש עם עובדות, רגשות של אחרים והיסטוריות אישיות.[19]

הארכיטיפ הנשי אכן מעוניין לחלץ את הדיונים המטא־חוקיים הללו, הנתלים על פרוטוקולים ודיונים תיאורטיים, אל מחוץ למבנה ההיפותטי שלהם. דיון בשאלה "האם מעשה מסוים הוא פשע או לא?" שונה מניסיון לדמיין כיצד חש קורבן [או פושע] פלוני או איך הגיב במצב נתון.[20] בעוד החלקים ההלכתיים של הגמרא דנים בחובות אל מול העקרונות המוסריים המופשטים,[21] החלק העוסק בדברי "אגדה" מתמקד במציאות הפנימית

19. Nel Noddings, Caring: *A Feminine Approach to Ethics and Moral Education* (Berkeley and Los Angeles: University of California Press, 1984), 36-37.

20. ידידה שיתפה אותי בסיפור המשעשע הבא: בתיכון למדה את הסוגיה התלמודית העוסקת בנזיר שאסר על עצמו שתיית יין. נזיר נענש על שתיית יין רק אם התרו בו לפני המעשה ורק אם שתיית היין התבצעה לעיני שני עדים כשרים. מכיוון שכל רביעית יין (רביעית היא מידת נפח קדומה) נחשבת לחטא נפרד, על העדים להתרות בנזיר, לצפות בו שותה רביעית, ואז לשוב ולהתרות בו לפני הרביעית הבאה, וכן הלאה. בשעה שהכיתה שקעה בדיון מעמיק על ההשלכות ההלכתיות של התרחיש, היא התפרצה: "איזה מין מטומטמים יושבים שם ורואים נזיר שותה רביעית אחר רביעית ופשוט מתרים בו שוב ושוב?! למען השם, קחו לו את הבקבוק!".

21. "כך ליבר [ג'נט ליבר, שעל מחקרה את הארגון ומבנה המשחק של 181 תלמידי כיתות ה' בבתי ספר של מעמד הביניים הלבן, בני 10–11, מגיבה גיליגן] מרחיבה ומאששת את תובנותיו של פיאז'ה במחקרו על כללי המשחק, שבו מצא שבנים נעשים מוקסמים יותר ויותר, במהלך ילדותם, מהרחבה משפטית של חוקים ומפיתוח הליכים הוגנים לפתרון סכסוכים. התלהבות שאינה קיימת אצל בנות. להן, לפי פיאז'ה, גישה 'פרגמטית' יותר לחוקים – חוק הוא טוב רק אם הוא תורם למשחק. בנות סובלניות כלפי החוקים, מוכנות יותר לסטות מהם, ומשלימות בקלות עם שינויים וחידושים". למשל, בנות נטו יותר לוותר לחברה שעברה על "חוקי" המשחק, רק בשל היותה חברה, מבלי להתבייש או להרגיש צורך להצדיק את עצמן. "כתוצאה, החוש המשפטי, אותו מגדיר פיאז'ה כ'הכרחי לפיתוח מוסרי', מפותח הרבה פחות אצל ילדות קטנות מאשר אצל ילדים קטנים" (גיליגן, **בקול שונה**, 9).

העמוקה של העולם.[22] המהר"ל אכן מתאר את החלק האגדי של התלמוד כ"ציור העולם", שמאפשר לנו לראות את האחדות המוצנעת בתוככי היקום.[יג]

אחד מהוגי הדעות הגדולים של המאה הקודמת, הרב אליהו דסלר זצ"ל, תיאר את ההבדלים בין רכישת ידע בחלקים ההלכתיים של הגמרא לרכישת ידע בחלקים האגדיים: בעוד החלק ההלכתי דורש "שַׁקְלָא וְטַרְיָא" – משא ומתן באמצעות דיונים כדי להגיע לאמת – החלק האגדי נקנה באופן שונה. האגדה מעניקה לנו תובנה והבנה על העולם שבו אנו חיים, ואת ההבנה הזו ניתן להעביר לאדם אחר, שיכול להשתתף בתענוג שיש להבנה הזו להציע, בלי שיהיה עליו לטחון את כל הנושא בעצמו. מצד שני, שליטה בחלק ההלכתי של התלמוד עומדת ביחס שווה למאמץ השכלי המושקע בתהליך.[יד]

אם לימוד הגמרא ההלכתי הקלאסי עשוי להניב שאלה ברוח "מה המטרה של כל הפלפול הזה?", בלימוד אגדה אין מקום לשאלה כזו. קניית תובנות עמוקות על מהות עולמנו היא חוויה, לא אמצעי לקראת מטרה.[טו]

הכוח הנשי (ולא בהכרח כל אישה), שנטייתו לראות את ההיבט החווייתי של העולם, ואת החיבור והקשר של החלקים השונים בו, עשוי לנטות מראש לסוג אחר של לימוד, המתאים יותר לטבעו.[23] [טז]

אחד מתלמידי החכמים הגדולים בדורנו הציע פירוש דרשני ללשונו של בעל ההגדה על הבן "שאינו יודע לשאול": "אַתְּ פתח לו" – בלשון נקבה. הבן שאינו יודע לשאול בעצם אומר: "כל הסיפור הזה לא רלוונטי עבורי. אין לי שאלות, כי זה לא קשור אלי ולכן גם לא מעניין אותי". אפשר שהגישה הנשית לחיים, הגישה הנוטה לחוות את החיים הפועמים ולא להישאר ברובד התיאורטי, היא שיכולה לגַלות לו את הרלוונטיות של התורה לחייו.

המטרה: שילוב

גם אם נשים מסוימות מוצאות טעם בסגנון המופשט, ההיפותטי, המשפטי

22. אגדה, או "אגדתא" בארמית, היא שם כללי לחלקים המוסריים־דרשניים בגמרא, המרבים לעשות שימוש בטקסט אלגורי ופרשני.
23. בשיחה עם תלמיד חכם גדול בן זמננו, הוא טען כי סביר להניח שלנשים יש מוכנות גבוהה יותר מגברים ללימוד אגדה.

של הגמרא,[יז] השאלה שצריכה להישאל היא: האם ההכוונה של נשים באופן כללי לסוג כזה של לימוד תצליח לשמר את חיוניות הקול הנשי? הקול הנשי הוא כזה שקל להטביעו. אפשר שהמגמה פה היא נתינת לגיטימציה לגישה נוספת לקשר עם אלוקים.[יח] עיסוק מתמיד בניתוח טקסטים משפטיים ובדיקת השלכתם על מקרים היפותטיים, החיוני אולי עבור הקול הגברי, נושא בחובו את הפוטנציאל לעוות את הקול הנשי. וגם אם לא, לימוד כזה בהחלט אינו מזין ומחזק אותו.

שום דבר כאן אינו מוחלט.[24] גם גברים וגם נשים חייבים לפתח את כישורי החשיבה הביקורתיים שלהם, ולאפשר למהות הפנימית של הלימוד לגעת בנשמתם. אבל אם המטרה היא יצירת מיזוג בין שני סוגי הקולות, חשוב לתת תוקף לשניהם.[25][יט] הנושא אינו האם נשים מסוגלות ללמוד גמרא: ברור שיש נשים (כמו שיש גברים) המסוגלות לכך, אם תקדשנה את הזמן והמאמץ הנדרשים. זה אמור להיות מובן מאליו: לנשים, כמו לגברים, יש צרכים אינטלקטואליים שחייבים לבוא על סיפוקם כדי שתישמר החיוניות בקשר עם הבורא והיהדות.[כ] כפי שאמר אחד מגדולי ישראל בשיחה אישית, "השכל דורש את שלו". השאלה שצריכה להישאל היא: כיצד על נשים ללמוד? ייתכן שתידרש חשיבה מחודשת כדי למצוא מבנה מתאים ללימוד תורה לנשים, באופן שנותן מקום וגם מחזק את המתנות שנשים מביאות לעולם.[26]

24. ג'ין גרימשו מראה איך סיווג נשים וגברים כבעלי תכונות שונות, שימש לקידום מטרות הפוכות לגמרי. הן התנועות שלחמו בעד מתן זכות בחירה לנשים והן התנועות שהתנגדו לו, אפיינו את האישה באותה צורה: המתנגדים לזכות הבחירה טענו כי נשים הן "טהורות מכדי להתלכלך בפוליטיקה". ואז באו תומכי זכות הבחירה לנשים והפכו את הטענה על פיה: "תחת שתשמש עילה למנוע מנשים זכות בחירה", ה"טוהר" הנשי... "הפך לטענה בזכות ההצבעה הנשית: רק טהרתן של נשים בכוחה לטהר את הפוליטיקה" (גרימשו, *Feminist Philosophers*, 199).

חשוב לציין שהטענה כאן אינה שנשים **הן** משהו מסוים, ואף לא שהן **צריכות להיות** משהו מסוים. הטענה היא שלצורך יצירת סינתזה (ספירלה, אם תרצו), המסגרת שואפת ליצור משיכה לכל אחד מן הכיוונים. ראו לעיל הערה 2 בתחילת פרק יט.

25. בהקבלה מעניינת, הסגנון הדרשני החסידי, שכל כך לא הוערך במודל הישיבה הליטאית, מתמקד לעיתים במערכת היחסים ההוליסטית על חשבון הפרטים המסוימים. ראו בהערות סוף הספר דוגמה מעניינת להתנגשות שכזו.

26. כפי שראינו, הרמב"ם קושר בין לימוד שכלי לאהבת האל, וטוען כי ככל שאדם מבין יותר, כך יקל עליו לאהוב את הבורא. יתרה מכך, הוא מציין בבירור שתפקידה של החברה לדאוג לכך שתהיה לכולם אפשרות להתקדם בקשר שלהם עם הקב"ה, מקשר

כפי שהדברים נראים כיום, כל השיח העוסק בלימוד תורה לנשים בנוי על התבנית הגברית. לימוד תורה מיתרגם לתרגול מוחי מעמיק ואינטנסיבי, תלוש מהחיים המציאותיים. המקום המתאים ללימוד זה הוא בית המדרש, והוא דורש שעות ארוכות של ריכוז כדי לברר את הסוגיה מתוך כללים מופשטים. שימוש בתבנית כזו עשוי להעלות שאלות על שוויון הזדמנויות, כגון: האם לא מגיע לנשים בית מדרש משלהן? מדוע אין מלגות לכוללים לנשים?[27]

אלא שעדיף לבחון את פעילותן של נשים דרך מנסרת החוויה הנשית, ולא דרך תבנית החיים הגברית.[28] אישה המשקיפה על סוגיית לימוד התורה עשויה לבקש גישה אורגנית ומשלבת יותר ללימוד התורה, כזו המעוצבת ברוח הגישה ההוליסטית של "כל עצמותַי תאמרנה: 'ה' מי כמוך?'".[כא] הגישה ההוליסטית ללימוד תורה המיוצגת בידי הכוח הנשי יכולה ליצור מודל שבו הלימוד הוא ביטוי של מערכת יחסים מלאה: "כל עצמותַי" – דעתי, ליבי, כל ישותי – יכולים להיות חלק מחוויה משולבת זו של קרבת אלוקים.[כב]

סיכום

חיובו של האיש בתלמוד תורה הוא קבוע ואובייקטיבי – עליו להגות

פשוט (יראת העונש) לקשר רצוי יותר של אהבה – הנתמכת בזרועותיה של הידיעה וההבנה, "**שמחנכין אותן לעבוד מיראה עד שתרבה דעתן ויעבדו מאהבה**" (הלכות תשובה י, א).

27. 'כולל' הוא המצאה חדשה יחסית, המספקת תמיכה חודשית לגברים נשואים כדי שיוכלו לעסוק בלימוד תורה כל היום. התשובה הפשוטה לשאלה זו היא שגברים מחויבים יותר בלימוד תורה – קיומה של הקהילה היהודית היה תמיד קשור קשר הדוק לרמת הלמדנות הגברית – לכן, חובה על הקהילה לדאוג למסגרת תמיכה ללימוד תורה ברמה גבוהה לגברים בכל הגילים.

28. השוואה מעניינת היא השיח שהתעורר בראשית ימיה של התנועה הפמיניסטית בנושא "כיצד להגדיר עבודות בית". השיח עשה שימוש בזווית ראייה גברית כדי לנתח חוויות של נשים, אלא שהחלוקה הגברית הטיפוסית של עבודה בשכר/פנאי, לא באמת רלוונטית לגידול ילדים, אימהות או ניהול משק בית. הבחנה בין עבודה לפנאי, בין עבודה בשכר לעבודה בהתנדבות, בין עבודה יצירתית לעבודות תחזוקה, בין תועלת עצמית לתועלת לזולת הגיונית בדיון על עבודה משרדית או קריירה; אבל יש לה קשר רופף בלבד עם מציאות חייה של אישה (Sandra Harding, "Feminism, Science, and the Anti-Enlightenment Critiques", in *Feminism/Postmodernism*, ed. Linda J. Nicholson [New York: Routledge, 1990], 96).

בתורה יומם ולילה, אלא אם כן עסוק הוא בדברים חיוניים אחרים. חובתה של האישה סובייקטיבית יותר: עליה ללמוד במידה שתאפשר לה להיות בקשר חי ופועם עם בורא העולם. הבחנה זו משתקפת גם בחובה של האישה בתפילה. חיובה בתפילה ובתלמוד תורה ישתנה בהתאם לתקופה ולחברה שבה היא חיה, ובהתאם לאופייה ולצרכיה הרוחניים.

ההבדלים בין גברים לנשים בתלמוד תורה מתבטאים לא רק ברמת החיוב, אלא גם בסגנון הלימוד שאליו הם מוכוונים. אולי פְּטור האישה מהתמדה בלימוד תורה שבעל פה קשור גם לעובדה שסגנון הלימוד הקלאסי מעודד תבניות חשיבה גבריות: בחינה של סברות תיאורטיות המבוססות על כללים מופשטים. מכיוון שהיהדות שואפת אל הספירלה, הגיוני ליצור מסגרת שתיתן מקום לשתי הגישות, תחת להעריך גישה אחת בלבד. נוסף על כך, אם העיסוק המתמיד בלימוד תורה עוזר לגבר להישאר בתוך "מעגל" הקשר עם בורא העולם, הרי שעבור האישה, אפשר שסוג כזה של לימוד מעודד תבניות חשיבה המאפילות את נקודת המבט הנשית, וממילא חותרות תחת מטרתנו לשמר את שני הקולות חיים ופועמים.

מצד שני, סוג הלימוד שנשים נקראות שלא לעסוק בו, אינו הגישה היחידה ללמוד תורה; נשים עשויות לגלות כי גישה הוליסטית, המבכרת את ה"למה" על ה"מה" או "איך", מתאימה יותר לדפוס חשיבה נשי. בכל מקרה, קשר ברמה גבוהה עם בורא העולם דורש גם חיבור שכלי; וכמו כן, חובה על כל יהודי, איש או אישה, לדעת את ההלכות ואת כללי התורה במידה שתאפשר לו לחיות חיים יהודיים מלאים.

פרק כב

עדות

הד מאותו מתח קדמוני בין שני הקולות, הגברי והנשי, נשמע בדין הפוסל אישה מלהעיד בבית דין בנסיבות מסוימות.

אבל לפני שנתחיל לבחון את ההקבלה, חשוב לברר מה בדיוק כוללת הפסילה הזו.

ככלל, עיון בהלכות הרבות הנוגעות לעדות בבית דין מעלה כי המושג "שני עדים" הוא כורח טכני של מערכת המשפט, בה פועלים גורמים נוספים מלבד אמינות. כך, למשל, לא זו בלבד שצריכים להיות שני עדים, אלא ששניהם צריכים לראות זה את זה בשעת האירוע.[א] אם היה איתם עד שלישי פסול – הוא פוסל את עדות השניים הכשרים. שני העדים יכולים להיות חברים טובים זה לזה וחברים טובים של הנידון, אבל אסור שיהיו קרובי משפחה.

אכן, דין פְּסלוּת אישה לעדות נלמד מפסוק, וככזה הוא למעשה "גזירת הכתוב" – הלכה או דין מהתורה, שאין מאחוריהם היגיון ברור ותוקפם מבוסס אך ורק על ציווי מפורש במקרא. אם נוסיף על זה את הדעה שדין העדות עצמו אינו אלא גזירת הכתוב, הרי שהעדות בכללותה אינה בירור המציאות אלא שיטת עבודה – "הנהגה" – שגזרה עלינו התורה.[ב]

כך, גם אם נראה אדם נכנס לחדר ובידו סכין ומבט של רצח על פניו, נשמע צרחות איומות, ואז נראה אותו יוצא מהחדר ומשאיר אחריו גופה שסכין נעוץ בליבה, לא נוכל להרשיע אותו ברצח, אלא אם יהיו לנו שני עדים כשרים שבאמת ראו מה קרה.[ג]

יש אנשים הנפסלים לעדות בשל חוסר אמינות, אחרים נפסלים מסיבות

טכניות שאין בינן ובין אמינות ולא כלום (בבא בתרא קנט, א). הגמרא מוכיחה זאת משני אחים מפורסמים, משה רבנו ואהרן הכהן, הפסולים לעדות (בשל היותם אחים) בה בשעה שנאמנותם כמובן אינה מוטלת בספק.

כמו משה ואהרן, גם נשים ככלל פסולות לעדות (במצבים המצריכים שני עדים כשרים) לא משום היותן לא אמינות.[ד]

עדות לכך אפשר למצוא בעובדה שבכל מצב שבו לא נדרשת העדות כדי להרשיע מישהו, אלא רק לברר את האמת – מקרים שבהם די בעד אחד – עדותה של אישה תקפה.[ה]

קחו למשל את המצב המעניין הבא: חֵלֶב, סוג של שומן האסור באכילה, נראה בדיוק כמו כל שומן אחר המותר באכילה. הדרך היחידה להבדיל בין שני הסוגים היא לראות מאיזה חלק בגוף הבהמה הגיעה חתיכת השומן. בתרחיש שבו אדם מואשם באכילת חֵלֶב, ורק אישה יודעת בוודאות אם החתיכה שהוא אכל היא חֵלב או שומן רגיל, התביעה תהיה תלויה בעדותה. מכיוון שקביעת הכשרות של פריט מחייבת רק עדות של אדם אחד מהימן, עדותה תתקבל. אבל, כדי להרשיעו, תידרש עדותם של שני עדים כשרים (זכרים) שיעידו בבית הדין שראוהו אוכל את החֵלֶב. במילים אחרות, הרשעה אינה דורשת מהימנות אלא מילוי של מערך שלם של כישורים טכניים.

הוכחה נוספת לכך שפסילתה של עדות אישה בבית דין אינה מעידה על חוסר אמינות אפשר למצוא בדין ש"חרש",[1] משחק בקובייה (מהמר) ו"שוטה"[2] – שגם הם פסולים לעדות (אבל בשל חוסר אמינותם) – אסורים גם להישבע בבית דין, ואילו אישה כשרה להישבע.

הנקודה החשובה ביותר היא שפסילתה של אישה כעדה אינה מבטלת את קולה (או את קולו של כל עד אחר שנפסל טכנית) מההליך המשפטי. היא אומנם אינה רשאית לשמש עדה במסגרת החוקיות הטכנית של שני עדים כשרים, אבל ההלכה והרגישויות היהודיות מחייבים שהיא (כמו כל עד אחר שנפסל טכנית) תורשה להשמיע קולה בבית הדין אם לדבריה עשויה להיות השלכה על המצב.

---

1. "חרש שדיברו בו חכמים בכל מקום [הוא זה] שאינו שומע ולא מדבר... [ואילו] המדבר ואינו שומע... [או] שומע ואינו מדבר... הרי הן כפקחין לכל דבריהם" (חגיגה ב, ב).
2. "שוטה" בלשון ההלכה אינה מילת גנאי אלא הגדרה של מוגבלות שכלית המסתמכת על פרמטרים מוגדרים בהלכה.

נתאר לעצמנו תרחיש שבו אישה (או גבר יחיד, או שני קרובי משפחה – כולם פסולים כעדים) הייתה עדה לפשע נורא. בית הדין אינו יכול להרשיע את החשוד בפלילים על סמך עדותה, אך כמערכת המופקדת על רווחת הקהילה ועל עשיית צדק – בית הדין רשאי, ואף נדרש, להקשיב לדיווח שלה (או של העד האחד או של שני קרובי משפחה), לקבוע אם הדיווח אמין, ולפעול בהתאם כדי להגן על החברה (אם זו כליאה או אמצעי הגנה אחר).[ו] מה שאומר שפסלות אישה לעדות, אף שיש לה השלכות מעשיות, לא נועדה להשתיק אותה או למנוע ממנה להשפיע על הליכים משפטיים.

אז למה היא אינה יכולה להעיד?

האמת היא שאין תשובה חד משמעית במקורות לשאלה מדוע אישה לא יכולה להעיד.[ז] קבוצות מסוימות של אנשים פסולות מלהעיד, והסיבות אינן תמיד אינטואיטיביות גם כשאנו מניחים שכן. אפשר לשער שקרובי משפחה פסולים לעדות מחשש שנאמנותם עלולה להשליך על רצונם להגיע לחקר האמת, אבל אז נשארים אנו עם השאלה מדוע חברים טובים כשרים לעדות.

אפשריות שונות הוצעו כדי להסביר מדוע נשים פסולות לעדות, אבל הן אינן אלא בגדר השערות.[ח] יש המסבירים שאין זה מדרכי הצניעות של אישה, להיחקר חקירות אינטנסיביות – בדומה למלך הפסול לעדות,[ט] משום שאין זה מכבוד המלכות לעמוד בחקירות נגדיות. יש שדימו את ההלכה הזו לפטור הניתן לאישה ממצוות עשה שהזמן גרמן – התורה לא התירה לה להעיד, כי אז היא תהיה מחויבת להשקיע את כולה בעדות, ובמקרה שזו תתמשך, יבוא הדבר על חשבון התחייבויות משפחתיות אחרות.[3]

3. ההלכה הפותחת את הלכות עדות של הרמב"ם היא: "'הָעֵד מְצֻוֶּה לְהָעִיד בְּבֵית דִּין, בְּכָל עֵדוּת שֶׁיּוֹדֵעַ... שֶׁנֶּאֱמַר (ויקרא ה, א) 'וְהוּא עֵד אוֹ רָאָה אוֹ יָדָע; אִם לוֹא יַגִּיד וְנָשָׂא עֲוֹנוֹ'". לאמר, גם אם לא נוח לו או שהוא מעדיף מכל סיבה אחרת שלא להעיד, הוא חייב מן התורה להתייצב בבית הדין. פשוט שחובה זו יכולה להתנגש עם מחויבויות משפחתיות. בהקשר זה מעניין לציין שבמדינות מערביות, אנשים שיש להם ילדים צעירים ש"בריאותם או בטיחותם יהיו בסכנה עקב היעדרם" ואנשים ה"חיוניים לטיפול במשרה מלאה בקשישים או בחולים אשר תחת משמרתם" פטורים מהחובה לשמש מושבעים בבית המשפט. ראו https://www.mad.uscourts.gov/jurors/jury-duty-excused.htm לדוגמה אחת.

בעוד רעיונות אלה עשויים להיות חלק מהמשוואה, האידיאל האנדרוגיני המוצע בספר הזה, מצביע על הסבר הוליסטי יותר. עדים בבית דין נדרשים לאוריינטציה מסוימת מאוד. זוהי אוריינטציה הנחוצה בבית דין, אבל היא לא בהכרח המפותחת ביותר מבחינה מוסרית.

עדות בבית דין מחייבת כניסה לתבנית אמת־או־שקר מצומצמת. על השאלה: "האם ראית את ראובן דוקר את שמעון?" התשובה המתאימה בבית הדין היא "כן" או "לא". אבל יש תשובה לגיטימית לחלוטין שהיא לא "כן" ולא "לא" – תשובה המביאה בחשבון הרבה יותר מאשר את תוצאת ה"שחור־לבן" מוכוונת הצדק הסופית.

"כן, ראובן דקר את שמעון, אבל תנו לי להסביר למה הוא עשה זאת", "אם הייתם רואים מה שמעון עשה לראובן", "אם היה לכם מושג באיזה לחץ היה ראובן"... תשובה מסוג זה מייצגת נקודת מבט הוליסטית יותר, ממוקדת מערכת יחסים, של הכוח הנשי, המעגל. אלא שבאולם בית הדין, אין זו תשובה תקפה.

דוגמה מרתקת להתנגשות בין צדק מושלם לפרספקטיבה הוליסטית יותר נמצאת בקלאסיקה של ויקטור הוגו, "עלובי החיים". המפקח ז'אבר, שדורש להעניש את ז'אן ולז'אן על "הפשע" של גניבת כיכר לחם למען משפחתו המורעבת, מייצג את מצב ה"צדק" של כן או לא. יש רק תשובה אחת מקובלת לשאלה "האם גנבת או לא?". אלא שרוב האנשים מזדהים עם ז'אן ולז'אן, הפושע כביכול, וחשים שדרישת סוג כזה של צדק מוכוון עובדות היא אכזרית ולא צודקת. דוגמה זו אינה רלוונטית ליהדות, שבה גניבה כדי להציל חיים מותרת – אולי אפילו מחויבת' – והעונש הנורא שוויקטור הוגו ביקש להטיל על "הפושע" אינו עולה בקנה אחד עם ההלכה, אבל היא ממחישה את ההתנגשות בין שני הכוחות הללו, וכמה חיוני האיזון ביניהם.

שונה אבל שווה

בספרה פורץ הדרך "בקול שונה"[4] עושה קרול גיליגן שימוש במחקר המפורסם של לורנס קולברג על התפתחות מוסרית, כדי לבחון הבדלים במוסריות בין המגדרים. תיאוריית ההתפתחות המוסרית של קולברג לא

4. קרול גיליגן, **בקול שונה: התיאוריה הפסיכולוגית והתפתחות האשה**, מאנגלית: נעמי בן־חיים, תל אביב: ספרית פועלים, 1995.

הבדילה בין המינים, אבל גיליגן עשתה שימוש ברצף המוסרי שלו כדי לחקור את ההבדלים בין המינים בהתייחס לשאלות מוסריות.

הנה הסיפור: אשתו של היינץ גוססת, ואין בידו די כסף לקנות לה תרופה. האם יהיה זה נכון לפרוץ לבית המרקחת כדי לגנוב את התרופה שיכולה להציל את חייה?

גיליגן משתמשת בשני ילדים שהיא מראיינת, ילד בשם ג׳ייק וילדה בשם איימי, כדי לחקור את ההבדל בין הקול הגברי והקול הנשי בסוגיות של מוסר. בעוד ג׳ייק מתאר את הדילמה כ״סוג של בעיה מתמטית עם בני אדם״, ומתייחס לנושא על ידי ניתוח סדר העדיפויות של הערכים, איימי נוקטת כיוון אחר לגמרי. במקום לנסות להבין אם הגניבה מותרת או אסורה, היא תוהה אם היינץ עלול להישלח לכלא על גניבה, ואז מי ידאג לאשתו? היא מבררת אם היינץ יוכל אולי ללוות את הכסף או לדבר עם הרוקח ולראות אם אפשר לחשוב על פתרון כלשהו.

> הצעד הראשון בהתייחסות מופשטת לבעיה הוא קבלת תנאיה. החלופות מוצבות בצורה חדה: לגנוב או לא לגנוב. חדות זו מאפיינת גם כמה תשובות סטנדרטיות המוצעות על ידי אנשים שהוצגה בפניהם דילמה זו. לדוגמה, המשיבים מזכירים בדרך כלל את העיקרון שחיים שווים יותר מרכוש.
>
> כאשר דילמה מוגדרת בצורה מופשטת והפשטותיה מתקבלות, השומע אינו אמור לשקול חלופות הנמצאות מחוץ לטווח התנאים הנתונים. זה כאילו לא קיימות אפשרויות חברתיות או אישיות – הבעל לא יכול לדבר עם הרוקח, האישה לא שוקלת ללכת לבית חולים ציבורי שבו יש תרופות. גם אין אזכור להשלכות. המשיבים לא אמורים לשאול מה יעלה בגורלו של היינץ, מה יקרה לו משפטית או פסיכולוגית או מוסרית אם יגנוב או אם יניח לאשתו למות.
>
> איימי לא מבינה את זה. היא לא מבינה שהדילמה נועדה לחסל אפשרויות, כדי ששום שיקולים ״זרים״ לא יטשטשו את התמונה.
>
> בעוד ג׳ייק רואה את הבעיה במונחים של קונפליקט בין היינץ לבין

הרוקח, או בין היינץ לבין מערכת המוסר שלו, איימי רואה את העולם מבעד לעדשות של תלות הדדית, מערכות יחסים ותקשורת.[5]

עולם של אמת

האם נקודת מבט אחת נכונה והאחרת שגויה? מטרת מערכת המשפט היהודית היא להכריע בנושא ולהתוות דרך פעולה בהתאם למבנה המשפטי של היהדות. אבל חיים עשירים והרמוניים, כפי שכולנו יודעים, קשורים הרבה פחות לשאלה מי צודק ומי טועה, והרבה יותר לאופן שבו אנו מתייחסים זה לזה.

> להסתכל על מצב בצורה מופשטת פירושו להפעיל שיקול דעת לגבי מצב או לנקוט דרך פעולה על בסיס שיפוט כזה מבלי להתחשב ב"השלכות האנושיות" של אותה דרך פעולה או על השפעתה על בני אדם אחרים; או שזה לשפוט שיפוט שהוא "מרוחק" בצורה כלשהי מהמציאות הנחווית – ממשית או פוטנציאלית – אשר תהיה תוצאת דרך פעולה זו. קונקרטיות מחייבת שאדם יחווה, או ידמיין בצורה חיה, השלכות שכאלה,[יא] על עצמו או על אחרים, ויבצע שיפוט על בסיס המודעות הזו.[6]

אפשר שכאשר ההלכה פוטרת את האישה מהשתתפות בתהליך הנוגד את עצם מהותה – היא למעשה נותנת תוקף לנקודת המבט הנשית. כן, הצדק הוא חשוב ואת האמת יש לחשוף, אבל אַת, אישה, המביאה לעולם את מתנת המעגל – מתנת היחסים והקשרים – לא חייבת להיות חלק מתהליך הבירור. אנו מכבדים את קולך במידה כזו שאיננו מתעקשים לגרור אותך אל זירת האגרוף.

לפי ההלכה, מי שיכול להעיד חייב להעיד – אי אפשר להיפטר מן החובה להעיד בגלל שיקולים של אי־נוחות אישית.[יב] אפשר שבפסילת

---

5. Sara Ruddick, *Maternal Thinking: Toward a Politics of Peace* (Boston: Beacon Press, 1989), 93.
6. Jean Grimshaw, *Feminist Philosophers: Women's Perspectives on Philosophical Traditions* (Brighton, England: Wheatsheaf Books, 1986), 205.

האישה מהשתתפות התהליך טמון מסר: העובדות היבשות אולי רלוונטיות בבית הדין, אבל הן לא כל האמת – ומי שיש לו גישה ל"קול האחר" הזה, אין לדרוש ממנו לעוותו.

סיכום

אף על פי שאישה פסולה להעיד במקרים שבהם נדרשים שני עדים, אמינותה אינה מוטלת בספק. הוכחה לכך היא שבמקרים שבהם אין צורך בשני עדים היא נאמנת להעיד. נוסף על כך, בעוד פסולי עדות אחרים הפסולים בשל חוסר אמינותם אינם רשאים להישבע בבית הדין, אישה נשבעת.

עדות בבית דין דורשת כניסה לתבנית חשיבה בינארית – אמת או שקר. זאת משום שמטרת מערכת המשפט היא לקבוע דרך פעולה בהתבסס על מערכת החוקים היהודית. אבל לחיים עשירים והרמוניים יש קשר קלוש בלבד לשאלה מי צודק ומי טועה, והרבה יותר קשר לצורה שבה אנו מתייחסים זה לזה.

פטור האישה מהשתתפות בתהליך המשתיק את זווית הראייה שלה המתמקדת במערכות יחסים יותר מאשר בצדק, הוא אולי הכרה בעניין המיוחד של היהדות שלא להרוס את קולה ואת נקודת מבטה.

פרק כג

פוליגמיה

בעוד החיים היהודיים כפי שאנו מכירים אותם כיום אינם מאפשרים פוליגמיה,[1] ריבוי נשים מותר על פי התורה וכמה אישים בתנ"ך נשאו יותר מאישה אחת. לאוזניים מודרניות זה צורם;[2א] המעניין הוא, שנראה שמבט מעמיק במקורותינו משקף את הרעיון שנישואים ברמה הגבוהה ביותר הם בין גבר אחד לאישה אחת.[3]

1. בעקבות חרם שהטיל רבנו גרשום ממיינץ, גרמניה. רבנו גרשום חי בסביבות 960–1028. באספה שכינס בשנת 1000 לערך, קבע חוקים ואיסורים שונים, בהם האיסור על פוליגמיה וחרם על מי שיעבור על האיסור. החרם, המחייב את כל יהדות אשכנז, לא חל על יהודי עדות המזרח, אבל מבחינה מעשית פוליגמיה לא נהוגה גם בעדות המזרח, מכיוון שרובם מתגוררים במדינות מערביות, שבהן החוק אוסר ריבוי נשים (מעניין לראות את דברי **ערוך השלחן** אבן העזר א, לב: "כתב רבינו הבית יוסף סעיף יא: טוב לעשות תקנה בכל חומר על מי שישא אשה על אשתו, עד כאן לשונו. ביאור דבריו: דאף במקומות שלא נתפשטה תקנת רבינו גרשום מאור הגולה, טוב לעשות תקנה זו מפני שתקנה יפה היא". ראו שולחן ערוך, אבן העזר קסה, א [ורמ"א שם] ושם א, י, לעוד על הנושא). חשוב לציין שגם לפני חרם דרבינו גרשום היה ה"היתר" לשאת יותר מאישה אחת תלוי תרבות, וגם אז רק ברשות אשתו הראשונה: "אבל במקום שנהגו שלא לישא אלא אשה אחת, אין רשאי לישא אשה על אשתו שלא ברשותה, וכל שכן אם התנה בכתובתה שלא ישא אשה אחרת" (שולחן ערוך, אבן העזר עו, ח).
2. ואכן הרב משה פיינשטיין זצ"ל, מגדולי הפוסקים של הדור האחרון, מציין שגם לפני חרם דרבנו גרשום נישואין עם יותר מאישה אחת היו דבר "לא מצוי" ו"לא שכיח" כלל בחברה היהודית, עד כדי כך שנישואין כאלה נחשבו "כעוולה" ורק "מיעוט דמיעוט, אוהבי ריב" עשו כן. ראו לשונו המלאה בהערת הסיום.
3. נראה כי התורה גילתה סובלנות כלפי ריבוי נשים לשלוש מטרות. הראשונה היא נישואי

גן העדן מייצג את האידיאל הטהור והמושלם שאליו אנו כמהים לשוב,[4] ובבריאת האיש והאישה נבראו רק איש אחד ואישה אחת – אדם וחוה – לא איש ואוסף נשים.[ב]

אינטנסיביות האהבה המשמשת במקורות כמטאפורה ליחסים בין אלוקים ועם ישראל נראית כסותרת את הרעיון של יותר מאישה אחת. שיר השירים, המתאר את האהבה הגדולה שבין הקב״ה לכנסת ישראל, שׂם בפי אלוקים בדברו על עם ישראל (ו, ט): ״יונתי תמתי״. ורש״י מפרש: ״ומכולם, **אחת** היא הנבחרת״.[ג]

הרמב״ם (הלכות תשובה י, ג) מתאר את האהבה שצריך יהודי לאהוב את הקב״ה באופן שבהחלט נראה כמצביע על בלעדיות:

> וכיצד היא האהבה הראויה? הוא שיאהב את ה׳ אהבה גדולה יתרה עזה מאוד, עד שתהא נפשו קשורה באהבת ה׳, ונמצא שוגה בה תמיד, כאלו חולה חולי האהבה, שאין דעתו פנויה מאהבת אותה

ייבום: כאשר איש מת ואינו מותיר ילדים, אחיו נדרש לשאת את האלמנה. פרי נישואין אלו נחשב בנו של המנוח (מבחינה רוחנית בלבד; אין לכך השלכות מעשיות). חיוב זה קיים גם כאשר האח כבר נשוי – מצופה ממנו לקחת את אשת המנוח כאישה שנייה. אם מסיבה כלשהי הנישואין אינם מתאפשרים, יש לעשות ״חליצה״, טקס המשחרר את האלמנה מלהינשא לִיבָמָהּ.

כיום אין נוהג ייבום מסיבות רבות, אחת מהן היא הנידון דנן: האיסור להתחתן היום עם יותר מאישה אחת. בימינו כשאיש מת בלא להותיר צאצאים, האלמנה ״חולצת״ לגיסהּ כדי להתירה להינשא החוצה, ואין לאחי הנפטר אפשרות לבחור בייבום. ראו להלן, בפרק זה, מדוע מצוות ייבום חלה רק כשהגבר מת בלא להותיר צאצאים, ולא כשהאישה מתה בלא ילדים.

המטרה השנייה לריבוי נשים היא למקרה של אישה שאינה יכולה ללדת. היות שהאיש מצווה במצוות ״פרו ורבו״ (בראשית א, כב), יש לו אפשרות לבחור בין גירושי האישה העקרה ובין נשיאת אישה שנייה שעימה יוליד ילדים. במקרה זה, לקיחת אישה שנייה על הראשונה נראית כרע במיעוטו (כיום, גם במצב כזה, אין היתר להינשא לאישה שנייה. נוסף על כך, אף שעל פי כללי התורה אי־פוריות של אחד מבני הזוג היא עילה לגירושין, לא מקובל לנהוג כך, ואין מעודדים זוגות חשוכי ילדים להתגרש).

המקרה השלישי שבשלו התירה התורה ריבוי נשים עניינו במלכים – ראו להלן הערה 6 בפרק זה, שם נטען כי המלכים לא ייצגו מודל לחיקוי לאדם הפשוט ונישואיהם מילאו מטרה אחרת.

4. ראו לדוגמה את הברכה החמישית בשבע הברכות הנאמרות בחתונה: ״שמח תשמח רעים האהובים כשמחך יצירך בגן עדן מקדם״. כאן מבקשים מהקב״ה לשמח את הזוג הנישא בשמחה שממנה נהנו אדם וחוה בגן עדן, שלפחות אחד מהיבטיה היה בלעדיות.

> אישה והוא שוגה בה תמיד, בין בשבתו בין בקומו, בין בשעה שהוא אוכל ושותה. יתר מזה תהיה אהבת ה' בלב אוהביו, שוגים בה תמיד, כמו שציוונו (דברים ו, ה), "בכל לבבך ובכל נפשך...".

רמזים נוספים לאידיאל הבלעדיות מופיעים במקורות שונים. הנביא הושע, המשתמש אף הוא במטאפורה של גבר ואישה, שׂם בפי הגבר אמירה לאהובתו שעליה להיות נאמנה לו ולא ליצור בריתות עם אחרים בזמן שהם רחוקים זה מזה. בתמורה לאהבה הזו, הוא מבטיח שגם הוא לא ייקח אף אישה אחרת. [ד]

כאשר הנביא מלאכי מוכיח את בני דורו על שבגדו בנשותיהם, הוא אומר (ב, יד): "אשר אתה בגדתה בה והיא חברתך ואשת בריתך". לפחות אחד המפרשים מסביר שבגידה זו עניינה לקיחת אישה שנייה (על אף שרוב המפרשים אומרים שהכוונה ללקיחת אישה לא יהודייה). [ה] המהר"ל מסביר שברית אפשר לכרות רק עם אדם אחד. כאשר אדם כורת ברית עם יותר מאחד, הברית לא תהיה שלמה.[ו]

ואכן, כמעט כל סיפור מקראי שבו יותר מאישה אחת לאיש טומן בחובו מתח שלילי (לדוגמה: שרה והגר, רחל ולאה, חנה ופנינה);[ז][5] נוסף על כך, בכל רחבי הש"ס – שישה סדרי המשנה והגמרא – אין מוזכר ולו תנא או אמורא אחד שהיו לו שתי נשים.[ח] [ט] ובכל זאת, בשורה התחתונה, התורה מתירה ריבוי נשים. מה מרמזת ההתקדמות הזו מפוליגמיה המותרת בתורה לציפייה של היום לבלעדיות?

אחד יחיד ומיוחד

כאשר המטרה היא להשפיע על העולם, ככל שתרחיב יותר את השפעתך – כן ייטב. מנקודת המבט הגברית, כאשר המטרה היא להרחיב, לכבוש, להשיג ולהותיר חותם – ככל שיישא איש יותר נשים, כך תגבר יכולת ההשפעה שלו.[6]

5. רבי יעקב אנטולי (1194-1256) בספר **מלמד התלמידים** טוען כי "כבר קדם לנו **כי הדברים שירחיקם השכל** יספיק לתורה במניעתם בדרך סיפור", ראו הערת סיום להרחבה.

6. זה חלק מהסיבה שמלכי ישראל יצאו מהכלל המתנגד בעדינות לפוליגמיה. נישואי

כל אישה שתקים משפחה תחת חותמו תעצים את השפעתו על העולם. כאשר המטרה היא התקדמות, כיבוש ובנייה – ככל שירבו הנשים, טוב יותר![7]

אבל במרוץ הגדול לפעול, לתקן את העולם, אנו עלולים לשכוח את המטרה. אנחנו רצים, אבל לאן? אנחנו משפיעים, אבל לאיזו מטרה?

כשהרכבת השואגת יצאה מתחנת גן העדן אל בְּליל העולם מרובה הפנים הזה, העתיד להיבנות על עשייה והתקדמות, מישהו צריך היה לזכור שאהבה ואחדות הן היעד הסופי. המישהו הזה הוא האישה.

רש״י אומר שחוה נתנה לאדם לאכול מעץ הדעת מחשש שמא ״תמות היא ויחיה הוא ויישא אחרת״.[יא] חוה, שבתפקידה כאם־הטיפוס של האישה הבינה שברמה האידיאלית הפנימית קשר אינטימי חייב להיות בלעדי, צרבה קנאה לתוככי הגנטיקה הרוחנית של כל אישה.[יב]

אכן, השלכתה לתוך עולם של ריבוי ונפרדות, הסותר אחדות בכל רמה, היא חלק מהצער שהאישה סובלת בעולם הזה. הגמרא (עירובין ק, ב) מונה את הקללות שפקדו את חוה לאחר החטא, ובהן את העובדה שהיא אינה רשאית להינשא ליותר מאדם אחד, בעוד הוא רשאי לשאת יותר מאישה אחת. כמה כואב לחיות בעולם המעלה על נס את היעילות וההתקדמות, כשאת כמהה לקשר ולאהבה! כמה כואב לא להיות מסוגלת, מעצם טבעך, להתחרות בעולם של מעמדות והירכייה. כמה כואב כשהמטבע העובר לסוחר בעולם שבו את חיה בוגד בעצם מהותך.[יג]

הכאב שלה הוא הברכה של האנושות

אכן, הכאב הזה הוא קללת האישה, אבל ברכה לאנושות. ללא כמיהתה לאהבה אמיתית ולבלעדיות, הייתה המטרה הסופית נעלמת מעיניה של האנושות. חשוב להבהיר: קללה אינה דבר טוב. הקללות שניתנו לאדם,

---

שלמה המלך לנשים מעמים אחרים, למשל, היו חלק מתוכניתו להכניס את העולם תחת מלכות האלוקים, ראו גם הערת סיום י בפרק זה.

7. דבר זה משתקף גם במישור הקוסמי. המדרש (תנחומא, פקודי ג) מספר לנו שכל הנשמות של האנושות כולה היו כלולות בנשמתו של אדם הראשון. כאשר שלמות לא הושגה בגן עדן, נשמתו של אדם הראשון התפצלה לנשמות רבות שימלאו את העולם. האידיאל הראשוני היה אמור להיות אלוקים אחד עם אדם אחד (אנדרוגיני), ואיחודם. כאשר הדבר לא הושג, קיבלה כל נשמה את חלקה בתיקון. התוכנית עברה מ״א־ל אחד לאדם אחד״ ל״א־ל אחד לבני אדם רבים״.

לחוה ולנחש הן תיאור של המציאות העצובה של העולם לאחר החטא, לא של עולם אידיאלי. הקב"ה אומר לחוה: "ואל אישך תשוקתך והוא ימשול בך" (בראשית ג, טז). לעולם תשתוקקי לאחדות ולבלעדיות של יחסי האהבה האמיתיים, אבל הגישה של הגבר לחיים – המעדיף ריבוי והתקדמות על פני אינטימיות ובלעדיות – היא זו שרווחת. הקללה שלך תהיה שבשעה שאַת תערגי לאחדות, פניו של בן הזוג שלך פונים יהיו (ברמה מסוימת) לכיוון השני – ואכן, מבחינה היסטורית זה תיאור די מדויק של מציאות חיי הנשים, עד לאחרונה, כאשר נראה שהאיזון מתחיל להשתנות, גם אם מעט.

הגמרא (יבמות סב, ב) אומרת שמקור הדין ש"חייב אדם לפקוד את אשתו בשעה שהוא יוצא לדרך" הוא קללת "אל אשך תשוקתך".[יד] מבחינה מטפורית, היציאה שלו לדרך מסמלת את חייהם המשותפים. היא נמצאת שם, בתוך הקשר, והוא תמיד במסע, עם רגל אחת בחוץ, מרוכז כולו בעולם שעליו לקדם ולתקן. היא, שמרגע יצירתה כמהה לאחדות ולשלמות, נדחקת לעולם שבו המטרה היא תמיד הכיבוש הבא. בדוגמה נפלאה להתאמה בין מטאפורה לחיים האמיתיים, ההלכה מחייבת את האיש לזכור שהמטרה היא אחדות, לפני שהוא יוצא למסע כפשוטו.[טו] נישואיו של איש לאישה מזמינים אותו לעולם שבו האיחוד הוא המטרה הסופית.

הוא מכוון מטרה, היא מכוונת קשר

אמר רבי אידי: מעשה באשה אחת בצידן ששהתה עשר שנים עם בעלה ולא ילדה. אתון גבי [באו לפני] רבי שמעון בן יוחאי, בעיין למשתבקא דין מדין [רצו להיפרד זה מזו].

אמר להון: "חייכון [חייכם]! כשם שנזדווגתם זה לזה במאכל ובמשתה, כך אין אתם מתפרשים [נפרדים], אלא מתוך מאכל ומשתה".

הלכו בדרכיו ועשו לעצמן יום טוב ועשו סעודה גדולה, וְשִׁכְּרַתּוֹ יותר מדאי. כיון שנתיישבה דעתו עליו, אמר לה: "בתי! ראי כל חפץ טוב שיש לי בבית וטלי אותו ולכי לבית אביך!"

מה עשתה היא לאחר שישן? רמזה לעבדיה ולשפחותיה, ואמרה להם: "שָׂאוּהוּ בַּמִּטָּה וקחו אותו והוליכוהו לבית אבא".

בחצי הלילה ננער משנתיה [ניעור משנתו], כיון דפג חמריה [שפג יינו]. אמר לה: "בתי, היכן אני נתון?"

> אמרה ליה: ״בבית אבא״.
> אמר לה: ״מה לי לבית אביך?״
> אמרה ליה: ״ולא כך אמרת לי בערב, ׳כל חפץ טוב שיש בביתי, טלי אותו ולכי לבית אביך?׳ אין חפץ טוב לי בעולם יותר ממך!״
> הלכו להם אצל רבי שמעון בן יוחאי, ועמד והתפלל עליהם ונפקדו.[טז]

הבעל בסיפור הזה ממוקד מטרה. אם הנישואין לא מניבים תוצאות, גם אם אנחנו אוהבים זה את זה, אין טעם להמשיך בהם.[8] האישה, לעומתו, רואה את העולם אחרת. אהבה די בה. אנחנו נמצאים בנישואין האלה לא כדי לייצר משהו, אלא פשוט כדי להיות בקשר של חיבור ואהבה.[יז] הקשר עצמו הוא המטרה.[9]

בסיום יפהפה ועוצמתי מבחינה מטפורית, הזוג זוכה לחבוק ילד כשהאיש מתנער מגישתו מכוונת המטרה, כשרבי שמעון בר יוחאי אישר את הגישה שלה. באופן פרדוקסלי, כשהם מתחילים להבין את משמעותה של אהבה טהורה ללא מניע נסתר – אז מניב הקשר פרי.[10]

---

8. אכן, לדעתו של רבי יוסף בכור שור (אחד מבעלי ה״תוספות״, בן המאה השתים־עשרה), כל הרעיון של העמדת תולדות הוא שינוי שלאחר מעשה במציאות האנושית (**בכור שור**, בראשית ג, טז). ילדים הם תוצאה של הצורך בתיקון שצריכה האנושות לבצע בעקבות חטא. לפי שיטה זו, אילולא חטאו אדם וחוה – אילו היו משיגים את אותה אחדות שהיו אמורים להשיג – לא היה להם צורך בילדים. ברגע ששלמות אינה מושגת בדור אחד, מוטלת השליחות על הדור הבא. צאצאים מייצגים הן את חוסר היכולת שלנו להשיג שלמות בעצמנו, והן את הצורך הנוצר מכך להמשיך ולהשפיע על העולם דרכם.
9. אולי משום כך אסור לכוהן הגדול, שמהותו היא לשמר את האינטימיות של הקשר בין אלוקים ועם ישראל במקדש, לשאת גרושה או אלמנה. כנציג הבלעדיות בקשר האלוקי, נישואיו שלו חייבים לשקף את אותה בלעדיות (ראו גם ספר החינוך מצווה רעב).
10. מעניין לציין שלפי הגמרא אישה אינה יכולה להרות מקיום היחסים הראשון שלה (יבמות לד, ב). אפשר לראות זאת באותו כיוון: הפעם הראשונה שהם ביחד מייצגת את החיבור מחדש של שני חלקי הנשמה הזו, וזו המטרה כשלעצמה. לאחר ביסוס זה, עוברים בני הזוג לשלב הבא, שבו נעשה שימוש באחדות הקשר ביניהם כדי להשפיע על העולם. באותו האופן שבו השבת, יום האחדות, משפיעה על ימות השבוע – ימי בנייה והתקדמות – האחדות שהזוג משיג משפיעה על איכות הילדים שימשיכו במלאכת הבאת העולם לאחדות בעתיד.

זה גם מסביר את העובדה התמוהה שרבי שמעון בר יוחאי מורה להם לעשות משתה ״לחוג את גירושיהם״. בסופו של דבר, המשתה לא ציין גירושין בפועל. זה היה משתה לרגל מעבר הזוג לרמה גבוהה יותר של מערכת יחסים – המבוססת על אהבה גבוהה

הדינמיקה הזו היא מציאות עצובה של החיים

האישה, במהותה, מכוונת קשר,[יח] אבל היא חיה בעולם שכל מהותו היפרדות וריבוי.

הכאב הנשי הנובע מכך, ממלא תפקיד מיוחד בדינמיקה בין הקב"ה לעם ישראל.

כאשר גלו היהודים מארצם, כבולים בשלשלאות ברזל, מעונים וכואבים, קרא הנביא ירמיהו לאבות העולם להתחנן על בניהם לפני האלוקים:

> פתח אברהם לפני הקב"ה ואמר: "רבונו של עולם! למאה שנה נתת לי בן, וכשעמד על דעתו והיה בחור בן שלושים ושבע שנים אמרת לי 'העלהו עולה לפנַי', ונעשיתי עליו כאכזרי ולא ריחמתי עליו, אלא אני בעצמי כפתתי אותו; ולא תזכור לי זאת ולא תרחם על בנַי?"

> פתח יצחק ואמר: "רבונו של עולם! כשאמר לי אבא (בראשית כב, ח): 'אלהים יראה לו השה לעולה בני', לא עכבתי על דבריך ונעקדתי ברצון לבי על גבי המזבח, ופשטתי את צוארי תחת הסכין; ולא תזכור לי זאת ולא תרחם על בנַי?"

> פתח יעקב ואמר: "רבונו של עולם! לא עשרים שנה עמדתי בבית לבן, וכשיצאתי מביתו פגע בי עשו הרשע ובקש להרוג את בנַי, ומסרתי עצמי למיתה עליהם? ועכשיו נמסרו ביד אויביהם כצאן

יותר (נשית), אהבה "שאינה תלויה בדבר" (אבות ה, טז), סוג האהבה היחיד המחזיק מעמד (ונושא פרי).

[יח] מייד לאחר קבלת התורה בהר סיני, נאמר לעם ישראל "שׁוּבוּ לָכֶם לְאָהֳלֵיכֶם" – לשון נקייה לאינטימיות זוגית. בקטע מרתק מבהירה הגמרא (ראו להלן) שמטרת קיום היחסים בשלב זה לא הייתה הולדת ילדים (הבנת הבעל לעיל), אלא השמחה והקרבה של מצוות עונה (כפי שהאישה בסיפור ביטאה כה יפה: "אין חפץ טוב לי בעולם יותר ממך"). אף על פי ש"פרו ורבו" היא מצווה יסודית ועשויה לפעמים להיות מטרת קיום היחסים, כאן בהר סיני, אחרי כינון מערכת יחסים פנים אל פנים עם ה', נאמר להם לחזור לאוהליהם ולתת ביטוי לאינטימיות הזו בחייהם, במעשה של תשמיש שאין לו מניע מלבד שמחת הקרבה. "והרי כתיב (בראשית ט, ז) 'ואתם פרו ורבו'! עד סיני; בסיני גם כתיב (דברים ה, כו) 'לך אמור להם שובו לכם לאהליכם'! לשמחת עונה" (עבודה זרה ה, א).

לטבחה, לאחר שגדלתים כאפרוחים של תרנגולים וסבלתי עליהם צער גידול בנים, כי רוב ימי הייתי בצער גדול בעבורם. ועתה לא תזכור לי זאת לרחם על בנַי?״

פתח משה ואמר: ״רבונו של עולם! לא רועה נאמן הייתי על ישראל ארבעים שנה, ורצתי לפניהם כסוס במדבר? וכשהגיע זמן שיכנסו לארץ, גזרת עלי: במדבר יפלו עצמותי. ועכשיו שגלו, שלחת לי לספוד ולבכות עליהם? ...

באותה שעה קפצה רחל אמנו לפני הקב״ה ואמרה: ״רבונו של עולם, גלוי לפניך שיעקב עבדך אהבני אהבה יתירה ועבד בשבילי לאבא שבע שנים. וכשהשלימו אותן שבע שנים והגיע זמן נשואי לבעלי, יעץ אבי להחליפני לבעלי בשביל אחותי. והוקשה עלי הדבר עד מאד, כי נודעה לי העצה. והודעתי לבעלי ומסרתי לו סימן, שיכיר ביני ובין אחותי, כדי שלא יוכל אבי להחליפני. ולאחר כן ניחמתי בעצמי [=התחרטתי] וסבלתי את תאוותי וריחמתי על אחותי שלא תצא לחרפה ... וגמלתי חסד עמה ולא קינאתי בה ולא הוצאתיה לחרפה.

ומה אני, שאני בשר ודם עפר ואפר, לא קינאתי לצרה שלי ולא הוצאתיה לבושה ולחרפה, ואתה מלך חי וקיים רחמן, מפני מה קינאת לעבודה זרה שאין בה ממש, והגלית בנַי ונהרגו בחרב ועשו אויבים בם כרצונם?״

מיד נתגלגלו רחמיו של הקדוש ברוך הוא ואמר: ״בשבילך רחל אני מחזיר את ישראל למקומן״. הדא הוא דכתיב (ירמיהו לא, יד): ״כה אמר ה׳, קול ברמה נשמע, נהי בכי תמרורים, רחל מבכה על בניה, מאנה להנחם על בניה כי איננו״, וכתיב: ״כה אמר ה׳, מנעי קולך מבכי ועיניך מדמעה, כי יש שכר לפעולתך״ וגו׳, וכתיב: ״ויש תקוה לאחריתך, נאם ה׳, ושבו בנים לגבולם״.

(מדרש איכה רבה, פתיחתא כד)

שואל המהר״ל: מדוע תחינתה של רחל היא זו שהטתה את הכף? רחמיה

על אחותה בהחלט ראויים לשבח, אבל על שום מה רב משקלה ממשקל זכויות שאר אבות האומה?

לראות נכוחה את המציאות

המהר"ל מסביר, שרחל ידעה שיעקב מיועד להיות בן זוגה. אבל היא ידעה גם שעולם של ריבוי אינו תומך באחדות ובשלמות. כשלמול עיניה צערה של אחותה ומודעות למציאות העולם הזה – שבו בשורה התחתונה אחדות בלתי ניתנת להשגה – ויתרה על מערכת יחסים בלעדית עם בעלה, משום שזה היה צורך השעה.

את ההבנה הכואבת הזו – שהאחדות לא באמת אפשרית בעולם הזה – הביאה לפני הקב"ה. היא למעשה אמרה לו כך: "אתה כועס על ילדיך על שבגדו בך, על שסרו מאחריך לאלוהים אחרים. אבל האינך רואה שאתה הוא שזרעת ריבוי בעולם הזה? אתה הוא שאִפשרתָ להם לסטות ממך, כי הִנהגתָ פירוד בעולם שלאחר החטא![יט]

התגברתי על הרצון שלי לבלעדיות כי הבנתי את טבעו של העולם הזה. גם אתה חייב להתגבר על הכעס שלך על הבגידה שלהם מאותה סיבה ממש – כי מובנה בעולם שיהיו פירוד, ניכור ובגידה. ובעולם הזה, גם אנו, המבינים אחדות ומשתוקקים אליה, נדרשים לפעמים לוותר עליה כדי למנוע סבל נוסף".[כ]

מעשיה של רחל – שהכירה בחוסר השלמות של העולם הזה – זרו אור אחר על חטאם של היהודים והקב"ה מבטיח להם שאף על פי שנזרקו לכאב הגלות, שבה פירוד הוא שם המשחק, בסופו של דבר הם ישובו הביתה, למקום האחדות. שנים רבות וכואבות עברו מאז ימי רחל אימנו ועם ישראל מתכונן לבואו של המשיח (במהרה בימינו!). וככל שאנו מתקרבים לזמן הגאולה, אידיאל האחדות, אידיאל ההתאמה המוחלטת, הן במטאפורה הן במציאות, כבר אינו רחוק כל כך.[כא]

הקב"ה מנהל את העולם. גם שינויים סוציולוגיים הם חלק מהתוכנית האלוקית, ובדרך כלשהי, מקרבים אותנו לעולם הרצוי. אפשר שהעובדה שפוליגמיה כבר אינה לגיטימית מבחינה הלכתית, לצד תחושת אי הנוחות של האדם המודרני באשר לחוסר השוויון הטמון בנישואים עם יותר מאישה

אחת, משקפים תהליך של האנושות לקראת האיחוד המיוחל.[כג] ייתכן שרמת החיבור הנלווית לקשר מונוגמי מקרבת אותנו לאידיאל.

ייבום[11]

מקום נוסף שבו ניכר ההבדל בין גברים לנשים בפרדיגמה ההלכתית הוא מצוות ייבום. כאשר אדם מת מבלי להותיר צאצאים חיים, מצווה על אחיו לשאת את האלמנה – לייבם את אשת המת. נראה שייבום הוא דרך לצמצם את הטרגדיה של אדם שמת מבלי להשאיר ילדים. "הַבְּכוֹר אֲשֶׁר תֵּלֵד – הילד הראשון שייוולד לאח ולאלמנה – יָקוּם עַל שֵׁם אָחִיו הַמֵּת, וְלֹא יִמָּחֶה שְׁמוֹ מִיִּשְׂרָאֵל" (דברים כה, ו). ויתור על תביעה על ילדיו הביולוגיים הוא מעשה חסד חסר אנוכיות עבור גבר שנותר ללא כל עתיד. וכאן עולה השאלה – מדוע אין ייבום לאישה שמתה בלי ילדים?

שוב, גישתנו בספר הזה מבקשת לשפוך אור על ההבדלים המהותיים בין הקול הגברי לקול הנשי. ייבום מנסה להתמודד עם אסון מותו של אדם בלי להשאיר זרע, באמצעות יצירת פתרון כלשהו. כדי שהמנוח לא יישאר בלי המשך, אחיו ממשיך אותו (במובן מסוים). ייבום מאפשר למנוח לחיות הלאה, באמצעות אשתו ואחיו והילדים שהם יולידו.

עבור הכוח הגברי, הטרגדיה של עקרות היא הטרגדיה של לא להותיר חותם או השפעה על העולם. לא יהיה מי שיישא את שם המשפחה, לא יהיה מי שימשיך את העסק, ומעל לכול – לא יהיה מי שימשיך את שליחותה וייעודה של המשפחה. לידת ילדים ועתיד דרך האח, שהוא ענף של אותו אילן, ודרך אשתו, שהיא "כגופו",[כג] יש בה המתקה מסוימת של הטרגדיה.

אבל הטרגדיה של אי המשכיות, של כריתה לפני שהייתה אפשרות להשפיע על העתיד, היא רק זווית אחת של כאב העקרות. הכאב האחר אינו נובע מהיעדר עתיד אלא מהיעדר הווה. אני רוצה ילד לא בגלל שאני רוצה שמישהו יישא את שמי או ימשיך את העסק, אלא בגלל שאני רוצה לשאת ילד בזרועותיי עכשיו. אני רוצה לצלול לתוך היופי של חוויית ההולדה והגידול של הילד בחיי יום יום.

11. את התובנה המובאת כאן על מצוות ייבום שמעתי מפי הרב דב רוזנבלום, מרצה בכיר ב"נפש יהודי".

גם עבור הכוח הנשי – שעניינו חוויית ההווה – עקרות היא טרגדיה. אפילו מהותה הביולוגית זועקת לחוויה של נשיאה, הנקה וטיפוח ילד.[12] עקרות היא טרגדיה מסיבות רבות, אבל לכוח הנשי מדובר בטרגדיה שבהחמצת **החוויה** והמציאות של לידה והורות. כפי שהוזכר לעיל, ההבדל בין תרומת הזכר ותרומת הנקבה ביצירת ילד משקף רעיון זה. הזכר תורם משהו חיצוני לעצמו כדי להשפיע על העתיד; יחסו אל הילד – במישור הביולוגי – הוא תיאורטי יותר ופונה לעתיד.[13] האישה, לעומתו, מקבלת את הילד לתוככי הווייתה הפיזית ממש. היא נכנסת להיריון, חוויה שמקיפה את הווייתה במשך תשעה חודשים, היא יולדת את הילד, לא רק באופן תיאורטי, כמו הזכר, אלא בפועל, בגופה ובעצמה, והיא ממשיכה לכלכל אותו בגופה ובהווייתה.

ברור שגם כשאישה עוזבת את העולם בלי ילדים זו טרגדיה, אבל זו טרגדיה שאין לה כל כך תיקון בעולם הזה. האישה הזו כבר לא נמצאת. אם אחותה תלד תינוק עבורה, זה לא יקל על הכאב שבמוות שלה בלי ילדים, משום שהיא כבר אינה כאן כדי ללדת, להניק ולגדל את הילד. אין דרך להחזיר את חוויית החיים למי שכבר אינו בין החיים.

אם ייבום בא לתת פתרון חלקי לטרגדיה, אין הוא יעיל לכוח הנשי – ולכן המודל התורני אינו מציע את הפתרון של ייבום כתיקון לטרגדיה הזו. הטרגדיה של אישה שמתה בלי ילדים, כמו רוב הטרגדיות בעולם, אין לה מרפא בעולם הזה, והכאב – כמו כל סבל בעולם שאיננו מבינים – חייב לקבל התייחסות במסגרת אחרת.

12. ראו את תפילת חנה אם שמואל (שמואל א א) כפי שנתפרשה בברכות לא, ב: "'וחנה היא מדברת על לבה' אמר רבי אלעזר משום רבי יוסי בן זמרא, על עסקי לבה. אמרה לפניו: ריבונו של עולם, כל מה שבראת באשה לא בראת דבר אחד לבטלה, עיניים לראות, ואזנים לשמוע, חוטם להריח, פה לדבר, ידיים לעשות בהם מלאכה, רגלים להלך בהן, דדים להניק בהן; דדים הללו שנתת על לבי למה, לא להניק בהן?! תן לי בן ואניק בהן".

13. "זכר" חולק שורש עם "זיכרון". הגבר הוא הגשר בין עבר לעתיד. מה משותף לבלוט קטן ולעץ אורן חזק וזקוף? הזיכרון הטבוע בגנטיקה של אותו בלוט קטן, הוא שדוחף אותו להפוך בסופו של דבר לעץ אורן. הזכר הוא שמשליך את העבר אל העתיד – ומדלג לגמרי על ההווה (בניגוד לנקבה, אשר כל התמקדותה, מטפורית, בהווה, משום שהיא כולה מעורבת בתהליך של היריון, הולדה והנקה, פיזית ואישית).

סיכום

בעוד החיים היהודיים כיום אינם מתירים ריבוי נשים, פוליגמיה מותרת על פי התורה. עם זאת, מהתבוננות במקורות עולה כי נישואין ברמה הנעלה ביותר הם בין איש אחד לאישה אחת. מנקודת המבט של ה"חץ", שמטרתו לשנות ולהשפיע על העולם, ככל שתוכל להשפיע על יותר אנשים, כך ייטב – וריבוי נשים משרת מטרה זו. מנקודת המבט של המעגל, המטרה אינה הישגיות, אלא האינטימיות של המעגל. ככל שהעולם נע לכיוון תפיסת עולם נשית יותר, כהכנה לעת הגאולה, החברה משקפת את ההבנה הזו ואינה סובלת ריבוי נשים.

חלק מהכאב של אישה בעולם הוא הכמיהה לאחדות ובלעדיות בעולם שאינו מכיר בצורך הזה. אולם בסופו של דבר, האחדות תנצח; המעבר מהיות הפוליגמיה תופעה מקובלת בחברה לאי קבלתה בתרבות של ימינו, מייצג התקדמות לכיוון האידיאל.

נישואי האלמנה עם אחיו של המנוח – ייבום – הם דרך להתמודד עם היבט אחד של הטרגדיה הטבועה במוות ללא ילדים: הטרגדיה של מוות מבלי להשאיר מישהו שימשיך את המורשת. להיבט האחר של הטרגדיה – היעדר ילד כאן ועכשיו – אין באמת פתרון בעולם הזה. הדרך שבה התורה מבקשת למתן את הטרגדיה הזו ישימה רק על הכוח הגברי, המכוון לעתיד, ולא על נקודת המבט הנשית, כאן ועכשיו.

פרק כד

הכתובה

החלק הבא בפסיפס ההלכה הנוגע לסוגיית גברים מול נשים שנדון בו הוא ה"כתובה", אותו מסמך פורמלי שהחתן נותן לכלה כחלק מטקס הנישואין. הכתובה היא נושא לדיונים רבים בעולם המודרני, בעיקר משום שהיא חד צדדית – הוא נותן לה אותה, ולא להיפך – ומשום כך נתפסת כממסדת מערכת יחסים פטרונית, שבה האיש מתחייב לאחריות על אשתו, כאילו היא זקוקה לטיפול ואינה מבוגרת עצמאית. הבה ונדון בטענות אלו אחת לאחת.

> רבי שמעון אומר מפני מה אמרה תורה (דברים כד, א) "כִּי יִקַּח אִישׁ אִשָּׁה", ולא כתב "כי תִלָּקַח אשה לאיש"? מפני שדרכו של איש לַחֲזֵר על אשה ואין דרכה של אשה לחזר על איש. משל לאדם שאבדה לו אבידה – מי חוזר על מי? בעל האבידה [אחת מצלעותיו] מחזר על אבידתו.[1]

רבי שמעון אומר לנו שהאיש הוא זה שמרוויח הכי הרבה ממציאת בת זוג, והוא זה שבאופן טבעי ישקוד על החיפוש בצורה אגרסיבית יותר. ממנו נלקחה הצלע, והוא זה המרגיש את החסר. בעוד האישה נבראה כישות שלמה בפני עצמה, הגבר איבד חלק מעצמו.

זה אולי נכון תיאורטית, אבל בחברה המודרנית, לפחות, נראה כי

1. קידושין ב, ב (ורש"י שם).

התהפכו היוצרות; היום נראה שהנשים רודפות אחרי הגברים ומתחננות לפניהם להיכנס למערכת יחסים מחייבת. למה שזה יהיה כך?

להשאיר את האופציות פתוחות

הכתובה, מסמך ההתחייבות שהחתן מוסר לכלה מתחת לחופה, רשאית כנראה להתהדר בתואר המסמך הכי לא רומנטי בעולם. מתחת לחופת קטיפה ופרחים, תחת שמיים זרועי כוכבים, ביום החשוב בחייהם, מוסר החתן לכלתו מסמך משפטי המפרט את מחויבויותיו כלפיה. האם לא יכלה היהדות לחשוב על משהו קצת יותר פיוטי ומעורר השראה?

אבל אולי יש כאן שירה אחרי הכול? לאונרד סאקס, בספרו המרתק על מצב הנערים בימינו, מתאר תרחיש מעניין שבו שלושה חוקרים, שנשלחו על ידי קרן פורד לצפות בכיתה בבית ספר לבנים בלבד, עם מורֶה, מתחו ביקורת על מה שלדעתם היה תיאור לא מקובל של מגדר:

> שלושת מחברי המחקר גינו את בית הספר... בטענה שהוא מחזק את הסטריאוטיפים המגדריים... מורה שספג ביקורת נוקבת במיוחד היה זה שהעז לדבר עם תלמידיו – בנים כולם – על המשמעות של היות גבר מוצלח. המורה אמר:
>
> "דיברנו על כוח, ודיברנו על שליטה עצמית ועל היכולת לשלוט ברגשות ולהקריב למען אחרים. אתם יודעים, דיברנו על כך שאם יש לך משפחה ויש לך מספיק כסף רק לשתי מנות, אתה לא תאכל... אתה יודע שאתה תאכיל את האישה ואת הילדים ואתה תחכה".
>
> החוקרים הוקיעו את המורה הזה ונזפו בשאר המורים על נטייתם לחזק סטריאוטיפים מגדריים מסורתיים... הם התאכזבו מכך "שנאמר לבנים להיות גברים חזקים ולשמור על נשותיהם... שחוזקו סטריאוטיפים של תפקידי מגדר מסורתיים ושהמגדר הוצג בצורה מהותנית".[2]

2. Leonard Sax, *Boys Adrift*.

אפשר בקלות להבין מדוע דימוי של הגבר כאחראי החזק ושל האישה כמי שמטפלים בה עלול להוביל לתפיסת הנישואין כמערכת יחסים פטריארכלית המעמידה נשים וילדים באותה קטגוריה. ובכל זאת, יש צד נוסף לסיפור.

בשעה שכמה הוגים פמיניסטיים נוטים להיות חשדניים כלפי חלוקה דיכוטומית של תכונות גבריות ונשיות, בשל ההיסטוריה הארוכה של החברה בסיווג כל תכונה נשית כבעלת ערך נמוך יותר, אחרים טוענים שזו שפיכת התינוק עם המים: "הנחת עולם המורכב מ־x ולא־x, שבו לא־x משויך באופן קבוע ל[שלילי], לא שוללת שימוש גורף בקטגוריות לגמרי. אם כן, גברים/נשים/ילדים זו צורה אחת של סיווג העולם, ואילו גברים/נשים וילדים זו צורת סיווג שונה למדי במשמעותה...".[3]

אכן, כשאנו מתמקדים רק בשוויון, לעיתים קרובות אנו משלמים בצדק והגינות. אם גברים ונשים נוטים להתייחס באופן שונה למערכות יחסים, אזי ההתעקשות על אחידות מלאה בטקס הנישואין ובהתחייבויות ההדדיות של בני הזוג, גם אם היא נראית טוב על הנייר, עשויה להיות השורש לעוולה כואבת.

אם על נשים הוטלה המשימה להזכיר לעולם מה הם אהבה, אחדות וחיבור אמיתי, ההכרה בפגיעות המובנית של הפרספקטיבה הזו ובצורך להגן עליה מפני רמיסה יכולה לייצג לא אפליה אלא הגינות. אם נכון שלגבר נטייה רבה יותר או – בשל המציאות הביולוגית – יכולת רבה יותר לנצל את האישה; אם סביר יותר שגבר לא יהיה מחויב לקשר ולא יקבל אחריות על מערכת היחסים, יצירת מבנה המתמקד במחויבויותיו ובהתחייבויותיו עשוי להביא לקשר שוויוני יותר, הדדי יותר ובוגר יותר מאשר התעקשות על שוויון שטחי.

במקרה זה, טבעו המגונן של הגבר (מולד או נרכש), מקבל חיזוק, ותוקף ניתן לפגיעות הגדולה ביותר של האישה – לא במובן שהיא אינה יכולה לדאוג לעצמה, אלא במובן שאם קולה הוא אשר נועד ללמד את העולם על אהבה, ואהבה היא קול הפגיעות, אזי אין זה הוגן לצפות ממנה להישאר נאמנה לקול הזה בעולם שעוין אותה. אישה שעצם בריאתה הייתה בהקשר של מערכת יחסים – היא נבראה כ"עזר כנגדו" – מחויבת יותר

3. Nancy Harstock, "Foucalt on Power", *Feminism/Postmodernism*, 162.

לקשר באופן ביולוגי,[4] ומחויבותה כלפיו מקבלת הצדקה וגיבוי חברתיים על ידי קבלת האחריות שלו לצרכיה.

לקבל אחריות

נוסף על כך, הכתובה מביאה בחשבון את פגיעות האישה בצורה נוספת. היא דורשת מהאיש לצאת מהמצב הטבעי שלו ממוקד־היחיד למצב מערכת יחסים, ודורשת ממנו את האמירה "אני הגבר כאן, ואני מתחייב ומחייב את עצמי כלפייך. המחויבות שלי תהיה הקרקע שעליה תפרח אהבתנו יחד". הכתובה מבהירה שאהבה ללא התחייבות אינה אהבה – היא אנוכיות.

אכן, בחברה המודרנית, שבה מחויבות היא מילת גנאי שכמעט אסור לומר אותה,[5] נוצר מצב שבו נשים מקוננות לעיתים קרובות על שעליהן לרדוף אחר הגברים. גבר בחברה המודרנית יכול לשבת ולהמתין לאישה שתבוא לחפש אותו; ואפילו כשהיא מוצאת אותו הוא ממשיך לשדר "אני נשאר בקשר כל עוד זה נעים לי".

אלא שכשחברה מאשרת אי קבלת אחריות ואי התחייבות, היא יוצרת את המוקיון טוב הלב, מן הסוג המתואר בקומדיות מצבים – אבא עם כוונות טובות, אולי חמוד לפעמים, אבל לא יעיל וילדותי באופן כללי.[6] לעומת זאת, "טוב לגבר כי ישא עול בנעוריו":[א] האיש צריך לקבל על עצמו עול הקמת משפחה בגיל צעיר,[ב] משום שבתפיסת העולם התורנית הקמת משפחה – קבלת אחריות, מחויבות לאנשים שבחסותו, העמדת צורכיהם במקום הראשון – היא העושה את האיש לגבר.[7]

---

4. בשל העובדה שמניעת הירָיון כל כך נגישה ומקובלת כיום בחברה המערבית, קל לפספס את ההבדלים הביולוגיים בין זכרים ונקבות בתחום המחויבות. מבחינה ביולוגית, בעוד תרומת הזכר היא פעולה קצרה ומהנה, אצל הנקבה, המעשה הקצר הזה מניע **מחויבות**. מחויבות של זמן, מחויבות של אנרגיה ואפילו מחויבות של הגבולות הפיזיים של העצמי. הזכר הביולוגי לא נדרש להתחייב לכלום, ואילו הנקבה הביולוגית – על ידי כניסה למערכת היחסים, מעצם הגדרתה, מתחייבת לשבועות או חודשים ארוכים של הריון, לחבלי הלידה ולאחריות להזין ולהגן על ילדיה, לפרקי זמן משתנים בהתאם לזן.
5. Barbara Ellen, "That C-word again…Commitment", *The Guardian*, 28 May 2000.
6. חבֵרה סיפרה לי שראתה ילד הולך עם אביו ברחוב. על חולצת הילד הכיתוב: "אני ילד רע? חכו, תראו את אבא שלי". אפשר לתהות איך נראים חיי ילד שהמודל לחיקוי שלו הוא אחד שמתגאה בכך שהוא "רע" – קרי: ילדותי – יותר מבנו...
7. תחום אחד שבו אפשר לראות את הניגוד בין ציפיית העולם המערבי מהגבר לבין

למילה "בעל", איש שנשא אישה, יש גם משמעות של בעלות. אבל חשוב להדגיש שהגבר אינו לוקח בעלות על האישה.[8] הוא לוקח בעלות על

ציפיית התורה מהגבר, הוא מצוות עונה, שבה מצווה האיש לקבל אחריות על צרכיה הזוגיים של אשתו והנאתה (שמות כא, י). חשבו כמה מהפכנית הייתה נקודת המבט היהודית בעולם העתיק (וכמה, למרבה הצער, עודנה כזו). בשעה שברור היה לכולם שאינטימיות היא "זכותו" של הגבר ו"חובתה" של האישה, היהדות הציבה מודל הפוך לגמרי: אינטימיות היא זכותה של האישה וחובתו של האיש. גבריות, מנקודת מבט יהודית, היא התרחקות מסגנון העינוג האגואיסטי האינדיבידואליסטי המערבי; היהדות דורשת מהגבר התמקדות באחר. מובן מאליו שבנישואים בריאים, שניים שאוהבים זה את זה ירצו להעניק הנאה זה לזה. אבל המסגור ההלכתי של הגבר כאחראי להנאתה של אשתו יוצר דינמיקה שונה לחלוטין בין גברים לנשים.

8. זוהי נקודה חשובה להבהרה, שכן המילה שבה משתמשת הגמרא לתיאור מעשה הנישואין היא קניין, שפירושה המילולי הוא "מעשה רכישת בעלות". ואכן, לאחר שדנה ב"קניית" אישה, ממשיכה הגמרא (קידושין ב, ב) לדון בסוגי קניות נוספים – מה שמאשר לכאורה את העובדה שהוא "קונה" את אשתו.

אולם יש חוסר יושר בסיסי בטענה שהנישואין הם טקס שבו הגבר קונה את אשתו. אכן, תרגום המילה קניין כמייצג פעולה של רכישה כספית הוא בעייתי. כך, למשל, אמרו חז"ל (אבות ו, ו): "גדולה תורה יותר מן הכהונה ומן המלכות, שהמלכות **נקנית** בשלושים מעלות, והכהונה בעשרים וארבע, והתורה **נקנית** בארבעים ושמונה דברים". הקניינים הללו אינם רכישות כספיות כמובן, שכן מלכות וכהנה עוברות מאב לבן, וידיעת התורה גם היא אינה מקנת כסף. בהמשך דברי חז"ל (אבות ו, י) מופיע (בדילוג): "חמשה **קנינים קנה** לו הקדוש ברוך הוא בעולמו, ואלו הן: תורה, שמים וארץ, אברהם, ישראל, בית המקדש". שוב, אי אפשר לרכוש את הפריטים המצוינים ברשימה זו בכסף. מהי, אם כן, משמעות המילה קניין?

הרש"ר הירש (בראשית ד, א) מסביר שהמילה קניין קשורה למילה קָנֶה שפירושה גבעול. בדומה לגבעול הפרח שהוא הצינור שדרכו מועבר היחס בין האדמה לפרח, כך גם קניין הוא היחס שנוצר בין שני הצדדים. ואכן, כך מסביר הגאון מווילנא (**אדרת אליהו** בראשית ד, א) את המושג קניין: "לשון קנין נופל על דבר שנעשה ונתיחד להקונה, שאין לזולתו חלק בו, כמו 'הר זה קנתה ימינו' (תהלים עח, נד), שהר זה נתיחד לה' לבדו ומעולם לא זזה שכינה".

חמשת הקניינים של הקב"ה מתייחסים לחמש דרכים מגדירות שבהן הקב"ה מתקשר עם מרכיבי היסוד הללו של העולם.

במקרה של קניין פרה למשל, הקניין יוצר יחסי בעלות. הקניין הוא הקנה המגדיר בבירור את מערכת היחסים בין האדם לפרה. הפרה לא חייבת להסכים לקניין; היא הופכת להיות רכושו של הקונה. הבעלים יכול לעבוד בפרה, לחלוב אותה או לשחוט אותה, ואפילו למכור אותה הלאה.

במקרה של אישה, הקניין יוצר קשר של נישואין ויְחִידִיּוּת. הגבר אינו הבעלים של אשתו. אסור לו להכותה (רמ"א, אבן העזר קנד, ג), או להגביל את חירותה לבוא וללכת כרצונה (רמב"ם, הלכות אישות יג, יא). שלא כשפחה, אישה יכולה לעסוק במשא ובמתן ולהחזיק ברכוש. אי אפשר למכור אותה, להשכיר אותה או להשאיל אותה. למעשה,

הקשר. הוא לא משתתף בעל כורחו בטקס שנועד לגזול ממנו את חירותו (המסר המובלע ב"מסיבות הרווקים" הפרועות הנהוגות בחברות מסוימות לפני החתונה), אלא יוזם פעיל.[9] הוא מתחייב לאשתו, מבטיח לתמוך בה ולספק את כל צרכיה. האישה אינה רודפת אחרי האיש – האיש מוכיח כי הוא ראוי להיות בן זוגה.

הכתובה נועדה להפוך **אותו** לגבר ולהעניק **לה** את החופש והביטחון לתת ביטוי לקול האהבה והחיבור הפגיע שלה. לאחר שהוקמה המסגרת המעודדת אותו לפגוש את גבריותו באמצעות מחויבות ואחריות, והנותנת לה את ההגנה הדרושה לה להביע את קול הפגיעות, יכולים בני הזוג לעבור למערכת היחסים ההדדית, השיתופית, הבוגרת, שהיא האידיאל.[10] ג

סיכום

הכתובה, מסמך משפטי המפרט את אחריות האיש כלפי אשתו, אולי נראית פטריארכלית, אבל אפשר לראות בה גם האדרה של הקול הנשי ומודעות לפגיעותו. יש בה גם הכרה בנטייה הגברית לברוח ממחויבות. הכתובה מבהירה שאהבה בלי מחויבות אינה אהבה – היא אנוכיות.

במערכת נישואין יהודית, הגבר מוצב במעמד של יוזם – הוא מתחייב, ונוטל אחריות למילוי צרכיה של האישה. מסגרת זו לא בהכרח משקפת

מערכת היחסים כולה תלויה לחלוטין בנכונות **שלה** להיכנס למערכת היחסים – אסור לשאת אישה בניגוד לרצונה (ראו רש"י בראשית כד, נח). אבל עדיין נותרים אנו עם השאלה מדוע הוא זה ה"קונה" אותה? ההבנה היא שהקניין מעמיד אותו בעמדת אחריות ומחויבות כלפיה.

9. באופן אידיאלי, הדינמיקה צריכה להיות הפוכה: הוא אמור להיות היוזם, המחפש, והיא צריכה להיות זו שמחליטה אם להיענות לו. הדבר מתבטא במבנה המילים: "אב" קשור בשורשו עם המילה "אבה" – השתוקק מאוד. "אִם" קרובה למילת התנאי "אִם". האנרגיה הגברית היא הדחף, התשוקה והרצון להתקדם; האנרגיה הנשית מותנית. היא מחליטה אם להיות קשובה לכל התשוקה והדחף האלו.

10. הספורנו מציין שעצם המילה "כנגדו" ("עזר כנגדו") מרמזת על שוויון, כפי ששתי משקולות המונחות על מאזניים נמצאות זו **כנגד** זו רק בשעה שהן שוות. נוסף על כך, הפסוק השני בשיר השירים מדבר על ערגה למערכת יחסים הדדית המסומלת בנשיקה. אידיאל הדדיות זה מרומז בשימוש במילים "פנים אל פנים" (דברים לד, י) המשמשות לתיאור הרמה הגבוהה ביותר של קשר בין אלוקים לאדם, והמקבילה בקשר של איש ואישה. ראו הערה בסוף הספר.

את מעמדה הנחות, כפי שיש הסבורים. להיפך: נכונות להכיר בהבדלים בין הקול הנשי והקול הגברי יכולה דווקא ליצור מסגרת שבה פורחים הדדיות, שוויון ושיתופיות אמיתיים.

פרק כה

הגט

אם היה עלינו להצביע על הנושא האהוד פחות מכולם במשפט העברי, היה זה קרוב לוודאי העובדה שהאיש הוא הנותן גט כריתות לאשתו ולא להיפך. אף שאישה יכולה **לתבוע** גט, ובית הדין יכול **לצוות** על הבעל לתת גט, בסופו של דבר רק האיש יכול **לתת** גט. אם היא רוצה גט, היא תלויה בו בעל כורחה. בידיים חסרות מצפון, הדין הזה גרם לכאב ולסבל עצומים, כשגברים סירבו לתת לנשותיהם גט, והותירו אותן "עגונות".[1]

מדוע האיש נותן לאישה את הגט? למה היא אינה יכולה לתת לו גט אם היא רוצה לצאת מהנישואים? קשה לדון בנושא טעון כל כך מבלי להתייחס לכאבה של האישה, שהגירושין נמנעים ממנה כאשר היא חפצה

1. המונח "עגונה" נועד במקורו לתיאור מצבה של אישה שבעלה הלך למרחקים ולא ידוע מה עלה בגורלו, כלומר, אישה הנשואה כהלכה שאבדו עקבות בעלה, והיא אסורה להינשא לאחר. עם הזמן התרחב השימוש במושג לכלול מצבים אחרים שבהם אישה נמצאת בזיקה לנישואין שלא ממומשים בפועל, אך מונעים ממנה נישואין אחרים (כדוגמת בעל שאינו יכול – בשל מחלה, למשל – או מסרב לתת גט), ולאחרונה הוא משמש גם לציון מצב הפוך, שבו האיש אינו יכול לגרש את אשתו וממילא אינו יכול לשאת אחרת תחתיה (בשל חרם דרבנו גרשום, ראו לעיל הערה 1 בפרק כג. תיאורטית קיימת אפשרות "להתגבר" על החרם, באמצעות "היתר מאה רבנים", אבל זהו נוהל חריג שהשימוש בו נדיר. ראו אריאל פינקלשטיין, אילה גולדברג ושלומית רביצקי טור־פז, **דו־שנתון דת ומדינה בישראל** 2022, המכון הישראלי לדמוקרטיה, עמ' 118). מעניין לציין כי על פי נתוני מערכת המידע של בתי הדין הרבניים בשנת 2017, מספר הגברים מסורבי הגט גבוה ממספר הנשים מסורבות הגט (יקי אדמקר, "בתי הדין הרבניים: יותר נשים מסרבות לקבל גט מאשר גברים שמסרבים לתת", **וואלה חדשות**, 14.2.2017).

בהם, ומבלי להתייחס לחוסר השוויון בהלכה זו.[2] אכן, אנו מחויבים לעשות כל שביכולתנו, ברמה המעשית, כדי להקל את הסבל הנגרם משימוש לרעה במסגרת זו – אבל בשורה התחתונה: זו ההלכה והיא דבר ה׳.[א] היושרה האינטלקטואלית מחייבת שנחפש את העומק הטמון – **בהגדרה** – בתוכנית האלוקית. מעתה, אם כן, שאלתנו היא: איזה היבט של הכוחות הזכריים והנשיים והדינמיקה ביניהם נוכל לגלות בהבחנה ההלכתית בין גבר לאישה בתהליך הגירושין היהודי?

בחולי ובבריאות

בגמרא (תענית ח, א) מוזכר ברמז סיפור תמוה, המובא על ידי המהר״ל בספרו **נתיבות עולם** (נתיב האמונה א):

> מעשה בנערה שהיתה הולכת לבית אביה, והיתה מקושטת בכלי כסף וזהב וגם יפת תואר. ותעתה בדרך והלכה בלא יישוב. כיוון שהגיע חצי היום צָמְאָה, ולא היתה לה לוויה. ראתה באר וחבל של דלי תלוי עליה, אחזה בחבל, ונשתלשלה וירדה לבאר. לאחר ששתתה ביקשה לעלות ולא יכלה. הייתה בוכה וצועקת.
> עבר עליה אדם אחד...
> אמר לה ״אם אני מעליך, תנשאי ליי?״
> אמרה לו ״הן״.
> העלהּ.
> כיון שהעלהּ ביקש להיזקק לה מיד.
> אמרה לו ״מאיזה עם אתה?״
> אמר לה ״מישראל אני, וממקום פלוני אני, וכהן אני״.
> אמרה לו ״אף אני ממשפחת פלוני בני אדם ידועים ונקוּבֵי שם״.

2. מעניין לציין שהרא״ש (רבינו אשר בן יחיאל, נפטר בשנת 1327) תולה את תקנתו של רבנו גרשום, בחוסר השוויון שבדין זה: ״ותקן **להשוות כוח האישה לכוח האיש** – כמו שהאיש אינו מוציא אלא לרצונו כך האישה אינה מתגרשת אלא לרצונה... **שהשווה מדותיו** ששום אדם לא יגרש בעל כרחה״ (שו״ת הרא״ש כלל מב, א).

> אמרה לו "עם קדוש כמותך שבחר בך הקב"ה וקידשך מכל ישראל, אתה מבקש לעשות כבהמה בלא כתובה ובלא קידושין? בוא אחרי אצל אבי ואמי ואני מתארסת לך". נתנו ברית זה לזו וזו לזה.
>
> אמר לה "מי יהיה עד ביני ובינך"?
>
> והיתה חולדה אחת עוברת כנגדן, אמרה לו "השמים, וחולדה זו, ובאר זה יהיו עדים שאין אנו מכזבים זה בזה".
>
> הלכו כל אחד לדרכו.
>
> ואותה הנערה עמדה באמונתה, וכל מי שהיה תובעה היתה ממאנת עליו. כיון שהחזיקו בה, התחילה לנהוג עצמה נכפית ומקרעת בגדיה ובגדי כל מי שהיה נוגע בה, עד שנמנעו בני אדם ממנה. והיא היתה משמרת בריתה לאותו האיש.
>
> והוא, כיון שעבר מכנגד פניה תקפו יצרו ושכח והלך לעירו, ונפנה למלאכתו ונשא אשה אחרת ונתעברה וילדה בן זכר. כשהגיע לג' חדשים חנקתו חולדה. ועוד נתעברה וילדה זכר ונפל לבור.
>
> אמרה לו אשתו "אם כדרך כל אדם היו מתים בניך הייתי אומרת צידוק הדין. עכשיו שמתו מיתה משונה אין זה בלא דבר, אלא ספר לי מה מעשיך".
>
> גילה לה כל המעשה. נתגרשה ממנו אמרה לו "לך אצל חלקך שנתן לך הקב"ה".
>
> הלך ושאל בעירה אמרו לו "נכפה היא, כל מי שתובעה כך וכך עושה לו".
>
> הלך אצל אביה פירש לו כל המעשה.
>
> אמר לו "אני מקבל כל מום שבה".
>
> העמיד עליו עדים, בא אצלה התחילה לעשות כמנהגה. סיפר לה כל מעשה חולדה ובור, אמרה לו "אף אני בבריתי עמדתי".
>
> מיד נתיישבה דעתה, וּפָרוּ וְרָבוּ בבנים ובנכסים.

שתי הנשים בסיפור הזה באות ללמד גבר על נאמנות. אשתו הבינה מייד שהתחייבות לאישה אחרת סותרת את הישארותו נשוי לה, וארוסתו הראתה לו מהי נאמנות באש ובמים.

המהר"ל מביא סיפור זה בכותבו על האמונה והנאמנות הנדרשות

מיהודי כלפי בוראו. דימוי הנאמנות מתבטא דרך החוויה הנשית – היא זו שנותרת נאמנת, למרות כל הקשיים.[3]

לנצח נצחים

מבחינה רעיונית, גירושין הם ההיפך מנאמנות. גירושין פירושם: "כשנהיה קשה, אני עף/ה מפה". תיאורטית, מנקודת המבט של נאמנות, נישואין – כריתות ברית אחדות בין שתי ישויות נפרדות – אמורה להיות (כמו בקתוליות) עסקה בלי אפשרות חזרה.

אף שהכוח הנשי (ולא כל אישה) מזדהה עם המוצקות והנצחיות של הקשר, הכוח הגברי (ולא כל איש), שפניו מופנות תמיד החוצה, מזוהה פחות עם הנצחיות והנאמנות של כריתת הברית ובשבילו פגיעה בנאמנות היא אפשרות לא מופרכת.

הגמרא (גיטין צ, ב) אומרת ש"המזבח מוריד דמעות" כאשר אדם מגרש את אשתו הראשונה.[ב] מדוע, מכל כלֵי המקדש, דווקא המזבח הוא שמוריד דמעות? המזבח מייצג את ההתמסרות המוחלטת לקב"ה. הרעיון העומד מאחורי קורבן הוא שהבהמה באה במקום האדם המקריב אותה.[ג] כשהמזבח המבין התמסרות מוחלטת – נאמנות בגרסתה הטהורה ביותר – רואה את המתנות היקרות והשבריריות הללו מושלכות ככלי אין חפץ בו, הוא "מוריד דמעות".[ד] אפשר לראות בבירור, בכל הנוגע לנאמנות, את ההקבלה בין הכוח הגברי לכוח הנשי בחוויה הביולוגית. תרומתו של האיש ליצירת ילד, ברובד הביולוגי, קצרה מאוד. התרומה שלו מסתיימת לפני שמתחיל החלק הקשה – הוא לא מעורב כלל בתהליך. האישה היא הנשארת בהמתנה סבלנית, ממשיכה לזון ולטפח את הילד בחשכת ההיריון והלידה, ובאמונה עשויה ללא חת מגלה חיים חדשים.

כמובן, כפי שהסברנו לעיל, אין אדם גברי לגמרי או נשי לגמרי. ולמעשה, הנאמנות ה"נשית" המתוארת גם לא נדרשת ביהדות. גם גברים וגם נשים רשאים לפתוח בהליכי גירושין, גם גברים וגם נשים יכולים להחליט שמוטב להם להיפרד, אף שרק האיש יכול בפועל לתת את הגט. אם אין דבר במערכת היחסים שכדאי להיות נאמנים לו, הדבר החכם הוא לצאת ממנה.[4]

---

3. ראו פרק כט להבנה טובה יותר של הקשר בין אמונה והכוח הנשי.
4. חשוב לבאר את משמעות המילה נאמנות בהקשר שלנו: נאמנות אין פירושה רחמים

ובכל זאת, אף שברמה המעשית גירושין עשויים להיות נחוצים לפעמים, מנקודת מבט מטפורית, גירושין הם בגידה בברית שנכרתה בנישואין, ובגידה במהות המטפורית של הכוח הנשי.[5] ה

אף שהזכרנו זאת פעמים רבות, ראוי לחזור על זה שוב: הדיון כאן אינו על גברים או נשים אלא על הכוח הנשי והכוח הגברי המקבלים ביטוי בדימוי הביולוגי. נשים רבות לא תזדהינה עם תיאור הנאמנות הזה, וגברים רבים יזדהו איתו. עניינו כאן הוא הדימוי, האידאה, לא מצבם בפועל של אנשים פרטיים.

הבנה עמוקה של גט כריתות

נישואין הם המשל החי והעז ביותר שיש לנו ליחסינו עם הקב"ה – וההקבלה מתקיימת בכל רובד של המשל.

ישנם שני יחסי אהבה פרדיגמטיים. אהבה אחת היא בין הורה לילד, ואהבה אחת היא בין גבר לאישה. לכל אחת מעלה וחיסרון.

הורה וילד

ההורה לא בוחר את הילד שלו, אבל הקשר הוא מהותי ביותר, כזה שאין להתנער ממנו. מרגע שהילד נולד, הקשר ביניהם נחקק לנצח. אף שרבים ניסו (ורבים רצו לנסות) "להתגרש" מילדיהם (או מהוריהם), ברמה הנפשית נראה שהדבר בלתי אפשרי. המשיכה התמוהה של ילדים מאומצים להוריהם הביולוגיים, גם כאלה שמעולם לא פגשו, היא, כנראה, תוצאת הקשר הבל-יימחה הזה. ילד יכול לרמוס את כל הקדוש והיקר להוריו; ההורה יכול

או חמלה. אין פירושה להישאר נשואים כי בן הזוג מסכן או כי אין לי ברירה אלא להישאר. נאמנות פירושה להיות נאמנים לְאמת שאולי אבדה במעמקי המודעות. לדעת שיש כאן יופי וטוב גם אם אלו אינם נראים כרגע, ואם אשאר נאמנ/ה לידיעה הזו, אז כמו שהשחר עולה אחרי הלילה, והאביב מגיע אחרי החורף, כך היופי שראיתי בעבר יתגלה שוב. ראו פרק כט להרחבה על התכונה הנשית של נאמנות.

5. הפסוק במשלי (י, יב) אומר: "על כל פשעים תכסה אהבה". זאת אומרת שגם אם מבחינה אובייקטיבית יש לאהוב שלנו מגרעות, האהבה שלנו כלפיו מכסה עליהן והן בלתי נראות לנו. כוח האהבה, ששייכנו אותו ל"מעגל הנשי", אינו ביקורתי; הוא מכיל ומקבל. מעניין לציין לדברי הרמב"ן (במדבר כח, ב) שזו הסיבה שקורבן חטאת אינו קרב בשבת: השבת היא יום של חיבור – יום שבו שולט הכוח הנשי של האהבה, ועל כן אין מזכירים בה את החטאים – המגרעות – שלנו (ראו הערה בסוף הספר).

להיות אלים ביותר; שני הצדדים יכולים לנטוש זה את זה מכל הבחינות, אבל ברמה הבסיסית, האנושית, זה לא יועיל. הם לעולם יהיו הורה וילד.

קשר מהותי ואינטגרלי זה הוא היופי שביחסי הורה־ילד.

הצד השני של היופי הזה הוא שלמרות הקשר המהותי, הורים אינם בוחרים את ילדיהם, והילדים אינם בוחרים את הוריהם. ייתכן מאוד שלו ניתנה להם האפשרות, היו בוחרים במישהו אחר.[ז]

איש ואישה

איש ואישה, לעומת זאת, בוחרים זה את זו. הרמב"ן מצביע על כך כסיבה לפיצולו של האדם האנדרוגיני הראשון – כדי שיוכלו להתחבר בחזרה מתוך בחירה עצמית.[ח]

הבחירה באחד מבין ההמון היא מסר ברור של הקשר הייחודי בין איש ואישה – בחרתי להיות איתך לא בשל כורח המציאות, אלא מפני שרציתי בכך.

ואולם, כידוע לנו, אין ערובות לאהבה. בדיוק כמו שבני זוג יכולים לבחור להיות ביחד הם יכולים לבחור להיפרד; האהבה שלהם אינה מהותית – כמו זו של הורה וילד – אלא כפויה עליהם על ידי רצונם; וכפי שכולנו יודעים, הרצונות הם מאוד הפכפכים. בדיוק כמו שהרצון והאהבה הגיעו בצורה בלתי צפויה, כך הרצון והאהבה יכולים להיעלם.

אם יחסי הורה וילד לוקים בהיעדר בחירה של שני הצדדים, יחסי גבר ואישה לוקים בחוסר המהותיות של הקשר.

שניהם גם יחד

תיאורטית, הקשר המושלם יכלול את שני ההיבטים האלו. ואכן, כך רואה המהר"ל[ט] את הקשר הרצוי בינינו לבין בורא העולם – קשר המשלב את שני המרכיבים הפרדוקסליים הללו. יהיה בו חיבור מהותי מוכרח – כמו חיבור הורה וילד, ותהיה בו אחדות בחירית, מרצון – כמו זו שבין איש לאישה.

כאשר, במעמד הר סיני, שאל אותנו הקב"ה אם נרצה לקבל את התורה ואמרנו "נעשה ונשמע" (שמות כד, ז),[6] היה זה ביטוי של בחירה חופשית – בחירה רצונית, מוחלטת, ללא תנאי.

---

6. הצהרה מפורסמת זו מבטאת קבלה מרצון, משום שהתגובה הצפויה אמורה להיות "**נשמע** מה אתה רוצה מאיתנו ואם נאהב מה שנשמע, אז **נעשה**". כאן מבטאים בני

ובכל זאת, המדרש מספר שהקב"ה החזיק את הר סיני מעל ראשינו – "כפה עליהם הר כגיגית" – כדי לאלץ אותנו לקבל את התורה.[7] מדוע היה זה נחוץ? הרי העם הסכים כבר לקבלה! נָתַנּוּ את ההצהרה הנלהבת והרומנטית ביותר בהיסטוריה. אנחנו לגמרי שלך! למה הכפייה?

המהר"ל מסביר שכפייה הוכנסה בשל החולשה המהותית של קשר בחירי, קשר המבוסס אך ורק על רצון אנושי חמקמק. "נעשה ונשמע" – תחילה הצהרת "נעשה" ורק אחר כך "נשמע" – היא הצהרה אדירה ועוצמתית. אני, יצור חופשי לחלוטין, בוחר בך לגמרי, אפילו מבלי לקרוא את האותיות הקטנות. ובכל זאת, איך יכולה מערכת היחסים החשובה ביותר ביקום – הבסיס לקיומו של העולם – להיות מבוססת על רצונותיו ההפכפכים של בן אדם?[י] אם היהודים בחרו בקב"ה מרצונם הטוב, הם יכולים באותה קלות לבטל את הבחירה בו! מערכת יחסים אמיתית, ברמה העמוקה ביותר, חייבת להיות מהותית, חייבת במובן מסוים להיות מוכרחת.

כאשר הקב"ה "כפה עליהם הר כגיגית", מה שנעשה היה הזזה של הקשר ממצב רצון למצב מוכרח. מכאן אין יציאה. כעת, גם הקב"ה וגם אנחנו מחויבים בקשר, לא רק מתוך בחירה אלא מתוך מהות. ואכן, כאשר בתקופת הנביא יחזקאל, ביקשו היהודים לצאת מהַקֶּשר – להפסיק להיות העם הנבחר – ענה להם הקב"ה שהדבר בלתי אפשרי: יש כאן קשר מהותי שאי אפשר לפרום.[יא]

אותו "לא" חד משמעי מצד הקב"ה להתגרש מעם ישראל למרות רצונם, ביצר את הקשר החד משמעי ביניהם. "קודשא בריך הוא... וישראל חד הוא".[יב] קבלת התורה בהר סיני הייתה הליך בלתי הפיך. אכן, כפיית ההר עלינו, צרבה את הקשר בינינו ועשתה אותו קשר לנצח נצחים.

ישראל קבלה שלמה: "**נעשה** ככל אשר תאמר לנו. אנו מחויבים אליך. אחרי המחויבות הזאת, גם **נשמע**, כי קשר דורש הבנה; אבל מחויבותנו אליך אינה תלויה בשאלה אם אנחנו אוהבים, מבינים, ו'מזדהים' עם מה שנשמע".

7. על המילים "וַיִּתְיַצְּבוּ בְּתַחְתִּית הָהָר" (שמות יט, יז) שפירושן הפשוט הוא למרגלות ההר, מביא רש"י את דרשת חז"ל (שבת פח, א) "שנתלש ההר ממקומו ונכפה עליהם כגיגית", כלומר שהם מצאו עצמם מתחת להר.

הקפדה על כללי הטקס

בימי קדם, גם נישואין וגם גירושין היו בלתי פורמליים. איש פגש אישה בשוק והזמין אותה לביתו.[יג] כך גם גירושין – גם האיש וגם האישה יכולים היו לקום ולעזוב ביום אחד בהיר, כאשר רצו בכך.

אולם הקב"ה רצה יותר לעמו. הוא רצה שקשר של נישואין יכלול את הזוהר של מערכת יחסים רצויה, תוצאה של בחירה חופשית, אבל הוא רצה גם להעלות את הקשר לאיחוד אמיתי ומהותי בין השניים שעד כה היו ישויות נפרדות.

כמו תמיד במשל שלנו, האישה מסמלת את עם ישראל. גם כאן, היא הבוחרת באופן עצמאי והקשר תלוי ברצונה. קבלתה את הטבעת היא המקבילה לאמירת "נעשה ונשמע" של היהודים. כמו עם ישראל, היא המחליטה אם יהיה כאן קשר בכלל.

אבל ברגע שהיא קיבלה את הטבעת, נכנס האלמנט של "מוכרח". שלא כמו היחסים ההפכפכים של העולם העתיק, הנישואין על פי התורה יוצרים קשר מסוג אחר לגמרי. בעל ואישה הופכים לאחד ברמה מהותית. היא גם בוחרת מתוך בחירה חופשית כמו עם ישראל, וגם חווה את ה"מוכרח", את "כפיית ההר כגיגית", בכך שאין לה חופש מוחלט לעזוב את הנישואין.

כמובן, אנחנו מדברים כאן בתיאוריה. מסכת גיטין, המסכת שעוסקת בגירושין, היא מסכת גדולה, ואין ספק שלפעמים גירושין הם הפתרון המועדף. אנחנו בסך הכול בשר ודם הנוטים לטעויות, ולפעמים גירושין הם הפתרון היחיד לצער שחיי נישואין עלולים להסב.

יתרה מזאת, כאמור לעיל, אישה רשאית לפתוח בהליכי גירושין ואם בית הדין יורה על גט, הבעל חייב לגרש את אשתו, ואם אינו עושה זאת מרצון, בית הדין יכול לכפות עליו מתן גט.

ובכל זאת, אין מנוס מן העובדה שבהלכה היהודית, אישה נמצאת בעמדת נחיתות בקבלת גט מבעל סורר. גם אם המקרים שבהם הבעל מסרב לגמרי לתת גט מעטים הם, וגם אם לרוב יש לבית הדין או לחברה די כוח להפעיל את הלחץ החברתי הנדרש כדי להכריח אותו לתת גט, נותרת העובדה שהיא תלויה בו לצורך קבלת גט.

פתרונות רבים הוצעו לבעיית האישה העגונה, וכקהילה, חלה עלינו חובה להשתמש בכל המשאבים שלנו כדי להקל על כאבה, במסגרת ההלכה. ועדיין, האישה מקבילה ליהודים, לא רק במשל, אלא גם בחיים האמיתיים –

היא הבוחרת אם לקבל את הצעת הנישואין, והיא הממחישה את ההיבט ה"כפוי" או ה"מעוגן" שחווה עם ישראל כשביקש לצאת מהקשר. וכן, כשאנשים בלתי מהוגנים עושים שימוש לרעה במערכת, היא הסובלת מהיעדר השלמות של העולם.

כעם, אנחנו ממשיכים לייחל לזמן שבו הנאמנות והפגיעות, המיוצגות על ידי הכוח הנשי, לא יגרמו עוד לכאב, ותחת זאת יכניסו את כולנו לאושר וליופי של עולם של אהבה ואחדות.

סיכום

מבחינה רעיונית, גירושין הם ההיפך מנאמנות. בעוד הכוח הנשי מבין זאת ברמה שורשית ומהותית, עבור הכוח הגברי שחרור מנאמנות הקשר בא יותר בחשבון.

הקב"ה רצה שקשר הנישואין יזהר בזוהר הבחירה מרצון, אבל הוא גם רצה לרומם את הקשר על ידי יצירת קשר מוצק והכרחי הנותן ביטוי למהותיות הקשר. מקביל לכך הוא הקשר של אלוקים עִם עַם ישראל, שבו גם בחרנו להיות בקשר ("נעשה ונשמע"), וגם נכפה עלינו הקשר ("כפה עליהם הר כגיגית").

האישה היא הבוחרת אם יהיה קשר או לא, אבל היא גם זו שמקבילה להיבט הנעול ששילב הקב"ה בקשר עִם עַם ישראל, ומעמדה משקף את חסרון השלמות והשוויון בעולם הזה במצבו הבלתי־מושלם.

חלק 7
עולם פנימי

גם אם הכוח הנשי מסמל את העתיד הרצוי, את העולם שאנו שואפים לראות בבוא העת, העולם שבו אנו חיים כיום דורש סינתזה בין הכוח הגברי לכוח הנשי: ספירלה במונחים של הספר הזה. הספירלה מייצגת את המשיכה המקבילה הן לכיוון החץ והן לכיוון העיגול.

אלא שהתזה שלנו היא שקול המעגל – הקול הנשי – הוא הקול הפגיע במהותו והוא עומד בסכנת רמיסה מתמדת. בשני הפרקים הבאים נדון בשני מנגנונים מוּבְנים בהלכה שנועדו לתמוך בקול הנשי ולחזק את כוחו בעולם הזה. שני המנגנונים הם: 1) צניעות, שכפי שיבואר להלן, היא מערכת מדויקת ומשוכללת להגנה על קולה הפגיע של האהבה; ו־2) הערכה של זירת הפעילות הפרטית, ליצירת ניגוד לגישה ההיררכית והלוחמנית של הקול הגברי, שלמרות חיוניותה לעולם שמטרתו התקדמות, עלולה בקלות להסיט את האנושות ממסלולה.

פרק כו

צניעות

צניעות היא ערך עליון ביהדות. התפיסה הפופולרית והמקובלת ברחוב של המונח צניעות היא שמדובר בקוד לבוש מסוים, אבל במובן העמוק ביותר, צניעות פירושה התמקדות בפנימיות ובנסתר מהעין.[א]

צניעות בלבוש מוצגת לעיתים קרובות כאופן לשימור הבלעדיות בקשר הנישואין. לבוש חושפני של אישה, כך גורסת התיאוריה, עלול למשוך את תשומת ליבו של גבר זר, מה שעשוי לגרוע מהעניין שלו באשתו או להטות את ליבו אחר אישה אחרת. אבל התיאוריה הזו מכילה סתירה מהותית למושג האהבה. באופן אינטואיטיבי אנחנו מרגישים שאהבה יוצרת בלעדיות – עיניו של אוהב נשואות אך ורק לאהובו. אלא שאם כל כך קל לערער את האהבה הזו, מה זה אומר על כוחה של האהבה?

ומעניין שאף על פי שמושג הצניעות זוכה לשבחים במקורות, יש גיבוי לתחושה שהצורך בצניעות בלבוש הוא טרגדיה בעובדה שהגמרא (עירובין ק, ב) מונה אותו ברשימת הקללות שנתקללה האישה לאחר החטא. הביטוי שהגמרא משתמשת בו הוא: "עטופה כאבל" – אחרי החטא האישה צריכה להתהלך עטופה (כפי שכנראה נהגו אבלים בעבר).[1]

צניעות היא קללה, משום שהיא תגובה לעולם מאוד לא מושלם. אכן, תחרות במהותה זרה לאהבה. בשיר "אשת חיל" המושר בבתי ישראל בליל שבת, שרים: "רבות בנות עשו חיל **ואת עלית על כולנה**" (משלי לא, כט).

1. לפי רש"י שם "עטופה כאבל" מתייחס לחובת האישה לכסות את שערה. אולם לא יהא זה רחוק לומר שנכללות בזה גם שאר הלכות צניעות הלבוש.

שלא כמו האמירות הקודמות בשיר, שהן תיאורים "אובייקטיביים" של אשת החיל – המשפט הזה אמור בגוף שני והוא פונה ישירות לאישה, ומשום כך הוא סובייקטיבי. בשעה שאפשר לומר משפט כוללני כ"אשת חיל מי ימצא" על היות נשות חיל נדירות, אין דרך להוכיח שאשת חיל **זו** עולה אובייקטיבית על כל נשות החיל האחרות בעולם; הבעל (והבנים) מביעים את הרגשתם הסובייקטיבית באשר לאשת החיל המסוימת הזו.[2]

אכן, עולם האהבה הוא סובייקטיבי – ולכן אדיש מיסודו לתחרות. "ואת עלית על כולנה" פירושו שאכן נשים אחרות קיימות, אבל בקו הראייה שלי רק את נמצאת. האפשרות שמישהי "תדליק" אותך כשאתה מאוהב באחרת, היא גם מעוררת סלידה וגם אנטיתזה לחוויית האהבה.

ובכל זאת המציאות היא שאנו חיים בעולם שבו הקול הנשי, הקורא לבלעדיות, אחדות ואינטימיות, נמצא בעמדת נחיתות חמורה. בלעדיות, אחדות ואינטימיות – אין אלו מילים המאפיינות את ה"עלמא דשיקרא" הזה. הצורך בצניעות הוא אכן קללה, אבל מכיוון שאנו חיים בעולם לא מושלם, הצניעות הופכת לגלגל ההצלה שלנו. צניעות היא אשר מאפשרת לנו להחזיק את רסיסי האהבה הזעומים שיש לנו. צניעות היא כמו חממה שמגינה על האהבה הבלעדית השברירית של זוג מפני סכנות התחרות. ללא צניעות, כל סיכוי שיש לנו לאהבה בלעדית מתנפץ בקלות, מכיוון שבעולם המערבי (הגברי) מכוון החץ תחרות היא שם המשחק.

צניעות היא דוגמה מצוינת לראייה של העולם משתי זוויות שונות – הרצוי והמצוי. מנקודת המבט הרצויה של המעגל, הצורך בצניעות הוא טרגדיה. לאישה, המבינה את רעיון האינטימיות והאקסקלוסיביות, חיים בעולם המתאפיין על ידי הנטייה הגברית לריבוי ולתחרות, הם קללה. אבל בעולם המאופיין על ידי החץ, צניעות היא ברכתנו, כי היא משאירה מקום לאפשרות של בלעדיות בעולם הריבוי הזה.

שמירה על המהות הפנימית

ברמה עמוקה יותר, הדינמיקה בין הקול הגברי והקול הנשי מקבילה למשחק הגומלין בין קול העומק והפנימיות לקול השטחיות והחיצוניות, שכל אחד מהם מושך את האנושות לכיוון שלו. הניגוד בין הצורך הפרגמטי, מחויב המציאות, בכיבוש ובאגרסיביות, לתשוקה האידיאליסטית לקשר ולאמת, משקף את משחק הכוחות שבו נתונה האנושות.

כשהנביא מיכה אמר (ו, ח) לעם ישראל (גברים ונשים כאחד): "מה ה' אלוקיך שואל מעמך כי אם... הצנע לכת עם אלוקיך", הוא לימד אותנו כי הצניעות היא זו שתמנע מהעולם החיצוני התחרותי, הרכושני והאגרסיבי מלהשתלט על המהות הפנימית שלנו.

אין מדובר על נשים ה"לוקחות אחריות על 'בעיות של גברים'" או "מגינות על גברים מעצמם". מדובר בהבנה – של גברים ושל נשים – שכולנו יחד בסיפור הזה. שכולנו – כל האנושות – חותרים יחד בניסיון לא לאבד את המטרה. כי אם אנחנו, כחברה, נאבד את הקשר עם הקול הנשי, המפסיד לא יהיה האויב – הוא יהיה כולנו.

עדות על כך שהיהדות רואה את הצניעות כערך אוניברסלי, אפשר למצוא בעובדה שאף שהחובה להתלבש בצניעות מחמירה – טכנית – על האישה יותר מאשר על הגבר, גברים שומרי מצוות נוטים להתלבש בצניעות רבה יותר מהנשים.[2] אולי זו השתקפות של ההבנה שהפנימי והמוצנע הוא החבל הקושר אותנו לעולם של אמת. צניעות, בעומק, היא האופן שבו העולם יכול להחזיק בתכונה (הנשית) של פנימיות – זו המשתקפת גם במציאותה הביולוגית וגם בנטייה שלה לחפש את הקשר היותר עמוק ומהותי. הקול הנשי הוא זה שיאפשר לנו לבסוף לגעת באמת.

בחלק הבא נחקור לעומק כיצד עובדת מערכת זו.

לראות מתחת לפני השטח

מראה עיניים מטעה. נדרש מאמץ לזכור שלא כל מה שנוצץ זהב. דרושה התמסרות לאמת כדי לראות מעבר לפרסומות, המשננות לנו שאושר פירושו להיות רזים ויפים, והחיים שווים באמת רק על כיסא נוח במרפסת עם רקע של חוף ים, שחפים וחולות לבנים. חייבים לשמור על ערנות רבה כדי להביט מעבר לחיוכי השיניים הלבנות ולקלילות של האייקונים של המערב, ולראות את המציאות הלא־תמיד־כל־כך־נעימה שהם לפעמים מסתירים.

כה משכנע מה שנראה לעינינו, שזה אתגר ממשי להישאר נאמנים לאמת הפנימית. ולמעשה, קול השטחיות לא ממש מעוניין שנראה מעבר לעטיפתו הזוהרת. כשיעקב אבינו נלחם עם שרו של עשו – סמל הרשע

2. כמו למשל, החליפות הארוכות, המכנסיים הרחבים ודומיהם, שחלק מציבור שומרי המצוות לובש. ראו גם שלחן ערוך אורח חיים ב, א–ב.

בעולם – הוא שאל אותו לשמו. תשובת המלאך – "למה זה תשאל לשמי?"(בראשית לב, ל) – אינה רק התחמקות, היא למעשה הגדרת מהותו. "שמי הוא למה־זה־תשאל־לשמי". אל תחקור, אל תעמיק חשוב. צורת הפעולה שלי היא: לא לתת לך לחקור אותי לעומק. [ג]

לא מקרה הוא שהיהודי מכסה את עיניו בעת אמירת "שמע ישראל". ראייה פיזית של העולם חושפת אותנו לחזיון התעתועים הנוצץ של הקיום הפיזי. קשה עד מאוד להתנגד למה שרואות העיניים.[ד] אנחנו כמעט משוכנעים שחוש הראייה הוא היחיד המאפשר לנו גישה למציאות. אבל כיהודים, עלינו לדעת את שם המלאך הנאבק עימנו בלילה ההולך ונמוג. אנו חייבים להתבונן ולחקור מתחת לפני השטח. וכדי לסייע בתהליך המפרך של קילוף מראה עיניים מהמציאות, ניתן בידינו כלי חזק ויעיל מאוד – הצניעות.

הצניעות לא בכיסויים היא עוסקת. לא באיפוק וריסון עניינה. צניעות היא הכלי היקר ביותר שיש בידינו לשמירת אמונים לאמת. בדינמיקה מדויקת וקריטית, הצניעות שומרת אותנו ממוקדים ביסוד החיים כיהודים. הבה נבחן שלושה היבטים של מיקוד זה.

1. יותר ממראה עיניים

הצניעות עניינה בהכרה בכך שלא הכול זמין לחוש הראייה;[ה] [3] למעשה, עצם ההגדרה של חוץ הוא קיומו של פְּנים. חיצוניות מכירה בכך שיש פנימיות – המכוסה על ידי החיצוניות. כשלובשים כיסוי, מצהירים על כך שיש עוד רובד שלא נראה לעין. הצניעות היא השותפה שלנו בשאיפתנו לחיות חיים לא שטחיים.

מדוע אין לנו בכלל בעיה עם הנמר, הפלמינגו והפיל המסתובבים בגן החיות בצורתם הטבעית? איש אינו חושב שנמר יהיה מכובד יותר בבגדים. למה רק בני אדם לובשים בגדים?

---

3. מעניין שמבין כל החושים, הראייה היא המרחיקה ביותר ועל כן גם המחפיצה ביותר. הצופה נשאר אאוטסיידר אובייקטיבי. ארבעת החושים האחרים הם בעלי אופי מכיל יותר: חוש המישוש הוא אינטראקטיבי – אי אפשר לנגוע מבלי שייגעו בך בחזרה; שמיעה היא מאמץ משותף של הדובר והשומע – אי אפשר לשמוע יותר מהברה אחת בכל פעם, ולכן כדי להבין נדרש השומע לחבר יחד את הצלילים למשהו משמעותי; טעם וריח כרוכים שניהם בהבאת משהו חיצוני לאדם אל תוך עצמו. לראייה, אם כן, יש היבט חד־ממדי, מחפיץ, שגורם לה להיות בעלת הסיכוי הנמוך ביותר לחשוף את האמת. ראו הערת סיום.

אין אנו דורשים מבעלי החיים להתלבש משום שאנו מבינים שמהותו של הנמר היא חברבורותיו וגופו הגמיש והשרירי. כשרואים נמר – מה שאנו רואים הוא בדיוק מה שאנו מקבלים. הישות הפיזית אשר לנגד עינינו באמת מגדירה את הנמר. שום עומק פנימי לא מסתתר שם. אבל כשרואים אנשים, אנו מבינים באופן אינטואיטיבי שיש משהו נוסף על הנראה לעין.

בגדים משמרים עבורנו את האמונה שיש רבדים עמוקים בהרבה מאלו הנגלים לעינינו. הכיסויים והבגדים רומזים לכך שהעולם הפיזי החיצוני הוא רק כיסוי.

כאשר אדם וחוה שינו את מהות המציאות, כשהגשמי חדל מלהיות השתקפות ברורה של הרוחני, האנושות החלה ללבוש בגדים.[ו] הלבוש הוא תזכורת לכך שמה שנראה לעין אינו כל הסיפור. המציאות האמיתית מסתתרת מתחת לפני השטח.

2. חטיפה של האמת

הצניעות היא הכלי שלנו לשמור על כוחה ועוצמתה של האמת בעולם שבו החשיפה סוללת את הדרך לעיוות. כאן יש מקום לשאול: אם המטרה היא גילוי האמת, מדוע שמים אנו דגש כה חזק על כיסוי? אולי מוטב להוריד את כל הכיסויים, כדי שלא נהיה עסוקים כל העת בחיצוניות? אולי היינו מתקרבים יותר לאמת אם הכול היה מתגלה?

התשובה היא, שבעולם שאחרי החטא, שבו האמת והשקר מעורבים זה בזה, ברגע שמשהו נחשף, השקר, שידו תמיד על העליונה, יכול לחטוף אותו ולברוח. כל דבר שנחשף נמצא בסכנה.

השקר תופס טרמפ עם האמת, ואז חוטף את הרכב. הכוחות המניעים את הנשמה לגדולה משמשים עתה להגיע לשוּמָקוֹם, ומהר. אהבה, תכלית הבריאה, למשל, הופכת להיות הצדקה לאנוכיות ולאכזריות ("אני אוהב אותך" פירושו לעיתים: "אני אוהב/ת את עצמי ואת/ה גורם/ת לי להרגיש טוב, על כן אשאיר אותך בסביבה כל זמן שזה משרת אותי, אבל רק כל זמן שאין לך ציפיות ממני"). תשוקת הנשמה לשלמות הופכת לסגידה לבית מפואר. כיסופי הנשמה הופכים לתשוקה לפרוזן יוגורט.

אם לרוע לא היה עוגן בָּאמת, לא הייתה לו משיכה, אבל ברגע שמשהו נחשף, ברגע שאפשר לתפוס את המושג, אפשר גם לעוות אותו.

הלוחות הראשונים, לוחות הברית שניתנו מסיני, ניתנו בפומבי ולא שרדו.[ז] עצם החשיפה אפשרה עיוות בעולם הזה שבו מראה העיניים משקר.

צניעות היא הגנה וגבול; היא הפרדה ממשית בין הקדושה והחול, בין החומרי והרוחני. צניעות מגינה ושומרת על הקדוש בטוח, הרחק מאחיזת ידיים חמדניות, המבקשות לחטוף את מחפש האמת ולנטוע אותו חזק במחנה השטחיות והחיצוניות.[4]

הלכות צניעות עשויות להטעות. הן עלולות להיתפס כסלידה מן הגוף, סוג של תסביך עם הטבע האנושי. אבל ההיפך הוא הנכון. אחת מן התכונות היהודיות הבסיסיות היא הבושה.[5] החברה המודרנית אינה מעריכה את הבושה. היא תופסת את המבוכה כ"לא מגניבה" ורואה בהסמקה סימן לנאיביות פתטית, אולם היהדות רואה בבושה רגישות מוערכת מאוד. אדם המתבייש הוא אדם המודע לעוצמתו של הפיזי ככלי לביטוי הנפש, ומשום כך נחרד מהרעיון לעוות אותו ולהפוך אותו למשהו שטחי וחסר משמעות. בושה מעידה על רגישות לחילול פוטנציאלי של משהו יקר מאוד ועדין מאוד.

למי שאינו מודע לעוצמה הזו, למי שהפך למחוספס אל מול הרגשות העדינים והשבריריים שיכולים לקבל ביטוי כשהגוף משקף את הנשמה, אין סיבה להתבייש. הפלמינגו, הנמר והפיל חיים להם את חייהם ללא כל תחושת בושה. דווקא אלו המבינים את העומק והכוח של מה שמסתתר – המבינים את הפוטנציאל החבוי בו – הם אלו הנראים חשוכים ומתוסבכים. אדם בעל עומק מבין ש"בושה" אינה מבוכה אל מול הממד הפיזי שניתן לנו מידי הקב"ה, אלא סירוב להסכים עם שימוש לרעה בכוח, סירוב לתת למשהו עם פוטנציאל ליופי כה רב, להתעוות לכדי משהו גס יום־יומי וזול.[ח]

3. איך גדֵלה רוחניות?

אם חשוב לנו לשמור על המהות הפנימית של היותנו בני אדם, עלינו להבין לעומק את החיבור העדין בין הפנימי והחיצוני.[ט] בהגדרה, פנימי נמצא מתחת לפני השטח. הוא חייב להיות מכוסה בידי חיצוני. אם לוקחים את הכיסוי מה שהיה פנימי הופך לחיצוני.

4. מצד שני, כשהמוטיבציה של האדם טהורה לגמרי, אפשר שלא יהיה לה היבט חיצוני כלל. זהו ההסבר למעלת עשיית צדקה וחסד בסתר – דבר שזוכים לו רק אנשי מעלה יחידים. אצלנו, המון העם, גם אם ננסה לעשות מעשי חסד או צדקה בסתר, הדברים יתגלו בדרך כלל. מצווה הנעשית בסתר, מבלי שאיש ידע עליה לעולם, מגלה שלמצווה עצמה אין היבט חיצוני; היא מצווה שנעשית לגמרי לשם שמיים.

5. יבמות עט, א: שלשה סימנים יש באומה זו: הרחמנים והביישנין וגומלי חסדים.

חשיפה יכולה, לעיתים, להיות דבר מועיל. בטיפול פסיכולוגי, למשל, במקרה של אדם שסובל מסוד גדול המבעבע ותוסס בתוכו – ככל שהסוד פנימי ומוסתר יותר, כך הוא גדל ונעשה עוצמתי יותר. מטפל מיומן יסייע למטופל להוציא את הסוד ממעמקי המודעות לאוויר העולם. בחילוצו ובחשיפתו לאור, הסוד מאבד מייד את עוצמתו. הבעיה עדיין קיימת, היא עוד לא נפתרה, אבל חשיפתה כילתה את עוצמתה. כל כוחה נבע מהיותה קבורה עמוק במקום חשוך, סגור ופרטי.

מטרת הטיפול הפסיכולוגי היא לנטרל את עוצמת החוויה כדי להפחית את הכאב. אבל מה אם מבקשים אנו להחזיק בעוצמה? חשיפה מחלישה את העוצמה בכל מקרה, אם רוצים אנו בכך, אם לאו. חשיפה גורמת לפיזור. בקבוק בושם פתוח מאבד במהירות את הארומה שלו.

פנימיות ועומק דורשים תנאים מסוימים כדי להתפתח. כשחושפים את הפנימיות, והיא זזה קדימה והופכת לחיצוניות, צריך לוודא תחילה שאכן יש משהו מתחתיה. אם מסירים את החלק החיצוני ואז לא מאפשרים את התנאים הדרושים לפיתוח פנימיות חדשה, מסתכנים בחיים של בצל, בהם שכבה אחר שכבה נחשפת, וכשמגיעים לתחתית מה מגלים? דמעות!

פנימיות פורחת במקום שבו יש פרטיות, שקט וזמן לתהליכים לקרות – אלו המרכיבים היוצרים את מצע הבסיס להתפתחות וצמיחה. המהות הפנימית העדינה והשברירית מאוד עשויה למות בטרם עת בהיעדר מרחב פרטי להתפתח. לא רק בשל שבריריותה, אלא משום שבהגדרה, פנימי צריך להיות מתחת, מכוסה. רק כאשר השורשים התפתחו דיים יכול הצמח להרשות לעצמו להרים ראש מעל הקרקע, ולחשוף חלק קטן מעצמו – בו בזמן שהוא שומר על שורשיו הפנימיים הממשיכים להכות שורש ולגדול הרחק מעין רואים. כמו צמח, המשלח שורשיו עמוק באדמה, כך הפנימיות שלנו מתעשרת ומתפתחת רחוק מעיני הציבור. אבל מה אם החברה אינה מאפשרת לנו את זה? הכיסוי מוסר, ונמנעת מן האדם האפשרות לקחת את הזמן, את המרחב הפנימי ואת הפרטיות כדי לשוב ולבנות את עצמו מחדש. מה קורה לחברה שמהללת חוסר עכבות, שחושבת שפרטיות היא תוצר של מעצורים, שחושבת שכל נושא ראוי לדיון בפורום ציבורי?

זוכרת נסיעה פעם במונית. הייתה זו שעת בוקר, והנהג האזין ברוב קשב לתוכנית רדיו העוסקת באיחוד בני משפחה מנוכרים. אני זוכרת

את עצמי מקשיבה, מזועזעת, כשהמנחה התקשר בשידור חי לאדם ואמר לו שבתו, שאיתה לא דיבר עשר שנים, נמצאת על הקו ורוצה לדבר איתו. למול אוזניהם הכרויות של אלפי אנשים, האיש הזה ובתו התחברו מחדש.

הרגשתי רצון עז פשוט לפתוח את דלת המונית ולברוח, מה שאולי הייתי עושה אלמלא היינו בנסיעה בינעירונית... חשתי איך אני מתכווצת במושב שלי. כמה מביך להקשיב לזה! איך ייתכן שאלפי מאזינים שותפים לאחד הרגעים הטעונים רגשית בחייהם של שני האנשים האלה?

בעוד אני מתכווצת בזעזוע עמוק, מסתובב אליי נהג המונית, ודמעות על לחייו. "אני מת על התוכנית הזו! מת עליה! כל פעם אני בוכה ממנה".

חשבתי לעצמי, כמה נחמד מצד האנשים האלה, הבוכים עכשיו יחד ברדיו, להתנכר זה לזה כל כך הרבה שנים, רק כדי שנהג המונית שלי יוכל לחוות את מנת ההתרגשות שלו בסתם יום של חול.[6]

כאשר חסרה לאדם מהות פנימית משלו, כשכל עומק של רגש חשוף קבל עם ועדה, הצורה היחידה להתקשר לפנימיות היא עקיפה, דרך חייהם ורגשותיהם של אחרים. אם אפשר לדחוס את כל זה לתוכנית רדיו, יכול להיות שאנחנו הורגים את האני הבסיסי שלנו.

---

6. האנקדוטה הזו, שאירעה לפני שנים רבות, מציפה למעשה תחושות נוסטלגיה לעולם תמים יותר. תוכנית רדיו שבועית, שבה המפגשים מתרחשים רק למשמע אוזן, נשמעת רגועה וחביבה בהשוואה למטח הרגעים הסוּפֶּר־אינטימיים הנשפכים מהמכשירים האלקטרוניים שלנו בכל דקה. אפשר רק לתהות כמה רגישות אבדה לנו בשנים הללו; כמה מן היכולת לחיות בצורה אותנטית נמוג לבלי שוב. בשעה שהיכולת של בינה מלאכותית לעוות את המציאות נמצאת בחזית השיח הציבורי, האם אנחנו מקדישים תשומת לב מספקת לאפשרות הקלושה של "מציאות"? כשכל חוויות החיים מבוימות, בהגדרה – אם בכוונת מכוון, אם כברירת מחדל (בשל הימצאות מצלמות גם במקומות הכי פחות צפויים) – האם אפשר בכלל לתחזק חיים פנימיים? האם אנו רואים (או חווים) את השמחה, העצב, ההפתעה, האכזבה של הנושא, או שמא רואים (או חווים) אנו דרמטיזציה שלהם?

אנשים רבים המכורים לרשתות החברתיות מרגישים את הכאב והקושי הזה. כשכל שיהוק שלהם הופך לאירוע מתוקשר ומונצח לעולמי עד, הם מתחילים לתהות על זהותם האמיתית. מי אני באמת? האם אני מי שכולם חושבים שאני? ודאי יש בי עוד, אבל אין לי זמן ומקום לברר זאת.

כמו הבובות העומדות בחלונות הראווה המתבררות כחד ממדיות – יש להן חזית בלבד – אנחנו מתחילים להרגיש שאין לנו באמת מהות. **אולי אני באמת רק התדמית שלי?** כחברה, הדחף שלנו לחשוף אינו מצליח להבין את האופן שבו הפנימיות צומחת – וכתוצאה אנחנו בסכנת הריסה של המהות הפנימית שלנו.

בל נטעה: פרסום הוא אויב העומק. הגילוי מביא בכנפיו את הסכנה הממשית שהשורשים החשופים יתכווצו וימותו.

התחושות השבריריות והעדינות, התשוקה וההתרגשות העמוקות, הגעגוע והתקווה – כולם מתפוגגים ונעלמים באוויר. בעצם אין שם דבר. אנחנו מתחילים להסתפק בפסאודו־אהבה, פסאודו־תקשורת, פסאודו־יחסים. זה נראה טוב מבחוץ, אבל אין ליבה פנימית.

הגנה על המטמון העוצמתי

מהותה של הצניעות אינה הכנעת הגוף או הכחשתו. היא ניתוב של כוח עוצמתי שיהווה ביטוי חיצוני ואותנטי לאמת פנימית, למקום שבו הגוף והנשמה ידברו באותה שפה וישקפו זה את זה באופן מלא. צניעות היא היכולת לשמר את המהות הפנימית בצורתה המלאה והעוצמתית ביותר, בלא לאפשר לה להתפוגג ולהיעלם.

כאשר אנו גוללים את ספר התורה ומלבישים עליו מעיל, כשאנו מכסים אותו בין קריאה אחת לבאה אחריה ולא מניחים אותו גלוי אפילו רגע אחד מיותר, אנו מצהירים: יש כאן כוח. יש אנרגיה מרוכזת. וכדי לשמור על עוצמתה, עלינו לגונן על הספר. אפילו מזוזה חייבת להיות מגולגלת ומכוסה בשני כיסויים. חשיפה מובילה להתפוגגות.

צניעות עניינה מודעות עד כאב לכוח הגולמי הקיים, ונחישות שלא להמעיט ולהחליש את עוצמתו – ובעולם השמח להישאר ברדידות מוחצנת, זה בדיוק מה שקורה כאשר הגוף נחשף. בכל העולם, מנהיגים רוחניים לובשים לבוש המכסה את גופם, כדי לא לאפשר עיוות הקשר בין הפנימי לחיצוני. ביהדות, רבנים גדולים, על מעיליהם היורדים על ברכיהם,

מכנסיהם הרחבים וחולצותיהם ארוכות השרוול, מבטאים בדיוק את אותו רעיון.

בעולם השטחי שבו אנו חיים, הערכת הצניעות – לגברים וגם לנשים – נותנת תוקף להתמקדות הנשית בפנימיות. צניעות הופכת להיות הקול הקטן והשקט המזכיר לנו לאן מבקשים אנו להגיע: לתקופה שבה הפיזי יהיה כה זך שהוא יהיה השתקפות טהורה לחלוטין של המציאות, לא חלון בוצי ומלוכלך, המשכיח את השמש הזורחת. הניתוק בין הגשמי לרוחני שאיתו אנו חיים לצערנו, הוא ביטוי לניתוק של האנושות מהקב"ה.

אנו מייחלים ליום שבו הפיזי והרוחני, הפנימי והחיצוני, יגיעו לתיאום מושלם ביניהם, ויהוו ביטוי מלא זה של זה. כאשר זה יתגשם, השלמות תהיה בהישג יד. בינתיים, הלכות צניעות הן קרש ההצלה שיכול להציל אותנו מטביעה בשטחיות ובעיוות.

סיכום

מכיוון שאנו חיים בעולם לא מושלם, צניעות היא קרש ההצלה המאפשר לנו להחזיק בשרידי האהבה שעוד נותרו בידינו.

הצניעות היא הכלי המונע מהעולם התדמיתי שבחוץ לחטוף את מהותנו הפנימית.

צניעות עוזרת לנו להישאר ממוקדים בעקרונות היהדות בשלושה אופנים: 1) היא מזכירה לנו שיש פְּנים. 2) היא מונעת עיוות של כל מה שיקר ויפה. 3) היא שומרת על המהות הפנימית של החיים ואינה מאפשרת לכוחה להתפוגג.

בעוד צניעות היא קרש ההצלה שלנו במצבנו הנוכחי, יכולים אנו בקלות להבין שבעולם מושלם, שבו הפנימיות והחיצוניות מתואמות לגמרי, אפשר שצניעות לא תהיה נחוצה – כפי שנראה בבירור מהעובדה שלפני החטא אדם וחוה לא לבשו בגדים.

פרק כז

הזירה הציבורית מול הזירה הפרטית

ביהדות האורתודוקסית, בדרך כלל הגברים הם אלו שבחזית – מנהיגים את הקהילה, עולים לתורה, עורכים את הטקסים הדתיים – ואילו נשים מופיעות על הבמה הציבורית לעיתים רחוקות בלבד. המצב הזה מצייר את היהדות כמדכאת נשים, ומהווה את הרקע לפולמוס הציבורי בנושא הדרת נשים ביהדות. מנקודת המבט המערבית, ממוקדת החץ, הציור הזה הגיוני. נראות ונוכחות הן תנאי מוקדם מובהק להצלחה ולהתקדמות בתרבות המערבית – אם לא רואים אותך, אתה פשוט לא קיים.

אבל זה לא הנרטיב היחיד האפשרי לחוסר נראות. אם המטרה של העולם היא הספירלה, הסינתזה בין שני הקולות, חשוב לנו לוודא שלא נלך **כולנו** לאיבוד בסבך המרת הנראות לערך. אפשר לראות את המתח בין הציבוריות והפרטיות כחלק ממערכת איזון שמטרתה לתת קול וחיות **גם** לעצמיות הפנימית, **וגם** לדחף של התקדמות חיצונית.

ואכן, בעוד התעקשות על כך שהמעמד הציבורי הוא היחיד שיש לו ערך היא דה־לגיטימציה למרחב הפרטי, ביטול ערכן של התחרות וההיררכייה הגבריות מחטיא את התמונה המלאה. אם המטרה היא ספירלה, אנחנו צריכים את שניהם: האנשים שם בחוץ שיוסיפו למשוך אותנו במעלה ההר, והאנשים **שבגלל** שאינם שם בחוץ, יכולים לשמור על נקודת מבט מדויקת. אנחנו צריכים להתקדם, אבל אנחנו צריכים גם מישהו שיזכיר לנו את מטרת כל ההתקדמות.[1]

---

1. חשוב לציין שבנוגע לעיסוק במרחב הפרטי או הציבורי יש לא מעט מרחב תמרון – לגברים ולנשים פרטיים – לבחור את תחום הפעילות העיקרי שלהם. ההלכה אומנם חוסמת

בחלק זה נבחן את הדינמיקה שבין שני המישורים, הציבורי והפרטי.

הטו אוזן לקול החץ

מצד אחד, על האנושות הוטלה משימה: לתקן את העולם.[א] תפקידו של האדם הוא להידמות לבוראו על ידי יצירה, שינוי והתקדמות.[ב]

אבל איך יודעים מה צריך לעשות? סורקים את הנוף האנושי, רואים מה כבר נעשה, מבינים מה חסר ובודקים מה הכיוון הכללי של בני אדם. אנשים אחרים – המעשים שלהם או אי מעשיהם, ההערכה שלהם או אי ההערכה, הציפיות שלהם או חוסר הציפיות – דוחפים אותנו לפעול, לייצר ולהשיג בעצמנו. ההירכרכייה של העולם שבחוץ היא הסרט הנע ללא הרף של ההישג. אלו שמעלינו מראים לנו את הכיוון; אלו שמתחתינו מעודדים אותנו לעשות יותר. העולם הגברי של עשייה והישגים ניזון מעולם של הערכות; חייב להיות סרגל חיצוני שמולו יכולים אנו למדוד את עצמנו, אם אנחנו רוצים להיכנס לזירת ההישג וההתקדמות.

אבל יש בעיה. ברגע שאנחנו מתחילים להביט סביבנו, נכנסת התחרות לתמונה. אם המטרה היא להצליח, לייצר ולהשיג, איננו יכולים שלא לשים לב אם מישהו אחר עושה זאת לפנינו. או טוב מאיתנו. או בתעוזה רבה משלנו. בחוץ, אי אפשר לברוח מזה. בעולם של פעילות, תמיד יהיו אנשים שעושים יותר, שיש להם יותר, ושלכן לכאורה **שווים** יותר.

מרגע שהעברנו את מוקד ההגדרה העצמית שלנו למקור חיצוני (מה

תחומים מסוימים של בולטות ציבורית לכניסת נשים (למשל, בית הכנסת), אבל אין לראות בכך הדרה גורפת של נשים מהשפעה ציבורית (או התעקשות על כך שגברים יוותרו על תפקיד פרטי יותר). דבורה הנביאה (ראו ספר שופטים פרקים ד-ה) היא כנראה המנהיגה הנודעת ביותר, אבל גם בימינו, יש נשים המוצאות את עצמן בעמדות בעלות השפעה ציבורית רבה. אחת הדוגמאות המעניינות ביותר בהיסטוריה המודרנית היא הרבנית בת שבע קניבסקי (נפטרה בשנת 2011), שאליה עלו לרגל מדי יום מאות אנשים בבקשת עצה, ואשר קבעה מדיניות ציבורית בכמה נושאים. ומן הצד השני, ההיסטוריה שלנו מלאה בגדולי עולם (גברים) שבחרו לצמצם את השפעתם הציבורית כדי לא להסתכן באובדן הקשר עם האמת בשל פעילות במרחב הציבורי.

אלא שגם אלו המוצאים את עצמם "מחוץ לקופסה" – נשים במרחב הציבורי וגברים במרחב הפרטי – מגלים במקרים רבים שמערכת האיזון ההלכתית – המרחב הפרטי יותר המוטל על נשים, כמו גם הפומביות הכפויה על גברים דרך בית הכנסת ומחויבויות קהילתיות – מסייעת להם בשמירה על איזון ונקודת מבט נקייה בחייהם הפרטיים.

שברמה מסוימת הוא בלתי נמנע, כי הצלחה במרחב הציבורי נקבעת על ידי הציבור), נכנסנו לשדה הקרב של תחרות ומרדף אחר הכרה.

תחרות, במהותה, יוצרת היררכייה – אדם מנצח כשהוא גבוה מכולם – מה שיוצר נטייה לקבוע את הערך העצמי שלנו בהתאם לדעת הקהל.[2] סוג הכבוד המוצע "שם בחוץ", בעולם ההיררכי התחרותי, לרוב אינו מזין – הוא מרעיב.[3] מד הכבוד של העולם החיצוני נוטה להוביל לאשליה של ערך, זהות המבוססת על שטויות, וצורך אובססיבי להשיג עוד ועוד הכרה, אשר לאט ובהתמדה מקלפת את מהותו של האדם. באופן פרדוקסלי, סוג הכבוד היחיד שמזין הוא כזה שאינו מבוסס על ההצלחות החיצוניות שלנו, אלא על מהותנו הפנימית. ברובד הפנימי והאמיתי, כבודו של האדם נובע מהיותו צלם אלוקים שחי חיים שיש בהם משמעות וחשיבות. זהו הערך המהותי שלנו.

---

2. "אנו טוענים שארגונים עם תרבות תחרותיות גברית (Masculinity Contest Cultures) מייצגים סביבה ארגונית לא מתפקדת (למשל, הפושה בהנהגה רעילה, בריונות, הצקה)... העבודה הופכת לתחרות גברית כשארגונים אינם מתמקדים במשימה אלא בגבריות, המתבטאת באינסוף תחרויות 'שלי גדול משלך', על הצגת עומסי עבודה ולוחות זמנים ארוכים (כנהוג בעולם המשפט והרפואה), עיגול פינות כדי להשתכר יותר מכל האחרים או לקיחת סיכונים בלתי סבירים (כמו בעבודות צווארון כחול או פיננסים). המטבע העובר לסוחר עשוי להשתנות בתעשיות שונות, אבל תפקיד הגבריות הרעילה לא. אנו טוענים שהרבה ממה שנראה כמו נהגים ניטרליים ומה שנדרש כדי להתקדם בעבודה, הינו למעשה התנהגות לא יעילה שמטרתה הוכחת גבריות בתפקיד (Jennifer L. Berdahl, Marianne Cooper, Peter Glick, Robert W. Livingston, Joan C. Williams, "Work as a Masculinity Contest", *Journal of Social Issues*, 13 September, 2018).
בהקשר זה, מעניין שמדינות שבראשן עמדו נשים, צוינו שוב ושוב ככאלה שניהלו היטב את משבר הקורונה. הוזכרו נטיות כמו גישת ה"טוב לב תחילה" שלהן, שימת הדגש שלהן על אחריות משותפת, גישת שיתוף המידע שלהן של "הצגה בהירה ורגועה" של עובדות מדעיות מוצקות, בחירתה של אחת מהן לפנות ישירות לילדי המדינה, וההכרה שלהן בפחד ובחרדה בתקשורת ציבורית – בניגוד לנטייתו של מנהיג אחד "להאניש את הנגיף כאילו הוא יריב שהוא יכול להיאבק בו, ולכנותו 'אויב מבריק'". Amanda Taub, "Why Are Women-Led Nations Doing Better With Covid-19?", *New York Times*, May 15, 2020; Jon Henley and Eleanor Ainge Roy, "Are Female Leaders More Successful at Managing the Coronavirus Crisis?", *The Guardian*, April 25, 2020.
3. המילה "כבוד" חולקת שורש עם המילה "כבד". התשוקה לכבוד היא משאת נפש להיות בעל משמעות, בעל משקל. לכן, ההיפך מכיבוד אדם אינו ביזויו, אלא התעלמות ממנו. אדם שלא זוכה לכבוד מרגיש קל משקל – לא חסר לאיש, לא חשוב לאיש. הבחנה זו מבהירה את החשיבות שביצירת מסגרת שבה ניתנת לאדם ההזדמנות להתחבר לכבוד אמיתי – להפוך ל"משקל כבד" באמת, לא רק בעיני החברה שעשויה לכבד אותו על דברים שאין להם קשר למיהותו האמיתית, כמו כספו, השכלתו, כישרונו או כישוריו.

שכחת היעד

כאשר המדד שלנו הוא העולם החיצוני, התחרות מאבדת מערכה ככוח מניע. אנחנו נעשים עסוקים בניסיון להשיג עוד כבוד ועוד הערצה, משום שבעולם הירכי, תחרותי, מכוון מעמד, מה אנחנו שווים אם לעולם לא נצליח להגיע גבוה יותר בהירכייה? במצב כזה עומדות לפנינו שתי אפשרויות: לאגרף את דרכנו לפסגה כדי להרגיש שיש לנו ערך כלשהו, או לוותר ולחיות בתבוסה, עם תחושת חוסר ערך מייאשת.

אנשים בשני המצבים האלו מתחילים לראות את כל העולם כאויב שלהם – כאילו כל העולם מתכונן לחטוף ממני את מה שיש לי. בעולם שבו הערך שלי נקבע על פי מיקומי בסולם, הצלחה של מישהו אחר היא הכישלון האישי שלי. החיים הופכים למלחמה עד מוות.

הדרך החוצה

אם שם המשחק הוא תחרות והשגת כבוד, לא נוכל לנצח אי פעם.

אבל אם נשנה את שם המשחק מהצלחה לשם נשי קצת יותר – מערכת יחסים – ישתנו כל הכללים. במקום לטפס לבד על גבי הר חלקלק, תוך שימוש במטפסים אחרים כאבני דרך לדרוך עליהן בדרכנו מעלה, אפשר לשנות כיוון ולהבין שעצם המסע, אפילו מבלי להגיע לגבהים, הופך למטרה, כי בכל רגע אנחנו מתקרבים או מתרחקים זה מזה.

הבנה זו משחררת אותנו מהביצה הטובענית והסוחטת של תחרות וקנאה, מחשלת אותנו מבפנים ופוטרת אותנו ממדדי ההערכה של העולם החיצון. מדידת ערכנו העצמי אינה נמסרת לידיו האכזריות של העולם. רק הקב"ה יכול לתת לנו ערך אמיתי. כבוד אמיתי – תחושת ערך אמיתית – יכול לנבוע רק מהתקרבות לקב"ה ולבני אדם שנבראו בצלמו.[3]

בשדה הקרב של העולם החיצוני, אנחנו חייבים תמיד לשמור על המעמד שלנו. אבל בהקשר של מערכת יחסים, זה בסדר ליפול.[4] היעדר

4. מעניין לציין שבאומנות היפנית, "קנקן תה שנשבר בטעות והודבק בחזרה בדבק בצבע זהב, מוערך יותר בשל יְפִי קווי השבירה ה'אקראיים', מאשר קנקן מעוצב עם פס עיטור שצויר בכוונה. ציור על נייר נקבובי מיוחד, בעט ודיו שאי אפשר למחוק ולתקן, נחשב יפה יותר מציור שתוכנן, עובד בקפידה ותוקן על ידי אומן"

השלמות הוא לא רק חלק מהעניין – עצם הקשיים שלנו הם הטווים את החוטים הקושרים אותנו יחד. כשם שאי אפשר להשוות את אהבת הנעורים של זוג טרי לאהבה הבשלה של זוג אחרי שלושים שנות נישואין, לא למרות אלא בגלל האתגרים שהם עברו יחד, כך גם הקשר שלנו עם הקב"ה מבשיל ומעמיק דרך נפילותינו וקימותינו.

ההתמודדויות הללו הן אישיות מאוד. שמעתי בשם הרב שמשון דוד פינקוס זצ"ל (נפטר בשנת 2001) כי לכל יהודי צריך להיות "סוד עם הקב"ה". אולי הסוד הזה הוא ההר הפרטי שכל אדם צריך לטפס עליו. אומנם הוטלה עלינו המשימה לתקן את העולם ולהביאו לידי שלמות, אבל בסופו של דבר, המשימה מושגת רק דרך מאמציו האישיים והפרטיים של כל אדם לשוות את ה' לנגדו תמיד.

אם העולם מודד אותנו ביחס להישגינו לעומת אחרים, המשנה (אבות ד, א) שואלת "איזהו גיבור?" ותשובתה אינה קשורה לאף אדם אחר. בעולם המערבי, היינו חייבים לענות על שאלה כזו בתשובה הבנויה על יחסיות: תינוק בן שישה שבועות שיכול להתרומם על זרועותיו, גיבור ביחס לתינוקות אחרים בני גילו. גבר שיכול להרים רכב גיבור יותר מאחרים שאינם יכולים, וכן הלאה. אבל בתשובת המשנה אין כל התייחסות לאחרים: "איזהו גיבור? הכובש את יצרו". אדם ששולט על **יצריו שלו** הוא גיבור.

בעוד מישהו אחר עשוי לראות את ההתמודדויות שלנו כטריוויאליות וחסרות משמעות, תפיסה של אדם אחר אינה רלוונטית בתוך הֶקשר אינטימיות מערכת היחסים שלנו עם הקב"ה. אם על ידי כיבוש יצרינו אנו נותנים ביטוי למהות האלוקית שלנו, אזי מאבקים אלו מעמיקים את הקשר שלנו עם הבורא. השאלה אינה אם זה מאבק קשה באופן אובייקטיבי, אלא אם זה מאבק קשה עבורי. אין דרך אחת מוסכמת לבטא אהבה לבן זוג, ואין דרך אחת מוסכמת לבטא את צלם האלוקים שבנו. הכול תלוי בשאלה מי אתה ומה הקב"ה רוצה ממך. ברגע שאדם יוצא מהקשר עם הקב"ה כדי לנסות לעמוד בקריטריונים אחרים, הוא מוצא את עצמו בדיוק שם – מחוץ לקשר.

(Hopfe, *Religions of the World*, 137). מעניין שיפן מושפעת מפילוסופיית הזן, דת מזרחית, שכאמור בפרק א מזוהה בנקודות מסוימות עם הכוח הנשי.

להישאר קשורים לאמת

אז איך שומרים על קשר עם האמת הזו?

הפתרון אינו להתחפר עמוק בתוך ההוויה הפרטית ולסרב להכיר בעולם שבחוץ ובערכיו. אסור לנו לעשות זאת, משום שאם נשב בשלווה בבועתנו הפרטית, אנו עלולים להחמיץ את מפעל חיינו. שליחותנו בעולם דורשת מאיתנו לצאת ולעשות. העולם הזה צריך תיקון. אנחנו לא יכולים לברוח או להתחמק מתרומתנו. המעגל הוא מקום נהדר להיות בו, אבל אנחנו עדיין לא שם. העולם הזה הוא עולם של חץ, עולם של התקדמות ותנועה ועל כל אחד מאיתנו מוטל להגשים ולעשות.

זה נראה כמלכוד 22. ברגע שאנחנו יוצאים מהבית שלנו, ברגע שאנחנו נכנסים למרחב הציבורי, אנחנו נזרקים, גם אם בניגוד לרצוננו, אל גל שוצף של תחרות. מצד אחד, אנו יכולים לפתח את המהות האלוקית שלנו רק באמצעות פעולה, אשר מקבלת את התמיכה הטובה ביותר מהלחץ שהחשיפה לעולם שבחוץ מספקת; ומצד שני, איננו רוצים לעסוק כל היום בפעולות ובעשייה בעולם החיצוני, אלא במי שאנחנו באמת. לכן, כשאנחנו נאבקים לא לטבוע, צריכה להיות רפסודה להיאחז בה.

הכוח הנגדי

כוח הנגד של הזירה הציבורית הוא הזירה הפרטית. כאשר אתה נמצא לבד עם עצמך או עם אנשים שמכירים אותך באמת, ההצגה והתדמית מתקלפות מעצמן. כל הרושם והטקסיות הנפוחה, הנראים כה חשובים בחוץ, הופכים למגוחכים אל מול הפרטיות. איש אינו חובש כובע צילינדר וחליפת ערב כשהוא יושב לבד בבית. מרגע שנכנסים הביתה וסוגרים את הדלת, ברור לגמרי היכן קורים הדברים האמיתיים. אתה מגלה שהמאבקים האמיתיים שלך, ההצלחות הגדולות שלך, הם אלו שאיש לא יקרא עליהם בעיתון.

אנו זקוקים לשתי הזירות, הציבורית והפרטית. אנחנו חייבים לצאת כי לדבוק במידותיו של בוראנו ולהידמות לו בבנייה, ביצירה ובהענקה. אבל אנחנו חייבים לשמור חזק מאוד על עצמנו. אם וכאשר נישאב לחול הטובעני של הערכה ציבורית, חייב להיות מישהו אחר, חזק ויציב, נקי מכל בוץ ורפש, העומד על קרקע מוצקה, שיכול להתנגד לכוחה של המשאבה; אדם אינו יכול לחלץ את עצמו מהחול הטובעני.

הכוח הנשי הוא שיועד לתפקיד זה. כשההלכה נותנת לנשים את תפקיד הדלקת נרות השבת, המכניסים אור הביתה, ולגברים את מלאכת הדלקת נרות החנוכה, השולחים אור לעולם, היא מספרת לנו על האיזון של שני הכוחות.[5]

אישה משקפת הסתרה ופנימיות במהותה הביולוגית. איש, שמציאותו הביולוגית משקפת חיצוניות, מייצג את היציאה לעולם הרחב והחלת שינויים על העולם. אישה, שנבראה בהקשר של מערכת יחסים ("כנגדו"), מבינה שכל מהות החיים היא בסופו של דבר קשר, עם הקב"ה ועם אדם. האיש, שנברא לבדו, הוא דמות הלוחם, העומד מוכן לכבוש את העולם. העבודה בהתאמה – עם משיכה של כל אחד לכיוונו – היא אשר מונעת עיוותים בכל אחד מהכיוונים.

אנחנו צריכים את דרבון התחרות ואת הכיוון שההירכייה מספקת – אלו הם מתנת הכוח הגברי.[6] אבל האנושות תלויה בקול הנשיות שימנע ממנה להישאב לחול הטובעני של התפקיד הציבורי. הקול הנשי הוא המדבר על ערך מהותי, על פנימיות.

5. הן גברים והן נשים חייבים הן בהדלקת נרות שבת והן בהדלקת נרות חנוכה. אם האישה בבית, היא מדליקה את נרות השבת, והגבר יוצא ידי חובתו בהדלקתה. אם היא אינה בבית, חייב הגבר להדליק את נרות השבת. ההיפך הוא הנכון לגבי נרות חנוכה. לפי רוב הדעות, אין אישה חייבת בהדלקת נרות חנוכה אם בעלה מדליק – היא יוצאת ידי חובתה בהדלקתו. אם אין לאישה בעל, היא חייבת להדליק נרות חנוכה בעצמה.

6. מעניין לציין שהליכות בית הכנסת – בהלכה ובמנהג – סובבות סביב גינוני כבוד, דבר שאין לו מקבילה בחייה ההלכתיים של אישה. בבית הכנסת יש כיבודים שונים: במקומות הישיבה, בסדר העליות לספר התורה, בשאלות מי ישמש כשליח ציבור בתפילה, מי יפתח את ארון הקודש ועוד. הטיעון שלנו הוא שיש עניין דווקא לשמור על הירכיית הכבוד, כי בעולם הגברי של המרחב הציבורי, למעמד יש תפקיד חשוב. יש לנו עניין לקיים ולשמר הישגים הקשורים לעולם הדתי המעניקים ערך אמיתי (ולא רק חיצוני) לחיפוש אחרי מעמד.
האופן האידיאלי היה שכבוד בבית הכנסת ישקף את היות המכובד חי את חייו בצורה מכובדת באמת. אבל גם במצב האידיאלי הכיבודים הציבוריים מחזקים את מושג המעמד התלוי במידת ההערכה הציבורית.
דוגמה לאופן שבו המערכת יכולה לשמור על איזון בין שני הקולות: אדם השואף להיות ראוי לתפקיד מכובד במיוחד בבית הכנסת, ולאחר שהשיג מטרתו הוא חוזר הביתה אחרי התפילה, שם הוא פוגש את אשתו, שבמהותה (ולא בדבריה, יש לקוות) – המאיינת את ערכם של מעמד ושיפוט ערכי שנכפו על ידי החוץ – הופכת לכוח נגדי לגאוותו.

איזונים ובלמים

כמובן, גברים הם לא תמיד רק גברים, ונשים הן לא תמיד רק נשים.[7] כל אחד, גבר כאישה, שיידחף אל העולם שבחוץ יתקשה להיחלץ מהשאיבה הממכרת של המעמד והכבוד המדומה – יש לי מושב מכובד אז אני משמעותי – כשבמבט של הנצח, למושב אין כל ערך. אישה הנדחקת למרחב הציבורי תתמודד עם אותה הונאת תדמית ציבורית שהאיש יתנסה בה, והאיש שיצליח לבנות את חייו סביב עולמו הפנימי, יזכה להגנה של האמת שהבית מספק. אבל ככלל, צריכים אנו לגברים ונשים המושכים כל אחד לכיוון מנוגד, אם עוד מקווים אנו לשמור על חברה מאוזנת.

הוא מזכיר לה שיש עולם בחוץ הדורש כיבוש, והיא מזכירה לו שלפעמים המלך עירום. שני התפקידים יוצרים מערכת איזונים ובלמים זה עבור זה.

שוויון, מנקודת מבט זו, מושג לא על ידי דרישת מספר דקות שווה של תהילה לנשים, אלא על ידי הכרה ב"קול השני", זה שפרסום לדידו הוא מוקצה מחמת מיאוס, זה המכוון לחיסול מפלצת הזהות הבדויה.

גברים ונשים אינם נתונים במלחמה, דוחפים ודוחקים זה את זה כדי להגיע למקום טוב יותר במדרג החברתי. אנחנו ביחד בזה, כולנו באותו צד ורוצים להגיע לאותו מקום. אכן, יש עולם שבו אתה קיים רק כשכולם רואים אותך, שבו אתה מוגדר לפי הגובה שלך בסולם ההצלחה, אבל זה לא בהכרח העולם האמיתי, וגם לא העולם שאנו רוצים לחיות בו.

בהתעקשותנו שהתפקיד היחיד שיש לו ערך הוא התפקיד הציבורי[8] – בהשמדת הקול הנשי השופט לא לפי היררכייה, אלא לפי אכפתיות ויחסים – אנו הורסים את קול השפיות שנותר. כשהיהדות נותנת לגיטימציה לכוח

7. אכן, תיאורטית, הפעם האחת והיחידה שבה היו קיימים "איש" בטהרתו ו"אישה" בטהרתה, הייתה כשכל מה שהיה היה אדם וחוה; הוא היה זכר, היא הייתה נקבה. אבל הקוטביות המוחלטת הזו לא יכלה להמשיך לדור הבא. הזכר הראשון שנולד לָעולם לא היה לגמרי זכר – כי הייתה לו אֵם שתרמה להוויה שלו, וגם הנקבה הראשונה שנולדה לא הייתה לגמרי נקבה – היא גם הייתה תוצר של אביה. מאותה נקודה בזמן, טהרת המגדר מעולם לא התקיימה במלואה.

8. כמו החתירה לשוויון שהשיגה תוצאה הפוכה, המתוארת לעיל בהערות 11 ו־12 של פרק טו.

הנשי – הפרטי והנסתר יותר – היא מאפשרת לגברים ונשים להיות שותפים באותה שליחות: לשאוף ובו־זמנית לזכור לקראת מה אנו שואפים.

סיכום

ביהדות, תפקידים ציבוריים ניתנים בדרך כלל לגברים. אם מנקודת מבט מערבית הדבר נראה כהעדפת גברים על נשים – ערך ונראוּת קשורים קשר הדוק בחברה המערבית – אנו מבקשים לטעון כי הדיכוטומיה הזו משקפת מערכת איזונים ובלמים. עולם ההתקדמות (המתבטא בחץ הגברי) מעודד היררכיות ותחרות – התקדמות פירושה שהמטרה מחוץ להישג יד, ושיש אנשים שיגיעו אליה מהר יותר מאחרים. אלא שיש פן נוסף לתחרות: היא גורמת לנו לעיתים קרובות להאמין בתחושת ערך מדומה. תחושת ערך אמיתית יכולה לבוא רק מהתקרבות לקב"ה – בכך שאנו עמלים להיות דומים לו יותר.

הכוח הנגדי למרחב הציבורי הוא המרחב הפרטי, המזוהה עם הכוח הנשי. הקול הנשי הוא המדבר על ערך מהותי ועל פנימיות. הוקרת המרחב הפרטי, כפי שעושה היהדות, מובילה ליצירת מערכת שבה ניתן לשאוף ולהתקדם, ובה בעת לזכור לְמַה אנו שואפים.

חלק 8

היהודי כאב־טיפוס של האישה

אם אדם הראשון, שנברא בצלם אלוקים, היה זכר ונקבה כאחד,[א] מדוע אנו מתייחסים בדרך כלל לאלוקים כאל זכר ("ברוך אתה...", "אחד הוא אלוקינו..."), בשעה שהוא אינו זכר ואינו נקבה?

התשובה הקצרה היא שמכיוון שברוב האינטראקציות שלנו איתו אנו נקבות ביחס אליו. כשם שהגבר נותן לאישה פוטנציאל חיים לא ממומש והיא לוקחת את הפוטנציאל הזה וממשת אותו במשך תשעה חודשים, ויולדת ילד שהוא תוצאה של הפוטנציאל הראשוני (שלו ושלה) ושל התהליך, כך הקב"ה נותן לנו את חיינו על נסיבותיהם – הפוטנציאל שלנו – והמשימה שלנו היא לקחת את מה שהוא נותן ולעבור תהליך ארוך כדי לייצר חיים חדשים. חיינו כאן הם הֵיריון, המוות הוא תהליך הלידה, ומה שנולד לעולם הבא הוא האני הרוחני שלנו, שיצרנו באמצעות הבחירות שלנו כאן בעולם הזה.[ב]

אבל האמת היא שהתשובה עמוקה הרבה יותר. יחסי גבר ואישה כמטאפורה ליחסי עַם ישראל והקב"ה שזורים היטב בכל רובדי התורה, כפי שראינו בהרחבה בספר זה. בהיותנו הנקבה במערכת היחסים הזאת, ראוי לנו כיהודים להבין את כל היבטי אב הטיפוס הנשי הזה. בשלושת הפרקים בחלק זה ייבחנו היבטים אחרים של הכוח הנשי, דרך הפריזמה של יחסי היהודי עם אלוקיו.

מוקדם יותר בספר זה, דנו בתפקיד הכפול של המקבל: כמקבל וכמקבל שעל ידי קבלתו גם נותן.[ג] כאן נעמוד על שלושת היבטי הכוח המקבל בכל הנוגע למהות הנשית של עם ישראל: הכוח המגביל, המטיל גבולות ומבנה על מה שהתקבל, הנקרא "גבורה" או "דין"; היכולת להישאר נאמנים לפוטנציאל שהוענק, הנקראת "אמונה"; והיכולת לתת ביטוי ממשי לְמה שהתקבל, הנקראת "מלכות". נראה איך כל אחד מאיתנו נדרש לפתח ספציפית תכונות נשיות אלו, כדי להפוך ליהודי אידיאלי.[ד]

פרק כח

גבורה – הצבת גבולות

לכוח הגברי יש יכולת אין־סופית לייצר צאצאים; הכוח הנשי מוגבל – האישה משלבת רק אחד מ"אין־סוף הפוטנציאלים" האלה ליצור ילד. מה ההקבלה לכך בחייו של היהודי?

> אשכחיה [פגש] רבי יוסי לאליהו [הנביא], אמר לו [רבי יוסי לאליהו]: "כתיב (בראשית ב, יח), 'אעשה לו עזר' – במה אישה עוזרתו לאדם?"
> אמר לו [אליהו לרבי יוסי]: "אדם מביא חיטין, חיטין כוסס? פשתן, פשתן לובש? לא. נמצאת מאירה עיניו ומעמידתו על רגליו".[1]

מדהים! רבי יוסי זכה להזדמנות חד־פעמית, כנראה, לדבר עם אליהו הנביא, ושאלתו הבוערת ביותר היא: "במה אישה עוזרת לבעלה?"

והתשובה מוזרה עוד יותר מהשאלה. האם הסיבה שאדם זקוק לעזר היא כדי שיהיה לו מי שיאפה את לחמו ויטווה את פשתנו? אפשר היה להניח שלאחר הכשרה קצרה יכול היה האיש ללמוד לאפות את לחמו ולטוות את פשתנו בכוחות עצמו, ובזה לחסוך מעצמו לנצח את עוגמת הלב שבבעיות זוגיות!

למעשה, כבר בסיפור הבריאה, הפתרון הזה הציג את עצמו. אלוקים

1. יבמות סג, א.

הסתכל על הברייה האנדרוגינית הראשונה, ואמר (בראשית ב, יח): "לא טוב היות האדם לבדו". הפתרון המתבקש היה יצירת ברייה אנדרוגינית נוספת לצידה של הראשונה, שכל אחת מהן יכולה להתרבות לבדה, ויחד, הן היו יוצרות חברה שיתופית שבה חלק מן האנשים "אופים לחם וטווים פשתן" ואחרים יוצאים ועושים את "הדברים החשובים". מדוע אפוא חילק הקב"ה את הישות הדו־פרצופית לאיש ואישה? מה המאפיין המגדיר את נשיותה של האישה, ואיך תרומתה הייחודית "עוזרת" לאיש? ועוד: מה זה אומר על היהודי בתפקידו ה"נשי" ביחס לקב"ה?[2] ה

אין־סופי פוגש סופי

לגבר יש מה שנראה כמו אין־סוף פוטנציאל לייצר צאצאים. תיאורטית, לו היו לו די נשים לשאת את זרעו, הוא יכול היה ללדת מאות צאצאים. נוסף על כך, תרומתו ליצירת ילד אינה דורשת ממנו מאמץ או כאב. חווייתו היא חדוות יצירה בראשיתית – ההתרגשות והמרץ ממשהו בלתי מוגבל וחדש.

לאישה, לעומת זאת, אין פוטנציאל בלתי מוגבל להביא צאצאים. אומנם שחלות התינוקת מכילות מספר ביציות העולה על מספר הביציות שהיא תזדקק להן במהלך חייה, אבל אפשר לספור אותן. אין־סוף הפוטנציאל שלו פוגש את הסופיות אצלה. פוטנציאל מתן החיים מתממש בתהליך שהאישה עוברת, תהליך הכרוך בקושי, בכאב ובהקרבה – יחד הם יוצרים ילד.

מהות הילד – שהוא סינתזה של שני הכוחות המנוגדים הללו (הרעיון הבלתי־מוגבל והתהליך המצמצם), כמו גם סינתזה של אביו ואימו – היא משהו חדש לגמרי. מעטים מאוד קושרים בין האדם שהם צופים בו, להנאה או לכאב שנכרכו בייצורו. התוצר הסופי – הילד – מתעלה לגמרי על שני היסודות, הזכרי והנקבי, שתרמו ליצירתו; ועם זאת הוא מצרף בתוכו את אביו ואמו בסימביוזה כוללת.ו

---

2. גם כאן נתייחס למודל הביולוגי כאל הפרדיגמה שלנו, שכן הוא המודל היחיד שבו בני האדם נאמנים לחלוטין למהותם המגדרית. כמו שכפפה מכסה את היד, כך העולם הגשמי מכסה את המציאות הרוחנית (ראו הערת סיום). באמצעות המודל הביולוגי הזה, נוכל לחשוף אמת רוחנית.

מטאפורה ליצירתיות

זהו דפוס החוזר על עצמו בכל מעשה של יצירתיות. בכל פעם שרעיון הבלתי־מוגבל והתהליך המצמצם נפגשים, משהו חדש – "ילד" – נוצר.

אומן שרוצה ליצור ציור יכול להתהפך על משכבו כל הלילה כשזרמי רעיונות ממלאים את מוחו. הוא מלא בדיצה ומרץ (הכוח הגברי הארכיטיפי) מהמחשבה על העברת חזונו לבד הציור. אבל בבוקר, הוא פוגש את הכוח הנשי: עליו להעביר את השמחה וההתרגשות הבלתי מוגבלות שלו אל גבולות המציאות כדי ליצור משהו. היצירה כרוכה בהעברת המופשט אל המוחשי. עליו להחליט על גודל הקנבס, וגם אם בחר בקנבס בגודל בניין הוא הגביל את עצמו. עליו להחליט אם ישתמש בצבעי מים או שמן, או בשניהם, ועליו להחליט מתי ואיפה ואיך – אבל בסופו של דבר, הדרך היחידה שבה יוכל ליצור ציור היא על ידי הגבלת האפשרויות שלו.

הכוח הנקבי – כאב הצמצום

לא משנה כמה מרגשות תוצְאות מאמציו, אדם רגיש יהיה מודע לכאב הנובע מהגבלת חזון אין־סופי למציאות מוחשית. לא משנה כמה יפה התוצאה, היא לעולם לא תיתן ביטוי מושלם לחזון הראשוני. חסימת כל האפשרויות האחרות של מה שיכול היה להיות כואבת, והיא דורשת "גבורה" – היכולת לצמצם אפשרויות בהתמדה. המציאות של מצב, יפה ככל שיהא, היא בדיוק זו: המציאות; כל שאר האפשרויות של מה שהיה או שיכול היה להיות – אינן קיימות עוד.[3]

ועם זאת, עם הבגרות מגיעה ההבנה שכדאי לעמוד בכאב הצמצום – בלעדיו, החזון היפהפה יתפוגג. קסום בעוצמתו, אבל ללא כוח עמידה – הוא

3. כוח ה"גבורה" נקרא גם "דין" – מונח שמשמעותו צדק מוחלט. מידה זו דורשת שיקוף המציאות בעולם הזה במידה מדויקת. אם אדם חוטא, ברובד של המציאות, כל החרטה והתשובה שבעולם לא ימחו את המעשה שלו. לפי מידת הדין, הוא אמור לחוות את השלכות מעשהו באופן מלא ומדויק. לכן אומרים רבותינו (בראשית רבה יב, טו) "במדת הדין – היאך העולם יכול לעמוד?!". בעולם המשקף את המציאות האמיתית – החריפה והכואבת – של מצב האנושות, לא היינו מסוגלים לחיות. "אלא, הרי אני בורא אותו במדת הדין ובמדת הרחמים" – אלוקים עירב בעולם את מידת הרחמים, המביאה בחשבון פוטנציאל אין־סופי לשינוי.

ירחף וייעלם באוויר. השלמה עם כאב ההגבלה, שחרור האפשרויות האין־סופיות הללו והתמקדות במציאות, הם היוצרים בסופו של דבר יופי. בעוד הכוח הגברי מביא את אין־סוף האפשרויות, הכוח הנקבי הוא אשר מתעל את כל האפשרויות הללו לכדי מציאות אחת – מוגבלת אבל קיימת במציאות.

החלטות, החלטות, החלטות

החוויה האנושית הנפוצה מאוד של קושי בקבלת החלטות נובעת מהכאב של סגירת אפשרויות, של הגבלת הזרימה האין־סופית של אפשרויות ופוטנציאל.

חברה סיפרה על החוויה שלה בקניית דירה: "לא אגזים אם אומר שבמשך תקופה של שנתיים ראינו כל דירה שעמדה למכירה בעיר. ובכל פעם שעמדנו לחתום על חוזה, נכנסתי לפאניקה. לא בגלל שלא אהבתי את הדירה, אלא בגלל שידעתי שחתימה פירושה שזו תהיה הדירה היחידה שאגור בה. כל עוד לא חתמתי, הרגשתי שאני בעצם גרה בכל הדירות שראיתי. כאן היה לי נוף מהמם, בזו היה לי מטבח גדול, בַּהיא אהבתי את חדר הילדים.

ידעתי שברגע שאני חותמת על חוזה, נעלמות כל האפשרויות הקוסמות הללו ונשארת רק הדירה האחת, שיפה ככל שתהא, אינה אלא אחת. נדרשתי ממש להתגבר על פחד האובדן כדי לחתום. מה שעזר לי היה ההבנה שעד שלא אחתום, לא יהיה לי בעצם איפה לגור!"

הקושי בקבלת החלטות דומה להיבט הגברי של תשוקה לפוטנציאל בלתי מוגבל. בחירה באחת בלבד – בחירה החוסמת את כל האפשרויות האחרות – יכולה להרגיש כמו חנק. כמו הילד בחנות הממתקים שאינו יכול להיפרד מהמטבע שבידו ולקבל ממתק אחד כי זה אומר שכל השאר לא יהיו שלו, הכוח הגברי רוצה להשאיר את כל האפשרויות פתוחות. בגרות פירושה ההבנה שכדי לעשות משהו עם הפוטנציאל, חייבים לממש אותו. עד שנעשה זאת, אנו מנסים לשווא ללפות טבעות עשן מתפוגגות.

משהו לאכול

בגמרא מופיע הסיפור הבא (מובא כאן בתרגום לעברית):

> מר עוקבא, היה עני בשכונתו, והיה רגיל בכל יום לזרוק לו ארבעה זוזים בצינור הדלת.
> פעם אחת אמר [העני לעצמו] "אלך ואראה מי עושה עמי טובה זו".
> אותו היום... מר עוקבא... הלכה אשתו עימו.
> כיוון שראם העני, שהטו עצמם לדלת [– שמישהו קרב לדלת שלו] יצא אחריהם [כדי לגלותם].
> ברחו ונכנסו שניהם לתנור גָּרוף [– תנור שגחליו נגרפו מתוכו, אבל עדיין חם הוא].
> נכוו רגליו של מר עוקבא.
> אמרה לו אשתו: "תן רגליך על רגלי" [– היא לא נכוותה, משום מה, ועל כן הציעה לבעלה להניח עליה את רגליו].
> חלשה דעתו [– הצטער מר עוקבא, על שרק לה נעשה נס ולא נכוו רגליה].
> אמרה לו: אני מצויה בתוך הבית והנאתי קרובה [הסיבה שזכיתי בנס היא שאני בדרך כלל מכינה אוכל לעניים, וההנאה שלהם מן האוכל מיידית, ואילו אתה רגיל לתת כסף, שהנאתו רחוקה].[4]

זהו סיפור על דינמיקה בין איש ואישה, שאפשר לראות בו גם אמירה מטאפורית. בשעה שהוא נתן כסף לעני – פוטנציאל בלבד, היא נתנה מזון – מתנה מוחשית.[ח] כסף הוא נציג הכוח הגברי. הוא פוטנציאל טהור. אי אפשר לאכול אותו, ללבוש אותו, או לחמם את הבית באמצעותו, אבל להחזיק חופן של כסף משמעו לחפון את העולם בידיים. אנשים אוהבים כסף בדיוק מסיבה זו – כסף הוא פוטנציאל מוחשי: זה כמו להחזיק את כל האפשרויות בעולם, בערימת שטרות.

---

4. כתובות סז, ב.

אבל עבור אדם רעב, כסף לא עומד בציפיות. כשרעבים רוצים לאכול – לא ללכת לשוק, לקנות אוכל ולבשל אותו. מצד שני, ברגע שהשתמשנו בכסף לקנות אוכל, אין יותר פוטנציאל בלתי מוגבל. הכסף, על כל האפשרויות שבו, הפך לסיר של בשר ותפוחי אדמה.

האני המאוד סופי שלנו מגביל באופן מהותי את הפוטנציאל העצום של האפשרויות בעולם – אבל רק דרך תיעול הפוטנציאל דרך האני המוגבל שלנו, משהו חדש נולד. הכוח הגברי אטרקטיבי בעינינו, כי הרעיון של פוטנציאל בלתי מוגבל גורם לנו להרגיש כמו אלים קטנים. אבל כבני אדם, הכוח הנשי – מימוש הפוטנציאל של אשת מר עוקבא – הוא שמגדיר אותנו ביחס לאלוקים. רק באמצעות תיעול הפוטנציאל (שהקב"ה העניק לנו) דרך האני המוגבל שלנו, נולד משהו חדש.[5]

אנחנו ואלוקים

הגבלת הפוטנציאל הזה חלה גם על הקשר שלנו עם הקב"ה.

5. רעיון הכוח הנשי התוחם והמתעל את שפע הפוטנציאל כדי לייצר חיים, מוצא את ביטויו גם במצוות כיסוי הראש לאישה נשואה. אפשר לראות בשיער נציג של חוסר הצורה, במובן הזה שהוא אינו מפסיק לצמוח ושאפשר לשנות את צורתו בכל עת (אפשר לקלוע אותו, לסלסל אותו, לחתוך אותו, לרכך אותו – אבל השינויים האלו אינו קבועים). למעשה, הגמרא (ברכות סא, א, שבת צה, א ועירובין יח, א) אומרת לנו "שֶׁקִּלְּעָהּ הַקָּדוֹשׁ בָּרוּךְ הוּא לְחַוָּה וֶהֱבִיאָהּ אֵצֶל אָדָם", לסמל לתפקידה של האישה בתיחום הפרוע, חסר הרסן. מעניין לציין שאחת ההשלכות של החטא הייתה ששערה של חוה לא יישאר קלוע אלא "מְגַדֶּלֶת שֵׂעָר כְּלִילִית" [מלכת השדים] (עירובין ק, א). בלי לדעת יותר מדי על שדים, אפשר כנראה להניח שהם מתרבים על גבי דמיון חסר מעצורים.
קליעת שיערה של האישה נתנה ביטוי למהותה הפנימית ככוח ההגבלה התוחם פוטנציאל אין־סופי לכדי צורה. אחרי החטא, כששערה החל לצמוח פרא, זה כבר לא בהכרח בא לה באופן טבעי. היא תצטרך להתאמץ באופן מודע לקחת את השיער הזה, המייצג חוסר צורה, ולרסן אותו בעצמה. המאופק והעטוף יוצר משקל נגד לכוח האפשרויות האין־סופיות.
האישה עוברת מהפקרה "ליליתית" מוחלטת ואי נכונות להגביל את עצמה, לכוח מתועל וממוקד. המתנה שנלקחה ממנה לאחר החטא, נרכשת על ידה מחדש באופן יזום – עבורה, עבור בעלה ועבור כל עם ישראל באמצעות כיסוי שיער ראשה (רעיונות אלו מוסברים לעומק על ידי הרב אברהם חיים פייער בהרצאה יפהפייה באנגלית, בת שני חלקים, בשם "A Canopy of Brocha").

מעשה ששאל טורנוס־רופוס הרשע את רבי עקיבא:
איזו מעשים נאים, של הקדוש ברוך הוא או של בשר ודם?
אמר לו: של בשר ודם נאים.
אמר לו טורנוסרופוס: הרי השמים והארץ – [האם] יכול אדם לעשות כיוצא בהם?
אמר לו רבי עקיבא: לא תאמר לי בדבר שהוא למעלה מן הבריות שאין שולטין עליו, אלא אמור דברים שהם מצוּיָין בבני אדם.
אמר לו: למה אתם מוֹלין [- מלים את עורלת הילד]?
אמר לו: אני הייתי יודע שעל דבר זה אתה שואלני, ולכך הקדמתי ואמרתי לך, שמעשה בני אדם נאים משל הקדוש ברוך הוא.
הביא לו רבי עקיבא שִׁבָּלִים וגלוסקאות.
אמר לו: אלו מעשה הקדוש ברוך הוא, ואלו מעשה ידי אדם... אין אלו נאים יותר מן השִׁבָּלִים?
אמר לו טורנוסרופוס: אם הוא חפץ במילה, למה אינו יוצא הוולד מהול ממעי אמו?
אמר לו רבי עקיבא: ולמה שׁוררו יוצא עמו? והוא תלוי בבטנו ואמו חותכו?
ומה שאתה אומר למה אינו יוצא מהול, לפי שלא נתן הקדוש ברוך הוא את המצוות לישראל, אלא לצרף אותם בהם.[6]

מדוע אנו מתייחסים לקב"ה כאל זכר? משום שאנו, היהודים, נקבה ביחס אליו. הוא נותן לנו את החיטה, ואנו אופים את הלחם. הוא נותן לנו את מתנת הגוף שלנו, ואנו באמצעות התהליך המגדיר, המגביל, המייסר של ברית המילה, יוצרים יהודי.[7] הקב"ה נותן לנו את חיינו – בריאותנו, משפחותינו, הסביבה שלנו, הגנים שלנו – ואנו דרך הבחירות שלנו יוצרים

6. מדרש תנחומא תזריע ה.
7. ברית מילה מתבצעת דווקא באיבר המסמל פוטנציאל בלתי מוגבל וכוח בלתי מרוסן. לפיכך זהו הביטוי האידיאלי של הברית בין הקב"ה ועם ישראל, לפיו האדם מגדיר ומגביל את עצמו כדי לבטא את הפוטנציאל האין־סופי שנתן לו הקב"ה. אפשר שזו הסיבה שאין מקבילה נשית לברית מילה; מבחינה ביולוגית, האישה מגלמת את הרעיון של תיעול הפוטנציאל האין־סופי למציאות, כך שהיא לא צריכה שהרעיון הזה ייכפה עליה מבחוץ.

בן אדם.[8] כל החיים שלנו הם כמו הירידון אין־סופי, ורק עם מותנו יולדים אנו את הילד האולטימטיבי – סוף סוף בוגר – את עצמנו.

סימביוזה – מהרגע הראשון

כבר בגן עדן הציג בפנינו הקב"ה את המודל הזה של פוטנציאל גברי הפוגש מימוש נשי באמצעות הגבלה. תחילה נתן לנו עולם מרהיב ביופיו. הציווי הראשון שלו מהדהד ליסוד הגברי, של שפע ואושר: "**מכל** עץ הגן אכול **תאכל**".[9]

"תאכל!" – זו קריאה לטעום, לגלות, להתענג ולהתלהב מהמגוון והיופי העצומים של הבריאה. אפילו מושג ה"פרי", על מגוון הצבעים, הצורות והטעמים שלו, מרמז על האושר והעונג הטמונים בבריאה. הקיווי על קליפתו הצמרירית החומה ובשרו הירוק הזרוע כתמים שחורים; הרימון הנוצץ באבני אודם; הקוקוס, על בשרו החלבי וטעמו האגוזי; הקלמנטינה העממית, שכל שקיק בה עטוף באריזה הרמטית משלו – הצבעים מפתים, הריחות משכרים ובלוטות הטעם שלנו מתמוגגות במתיקות.

"עתיד אדם ליתן דין לפני המקום, על כל מה שראו עיניו ולא רצה לאכול ממנו אף על פי שהיה מותר לו"[10] – אנחנו ניאלץ לספק הסבר על כל מזון **שלא** אכלנו, על כל הנאה שמנענו מעצמנו. הקב"ה ברא את כל היופי הזה עם מסר ברור: הוא רוצה שנתענג.[ט]

אלא שההנאה שהוא הועיד לנו אינה ההנאה בת החלוף של היסוד הגברי. השמחה שבאין־סוף אפשרויות נועדה רק לתת לנו הצצה לשמחה האחרת המחכה לנו, אם ניאות לעבור את תהליך ההגבלה והצמצום של הכוח הנשי.

חציו השני של הציווי האלוקי הראשון בגן עדן מספר לנו על הגבלה: "ומעץ הדעת טוב ורע לא תאכל ממנו".[11]

---

8. ניתן להגדיר מחדש את כל אלה באין־ספור דרכים, וליצור מגוון עצום של סוגים שונים של בני אדם. שימו לב, למשל, כמה מופתעים אנחנו, לפעמים, בראותנו אחים שונים מאוד זה מזה.
9. בראשית ב, טז.
10. מסילת ישרים פרק יג, בשם הירושלמי קידושין פד.
11. בראשית ב, יז.

כל עצי הגן פתוחים לפניך – היופי העצום, הצבעים, המוזיקה והטעמים של העולם הזה, פרוסים לפניך כמו בר ענק של תענוגים. המטרה שלי היא לתת לך הנאה, וההנאה המושלמת היא להידמות לי, להיות יוצר כמוני. אבל כדי לקחת את כל הפוטנציאל הבלתי מוגבל וליצור איתו, יהא עליך להגביל את עצמך. רק אם תגביל את עצמך לציווי ה׳, תוכל להתענג על השמחה שביצירת צלם האלוקים שבך.'

בגן עדן, הרצון לברוח מההיבט הנשי של ההגבלה, הוא שהפיל את האנושות לסבל ולצער הקיומי. ומאותו זמן ואילך, הרצון הזה לברוח מההגבלות הוא מאבקה של האנושות. האם אשאר עם הכיף וההנאה שבאפשרויות הבלתי מוגבלות, או שאהיה בוגר מספיק להציב גבולות, כדי לחוות את התענוג האמיתי?

הגבלה כאמצעי למטרה

בה בעת, חשוב להבין כי הכוח המגביל הזה הוא שלב שני, לא שלב ראשון. שלב ראשון ונחוץ הוא התמלאות בפוטנציאל, במה שיכול להיות.

נכון, הפוטנציאל עשוי לפרוח לכל רוח אם לא יעוגן במציאות. מצד שני, החזקת הציפור בחוזקה רבה מדי יכולה להרוג אותה. אנחנו צריכים הגדרות כדי להשיג ביטוי אמיתי, אבל המטרה הסופית אינה להגביל, לתעל ולשלוט; אלו רק אמצעים הכרחיים לקראת המטרה היצירתית.

לפעמים, בפרץ התלהבות צדקני, אנו שמים את כל הדגש על המגביל והמגדיר. אבל אנחנו זקוקים גם לריגוש החדשנות, את החזון והאופק של הרעיון – המתבטא ביסוד הגברי. חשוב להבין כי רק שילוב של שני הכוחות גם יחד הוא שיביא אותנו לשלב השלישי והחשוב מכולם – היצירה.

זו היהדות – שילוב הכוח הגברי והכוח הנשי.

קבוצת אנשים שיחקה בכדור על כר דשא גדול במרומי גבעה. הם אהבו את המשחק; הם חיו בשבילו והיו עסוקים בו בכל רגע מחייהם.

אבל הייתה בעיה אחת. מכיוון שמגרש המשחקים היה על גבעה, הכדור התגלגל לעיתים קרובות לרחוב. כל השחקנים היו רצים אחריו, מחכים שהתנועה תיעצר, מוצאים את הכדור ורצים שוב במעלה

הגבעה. במשך שעות נאלצו להתארגן מחדש, להיעמד במקומות מחדש ולהתחיל את המשחק מחדש. לעיתים קרובות שכחו באיזה שלב היו במשחק, כמה־כמה או מי נגד מי. זמן ואנרגיה רבים התבזבזו בטיולים כדי להחזיר את הכדור.

לבסוף, חשבו על פתרון. גדר גבוהה נבנתה מסביב למגרש כדי לאפשר לשחקנים להתרכז במשחק, במקום לבזבז אנרגיות בחילוץ הכדור. וזה עבד!

קולות של שמחה והנאה עלו ממגרש המשחקים. אנשים אחרים שמעו את קולות השמחה והחלו לטפס במעלה הגבעה, בתקווה להצטרף למשחק. ומה ראו? גדר גבוהה, חסונה – ומאיימת.

אבל מה שהחדשים־מקרוב־באו לא ידעו הוא שהאנשים במגרש אפילו לא ראו את הגדר. הם התענגו על כל רגע – סוף סוף הצליחו להתרכז במשחק.

אדם שבא מבחוץ, השומע את השמחה, היופי והחיות שביהדות, הדבר הראשון שהוא פוגש הוא גדר גבוהה ומאיימת. היהדות עשויה להיראות כמו רשימה ארוכה של "לא תעשה" שנראה שנועדו רק למנוע מאיתנו הנאה. אבל למי שמבין את הדינמיקה, החומה הזו היא רק אמצעי להשגת מטרה. אלה שבתוך המגרש המוקף גדר אינם רואים את הגדר אלא רק את המשחק. לגדר יש רק מטרה אחת: להביא אותנו למקום ההתעלות והשמחה האמיתית.

זו מהות הקשר בין איש לאישה – הוא מביא את הפוטנציאל, את חומר הגלם, היא מביאה אותו לידי מימוש. זו מהות הקשר בין הקב"ה לעם ישראל – הקב"ה נותן לנו פוטנציאל אין־סופי של חיים, ובתהליך הדורש בגרות, משמעת וראייה מעבר לאשליית האפשרויות האין־סופיות, יוצר היהודי מהחיטים קמח, מהפשתן – בגד, מהאפשרויות – אנושות.

סיכום

בעוד הכוח הגברי מביא את אין־סוף האפשרויות, הכוח הנשי הוא המתעל אותן למציאות אחת מקורקעת.

אנו, האנושות, נשיים ביחס לקב"ה. הוא נותן לנו את האפשרויות, את נתוני הפתיחה: המשפחה שאליה נולדנו, המבנה הפיזי והאינטלקטואלי שלנו וכל שאר היבטי החיים הנתונים. האדם לוקח את הפוטנציאל האדיר הזה ומתעל אותו, דרך מגבלות עצמו, כדי ללדת – את עצמו.

היהדות היא שילוב בין כוחות הזכר והנקבה – יש זרם מתפרץ ומבעבע של אפשרויות: הקב"ה אומר לנו, "מכל עץ הגן אכול תאכל", ואז מופיעה ההגבלה: "מעץ הדעת טוב ורע לא תאכל ממנו". מבנה היהדות הופך להיות המגבלות (הנשיות) שבאמצעותן מתממש הפוטנציאל (הגברי) לאנושות.

פרק כט

אמונה

הכוח הנשי נשאר נאמן לפוטנציאל לחיים דרך חשכת ההריון. מה ההקבלה לכך בחייו של יהודי?

החיים הם דפוס החוזר על עצמו כל הזמן, המורכב מרגעים ספורים של אקסטזה ואחריהם חושך. כשאנחנו בחושך, קשה מאוד לזכור את האור. כאשר אנו נמצאים ברגעי האור, אנו מתקשים לדמיין שהחיים אי פעם יחשיכו שוב. כל אחד מהם חוויה כוללנית, חובקת כול.

אפשר לקרוא לרגעי האור רגעים של אמת – כל היופי המסתתר מתחת לאנדרלמוסיה של חיינו מתגלה לפנינו בהבזק פתאומי של אור יקרות, ואנו מוצפים מהאפשרות של מה שנראה כמו שלמות הנמצאת בהישג יד. אבל הרגעים האלה אינם ארוכי טווח; בבוקר המוחרת אנחנו מתעוררים מודעים לעובדה שכדי להשיג באמת את היופי שקיבלנו הצצה אליו, ניאלץ לעבוד קשה מאוד.

כמו ירח הדבש, שבו החיים מרגישים כמו אוסף של סימני קריאה: הכול נפלא! מצאתי את הנפש התאומה שלי! הו/יא מושלם/ת והחיים שלנו יחד יהיו מושלמים! אבל מגיע היום שבו נגמר ירח הדבש, ובני הזוג מתעוררים ומבינים שכל אחד מהם חי עם אדם אמיתי, בשר ודם, שיש לו פגמים אמיתיים, ולצד רגעים קסומים של חיבור נפשי עמוק, יהיו גם רגעים של אי הבנה וריחוק.

אלא שאם נחזיק מעמד, אם נישאר נאמנים לחזון שראינו בשלב ירח הדבש, רוב הסיכויים שנזכה לחוות שוב את היופי הזה, והפעם הוא באמת יהיה שלנו. באמצעות עבודה קשה, חוסר נוחות, התגמשות, ובעיקר באמצעות

שמירת נאמנות לחזון הראשוני – הקבור כרגע תחת ויכוחים על משחת שיניים וחשבונות חשמל – נוכל לתפוס את ההתלהבות הראשונית וללדת אותה לעולם כישות אמיתית – נישואין. ה"אנחנו" של חיי הנישואין – עומק האכפתיות, האהבה והקרבה, הקשר עצמו – הוא ישות חדשה לחלוטין שנולדה הן מחזון והן מנאמנות לחזון זה.

אמת ואמונה

הזוהר כותב[א] "איהו [הוא] אמת, ואיהי [היא] אמונה", האמת – אותם רגעי בהירות וחזון ראשוניים – היא זכר. רגעי האמת הם גבריים, כי בדומה לתרומתו של הגבר ליצירתו של ולד, רגעי האמת הללו מתאפיינים במשכם הקצר ובטבעם האקסטטי. בחוויה האנושית, גילוי האמת הוא הבזק של התרגשות וחידוש. זה "אאוריקה!" ופלא. אבל תחושת האקסטזה הזו לא נמשכת.

דוד המלך אומר בספר תהלים (צב, א): "להגיד בבוקר חסדך ואמונתך בלילות". רגעי החסד שבהם חשים אנו את חסדו של הקב"ה הם קצרי מועד. ה"בוקר" בַּפסוק מופיע בלשון יחיד. הבהירות החדה של המודעות נמשכת רק "בוקר" אחד. ב"בוקר" – ברגעי הבהירות שלנו – אנו מודעים באופן מסנוור לחסדי הא־ל.[1] אי אפשר **שלא** לראותם. אבל הרגעים האלה לא נמשכים; אין להם כוח עמידה. עד מהרה מגיעים הלילות הארוכים והחשוכים (לילות, ברבים, כי החושך וחוסר הבהירות הם המתארים את רוב שנות חיינו בעולם הזה) שבהם המציאות החווייתית שלנו היא שאנחנו לגמרי לבד.[ב] ואז, בחושך הזה, עלינו לגייס את האמונה, כדי להישאר מחויבים לאותה בהירות שהייתה לנו מזמן – באור הבוקר.[2]

1. המילה "בוקר" קשורה ל"ביקורת" – ראיית הדבר בבהירות ובחדות. ראב"ע בראשית א, ה, ראו דבריו.
2. בגמרא מופיע סיפור מרגש על אמונתו של התנא הגדול רבי עקיבא, ששמח למראה שועל היוצא מבין חורבות בית המקדש, משום שהחורבן עצמו היה בעיניו הוכחה לגאולה העתידית (מכות כד, א). הסיפור הזה מקבל תוספת משמעות על רקע סיפור חייו האישי של רבי עקיבא, שטעם מן האמונה של אישה – אשתו רחל – אשר נישאה לו למרות היותו רועה צאן פשוט ועם הארץ, משום שראתה את הפוטנציאל הטמון בו (כתובות סב, ב). החושך העמוק ביותר מרמז על האור שיבוא.

האמת היא גברית, אבל "איהי – אמונה"; אמונה – הנכונות לעבור חודשים ארוכים – שבהם הלידה נראית רחוקה ובלתי אפשרית היא התכונה הנשית. אחרי הריגוש האקסטטי של הגילוי, כל שנותר הוא זרע קטן הנובט בחושך, מתחת לפני השטח, במקום שבו אין אפילו ביטחון בקיומו. אמונה נכנסת לתמונה כשמגיע החלק הקשה והיא נשארת נאמנת לזרע האמת, נושאת אותו לאורך תשעה חודשי היריון, עד שהאמת נולדת לבסוף, בדמותה החדשה והמפותחת.

והילד הנולד, אותה ישות חדשה ומופלאה שלא הייתה קיימת קודם לכן, הוא תוצר של אביו – אמת, אותו פרץ ראשוני של אקסטזה, ואימו – אמונה, הנכונות להתמודד עם החושך במשך חודשים ארוכים. אבל הוא מתעלה על המציאות של שניהם. הוא משהו חדש לגמרי.

להיכנע או לא להיכנע?

פרדיגמה של נאמנות נשית היא מה שקרה לאחר מעמד הר סיני. ההתגלות בהר סיני, כשה' דיבר מתוך האש, הייתה רגע קצר ואקסטטי של אמת.[ג] התעכבותו של משה לרדת מההר הייתה דוגמה קלאסית לחושך שאחרי האור. ייאוש – האם אי פעם יחזור? ספק – אולי כל העניין היה אשליה? פחד – מה יהיה איתנו? כאשר משה היה איתם, עם כל האירועים הגדולים, אי אפשר היה להתעלם מהאור הבוהק והזוהר. אבל עם העיכוב, עמדו היהודים בפני הבחירה הנצחית.

האם נלך עם החלק בתוכנו המתייאש, המטיל ספק ופחד? החלק האומר, "הפסיקו לחיות בעולם הדמיונות! אם משה לא ירד, אז ברור שהכול נגמר!"? או שאנו מתמודדים עם החושך, מושיטים יד לאמונה ואומרים: "היינו שם ב'בוקר'. ראינו את האמת ביופייה הבוהק והמסנוור. גם אם נראה כאילו הכול נגמר, נישאר נאמנים לַגילוי. נֶאֱחֹז באמת לאורך מנהרת החושך"?

אנחנו יודעים את סוף הסיפור. חלק מהעם היהודי נכנע לחוסר אמונתו ויצר את עגל הזהב. אבל המדרש מספר לנו שהנשים סירבו להשתתף.[ד] אמונתן הייתה בלתי מעורערת; אף שבהמשך תרמו בשמחה את תכשיטי הזהב שלהן לצורך בניית המשכן, כשהתבקשו לתרום את זהבן לעגל הזהב, סירבו לשתף פעולה. נשות הדור ההוא, בניגוד לאנשים שהשתתפו בעגל

הזהב ומתו במדבר, זכו לגאולה וחיו כדי להיכנס לארץ הקודש.[3][ה] הן נשארו במסלול, החזיקו מעמד בחושך, וזכו להולדת "הילד".[ו]

למילה "אמונה" אותו שורש כמו המילה "נאמן". ברמה העמוקה ביותר, אמונה פירושה להישאר נאמן לאותה הארה ראשונית שאנו יודעים שהיא אמיתית, אף על פי שחושינו מפריכים אותה כעת. אמונה פירושה לזכור שיש "ילד" – ישות חדשה המסתתרת מתחת לפני השטח בלילות החשוכים. אם נשכיל להחזיק מעמד, דרך חשכת הליל, מנסים לחשוף את ניצוץ חיים שהיה פעם כה ברור – נגיע ללידה: לגרסה חדשה ומורחבת של עצמנו.

העולם המערבי מאוהב בהיבט הגברי

העולם המערבי מאוהב באין־סוף האפשרויות ובריגוש של היסוד הגברי, ובה בעת מפחד ממה שנתפס בעיניו כשעמום וכאפרוריות מתמשכת של היסוד הנשי. אבל אנו מטעים את עצמנו אם אנחנו חושבים שהיסוד הגברי הוא המקום היחיד שבו נמצאים הריגושים, כי היסוד הגברי הוא מטבעו חולף. עם כל האופטימיות והרצון הטוב שבעולם, האלמנט הגברי לעולם אינו מתקיים לאורך זמן. האופוריה וההתרגשות של דבר חדש ומלא אפשרויות הן רק הצצה חולפת לְמה שיכול להיות.

מכיוון שכל כך מושך להתחיל משהו חדש, אנו עשויים לדלג מריגוש אחד למשנהו, מחוויה חדשה אחת לאחרת, ולברוח בכל פעם שנראה שהמציאות מתחילה לדרוש התחייבות כלשהי. מתחילים עבודה חדשה, בטוחים שזו הזדמנות חיינו, אבל אפילו הזדמנויות חיינו דורשות עבודה קשה כדי לממש אותן. קונים משהו חדש, בטוחים שהוא ישנה את חיינו. מתמלאים התלהבות מדיאטה חדשה, אבל מוותרים ברגע שנמאס לנו מאשכוליות. החיים הופכים לסדרה של ריגושים מתמשכים, כְּשֶׁהַבְּעֵרָה הולכת ונחלשת בכל פעם, בחיפוש האין־סופי שלנו אחרי אושר אמיתי.

האלמנט הגברי הוא מתנה חולפת. הוא נותן לנו הבזק של מודעות

3. זה היה בזכות אהבת ארץ ישראל שלהן, שגם היא ייצגה נאמנות; הנשים לא נכנעו לפחד שזרעו דברי המרגלים, ואילו הגברים כן (ראו הערת סיום). המדרש (במדבר רבה כא, י) קושר את דרישת בנות צלפחד לקבל נחלה בארץ לחיבת הארץ שהייתה לנשים בכלל. ראו הערת סיום.

למקום שאליו נוכל להגיע, אם ניאות לעבור את תהליך היסוד הנשי של האמונה – אבל אז הוא נעלם ומשאיר אחריו רק זיכרון מעורפל.

אכן, כאשר הוציא אותנו הקב"ה ממצרים, היה זה עם הבזק של היסוד הגברי.[4] אותות ומופתים גלויים, הוד והדר נוראיים, גילוי שכינה – רוממו אפילו את הקטנים ביותר למרומי הנבואה.[ז] ואז זה נגמר. כבו האורות, נמוג העשן והעם מצא את עצמו עומד במדבר הגדול והנורא – אם יש מקום מגביל בעולם, זה המקום. אין אורות, אין במה, אין גילויים מפעימים, רק נעים קדימה, תמיד קדימה. עברו שבעה שבועות ארוכים עד שבני ישראל הצליחו להעלות את עצמם בחזרה לרמת הנבואה שאותה קיבלו על מגש של כסף על שפת ים סוף, כדי להיות מוכנים להתגלות – למתן תורה.

מאמינים בני מאמינים

אנו, היהודים, מוגדרים על ידי היכולת שלנו לקחת את התכונה הגברית של האמת, שגילה לנו הקב"ה בהבזק אקסטטי, ולהיות נאמנים לה בעזרת התכונה הנשית של אמונה, בחשכת לילות הגלות הארוכים.[ח]

אנחנו, שעמדנו למרגלות הר סיני וזכינו לבהירות האמת המתנפצת – שיש אלוקים והוא רוצה משהו מאיתנו – אנו עַם של מאמינים בני מאמינים,[ט] אשר מסוגלים לעמוד בתלאות ההיסטוריה, להישאר איתנים מול מסעי הצלב, האינקוויזיציה, הפוגרומים, השואות, ואפילו הפיתויים הנוחים של החברה המערבית; שנשארים נאמנים לאמת גם בחושך.

זו המשימה הנשית שהונחלה לנו – היכולת להתחייב ולהישאר נאמנים, גם אחרי פרץ ההתרגשות הראשון, וגם כשהמחויבות נראית מגוחכת.[י]

וההבטחה היא: אם תוכלו להישאר נאמנים ומחויבים לאמת גם כשהיא עומדת בניגוד מוחלט לכל מה שכולם אומרים, תיצרו חיים חדשים – גאולה, כמו נשות דור המדבר שזכו להיכנס לארץ המובטחת.

סדנת אמונה: לידה הנראית כמוות

במשחק התפקידים שהוא העולם הזה, נשים משחקות תפקיד ראשי בדרמה

4. על ההיבט הנשי ביציאת מצרים ראו "פסח: חג של לידה", מרים קסמן, באתר "צריך עיון", י"א בניסן תש"פ.

"האם אצליח להחזיק מעמד לכל אורך המסלול?". הן חוות תהליך זה גם בזמן אמת, בחוויית הלידה.

בעיני מי שמעולם לא חוותה את התהליך לפני כן, לידה בהחלט אינה נראית כמו ייצור של חיים חדשים. ודאי לא מנקודת המבט של היולדת: קבורה תחת מעטה של כאב חובק כול, מתייסרת בגלי כאב חסרי רחמים, לא נשלטים, ההולכים ומתחזקים, התפיסה שלה ברורה: התהליך הזה לא יביא לחיים; אין הוא אלא מבשר המוות – מותי שלי!

ובכל זאת, כשם שבמעמקי החורף, כשהשמים קודרים וענפי העצים עירומים, אנו חוגגים את ט"ו בשבט, ראש השנה לאילנות, כך גם התהליך הזה, הנראה כמו מוות, מביא לחיים חדשים. לתינוק שזה עתה נולד, וגם לאישה, העולה לקומת עצמיות מורחבת: היא מעתה אֵם.

ידידתי, חני ברקאי, מיילדת מוכשרת מאוד, מעבירה סדנאות הכנה לנשים הרות, שבהן היא מעמידה את חוויית הלידה כמיקרוקוסמוס של מאבק האנושות ליצור מקום לאלוקים בחייה. בתמהיל מרתק של מידע רפואי ותובנות רוחניות, היא מציעה דרך להשתמש בחוויית הלידה כמפגש רוחני. הפסקאות הבאות הן פרפרזה על חלקים מההרצאה שלה.

האישה מתחילה את הלידה מלאת אנרגיה ותחושת יכולת. היא בטוחה שהכול תחת שליטה, היא נושמת, מתרגלת וסופרת את דרכה בעליזות מבעד לצירים הראשונים.

אבל ככל שהלידה מתקדמת, היא מתחילה לאבד את יהירותה. הצירים מגיעים מהר יותר ויותר, חזקים יותר ויותר. היא בקושי מצליחה לנשום ביניהם. ההרגשה שהיא נסחפת בנחשול אדיר מציפה אותה. כל הרהב שלה, כל הביטחון העצמי שלה, הביטחון שהיא יכולה להתמודד עם מה שהחיים משליכים לעברה, מתפוגג. "אני לא יכולה! אני לא

יכולה לדחוף את התינוק הזה החוצה!". בחייהן של חלק מהנשים, זהו רגע האמת, שבו הבדידות הקיומית של כל אדם באשר הוא מקבלת

ביטוי עז: בסופו של דבר, כל אחת מאיתנו נמצאת לבדה במנהרת החושך הזו. עם כל הרצון הטוב, אפילו בן הזוג האוהב ביותר, הסבתא האכפתית ביותר והדוּלָה התומכת ביותר, אינם יכולים לדחוף את התינוק החוצה. היולדת חייבת לעשות זאת בעצמה – אלא שהיא יודעת, מעבר לכל ספק, שהיא לא יכולה.

אבל מתוך אותו רגע של חוסר אונים מוחלט, בוקעת התפילה העמוקה והאמיתית ביותר. מה"אין" – מריקנות הייאוש – נחצב בתודעתה מקום עבור **מישהו** אחר. "**מאין** יבוא עזרי" (תהלים קכא, א). ופתאום יש מהפך פיזיולוגי. האישה הסחוטה והעייפה הזאת, שטופת הפסיביות הנואשת, עוברת משפל לגאות – יש לה דחף בלתי נשלט כמעט לדחוף. המיילדת החכמה, החשה בשינוי, מכינה את ערכת הלידה. התינוק עומד להיוולד.

צער הלידה – קללתה של חוה – הוא תוצאת "הוצאת הקב"ה מהתמונה" על ידי לקיחה לידיים של תפקיד הפוסק האחרון בשאלת טוב ורע. כאב בכלל, וכאב הלידה בפרט, מנערים אותנו מאשליית העצמאות שלנו, ומפגישים אותנו חזיתית עם המידות האמיתיות שלנו, עם יכולותינו המוגבלות. מעניין שגם קללותיו של האיש מפגישות אותו עם התלות שלו: "וקוץ ודרדר תצמיח לך... בזעת אפך תאכל לחם" (בראשית ג, יח-יט). פרנסה היא תזכורת מתמדת לאי עצמאותו של אדם.

אבל האישה, שבעצם מהותה היא יוצרת, היא החווה את התלות הזו בגופה שלה. ברגעים הקשים ביותר שלה – במעמקי החושך והייאוש של צירי הלידה, כשהיא בטוחה שזה אינו מוביל לחיים, כי אם למוות – היא מכירה בבהירות מסנוורת בכך שבעצמה היא אינה יכולה לעשות דבר. אני לא יכולה ללדת את התינוק הזה.

אבל איתך הצלחתי! איתך ילדתי. האישה, נאמנה לניצוץ החיים (והאור) שבתוכה – למרות החושך – חוברת לאלוקים בהוֹלָדַת חיים.[יא] על היהודי, שירש את האמונה משושלת ארוכה של דורות שלא סטו מהמסלול במשך אלפי שנות חשכה, מוטל לחבור אל הקב"ה, להישאר נאמן לחזון המרהיב של הר סיני, וללדת עולם מתוקן.[יב] עולם זה יהיה ה"ילד" של החזון הראשוני של מעמד הר סיני ושל ה"הירין" הארוך, הקשה והנאמן שנשאו היהודים לאורך הדורות.

סיכום

החיים הם דפוס שחוזר על עצמו כל הזמן, המורכב מרגעי אופוריה ואחריהם חשיכה.

הזוהר קורא לאותם רגעים ראשוניים של בהירות האמת "זכר" ולנאמנות בלילות הארוכים "נקבה". הילד הנולד הוא תוצאה של אביו – אמת, ושל אימו – נאמנות; הילד הוא מציאות המתעלה על שניהם. הוא ישות חדשה.

חוויית הלידה מקבילה לחוויה של היהודי. האישה מקבלת פוטנציאל לחיים חדשים מהאיש, ונכנסת לתהליך ממושך של היריון ולידה כדי לממש את הפוטנציאל הזה. עם ישראל קיבל אמת – הבזק של פוטנציאל מאת ה' – ועובר תהליך ארוך וכואב להולדת האמת הזאת לעולם. התינוק" שאותו אנו מנסים ללדת הוא עולם מתוקן, שבו אמת ההתגלות חוברת לתהליך הקשה שלנו ליצור משהו חדש.

פרק ל

מלכות

הכוח הנשי נותן ביטוי ממשי לפוטנציאל שנותן לו הכוח הגברי והופך אותו למציאות מוחשית. מהי ההקבלה לכך בחייו של היהודי?

הכוח הנשי מייצג את רעיון ההמחשה של הפוטנציאל הזכרי למציאות. תרומתו של האיש, מבחינה מטפורית, תיאורטית בלבד. האיש מעניק רעיון, לא מציאות מוחשית. אבל היא, אין עיסוקה ברעיון הנשגב, המופשט או התיאורטי. האישה סוחבת את הרעיון החולף הזה במשך תשעה חודשי צרבות ודליות, כדי להביאו לידי מימוש.

אישה היא לא רק מושג של הורות – היא מגלמת באופן פיזי את ההורות.[1] היא לא רק מושג של הזנה – היא מזינה ומקיימת את התינוק באמצעות האני הפיזי שלה, על ידי הנקתו.

בהתאם לתזה שלנו, היהדות מקבילה לנשיות; הגילום העוצמתי ביותר שלה הוא כשרוחניות מופשטת מתבטאת במציאות פיזית. כשם שהאישה מביאה את הרעיון למציאות מוחשית, כך מוטל על היהודי להביא את החזון התורני לכדי מציאות חיה ופועמת, כאן בעולם הזה.

1. אכן, "המילים הוֹרֶה, הוֹרָה והוֹרִים הן צורות בינוני של הפועל הָרָה שעניינו היריון, ולכן דווקא צורת הנקבה היא הטבעית והמתבקשת ביותר. וכך אומנם מצאנו בתנ"ך: 'עַד שֶׁהֲבֵיאתִיו אֶל בֵּית אִמִּי וְאֶל חֶדֶר הוֹרָתִי' (שיר השירים ג, ד). הורתו של אדם היא אימו, מי שהרתה אותו" (אתר **האקדמיה ללשון העברית**, "האם יש צורת נקבה למילה הוֹרֶה?").

החיים בשוחות

מעניין שהן הדתות המערביות והן הדתות המזרחיות, רואות את העולם הפיזי כסתירה לרוחניות, כל אחת מסיבתה שלה.[2] פרישות, נזירות, חיי עוני, צומות וסיגופים נתפסים אצלן כדרך לקדושה, או כדרך להימנע מכאב הקיום, אבל בשתי הגישות – הפיזי הוא דבר שיש להימנע ממנו. היהדות ייחודית בראייתה את ההתגלמות הפיזית כאידיאל; אדם חייב להתעמת עם העולם הפיזי כדי לגעת ברוחני.

היהדות אינה מעודדת צומות; היא מעודדת אכילה בצורה המבטאת את המהות האלוקית שלנו.[3] היהדות אינה מעודדת התנזרות; היא רואה באקט האינטימי ביטוי של אהבה ואחדות.[4] היהדות אינה מעודדת שתיקה; המצוות הרבות סביב הדיבור קוראות לנו לדבר באופן המבטא את כבוד האדם.[א]

בסופו של סיפור בריאת העולם, אומר הפסוק: "אלה תולדות השמים

---

2. זו הייתה אחת התלונות הגדולות של ניטשה על הדת – שהיא לוקחת כל דחף פיזי בסיסי והופכת אותו לחטא. למעשה, התלונה שלו מתארת את הנצרות יותר משהיא מתארת את היהדות. הנה דוגמה אחת מני רבות: "הנצרות נעמדה לצדו של כל דבר חלש, שפל, רע. היא עשתה ערך מההתנגדות לאינסטינקטים משמרי החיים" (פרידריך ניטשה, **אנטיכריסט**, ספר 1: 5).

בנוגע לדתות המזרח, כותב הוֹפֶּף בספרו: "דתות הודיות... רואות את החיים במונחים של גלגול נשמות. אנשים נולדים, חיים את חייהם, מתים ונולדים מחדש. זו הבעיה שסביבה סובבות הדתות ההודיות. איך אדם יורד מגלגל החיים ומפסיק לחיות?... לפיכך החיים האידיאליים... יכולים להיות פשוט לעשות פחות ככל האפשר ובכך להימלט מקארמה ולהשתחרר מהחיים. הג'ייניזם [לדוגמה] מלמדת שאפשר להשתחרר מהחיים באמצעות סגפנות. ככל שאדם התכחש להנאות וסיפוק מהגוף, כך גדל הסיכוי שישיג חופש מהמעגל האינסופי של לידה ולידה חוזרת... אם תפיסת העולם הבסיסית היא שהחיים הם מעגל אין־סופי של לידה, חיים, מוות ולידה מחדש, ומטרת הדת היא להפסיק לחיות, הרי שזו בעצם **דת שלילית ומכחשת עולם**. הסגפן הנמנע מהנאות החיים האלה (ולא הלוחם) הוא הגיבור הדתי והתרבותי" (Hopfe, *Religions of the World*, 85-89).

3. אכן, חז"ל דימו את השולחן שעליו אנו אוכלים למזבח בבית המקדש (חגיגה כז, א), דימוי שבא לידי ביטוי למשל במצוות טבילת כלים, בהלכה שיש לשים מלח על השולחן או להוריד סכינים לפני ברכת המזון (הרוקח סימן שלב). ראו שולחן ערוך אורח חיים קסז, ה.

4. כך, למשל, מצוות עונה – חיובו של האיש בקיום יחסים עם אשתו – נקראת בגמרא (פסחים עב, ב) "שמחת עונה", ו"לשמח את אשתו". ראו גם טור אורח חיים רמ בשם הראב"ד.

והארץ בהבראם ביום עשות ה' אלוקים ארץ ושמים".[5ב] המדרש מציין כי במילה "בהבראם" אותן אותיות כמו במילה "באברהם", אבי האומה.[ג]

אברהם אבינו, היהודי הראשון (ובמשתמע כל יהודי), הוא ה"צאצא" – הילד – שנולד מאיחוד השמיים הנשגבים עם הארץ השגרתית. [ד] עניינה של היהדות בחיבור בין הגוף, הרוצה נוחות ומעדיף את התנוחה המאוזנת, לבין הנשמה, הרוצה להתעלות על הגוף ולצמוח.

היהדות פותרת את דילמת הדיכוטומיה בין גוף ונשמה – שדתות אחרות פותרות באמצעות ניסיון להתעלם או לשלול את הפיזי – על ידי יצירת מערכת יחסים סימביוטית בין השניים, המתבטאת בשני מישורים: הנשמה שלנו מניעה ומחדירה בָּעצמי הפיזי שלנו חיים, דחף, שאפתנות ורצון למשמעות ולטוב, והאני הפיזי שלנו מאפשר לנשמתנו לנווט במגרש המשחקים – העולם הזה. כמו במשל המפורסם על הסומא הרוכב על כתפי החיגר – החיגר אומר לסומא לאן ללכת, שכן הלה אינו יכול לראות, והסומא נושא את החיגר אל היעד, שכן הלה אינו יכול ללכת – ביהדות, הנשמה והגוף שלובים זה בזה באופן אינטימי.[ה]

הנשמה נותנת לגוף, אבל גם הגוף נותן לנשמה. זו הסיבה לכך שכמעט כל 613 המצוות כוללות מעשה פיזי כלשהו (גם כאלה המתמקדות לכאורה במחשבה או בהרגשה).[ו] כך לדוגמה, השבת, היום הקדוש ביותר בשבוע, לא מצוינת בתפילות לאורך כל היום, בצומות או במדיטציה, אלא בלבישת בגדי פאר, באכילת מאכלים משובחים, ובאופן כללי ב"עינוגים".[ז]

היהודי נדרש להלך על חבל דק: לא לרחף בעולמות עליונים, אך גם לא ליפול לתוככי ביצת העולם העכור שסביבו, תוך התעלמות מהרוחניות הסובבת אותו. למעשה, הרעיון הנשי של המחשת הרוחני בַּפיזי הוא כל כך בסיסי, עד שהוא יוצר מבנה חובק כול. היהדות מכסה את כל האדם ואת כל הקיום עד לפינות הקטנות של החיים. חז"ל אומרים לנו שמספר המצוות המעשיות בתורה (248) מקביל למספר איברי האדם, ומספר האיסורים, מצוות ה"לא תעשה" (365), מקביל למספר הגידים בגופו ולמספר ימות השנה.[6ח] המצוות מכסות כל היבט של העולם והזמן הפיזי – אין דבר שנשאר מחוץ לתמונה.

5. בראשית ב, ד.

6. מכות כג, ב.

היהודי האולטימטיבי

חז"ל מלמדים אותנו שאותיות השפה העברית טעונות משמעות. הגמרא מציינת שהמילים "איש" ו"אִשָּׁה" נבדלות ביניהן בשתי אותיות בלבד: ב"איש" יש יו"ד שאין בה, וב"אִשָּׁה" יש ה"א שאין בו.[7] ט

היו"ד, המרחפת מעל השורה, מסמלת רוחניות מנותקת ממגע עם העולם הפיזי. יו"ד היא הרעיון של חזון מופשט של עולם מושלם; האיש נבדל באות יו"ד, כי במודל הפיזי, האיש הוא אשר מביא את ה"רעיון", האיש הוא אשר אינו מעורב בתהליך. הדבר משתקף בַּחובה של האיש להיות שקוע בלימוד גמרא. האיש מצוּוֶה למלא ימיו בהתמודדות עם חזונו של אלוקים עבור העולם – היו"ד המרחפת מעל המציאות המוחשית האומרת לנו לאן מועדות פנינו.י

והאישה? היא נבדלת באות ה"א. גם הה"א מכילה יו"ד קטנה, אך היו"ד שוכנת בתוך דל"ת (ראו תרשים). דל"ת מורכבת משני קווים המצביעים לארבע רוחות השמיים – ארבעת הכיוונים של העולם הפיזי. האישה לוקחת את היו"ד הרעיונית ומכניסה אותה אל העולם הפיזי של הדל"ת.[8]יא

7. סוטה יז, א.
8. מעניין שהן אברהם והן שרה צריכים היו להוסיף את האות ה"א לשמותיהם ["מִשּׁוּם שֶׁאֵין בְּכָל הָאוֹתִיּוֹת אוֹת שֶׁמְּתֻקֶּנֶת לְהוֹלִיד, פְּרָט לְאוֹת ה"א. הָאוֹת הַזּוֹ הִיא מְתֻקֶּנֶת לַעֲשׂוֹת פֵּרוֹת וְתוֹלָדוֹת יוֹתֵר מִכָּל שְׁאָר הָאוֹתִיּוֹת, וּמִשּׁוּם כָּךְ הִיא פְּתוּחָה מִכָּל הַצְּדָדִים" (זוהר חדש שיר השירים, תקמו, תרגום הרב פנחס ראובן שליט"א)], לפני שיכולים היו להביא את עם ישראל לידי קיום (ראו בראשית יז). אולי אפשר לומר, שאף שהאות ה"א מסמלת את הבחינה הנשית היא נוספה גם לשמו של אברהם, מפני שחייו הוקדשו להטמעת ה"שמיים" כאן ב"ארץ", כפי ששם רש"י (בראשית כד, ז) בפיו: "עכשיו הוא אלהי השמים ואלהי הארץ, **שהרגלתיו בפי הבריות**, אבל כשלקחני מבית אבי היה אלהי השמים ולא אלהי הארץ, שלא היו באי עולם מכירים בו ושמו לא היה רגיל בארץ".

בהקבלה נפלאה, שמו של יעקב אבינו מבטא את אותו אידיאל נשי, הפעם עבור כלל ישראל. שמו של יעקב הוא שילוב של היו"ד הרוחנית והמילה "עקב". יעקב, שלא כאביו יצחק, לא יכול היה להעביר את חייו כשהוא משוקע ברוחניות (אף שהשתוקק לזה[יב]). יעקב העביר את חייו באינטראקציה עם אנשים רשעים ושמר על יָשְׁרָתוֹ וְתֻמָּתוֹ במצבים מאתגרים במיוחד. הוא גילם את רעיון הבאת היו"ד הקטנה – החזון הרוחני – במקומות הנמוכים ביותר בעולם, המיוצגים על ידי העקב, החלק הנמוך ביותר בגוף האדם.

דרך הוויה נשית זו – גילום הרוחני או המופשט במוחשי – נוצקת, דרך דמותו של יעקב, כאידיאל עבור כל היהודים. מעניין שבשעה ששמו של יעקב מבטא את אב הטיפוס היהודי שמביא רוחניות לכל היבט של העולם הפיזי, נשים הן הקרויות בתורה "בית יעקב".[יג]

האישה – סמל החווייתי, המוחשי והאמיתי – היא מיקרוקוסמוס עז של הרעיון היהודי לבטא את האלוקות שלנו כאן בעולם הפיזי. האישה, המייצגת את הביטוי הגשמי של נוכחות הא־ל בעולם הזה, נושאת בעצם הווייתה התגלמות של סינתזת הגוף/נשמה. פעולת ההמרה שלה מרעיון למעשה – מסעה דרך היריון ולידה כדי להפיק ילד – מסמלת את סגנון הפעולה הרוחני־המתגלם־בגשמי של התורה והמצוות.

המלכת הקב"ה

רעיון זה של הורדת הרוחניות אל שוחות חיי היום־יום שלנו מכונה במקורות "מלכות".[יד] זאת משום שהבאת הרוחני אל העולם הגשמי עניינה למעשה הוא המלכת הקב"ה על העולם הזה. הקב"ה כבר שליט בעליונים; הדרך היחידה שבה הוא יכול לשלוט בחורים ובסדקים של בתינו ונשמותינו, היא אם הכול – הדרך שבה אנחנו עושים עסקים, הדרך שבה אנחנו אוכלים, הדרך שבה אנחנו מתנהלים בחיי הנישואין, הדרך שבה אנחנו מתייחסים לבעלי החיים שלנו, הדרך שבה אנחנו מדברים עם בן/בת הזוג שלנו, הילדים והשכנים שלנו, המעסיקים והעובדים שלנו – משקפת את צלם האלוקים שבנו.[טו]

המלכת הקב"ה אינה עניין חד־פעמי, וגם לא חוויה רוחנית נעלה. אנו ממליכים אותו כשאנו מכניסים אותו למקום שאליו הוא לא יכול להיכנס אלא אם נפתח לו את הדלת. ביהדות, כל פעולה זעירה היא חלק מהתמונה הגדולה יותר, פסיפס של העצמי – דרך להוריד את השמיים הישר אל תוך השוחות.[טז]

הבית במרכז

אם תפקידו של היהודי הוא להמליך את הקב"ה בהזרחת אורו על כל פינה בחייו, המקום שבו זה קורה בעצימות הגבוהה ביותר הוא הבית. הבית הוא המקום שבו האידיאל נפגש עם המציאות. אכן, היהדות תלויה בבית היהודי לעצם שרידותה. תנועות ביהדות שניסו להתיק את זירת הפעילות מהבית לזירה הקהילתית – הולכים לטמפל בשישי בערב, אבל לא ממש שומרים מצוות בחיים האישיים – ראו איך נעלמת ההמשכיות היהודית כשמוציאים אותה מהבית. הבית הוא המקום שבו ניעורים לחיים כל הערכים הנעלים של היהדות, דרך מבנה המצוות. הבית הוא המקום שבו מקפידים על כשרות, מדליקים חנוכייה, בונים סוכה ועורכים ליל סדר. הבית הוא גם המקום שבו הערכים הנעלים כמו צדקה, חסד, יושר והגינות מוצאים את ביטויים החזק ביותר. הבית הוא הבמה שעליה היהדות מתרחשת.

האדרה זו שמאדירה היהדות את הבית וההערכה שהיא רוחשת למימוש הנשגב הן חלק מהסיבה לנתק הגדול שבין האידיאל הפמיניסטי לאידיאל היהודי. בעולם המודרני, הבית הוא בהחלט לא המקום שבו קורים הדברים החשובים. להישאר בבית זה שיא הפתטיות: אין לך לאן ללכת שאתה סתם יושב בבית? אנשים אוכלים בחוץ כי לאכול בבית משעמם, הם יוצאים לבלות, כי מה יש לעשות בבית? ברור שהכיף נמצא איפשהו בחוץ. לכן, כשהיהדות קושרת זרי תהילה לעקרת הבית, הדבר נתפס לרוב כניסיון מוסווה לתחמן את הנשים להישאר בַּסְּפֵרָה הביתית.[9]

אבל לא במקרה נהגו הדרשנים לכנות את הבית היהודי "מקדש מעט".[10] בית המקדש היה מיקרוקוסמוס של העולם הזה, והבתים שלנו

---

9. מעניין שבניו יורק טיימס מובאת דעה הגורסת שהמניפולציה הייתה דווקא לכיוון ההפוך. "התוכנית של עזרא קליין" של הניו יורק טיימס, דנה בספרה של אריקה באצ'וצ'י בנושא "זכויות נשים: להחזיר חזון אבוד"; אריקה מהללת את הישגיהן של נשים בחיים המקצועיים והאזרחיים, אבל סבורה שמניעת הירין טכנולוגית־פרמקולוגית, המהפכה המינית והלגליזציה של הפלות יצרו תרבות מינית ומשפחתית שבשורה התחתונה פגעה נוראות ברווחת הנשים... וגרמה לתוצאות הרסניות, כמו התמוטטות המבנה המשפחתי המסורתי, הפמיניזציה של העוני וכניעה של התנועה הפמיניסטית לדרישות השוק החופשי לעבודה אינסופית על פני גמישות לצורך טיפול ודאגה לזולת... השינוי הזה פעל לטובת התאגידים במחיר גבוה לנשים (Erika Bachiochi's, "The Rights of Women: Reclaiming a Lost Vision", The Ezra Klein Show, *New York Times*, May 31, 2022).
10. יש הקבלות רבות בין הבית ובית המקדש, ביניהן: נרות שבת ו"נר תמיד" הדולק בבית

הם מיקרוקוסמוס של בית המקדש. אכן, היהדות – שמימוש קונקרטי של הרעיון הוא לה ערך עליון – רואה את הבית אחרת לגמרי מהאופן שרואה אותו החברה המודרנית.[11]

הכוהנים ששירתו בבית המקדש ייצגו רעיון "נשי" זה. המילה "כֹּהֵן" באה מהמילה 'כה' – כלומר: כך, כזה.[יז] במובן מסוים, תפקידו של הכוהן היה לתת ביטוי לשמיים פה בארץ, דרך עבודתו בבית המקדש.[יח] ב"מקדש המעט" שהוא הבית היהודי, האופן שבו אנו חיים את היום־יום הפיזי והמעשי הוא המשקף את האלוקות בעולם הזה.[יט]

להפוך סיגים לזהב

אם החברה המודרנית רואה בהכנסת היו"ד אל הדל"ת שיגרה של שעמום, בהשוואה להתרגשות ולהילה שבריחוף מעל המציאות בעולם של תיאוריות ורעיונות אבסטרקטיים, היהדות מעולם לא התחברה לרוחניות תיאורטית.[12] למעשה, פן זה של היהדות – עיסוק רוחני בתוככי חיי היום־יום – הוא שהופך את קיום המצוות לחוויה כל כך משנת חיים. במציאות, החיים עבור רובנו כרוכים בהרבה שעמום ומונוטוניות. לא משנה כמה מרשים או מעניין משלח היד שלנו, מעטים מצליחים להימלט לגמרי מעובדות היסוד של החיים: לקום בבוקר, להתמודד עם בעיות כביסה, שיעורי בית עם הילדים,

---

המקדש, השולחן שאנו אוכלים עליו והמזבח. וכמו המקדש שהוא מקום השראת השכינה, חיי נישואין של שלום ושלווה (ושמירה על הלכות טהרת המשפחה) מכניסים את השכינה לביתם (סוטה יז, א).

11. כמו שגם רואות אותו, כמדומה, כמה הוגות דעות: "האם נשחרר את עצמנו כך שהטיפול בילדים, ההוראה, ערכי האהבה והריפוי מוכווני האדם, שתמיד ייחדו אותנו, יזכו לכבוד ולהערצה לא פחות מאלו שזוכים להן אליטת מנהלי הבנקים, האלופים ומנהלי התאגידים? או שנשחרר את עצמנו כך שנתנער בלוחמנות מן התכונות והתפקודים האלה, כך שנבוז לחום ולנדיבות שלנו, כפי שעשו גברים במשך עידנים?" (ג'ון גורדן, "Declaration of an Independence I Would Just as Soon Not Have," in June Jordan, *Civil Wars* [Boston: Beacon Press, 1981], 120).

12. מובן מאליו שחובה לזון את היו"ד – הכוהנים בבית המקדש השקיעו אחוז נכבד מזמנם בלימוד התורה כהכנה לעבודה פעילה בבית המקדש – וכל מי שעוסק בדל"ת של העולם הפיזי חייב לוודא שהיו"ד נשארת בחיים באמצעות חיבור לרוחני. אבל המטרה הסופית נותרה: לתת ליו"ד בית בעמקי העולם הזה.

לעבוד עם עמיתים מעצבנים ובוסים תובעניים, ולחזור ולעשות את אותו הדבר למוחרת.

אבל מה שהופך את החיים מטיול צחיח דרך רשימת מטלות עם גיחות קצרות לארץ האגדות, לחיים שבהם כל אינטראקציה קטנה מלאה אור והדר, הוא המלכת הקב"ה על ידי הכנסתו לתמונה. בחיים היהודיים, אוכל הוא לא רק אוכל, מקצוע אינו רק מקצוע, וטיפול בילדים אינו רק טיפול בילדים. החדרת המודעות לקשר שלנו עם הקב"ה לתוך כל פעולה ארצית, מטעינה כל פעולה פיזית בחשיבות רוחנית, ובאקט של אלכימיה אמיתית הופכת את הסיגים של כל אינטראקציה זעירה למכרה של זהב. האישה, שמבחינה פיזיולוגית מבטאת את התגלמות המופשט, היא המאנישה את האידיאל היהודי הזה.

כמובן, בחיים האמיתיים גם גברים וגם נשים מקבלים אין־ספור הזדמנויות להכניס את הקב"ה לתמונה – והבית הוא בהחלט לא נחלתן הבלעדית של נשים; גם גברים יכולים לזכות להפוך את ביתם למקדש מעט.

שזירה של השניים, שמיים וארץ, נשמה וגוף, אלוקים ואנושות – ואיש ואישה – היא שיכולה להוליד שלמות לעולם.[כ] ואכן, שתי האותיות האלה יחד – יו"ד וה"א – הן המרכיבות את שמו של הקב"ה.

היהודי הוא האב־טיפוס הנשי, המתעל את השפע של הקב"ה באמצעות **גבורה**; הנשאר נאמן לו **באמונה**; והמתרגם את החזון שאלוקים מלמדנו בתורה אל תוך העולם באמצעות **מלכות**. אישה, בשמירת אמונים לקול הנשי, מהווה דוגמה חיה של הדרך לשלמות. הקול הנשי הוא המחזיק את המפתח לאנושות.

סיכום

היהדות ייחודית בראייתה בַּהתגלמות הפיזית אידיאל – אין דרך לגעת ברוח בלי החומר. דרך ההוויה הנשית – גילום הרוחני או המופשט בַּמוחשי – היא האידיאל עבור היהודי.

הבאת הרוחני לעולם הפיזי היא, במהותה, המלכת הקב"ה. החדרת המודעות לקשר שלנו עם הקב"ה לתוך כל פעולה ארצית, מטעינה אותה במשמעות אינסופית.

הערות סיום - מקורות וציטוטים

הקדמה

א רש"י תהלים כז, י: "כי אבי ואמי עזבוני וה' יאספני"... זה הופך פניו אילך וזה הופך פניו אילך.

ב ספר גבורות השם, פרק מג: וזה שכבר התבאר פעמים הרבה בזה הספר, כי החלוק הוא דבר גשמי והאחדות הוא ענין אלהי, כי אחדות הוא שייך אל ענין נבדל מגשם והחלוק והפירוד תמיד לגשמי, ולפיכך כאשר יתאחדו באחדות גמור חבורם ענין אלהי גשמי.

ג בעלי החיים אינם מגיעים להוויה של "בשר אחד" למרות הקשר הזוגי (ראו סנהדרין נח, א).

ד ברכות כד, א; בכורות לה, ב: אשתו כגופו, אחר לאו כגופו.

ה גור אריה, בראשית א, כז: ואם תאמר, ולמה נברא האדם דו פרצופין יותר מכל הנבראים? אמנם דבר זה דבר מופלא בחכמה מאד, שכמו האדם שהוא יחיד בתחתונים, שהרי לא נמצא בתחתונים בעל דעה והשכל, ולפיכך ראוי שתהיה בריאתו באחדות גמור, ואילו היה נבראה הנקבה בעצמה – אין זה יחידי, שהרי כל אחד ואחד בפני עצמו, ולפיכך, לפי סגולתו שמסוגל באחדות בתחתונים, נבראו דו פרצופין באחדות לגמרי.

ו מדרש רבה, בראשית, פרשה ח פסקה א: א"ר שמואל בר נחמן, בשעה שברא הקב"ה את אדם הראשון דיו פרצופים בראו ונסרו, ועשאו גביים – גב לכאן וגב לכאן.

ז באר הגולה, הבאר החמישי: הלא בארנו שם ג"כ כי הרבוי הזה הוא מתאחד ג"כ, וכן כאשר נברא אדם הראשון מפני שהיה ראשון והתחלה נאמר עליו "והיו לבשר אחד", ומפני שאי אפשר שיהיה דומה אל מי שממנו התחלה, ולכך היה **שנים מצד מה ואחד מצד מה**, כמו שבארנו שם. ולפיכך חייב כי אברהם ושרה שהם שניהם התחלה, שיהיו מתאחדים, ולכך ההתחלה היא אחת. כמו שהיה אדם הראשון, שהוא התחלה ג"כ, עם חוה גוף אחד.

ח ראו דברים לב, ד; ישעיהו א, כז.

חלק 1: שני הכוחות

פרק א: העיגול, החץ והספירלה

א ספר מבוא לחכמת הקבלה, א, שער ג פרק ו: ובסוד דמות אדם, כתב רמח"ל ז"ל שם כי ההבדל בין פרצופי דכר לפרצופי נוקבא (דו"ן) ניכר ביסודות שלהם. ו"מבשרי אחזה א־לוה", כביכול. וכן כתב הג' יצחק אייזיק חבר ז"ל בספרו פתחי שערים, נתיב סדר הפרצופים, וז"ל שם, הנה מצאנו הפרש בין זכר לנקבה בבחי' היסודות שבהם, ששם הוא מקום ההשפעה ומקום קבלת ההשפעה. ונודע כי היסוד בכל אחד הוא כלל כל הפרצוף, שלכן נקרא יסוד שעליו עומד כל הבנין... והוא סוד נורא מאד, כי בכל מקום בחי' נקב ושקיעה הוא חסרון וצמצום, ועומד לקבל שלמותו ממקום אחר למלאות חסרון זה.

ב תיקוני זוהר פט, ב: דלית בריה בלא דכר ונוקבא, דתרין שותפין אינון בברא וברתא, אבא ואימא, חד יהיב טפה דכורא וחד נוקבא.

ג נפש החיים שער א, א: גם מאמרם שצלם דוכרא ודמות נוקבא והוא כח פועל ונפעל.

ד ספר מבוא לחכמת הקבלה, א, שער ד פרק א: מה שאין כן בחי' דוכרא ציורה קו ישר וארוך.

ה חידושי אגדות מהר"ל, מכות ז: ולכך אמר "ומי ישכון **בהר** קדשו", כי ההר צריך לעלות עד שם וכן צריך האדם להעלות אל מדרגה הנבדלת.

ו ספר מבוא לחכמת הקבלה, א, שער ג פרק ו: לאור זה אפשר לאמר שכל בחי' נוק' ציורה עיגול, כטעם נקבה תסובב גבר (ירמיה לא, כב)... מה שאין כן בחי' דוכרא ציורה קו ישר וארוך.

ז את הרעיון להשתמש בספירלה כסמל לשילוב חץ ומעגל קיבלתי מהרב ד"ר שלום סרברניק.

ח חידושי אגדות מהר"ל, שבת נז: כי איש ואשה כל אחד מהם חלק האדם, ושניהם ביחד האדם השלם.

פרק ב: שמירה על איזון – תפילה ופעולה

א פירוש הגר"א לספרא דצניעותא סוף פרק ב: כי עיקר העניין הוא כי זכר ונקבה כל אחד כלול מזכר ונקבה.

ב רבנו בחיי בראשית ב, ג: ויתכן לפרש מה שחתם מעשה בראשית בברא אלהים כי כן התחיל בו בראשית ברא אלהים, והכוונה כדי לתלות כל המלאכה לעושה אחד ולהורות כי הוא יתברך המתחיל והגומר בראש ובסוף, ומה שהוסיף לעשות כי מאחר שהוא יתברך ברא עד עתה והוסיף והוציא כל הנמצאים יש מאין **גזר על הנמצאים לעשות הם פעולותיהם יש מיש מכאן ואילך.**

רש"ר הירש בראשית ט, כז: **אלא משתתפים בהגשמת תכלית העולם,** כן אומר כל יהודי אל נפשו: גם את, "ברכי נפשי את ה'"!... **שכן, שעה שאנחנו אומרים "ברוך",**

הרי אנחנו נודרים להקדיש את כל כוחותינו ונכסינו לעבודת ה׳ – כ״לחם אשה לה׳״, **לפרנס ולקיים את הקודש.**

תורת המנחה לר׳ יעקב סקילי, דרשה יז: פסוק זה אמרו שלמה המלך ע״ה על ההשתדלות והעסק בתיקון הדברים שאדם צריך להשתדל ולהתעסק בתיקונם, והם שני תיקונים, תיקון הגוף ותיקון הנפש. שאע״פ שהבורא ית׳ יצרם והשלימם, עדיין הניח לאדם לתקן ולהשלים אותם על מלואם... הה״ד ״אשר ברא אלקים לעשות״, בראם ועדיין הניח בהם לעשות ולתקן.

ג תענית ב, א.

ד ספר נתיבות עולם ב, נתיב אהבת הריע, פרק א: ושאר המצוות אינם רק פירוש באיזה ענין יהיה לאדם הדביקות הגמור. וזה כאשר הוא שומר התורה וכל המצוות הם הכנה אל הדבוק הזה... ובמצות שמע ישראל זה עצם הדבוק הזה.

פרק ג: איזון בזמן אמת – שבת

א גור אריה בראשית ד, א: כי יש לכל יום ויום בת זוג, כמו שאמרו רז״ל (ב״ר יא, ט), אמרה שבת לפני הקב״ה לכל נתת בן זוג ולי לא נתת בן זוג, הנה כל הימים הם זוגות א״ב ג״ד ה״ו ז׳, והוצרך להיות נולד עוד בת זוג נקיבה עם הבל נגד השבת, שאין לו בן זוג. **ודע כי השבת היא נקיבה בכל מקום.**

ב באר הגולה, הבאר השני: וזה כי בשבת אסור לתקן מלאכתו, שאין מלאכה ראוי בשבת כי בו העולם נשלם ודבר שהוא נשלם אין מלאכה... כי העולם הוא שלם ובדבר שלם אין שינוי.

ג ספר דרך חיים א, יח: כי בששת ימי המעשה לא היה מנוחה, רק היה התנועה לצאת לפעל, וככלות ימי המעשה היה העמידה והוא המנוחה וזהו השלום.

ד ספר שפת אמת, במדבר, מסעי, שנת תרל״ד: אמרו חז״ל המענג את השבת נותנין לו נחלה בלי מצרים, כמ״ש ״נחלת יעקב אביך כו׳״. כי מצד שפעו ית׳ אין הפסק ומצר, רק ע״י שכל ההשפעה אל האדם צריך לבוא ע״י עוה״ז – כי האדם בגופו נדבק בעוה״ז – לכן מצד הקבלה יש מצרים. ובשבת קודש, שכל הנבראים יש להם עלי׳ למקומם, כמ״ש ״אל יצא איש ממקומו״ פי׳ בזוה״ק מקומו של עולם והוא השי״ת, שבשבת קודש מתבטלין הכל אליו ית׳, ממילא הוא נחלה בלי מצרים, והוא נשמה יתירה שיש לבנ״י בשבת קודש, כי השגת האדם היא במדה בכל הימים, אבל בשבת קודש הוא בלי מדה ושיעור.

ה רש״י שמות כ, ט.

ו ספר באר הגולה, הבאר השני: כי בשבת אסור לתקן מלאכתו, שאין מלאכה ראוי בשבת כי בו העולם נשלם ובדבר שהוא שלם אין מלאכה. ויש שהוא מלאכה גמורה ואסור מן התורה, ויש שאינו כל כך מלאכה ואסור מדרבנן, ויש שאין המלאכה מבטל כלל השבת מפני שאינו נחשב מלאכה. וכמו שאין ראוי לעשות מלאכה בשבת מפני שנשלם העולם ביום הזה, כך אין ראוי לעשות מלאכה בעולם שנגמר לשנות דבר ממנו... כי העולם הוא שלם ובדבר שלם אין שנוי.

ז מכילתא פרשת כי תשא: "כי אני ה' מקדשכם" לעולם הבא, כגון קדושת שבת בעולם הזה, נמצינו למדין שהוא מעין קדושת העולם הבא. וכן הוא אומר (תהלים צב) "מזמור שיר ליום השבת", לעולם שכלו שבת.

ח ישעיהו נח, יג-יד: אם תשיב משבת רגלך, עשות חפציך ביום קדשי, וקראת לשבת ענג לקדוש ה' מכבד, וכבדתו מעשות דרכיך ממצוא חפצך ודבר דבר. **אז** תתענג על ה' והרכבתיך על במתי ארץ והאכלתיך נחלת יעקב אביך, כי פי ה' דבר.

ט ספר נצח ישראל, פרק מז: וזה שאמר הושע הנביא (ר' הושע ג, ה) "ואחר ישובו בני ישראל ובקשו את אלקיהם ואת דוד מלכם ופחדו אל ה' ואל טובו באחרית הימים". והרי ביאר כל מה שאמרנו למעלה, כי באחרית הימים ישובו אל ה' ויבקשו אותו, **כי אז יתדבקו ישראל העלול בעילה**, לא העילה בעלול. והבן הדברים הנכבדים האלו מאוד, ואז תמצא שאי אפשר שיהיה בטול אל החבור הזה.

י נתיבות עולם, נתיב היסורין: וזהו מעין עוה"ב **שלא יהיה טורח מלאכה וצער, רק הכל יהיה נעשה מעצמו.**

יא ספר דרך חיים ה, כ: וידוע כי הגן עדן שם השקט והשלוה.

יב חזקוני בראשית ב, ג: מה שלא נכתב "ויהי ערב ויהי בקר יום שביעי" לפי שלא היה בו ערב אלא כולו היה אור.

יג רבנו בחיי ויקרא כו, ט: המשיל השגת התענוג אשר לנפשות למחול שהוא עגול, כי העיגול אין לו תחילה וסוף וכן אותו תענוג אין לו סוף ותכלית, ולפי שהעיגול סובב תמיד הנקודה והנקודה באמצע, לכך אמר וכבודו ביניהם. וכן הזכיר בכאן בתוככם כי המשיל את ישראל למחול ועצמו לנקודה. ואחר שאמר והתהלכתי בתוככם אמר והייתי לכם לאלהים, והוא מה שאמרו (תענית לא, א) וכל אחד ואחד מראה לו באצבעו, שנאמר (ישעיה כה, ט) הנה אלהינו זה, והוא משל לקירוב הידיעה וההשגה, כמי שיש לו ידיעה בחבירו והוא מבחין אותו ומכירו בבירור.

יד דרשות המהר"ל דרוש על התורה: אמנם יש לך להבין זה ממה שאמר הכתוב שהביא "נשים שאננות", כי האיש, במה שהוא גבר, איננו בעל שאנן והשקט מצד התגברותו והתפעלו, בכן אינם מוכנים גם כן כל כך אל השאנן והמנוחה, הוא העולם הבא, שהוא המנוחה בעצמו. **אבל הנשים ראויים ומוכנים לה מצד עצמם**, שאינם בני פעולה והתעוררות מצד עצם בריאתן, לפיכך גדולה ההבטחה שהבטיחן הקב"ה יותר מן האנשים, מצד השאנן ושלוה **אשר המה מוכנים לו, כי זהו חלק הנשים** וראויות לזה ביותר.

טו פרי צדיק, פרשת קרח אות א: אך הענין על פי מה שאמר האריז"ל שיש מדרגות הנקראים בחינת עיגולים ויש הנקראים בחינת יושר, ובעלמא דאתחרבן קודם בריאת העולם היה אז בבחינת עיגולים ובעולם התיקון התחיל מדרגה בחינת יושר, ולעתיד יתגלה גם כן בחינת עיגולים. ולעתיד, כשיתגלה כתר עליון, איהו כתר מלכות, אז יהיו כנסת ישראל מכתירין להשם יתברך בסוד "נקבה תסובב גבר". וזהו הענין המחול לצדיקים והוא יושב ביניהם בגן עדן וכל אחד מראה באצבעו, ובבחינת העיגולים **שם אין שום מדרגות, שהכל שוים כמו עיגול** שאין בו ראש וסוף.

ספר תקנת השבין – אות ו: כל זה הוא הכל רק מצד העולם הזה, דיש לאיזה נפש התנשאות שיוכל להשפיע להקטן ממנו. מה שאין כן לעתיד, כשיעשה מחול לצדיקים,

יתגלה מדריגת העיגולים שבכל מקום המחול שעומדים הכל בעיגול **לא יהא חילוק מדריגות והתנשאות כלל**, כי אז לא ילמדו עוד איש את רעהו ולא יקבלו אחד מחבירו כלל, **רק כולם יקבלו בשוה מה' יתברך** לבד.

חלק 2: משפיע ומקבל

פרק ד: שני סוגי נתינה

א נפש החיים א, ג.

ב גור אריה בראשית כט, יא: והעני אין לו חיות מצד עצמו רק מצד אחרים, לכך מצד עצמו הוא חשוב כמת.

ג גור אריה בראשית מט, כה: "יירה מתרגמינן אישתדא אישתדאי וכו'". גם כן כאן נדחק מאד לפרש דברי אונקלוס, מה שתרגם "ברכת שדים ורחם" "ברכתא דאבא ודאמא", וכוונת אונקלוס מה שתרגם נראה לפרש כפשוטו, כי השדים מיוחדים להניק וליתן, והרחם לקבל, **וכן האב שנותן הזרע נקרא "שדים" והרחם שמקבל הזרע נקרא "רחם"**, וכאילו כתיב ברכת נתינה וקבלה, שכל דבר **הנותן ומשפיע נקרא "שדים"** על שם שהוא משפיע את אחרים, **והמקבל נקרא "רחם"**, וזה הפירוש פשוט.

ד ספר קומץ המנחה ב, סח: "מטל השמים ומשמני הארץ" – השמים משפיעים והארץ מקבלת ונשמנת על ידי השפעת הטל, דוגמת איש ואשה, כידוע... בכל מקום השפע נמשל לבאר ומעיין, והיינו השפע במקבל וזהו מצד האשה שהיא מרים שהיתה שלימות המקבל, כמו שאמרו (שיר השירים רבה) "ותען להם מרים" 'להן' מיבעיא ליה וכו', ששלימות המקבל **כאשה המשפיע חוזר להיות שופע, כמו שאמרו** (איכה רבה א, לג) **ישראל נותנים כח בפמליא של מעלה כמו לעתיד "נקבה תסובב גבר"** (ירמיה לא, כא).

פרק ה: אומנות הקבלה

א אבן עזרא דברים ל, יט: ופירש כי החיים הם לאהבה.

ב תהלים לז, ד: **והתענג על ה'** ויתן לך כל משאלות לבך.

פרק ו: הכרת הטוב – הצכטנה המגדירה אצ המקבל

א תרגום [המיוחס ל]יונתן בן עוזיאל בראשית מט, ח (עה"פ "יהודה עתה יודוך אחיך"): יהודה אנת אודיתא על עובדא דתמר, בגין כן לך יהודון אחך ויתקרון יהודאין על שמך.

ב מופיע ברבנו בחיי שמות א, ח. ראו רעיון דומה בשמואל רבה כג.

ג כלי יקר בראשית מז, כט: והנה זה הטועה חושב שיש להקב"ה איזה צורך במצוותיו, מי הביאו הלום לחשוב מחשבה נפסדה זו? אין זה כי אם מצד שהוא עצמו נבל ולא נדיב ורחוק בעיניו שאחד יעשה איזו טובה לזולתו בחנם, אם לא שיודע שהמקבל טובתו יחזור וישלם לו כגמול ידו, כי אם אינו מצפה לתשלום גמול, למה יעשה טובה לזולתו

בחנם? כך הוא חושב גם על הקדוש ברוך הוא, בראותו גודל הטובות אשר עשה ה' אתו, יחשוב למה זה עושה הטובות ההם עמדי בחנם? אין זה כי אם לכדי שיקבל גם הוא תועלת ממני יותר מהמה. על כן קרא לחושב מחשבה זה נבל ולא נדיב, כי רחוק בעיניו שיעשה ה' אליו הטובות על צד הנדיבות והחסד.

ד להרחבה נפלאה בנושא ראו ספרו של הרב אלכסנדר סיינפלד, **אמנות ההתפעלות: גילוי הרוחניות העברית המקורית**, אורים הוצאת ספרים, ירושלים 2010.

ה מכתב מאליהו, ג, עמ' 100–104.

פרק ז: אומנות התינה

א חידושי אגדות מהר"ל כתובות סח, א: ביאור זה כי הש"י הוא מקור ושורש אשר ממנו יושפע הכול, ולפיכך נקרא מקור חיים שהמקור הוא משפיע תמיד, וע"ז נקרא הפך זה נקרא "בורות נשברים" (ירמי' ב), שהבור שנשבר הוא בעל חסרון ונפסד מעצמו, וכך הע"ז כחה כלה ונפסד מכ"ש שאינו משפיע אל זולתו, ואם כי יש עליהם שם אלקות, הם דומים כמו בור נשבר שיש עליה שם בור של מים והוא נשבר ומימיו כלים ונפסדים ואינו משפיע לזולתו, כך הוא הע"ז. ולפיכך אמר, כל המעלים עינו מן הצדקה ואינו משפיע אל זולתו הרי הוא יוצא מן הש"י אשר הוא מקור חיים משפיע, ונחשב כאילו דבק בע"ז שהם בורות נשברים אינם משפיעים לזולתם, ויש להבין את זה.

ב דוגמאות אלו לקוחות מספרו של הרב אמיתי פויכטוונגר על משפיע ומקבל, שעודנו בכתובים.

ג גור אריה בראשית י, כט: וזהו שאמר (משלי טו, כז) "ושונא מתנות יחיה", כי אחר שהוא שונא להיות חי מאחרים – אם כן יש לו חיות מעצמו, לפי שאינו מקבל החיות מאחרים. שאין ענין החיות רק החיות מעצמו, שלכך נקרא המעיין שהוא נובע מעצמו ואין מקבל מאחר "מעיין חיים" (ר' שיה"ש ד, טו), מפני שהוא מעצמו נובע, וזהו החיים.

ד דברים כ, יט. ראו רמב"ם הלכות מלכים ו, ח-י.

ה ספר דרך חיים ג, יד: וידוע כי העולם הזה הגשמי הוא כמו מלבוש אל עולם הנבדל.

חלק 3: זכר ונקבה בברכות השחר

פרק ח: ברכת האיש – מחנה אימונים לגברים

א נתיב הצניעות פרק ב: וכל זה מפני שהדיבור מוציא הכול את הגלוי.

ב רש"י, איוב לח, לו: "לשכוי" – זה תרנגול, לשון חכמים. וי"א, זה הלב, שהוא שוכה וצופה ומחשב את הנולדות.

ג שיעורי הרב משה שפירא זצ"ל, "הפכתי אבלם לששון", כרך 4, 26, ויקרא זכור תשס"ח, הוצאת ZYA.

ד מי שאינם יהודים מצווים בקיום שבע מצוות הנודעות בשם "שבע מצוות בני נח". ראו סנהדרין נו, א.

ה בית יוסף על טור אורח חיים מו. ההבדלים בחיוב המצוות בין איש לאישה יתבארו ביתר אריכות להלן פרק כ.

ו גם נשים מצוות ללמוד תורה, אבל הפרמטרים של חיובי הגברים והנשים שונים מאוד. ראו פרק כא ליתר הרחבה.

ז "וַיִּקַּח ה' אֱלֹקִים אֶת הָאָדָם וַיַּנִּחֵהוּ בְגַן עֵדֶן, לְעָבְדָהּ וּלְשָׁמְרָהּ", בראשית ב, טו.

ח ראו רבנו יוחנן לוריא, משיבת נפש (מכון ירושלים), עמוד 9.

זוהר בראשית כז, א: "ויניחהו בגן עדן לעבדה ולשמרה" – "לעבדה" אלו מצוות עשה, "ולשמרה" אלו מצוות לא תעשה.

הגר"א משלי א, ח: "שְׁמַע בְּנִי מוּסַר אָבִיךָ וְאַל תִּטֹּשׁ תּוֹרַת אִמֶּךָ" – "שמע" הוא מצוות עשה, "ואל תטוש" הוא לא תעשה.

אפיקי ים (ר' יצחק אייזיק חבר), ביאורי אגדות שבת קד, א: רמ"ח מ"ע ביסוד בדכורא, ושס"ה ל"ת בעטרת היסוד ששם דרגא דנוקבא.

ט ספר חתם סופר על שבועות דף יח, ב: אולי יש לומר דלאו זכרים ממש קאמר, אלא ידוע דהמשפיע לעולם נקרא זכר ואם היא נקבה בתולדה, אם זכתה להשפיע לאחרים – אם בממון, או לזכות הרבים כז' נביאות, או להנשא לת"ח ויתפרנס על ידה והוא יושב באהלה של תורה ומרביץ תורה בישראל על ידה – **היא זכר באמת. והמקבלים מאחרים לעולם נקראים נקבות**, ואם הם זכרים בתולדה נקבות המה באמת, וע"כ מבשרו שיהיה בניו זכרים משפיעים לאחרים, וזהו ממש כמו שאמר ריב"ל, בנים ראוים להוראה... **בנים זכרים פי' משפיעים לאחרים**... בונים עולמות.

י ראו להלן חלק שישי, להרחבה בנושא.

יא ראו להלן פרק כא, לתיאור נרחב יותר של מחויבות התפילה לנשים.

יב רמב"ם הלכות תפילה א: אם היה רגיל מרבה בתחינה ובקשה, ואם היה ערל שפתיים **מדבר כפי יכלתו ובכל עת שירצה**, וכן מנין התפלות **כל אחד כפי יכולתו**, יש מתפלל פעם אחת ביום, ויש מתפללין פעמים הרבה, והכל יהיו מתפללין נכח המקדש בכל מקום שיהיה. וכן היה הדבר תמיד ממשה רבינו ועד עזרא.

יג סוטה כא, ב: הוא היה אומר, חסיד שוטה ורשע ערום **ואשה פרושה** ומכות פרושים, הרי אלו מבלי עולם. מהר"ל, חידושי אגדות: פי', כי אלו הם יוצאים חוץ מן השיעור הראוי אל העולם, כי העולם ראוי שיהיה נוהג על פי טבעו ומנהגו, ואלו יוצאים במדות שלהם חוץ מן הענין אשר ראוי למנהג העולם.

יד גור אריה בראשית ח, יא: הנה אם תמצא דבר מה מן המאכל לא תביא אל הזכר לאכול, והזכר **מביא לפרנס הנקיבה**, לכך כתיב "והנה עלה זית טרף" ולא אכל, כמו שדרך הזכר לטרוף ולהביא לנקיבה, ולאפוקי הנקיבה **דדרכה לאכול**.

פרק ט: ברכת האישה – אני מי שאני

א בראשית כג, ח: אם יש את נפשכם לקבר את מתי מלפני. רש"י: "נפשכם" – רצונכם.

ב מסילת ישרים, א: שֶׁהָאָדָם לֹא נִבְרָא אֶלָּא לְהִתְעַנֵּג עַל ה' וְלֵהָנוֹת מִזִּיו שְׁכִינָתוֹ שֶׁזֶּהוּ הַתַּעֲנוּג הָאֲמִתִּי וְהָעִדּוּן הַגָּדוֹל מִכָּל הָעִדּוּנִים שֶׁיְּכוֹלִים לְהִמָּצֵא.

ג מהר"ל נצח ישראל נד: כי דודי לי ואני לו, ולפיכך היה עוד גואל שלישי הוא מרים נגד ישראל שהם משתוקקים אל השם יתברך. לכך היה גואל זה נקבה, כי חבור זה מצד **כי ישראל שהם נחשבים כמו אשה להקדוש ברוך הוא** בכל מקום הם משתוקקים אל השם יתברך.

ד לדוגמה, תהלים פד, ג: "נכספה וגם **כלתה** נפשי לחצרות ה'", וראו פירוש המאירי שם.

ה נתיב הצניעות פרק ג: כי האדם נחשב כמו כלי, והכלי שאין לו בית קבול אינו נחשב כלי כלל, רק הוא כמו גולם כלי עץ. ולפיכך בריאת האדם פתוחה כמו כלי, שיש לו בית קיבול פתוח, **כאשר ראוי האדם מצד עצמו להיות כלי קיבול**. וכן אמרו על האדם שהוא כלי ר"ל שהוא כלי קיבול, וכך ראוי לאדם למי שידע ויבין ענין האדם.

ו כלי יקר בראשית א, לא: אין איש אלא הקב"ה שנאמר "ה' איש מלחמה", ר"ל אין לייחס תואר האיש המורה על המשפיע ובלתי מקבל בלתי לה' לבדו, כי כולם צריכין אליו ית' והוא ית' אינו צריך לשום אחד מהם. ומה שמצינו לשון איש אצל הבריות, **אינו בעצם כי אם בהשאלה** בצרוף האשה, אבל **שם העצם של איש אין לייחס כי אם אליו יתברך** לפיכך חתם ביום הו' כל מעשה בראשית בשם של יה המשותף בין איש לאשה, **להורות שכלם זכר ונקבה בראם ה'.**

ז ספר באר הגולה, הבאר החמישי: כי כאשר יוצא הטהור מן הטמא זה מורה על אחד לגמרי, כאשר יוצא הטהור מן הטמא, א"כ הם דבר אחד ואינם מחולקים. וכאשר רואה האדם חלוק הטהור והטמא גוזר דעתו שיש כאן חלוק, ומפני יחוד שמו יתברך באו חכמים לבאר כי אין הדבר כך כלל, כי העולם הוא אחד ובא מפועל אחד, הוא הש"י.

ח תפארת ישראל לד: למה בבי"ת, שהוא לשון ברכה, ולא באל"ף, שהוא לשון ארור, ע"כ. והנה דברים אלו מגלים לך דברים גדולים, כי ראוי העולם שנברא בב' וזה כי הבי"ת בפרט הוא התחלת הרבוי, שהרי האל"ף אין בו רבוי ואילו הבי"ת הוא התחלת הרבוי... כי בריאת עולם הוא הרבוי, שהוא מן השם יתברך, ראוי שיהיה נברא בבי"ת שהוא התחלת הרבוי והברכה... מכל מקום הב' הוא התחלת הרבוי כאשר היה בתחלת בריאת העולם התחלת הרבוי.

ט מדרש רבה בראשית, פרשה ח פסקה א: אמר רבי ירמיה בן אלעזר, בשעה שברא הקב"ה את אדם הראשון אנדרוגינוס בראו, הדא הוא דכתיב "זכר ונקבה בראם". א"ר שמואל בר נחמן, בשעה שברא הקב"ה את אדם הראשון דיו פרצופים בראו ונסרו, ועשאו גביים גב לכאן וגב לכאן.

י רמב"ן בראשית ב, ז: "ויפח באפיו נשמת חיים" ירמוז לנו הכתוב הזה מעלת הנפש יסודה וסודה, כי הזכיר בה שם מלא, ואמר כי הוא נפח באפיו נשמת חיים, להודיע כי לא באה בו מן היסודות כאשר רמז בנפש התנועה (לעיל א, כ), גם לא בהשתלשלות מן השכלים הנבדלים, **אבל היא רוח השם הגדול**, מפיו דעת ותבונה, **כי הנופח באפי אחר – מנשמתו יתן בו**, וזהו שנאמר (איוב לב, ח) "ונשמת שדי תבינם".

יא נתיבות עולם, נתיב אהבת השם: כי עיקר האהבה הוא לריע שלו מפני שהם שוים ודומים, ולכך שייך בהם אהבה. ולפי זה יש לשאול כאשר מצינו שאהבה היא לריע שלו

במה שיש להם שתוף וחבור, והדברים הרחוקים זה מזה אין בהם אהבה, אף כי קצת מן החכמים חשבו כי האהבה היא יותר אל דבר שהוא הפכו, כמו אהבת איש לאשה, והרי זה זכר וזו נקבה והם מחולקים אינם שוים. והראיה שהאהבה לדברים שאינם שוים, כי כל אהבה הוא חבור וכל חבור הוא לדבר שאינו דומה, כמו האדם שיש בו חמימות מתחבר אל דבר הקר שהוא הפך זה, והארץ היבשה מתאוה למטר, והשנאה בין השוים והדומים, כמו שאמרו (ב"ר, לט) כל אומן שונא את בני אומנתו, וגם ת"ח שבבבל שונאים זה את זה (פסחים קיג, ב), כי דבר זה שאין אחד אוהב עצמו, לכך כל אשר הדבר רחוק ממנו אוהב אותו. לפי זה אין קשיא, אף על גב שהשם ית' נבדל בלתי גשמי, והאדם בשר ודם בעל חומר, שייך בזה אהבה. אך הדבר הזה אי אפשר לומר שיהיה כך, שהרי מצינו בחוש הפך זה, כי בני אדם שהם מתדמים באומה אחת אוהבים זה את זה, ואמרו חכמים (ב"ק צב, ב) לא לחנם הלך הזרזיר אצל העורב אלא מפני שהוא מינו. ומה שאין אהבה לעצמו מפני כי האהבה הוא התשוקה אל הנאהב, ואין כאן תשוקה כי הוא עצמו. ולכך האהבה בין איש לאשתו, כי הוא הדבקות הגמור עד שנעשים דבר אחד ויש בזה תשוקה. ואם כן האהבה מצד שהם דבר אחד ומצד הזה היא האהבה לא זולת זה. וכן מה שהוא משתוקק החם לקר, הרי הקר הוא השלמתו ולפיכך הם כמו דבר אחד לגמרי, וכן בכל מקום שהדבר מתאוה אל דבר שהוא הפכו הדבר הזה מפני שיושלם באותו דבר, ומכיון שיושלם בו נעשה עמו דבר אחד ומצד הזה האהבה.

יב פירוש הגר"א לספרא דצניעותא סוף פרק ב: כי עיקר הענין הוא כי זכר ונקבה כל אחד כלול מזכר ונקבה.

יג ליקוטי מוהר"ן רג: מסיפורי דברים של נשים יכולים לידע מעמד השכינה, איך היא אוחזת כעת. וזה שכתוב אצל מרדכי (אסתר ב, יא) שהיה "מתהלך לפני חצר בית הנשים לדעת את שלום אסתר", ואסתר זו השכינה, כי מרדכי היה משיג זאת לידע שלום השכינה מ"חצר בית הנשים", על ידי סיפורי דבריהם.

יד עקידת יצחק ט א, ז: בשני השמות האלה נתבאר שכבר יש לאשה שני תכליות: האחד, מה שיורה עליו שם אשה, כי מאיש לוקחה זאת, וכמוהו תוכל להבין ולהשכיל בדברי שכל וחסירות, כמו שעשו האמהות וכמה צדקניות ונביאות. וכאשר יורה פשט פרשת אשת חיל מי ימצא כמו שיבא בעז"ה. והשני, ענין ההולדה, והיותה כלי אליה ומוטבעת אל הלידה וגידול הבנים, כאשר יורה עליה שם חוה כאשר היא היתה אם כל חי. והנה תהיה האשה כאשר היא היתה אם כל חי. והנה תהיה האשה כאשר לא תלד, לסבה מהסבות, מנועה מהתכלית הקטן ההוא אל מציאותה, ותשאר להרע או להיטיב, כמו האיש אשר לא יוליד, כי בהשלים עצמו באותו התכלית המיניי המשותף להם, נאמר "ואל יאמר הסריס הן אני עץ יבש", ונאמר "ונתתי להם בביתי ובחומותי יד ושם טוב מבנים ומבנות" (ישעיה נו), כי ודאי עקר תולדותיהם של צדיקים מעשים טובים. על כן חרה אף יעקב ברחל כשאמרה הבה לי בנים כו' (בראשית ל), לגעור בה ולהשכילה בזה הענין הנכבד. והוא שהיא אינה מתה לפי התכלית המשותף באשר מנע ממנה פרי בטן, כמו שיהיה בו הענין גם כן אם לא יוליד. אמנם מה שאמרו שהוא כמת (נדרים סד, ב), הנה הוא להקרא בשמותם עלי אדמות. וסוף דבר, השם האחד נתקיים לה מצד שהיא עזר. אמנם מצד מה שהיא כנגדו, נטל ממנה השם ההוא, ונשארה בשם השני.

חלק 4: לאור הלבנה

פרק י: רק לא להיות קטן

א בסיפור בריאת העולם נקרא הירח "מאור", לאמר, מהותו היא היכולת שלו לתת אור. הפסוק אינו מתייחס לעובדה שיש מסה כלשהי בחלל הנקראת ירח, שלא תמיד גלוי לעינינו. זאת משום שתיאורי העולם הפיזי, בתורה ובחז"ל, דנים באופן שבו נתפסת המציאות בעיני בני אדם רגילים כאן עלי אדמות. כאשר אין אור מהירח, למרות הידע התיאורטי, המאור אינו "קיים", ורק כשהוא שב להחזיר אלינו את אור השמש, אנו שבים ונעשים מודעים אליו. מנקודת מבט אנושית, הירח "נולד מחדש". ואכן, הזמן שבו שב ונראה הירח נקרא "מולד הלבנה".

ב דעת תבונות, קנח: והנה הקב"ה מחלק מעצם הנהגתו לכנסת ישראל, להיותה שותפת עמו בהשלמת הבריאה, שיהיה הוא ית' מתקן מצד אחד, והיא מצד אחר, ומיניה ומינה יסתיים התיקון השלם. ובבחינה זאת אמרו ז"ל במדרש (שהש"ר ה, ב; וילק"ש שם), "'יונתי תמתי' – תאומתי". ומצינו בכתוב ענין התחבר ההשפעה והקבלה להשלמת הנמצאות, שאמר (ישעיהו מח, יג), "אף ידי יסדה ארץ, וימיני טפחה שמים, קורא אני אליהם יעמדו יחד", שהשמים משפיעים והארץ מקבלת, **ואף על פי כן שניהם שקולים זה כזה, מצד השתלם המציאות מבין שניהם.** על כן אמרו במדרש הנ"ל, ואף על פי כן לא אני גדול ממנה, ולא היא גדולה ממני.

ג רבנו בחיי שמות כה, יח: וצריך שתתבונן במאמרם זה, כי היו הכרובים כצורה הזו למשל נמרץ להעיד על הפלגת הדבקות שבין הקב"ה לישראל בלא שום אמצעי... והיה אפשר שיהיו הכרובים האחד כצורת אדם גדול והשני כצורת ילד קטן, כענין שראה יחזקאל פני האחד פני הכרוב ופני השני פני אדם... ויהיה זה להעיד על אהבתו לישראל כאהבת האב לבנו שהיא אהבה חזקה, אבל רצה לעשות משל בדבקות גופני **שאין למעלה ממנו שאי אפשר באמצעי**... זה כדי שנדע ונשכיל שדבקותו יתעלה עמנו דבקות גדול וחזק בלא שום אמצעי... אי אפשר להודיענו אלא על ידי משל זה בהכרח.

ד צרור המור, שיר השירים א, ב; הרב עזריאל טאובר, פרקי מחשבה, כא.

ה הרמב"ן (בראשית כ, טו) רואה וכחנות זו באור חיובי: ואמר כי שרה לא נתפייסה לו, אבל עם כל זה היתה מתוכחת עמו בטענות לאמר שלא תמחול לו. ובשבחה דבר הכתוב, ואברהם נתפייס ויתפלל עליו.

ילקוט שמעוני במדבר, רמז תשעג: "ותקרבנה בנות צלפחד" כיון ששמעו בנות צלפחד שהארץ מתחלקת לשבטים אבל לא לנקבות, נתקבצו כולן זו על זו ליטול עצה, אמרו, לא כרחמי בשר ודם רחמי המקום: בשר ודם רחמיו על הזכרים יותר מן הנקבות, **אבל הקב"ה אינו כן** אלא על הזכרים ועל הנקבות רחמיו על הכל, שנאמר, "נותן לחם לכל בשר", "נותן לבהמה לחמה" ואומר "טוב ה' לכל".

ו גור אריה במדבר כח, טו: מפני שמצד עצם בריאתה **אין ראוי לה הקטנות,** רק מצד סדר הבריאה, **אבל לא מצד עצמה.** והיינו דאמרה "בשביל שאמרתי לפניך דבר הגון אמעיט את עצמי", כלומר בשביל שכך הוא לפי סדר הכללים בעולם, והראוי שלא יהיו ב' מלכים משמשים בכתר אחד, "אמעיט עצמי", **שאני אפסיד זכותי.**

ז מהר"ל, ספר נתיבות עולם, נתיב התורה פרק ד: התבאר למעלה כי הלילה הוא הסתלקות העולם הזה הגשמי, ועיקרה העולם הזה הוא ביום, אבל בלילה נחשב כאלו העוה"ב, ולכך מיוחד התורה בלילה.

ח נושא זה יובהר ביתר הרחבה להלן בפרק יא.

ט חולין פט, א: אמר להם הקדוש ברוך הוא לישראל, חושקני בכם, שאפילו בשעה שאני משפיע לכם גדולה אתם ממעטין עצמכם לפני. נתתי גדולה לאברהם, אמר לפני "ואנכי עפר ואפר", למשה ואהרן – אמרו "ונחנו מה", לדוד – אמר "ואנכי תולעת ולא איש". אבל עובדי כוכבים אינן כן, נתתי גדולה לנמרוד, אמר "הבה נבנה לנו עיר", לפרעה – אמר "מי ה'?", לסנחריב – אמר "מי בכל אלהי הארצות וגו'", לנבוכדנצר – אמר "אעלה על במתי עב", לחירם מלך צור – אמר "מושב אלהים ישבתי בלב ימים".

י גור אריה ויקרא ב, יג: ועוד יש בזה דברים נפלאים, כי הדברים אשר נדחים למטה הם מבקשים להתעלות יותר, וזה שרמזו בכמה מקומות ללמדך שכל המשפיל עצמו הקדוש ברוך הוא מגביהו, **ולפיכך אל כל הנמצאים תחת שפלות יותר מדאי – יבוא להם מעלה עליונה.**

יא באר הגולה, הבאר הרביעי: ואולי יקשה מה מעלה הוא לירח בקרבן שיש בר"ח. יש לך לדעת, כי הקרבן שנקרא בשם הזה מורה על הקירוב שיש ביום הזה אל הש"י יותר מבשאר הימים, **והנה המיעוט של הירח גורם התקרבות אל השם יתברך.**

יב באר הגולה, הבאר הרביעי: והנה המיעוט של הירח גורם התקרבות אל השם יתברך **אשר מקרב השפלים והקטנים** כמו שדרשו ז"ל (מגילה כט, א) על פסוק "למה תרצדון הרים גבנונים וגו'" שבחר השם יתברך בסיני יותר מכל ההרים, בשביל שהיה קטן שבהרים.

יג רש"ש כתובות ד, ב: אולי לפי שהנשים, מפני רכות לבן, מתפעלות ומצטערות הרבה על כל צרה של"ת יותר מהאנשים ולבן נשבר... וזה אצלי כוונת הכתוב "הרבה ארבה עצבונך", דכל מאורע רע יעציבך ביותר.

יד רבנו בחיי במדבר כח, טו: וע"ד הקבלה "לחטאת לה'", אמר הקב"ה הביאו כפרה עלי על שמעטתי את הירח. לשון עלי למה שעלי – שמעטתי את הירח **בשבילי ובסיבתי.**

פרק יא: הלבנה והאנושות

א מהר"ל באר הגולה, הבאר השישי: אבל אין האמת כך כלל, כי לא באו חכמים לדבר מן הסבה הטבעית, כי קטון ופחות הסבה הטבעית, כי דבר זה יאות לחכמי הטבע או לרופאים, לא לחכמים.... א"כ איך אפשר לומר שיהיה לקות המאורות תלוי בדברים כאלו, שהאדם יודע זמן הלקות שהם על פי החשבון ואיך יתלו הלקות בחטא המעשים. וגם דבר זה הוא טעות, שאין מדרך חכמים ז"ל להסיר הסבה הקרובה, שודאי תלוי לקות המאורות במהלך המאורות, אבל סבת הסיבה נתנו הם ז"ל.

ב ויקרא רבה כז, ה: לעולם הקב"ה תובע דמן של נרדפין מן הרודפין, תדע לך שכן הוא, שכן הבל נרדף מפני קין ובחר הקב"ה בהבל, שנאמר (בראשית ד) "וישע ה' אל הבל ואל

מנחתו", נח נרדף מפני דורו ולא בחר הקב"ה אלא בנח, שנאמר (שם ז) "כי אותך ראיתי צדיק לפני בדור הזה", אברהם נרדף מפני נמרוד ובחר הקב"ה באברהם, שנאמר (נחמיה ט) "אתה הוא ה' האלהים אשר בחרת באברם", יצחק נרדף מפני פלשתים ובחר הקב"ה ביצחק, שנאמר (בראשית כו) "ראה ראינו כי היה ה' עמך", יעקב נרדף מפני עשו ובחר הקב"ה ביעקב, שנאמר (תהלים קלה) "כי יעקב בחר לו יה", יוסף נרדף מפני אחיו ובחר הקב"ה ביוסף, שנאמר (שם פא) "עדות ביהוסף שמו", משה נרדף מפני פרעה ובחר הקב"ה במשה, שנאמר (שם קו) "לולי משה בחירו", דוד נרדף מפני שאול ובחר הקב"ה בדוד, שנא' (שם עח) "ויבחר בדוד עבדו", שאול נרדף מפני פלשתים ובחר הקב"ה בשאול שנא' (שמואל א יב) "הראיתם אשר בחר בו ה'", ישראל נרדפין מפני האומות ובחר הקב"ה בישראל, שנאמר (דברים יד) "ובך בחר ה' להיות לו לעם סגולה". רבי אליעזר ב"ר יוסי בן זמרא אמר, אף בקרבנות כך, אמר הקב"ה שור נרדף מפני ארי, עז נרדף מפני נמר, כבש מפני זאב, לא תקריבו לפני מן הרודפים **אלא מן הנרדפין**, הה"ד (ויקרא כג) "שור או כשב או עז כי יולד".

גור אריה בראשית יח, א: מראה אהבה כאשר הוא בא למקום ששם אוהבו, אינו מקפיד אם אוהבו יושב במקומו והוא עומד.

ג ראו רש"ר הירש על התורה, בראשית טז, ו.

ד בראשית יז, כו.

ה רד"ק, ספר השורשים.

ו זהר ויקרא כו, א: רזא דכר ונוקבא כחדא, תורה שבכתב ותורה שבעל פה.

ז ספר בני ישׂשכר, מאמרי השבתות, ד: ולבאר כל זה נקדים מה שכתב המקובל בעל שערי גן עדן (על פי דברי הזוה"ק) וז"ל, יום השביעי הוא קודש והוא קדוש מעצמו בלי שום סיוע מתחתונים ואינו תלוי בתחתונים להחליף אותו לזולתו או לקדשו על פי בית דין, כמו שהבי"ד מקדשין את המועדות וראשי חדשים, רק "ויקדש אלקים את יום השביעי" שהוא קדוש מעצמו. ולכן בזמנים וראשי חדשים מסיימין הברכה "מקדש ישראל והזמנים וראשי חדשים", כי המה וכו' על פי בי"ד, משא"כ ביום השביעי וכו' "מקדש השבת" לבד, **שהקב"ה מקדש השבת ולא ישראל** (והוא גמרא ערוכה [פסחים קיז, ב], מקדש ישראל והזמנים ישראל דקדשינהו לזמנים, משא"כ שבת קביעא וקיימא).

ח רמח"ל דרך ה', חלק רביעי, ז: שסדרה החכמה העליונה, שכל תיקון שנתקן ואור גדול שהאיר בזמן מהזמנים, בשוב תקופת הזמן ההוא יאיר אור מעין האור הראשון, ותחודש תולדת התיקון ההוא במי שקבלו. והנה עפ"ז נצטוינו בחג בכל הענינים שנצטוינו לזכר יציאת מצרים, כי בהיות התיקון ההוא תיקון גדול מאד שנתקנו בו וכמש"ל, **הוקבע שבשוב תקופת הזמן ההוא יאיר עלינו אור מעין האור שהאיר אז, ותחודש בנו תולדת אותו התיקון**, וע"כ נתחייב באותם הענינים כלם. ועד"ז חג השבועות למתן התורה, וחג הסוכות לענין ענני הכבוד, אע"פ שאינו אותו הזמן בפרט, אלא שקבעה התורה חג זה לזכרון ענין זה, וכמ"ש "כי בסוכות הושבתי וכו'", וכן חנוכה וכן פורים.

ט ספר תפארת ישראל, פרק נו: התורה והחכמה תמיד בלי שנוי כלל, כי אין שנוי בתורה,

רק ישראל באותו דור היו ראויים לקבל מאתו השפעת התורה והיו מקבלים הקול, ולא היה ראוי לזה דור אחר, מכל מקום קולו של הקדוש ברוך הוא הוא נצחי בלי שנוי, **רק השנוי הוא מצד המקבלים.** ודבר זה רמזו חכמים בברכת התורה "ברוך אשר בחר בנו מכל העמים ונתן לנו את תורתו" וחתימת הברכה "ברוך אתה נותן התורה", לשון הוה ולא "נתן התורה".

י מעניין בהקשר זה לראות את דברי המהר"ל על סוג אחר של שיתוף פעולה בין "בית דין של מעלה" ל"בית דין של מטה", הקשור לגזירות חז"ל. כך הוא כותב בחידושי אגדות למכות כג, ב: ועוד יש לדעת כי המצוות שהם מן התורה הם מן הש"י, ומצוות שהם דרבנן הם שגזרו ב"ד של מטה, ויש מצוות ע"י שניהם שגזרו ב"ד של מטה והסכימו על זה ב"ד של מעלה. ודבר זה שגזרו ב"ד של מעלה ושל מטה **הוא חבור תחתונים ועליונים.**

יא שפת אמת בראשית, לחנוכה, שנת תרל"ו: איתא כי היונים בקשו לבטל ג' מצוות, חודש שבת ומילה. וקשה, מה ענין חודש שביקשו לבטל יותר מכל המצוות? וגם גוף הביטול דוחק לפרש על קרבן מוסף. רק נראה הפי' על קידוש החודש **שזה חרה להם אשר יהיה תלוי קדושת הזמנים בישראל**, כמ"ש, ישראל דקדשינהו לזמנים. וז"ש בגמרא שאמרו "כתבו לכם על קרן השור שאין לכם חלק באלקי ישראל", וקשה, ממ"נ, קרי לי' אלקי ישראל ואיך אין לכם חלק? רק שאמונה זו רצו לבטל מבני ישראל, שלא יאמינו בזה אשר הקדושה משפעת כפי מעשיהם, ואשר יש לכם חלק דייקא, שמעשיהם מעוררין בשמים – זהו רצו לבטל.

פרק יב: לכל דבר יש מחיר

א מלבי"ם ירמיה לא, לב: "כי זאת הברית וכו' נתתי את תורתי בקרבם" – שיקיימו תורתי מצד הערת השכל, עד שתהיה כדבר טבעי להם הנמצא בקרבם, "ועל לבם אכתבנה" – שלא תצטרך להכתב על הספר ובדיו כי תהיה כתובה על לבם.

ב מכתב מאליהו ד, עמ' 207: כי השכל נצרך להדרכה משאיפת האמת שבלב, ובלאו הכי הוא עלול לסטות לגמרי מדרך האמת.

ג אסתר רבה י, יג: הרשעים ברשות ליבם, "ויאמר עשו בלבו", "אמר נבל בלבו" "ויאמר ירבעם בלבו" "ויאמר המן בלבו", אבל הצדיקים ליבם ברשותם, "וחנה היא מדברת אל לבה" "וישם דניאל על לבו", "ויאמר דוד אל לבו".

ד ראו שבת, עה, א; ראש השנה ו, ב; פרקי דרבי אליעזר ח.

ה מתוך שיעורי הגאון ר' משה שפירא זצ"ל: "שנת העיבור" פרשת תרומה שנה תשס"ח ד, כב. https://ravmosheshapiro.com/parshah04.html

ספר תקנת השבין ו: כל זה הוא הכל רק מצד העולם הזה, דיש לאיזה נפש התנשאות שיוכל להשפיע להקטן ממנו, מה שאין כן לעתיד כשיעשה מחול לצדיקים, יתגלה מדריגת העיגולים שבכל מקום המחול שעומדים הכל בעיגול, **לא יהא חילוק מדריגות והתנשאות כלל**, כי אז לא ילמדו עוד איש את רעהו ולא יקבלו אחד מחבירו כלל, **רק כולם יקבלו בשוה מה'** יתברך לבד.

פרק יג: הנמשל – איש ואישה

א להרחבה בנושא ראו פרק ל.

ב להרחבה בנושא הנאמנות כתכונה נשית, ראו פרק כט.

ג פרקי דרבי אליעזר מד, ד.

ד במדבר רבה כא, י: אותו הדור היו הנשים גודרות מה שאנשים פורצים, שכן את מוצא שאמר להן אהרן (שמות לב) "פרקו נזמי הזהב אשר באזני נשיכם", ולא רצו הנשים ומיחו בבעליהן, שנאמר "ויתפרקו כל העם את נזמי הזהב וגו'", והנשים לא נשתתפו עמהן במעשה העגל.

ה פרקי דרבי אליעזר מד, ד: ולפי שהיה חור משבט יהודה מגדולי הדור, התחיל מוכיח את ישראל בדברים קשים. כזבים שבישראל עמדו עליו והרגוהו. וראה אהרן לחור שנהרג, ובנה מזבח להם, שנ' "וירא אהרן ויבן מזבח לפניו", מה ראה? ראה שנהרג חור בן אהרן ובנה להם מזבח שנ' "ויבן מזבח". דן אהרן דין בינו לבין עצמו, אמר, אם אני אומר לישראל תנו לי כסף וזהב, מיד הם מביאים, אלא הריני אומר להם, "תנו לי נזמי נשיכם ונזמי בניכם ובנותיכם", והיה הדבר בטל ממנו. שמעו הנשים ולא קבלו עליהם ליתן נזמיהן לבעליהן, אלא אמרו להם, אתם רוצים לעשות שקוץ ותועבה, שאין בו כח להציל? לא שמעו להם, ונתן הב"ה שכרן של נשים בעה"ז ובעה"ב. ומה שכר נתן להם לעה"ב לעה"ז? **שהן משמרות ראשי חדשים** שנ' "המשביע בטוב עדיך תתחדש כנשר נעורייך".

ו שמות רבה טו, כז: יורשים שני עולמות, העוה"ז והעוה"ב, ולכך מסר הקב"ה סוד הלבנה לישראל, שיהיו הם מונים בה והעובדי כוכבים מונין לחמה. לומר, מה חמה אינה אלא ביום, כך אין מושלים אלא בעולם הזה. ומה החמה היא של אש, כך הם עתידין לידון בה, שנאמר (מלאכי ג) "כי הנה היום בא בוער כתנור", וכשם שהלבנה נראית ביום ובלילה, כך ישראל מושלים בעולם הזה ובעולם הבא, וכשם שהלבנה היא של אור כך ישראל נוחלין האור, שנאמר (תהלים צז) "אור זרוע לצדיק ולישרי לב שמחה".

ז טור אורח חיים תיז: גרסינן בפרק אין נערכין, ראש חדש אינו אסור בעשיית מלאכה, ואיתא נמי בפרק קמא דמועד קטן, ר"ח יוכיח שיש בו קרבן מוסף ומותר בעשיית מלאכה. והא דאיתא במגילה ושאין בו ביטול מלאכה לעם, כגון ר"ח וחולו של מועד, אלמא שאסור בעשיית מלאכה, דקאמר מפני שאין בו ביטול מלאכה אם ישהו בבית הכנסת תיקנו להוסיף אחד ולקרות ד' בתורה. ההיא לנשים קאמר, מפני **שהנשים בטלות בו ממלאכה**. והכי נמי איתא בירושלמי, הני נשי דנהיגי דלא למיעבד עבידתא בריש ירחא מנהגא. ואיתא בפרק מ"ד מפרקי דר' אליעזר, לפי שלא רצו נשים ליתן נזמיהן לבעליהן במעשה העגל, **לכך נתן להן הקב"ה שכרן שיהו משמרות ר"ח יותר מהאנשים**. ושמעתי מאחי הרב יחיאל טעם לדבר, לפי שהמועדים נתקנו כנגד אבות, פסח כנגד אברהם דכתיב (בראשית יח, ו) "לושי ועשי עוגות" ופסח היה, שבועות כנגד יצחק שתקיעת שופר של מתן תורה היה בשופר מאילו של יצחק, סוכות כנגד יעקב דכתיב (בראשית לג, יז) "ולמקנהו עשה סוכות", וי"ב ראשי חדשי השנה שגם הם נקראים מועדים כנגד י"ב שבטים, וכשחטאו בעגל נטלו מהם **ונתנו לנשותיהם, לזכר שלא היו באותו חטא**.

ח ספר רסיסי לילה אות ח: ובוודאי כן בכל דור ודור המתקרב לעקבי משיחא נתגלה קדושת ר"ח יותר כענין קדושת השבת כימים דמקמי שבתא.

ט מדבר קדמות מערכת רי"ש קמ"ד: רחל אמנו ע"ה בזכותה נתנו ראשי חדשים לישראל, וכן "ראשי חדשים לעמך" ר"ת רחל. ומוסף ראש חודש רחל אמנו תקנתו, שראתה ברוח הקודש שנשי המדבר לא נכשלו בעגל, ורמזה שמה בר"ת "ראשי חדשים לעמך".

י סנהדרין לח, ב: אמר רב יהודה אמר רב, אדם הראשון מסוף העולם ועד סופו היה, שנאמר "למן היום אשר ברא אלהים אדם על הארץ ולמקצה השמים ועד קצה השמים". כיון שסרח, הניח הקדוש ברוך הוא ידו עליו ומיעטו, שנאמר "אחור וקדם צרתני ותשת עלי כפך". אמר רבי אלעזר, אדם הראשון מן הארץ עד לרקיע היה, שנאמר "למן היום אשר ברא אלהים אדם על הארץ ולמקצה השמים", כיון שסרח הניח הקדוש ברוך הוא ידו עליו ומיעטו, שנאמר "אחור וקדם צרתני וגו'".

יא אדרת אליהו, בראשית ג, כ: "ויקרא האדם" שם הראשון קראה "אשה כי מאיש לוקחה זאת", להיות לו לעזר במושכלות לו, **ושניהם שוים**, לכן נקראו שניהם בשם אחד איש ואשה. ואחר החטא אין תשוקתה למושכלות כ"א לאישה, לתאוות, כמבואר "רוצה אשה בקב ותפלות וגו'" (כתובות סב, ב, סוטה כא, ב), **ונשאר העזר רק לבנים לקיים המין**, לכן קרא אותה בשם אחר, חוה, "כי היא היתה" – אחר החטא רק – "אם כל חי" והוא קיום המין.

תובנה מפתיעה זו של הגאון מווילנה, והשינוי במעמד האישה על פי תיאורו, יידונו באריכות בפרק יז.

יב דעת תבונות קנד: וזה מצד היות לה חלק בתיקון העולם עצמו, כמו שביארנו, אשר על כן יש לה פתחון פה לפניו ויכולה להרים ראש, אשר לא "כמאן דאכיל דלאו דיליה דבהית לאסתכולי באפיה" (ירושלמי ערלה א, ג), אלא נהנים מזיו השכינה **מתוך שמחה והרמת ראש.**

יג רמב"ן בראשית ב, ג: כי בתחלת האלף הששי תתחדש מלכות אומה שלטת, ואימתני ותקיפא יתירא, ומתקרבת אל האמת יותר מן הראשונות.

יד פרי צדיק קרח, אות א: וזה שטען "כי כל העדה כולם קדושים" וכולם שמעו בסיני "אנכי ה' אלהיך" (כמו שדרשו במדרש רבה) "ובתוכם ה'", והיינו כמו שיהיה לעתיד שהקדוש ברוך הוא יושב ביניהם והם סביב במחול, וכאמור, ובעיגול **אין שום מדריגות** כנ"ל, "ומדוע תתנשאו על קהל ה'". וכן הוא באמת, כשיש התגלות מדת עתיקא כמו שהיה ההתגלות בשעת מתן תורה, דכתיב "פנים בפנים דבר ה' עמכם", וכמו ההתגלות שהיה בקריעת ים סוף שהיה גם כן ממדת עתיקא, כמו שאמר בזוהר הקדוש (ח"ב נב, ב) דבעתיקא תליא, ואיתא במכילתא ובזוהר הקדוש (שם סד, ב) ראתה שפחה על הים מה שלא ראה יחזקאל, והיינו שהשפחה ראתה כמו הגדול שבישראל, **הכל שוים** כיון דבעתיקא תליא, אז אין שום מדרגות. וכן היה במתן תורה גם כן, וכמו שנאמר שם "ויחן שם ישראל" ופירש רש"י, כאיש אחד בלב אחד, ולא היה מדרגות, כמו שנאמר "פנים בפנים דיבר ה' עמכם", **אבל אחר כך נתבטל מדרגה זו ולא יהיה ההתגלות הזה עד לעתיד, שיהיה התיקון האמיתי.**

טו מתוך ברכת קידוש לבנה, הנאמרת בראיית הלבנה המתחדשת.

טז כלי יקר שמות טו, א: ראתה שפחה על הים מה שלא ראה יחזקאל, ועל פלא זה נאמר את השירה הזאת ר"ל השירה של זאת הנקיבה, כי גם הנקיבות אמרו "זה אלי ואנוהו", ודבר זה היה פליאה בעיניהם שנקיבה תסובב גבר **מעין דוגמא שלעתיד**, ואולי שעל זה ארז"ל (סנהדרין צא, ב) 'שר' לא נאמר אלא "ישיר", מכאן לתחיית המתים מן התורה. ומה ענין שירה זו לתחיית המתים? אלא לפי שכשם **שלעה"ב יהיו כולם מופשטים מן החומר ואז זכרים ונקבות שוין**, כך גם על הים ראתה גם השפחה זיו כבודו ית' מעין דוגמא שלעתיד, שנאמר (ירמיה לא, כב) "נקבה תסובב גבר". לכך נאמר בשירה זו "ישיר" להבא משמע, כי כשם שאמרו כולם "זה אלי ואנוהו" כך כולם יאמרו לעתיד "הנה אלהינו זה", כארז"ל (שמו"ר כג, טו) שהצדיקים יהיו מראים עליו באצבע כו', ועל פלא זה נאמר את השירה הזאת. ולכך נאמר "ותען להם מרים וגו'", **כמדברת לזכרים.**

יז אור החיים בראשית א, א: אבל כשיעבור הלילה שהוא זמן הגלות, כמו שאמר הכתוב (ישעיה כא, יא) "משא דומה וגו' שומר מה מלילה", כי הגלות דומה ללילה (סנהדרין צד), ואז בעלות השחר אין עוד חשך ולא לילה אלא "ויהי ערב ויהי בקר יום אחד", כי בחינת הרע נסתלקה ואינה ולילה כיום יאיר, **"והיה אור הלבנה כאור החמה"** (ישעיה ל, כו), והוא אומרו יום אחד, והוא שרומז הכתוב באומרו "ביום ההוא יהיה ה' אחד ושמו אחד" (זכריה יד, ט).

יח אור חדש עמ' נב: כי הלילה הוא חשך וקודם עלות השחר הוא חושך נוסף על חשך הלילה... וזה לגמרי דומה אל קודם עלות השחר שהוא חושך על חשך והאדם משתוקק אל האור.

חלק 5: זה עולם של גברים (אבל הוא אמור להיות של נשים)

א ראו להלן פרק כז על הקשר בין התקדמות והירככייה.

ב רמב"ן בראשית פרק ב, יח: וראה הקב"ה כי טוב שיהיה העזר עומד לנגדו, והוא יראנו, ויפרד ממנו **ויתחבר אליו לפי רצונו.**

פרק יד: האישה כ"אחר"

ג עקידת יצחק שער נב, ג: רק בהיות האדם בבחינת שני עצמים נפרדים, עד שנכנס בגדר המנין והמספר, יוכל לחטוא ולהיות בו קלקול והפסד מוסרי, וזהו שאמר הכתוב "ולא יהיה בהם נגף בפקוד אותם", כי אם ישתדל כל אדם לזכך גופו עד שישתוה אל הנפש להיות עמה לעצם אחד לא יחטא, ויען כי כל חטא ואשמה אשר יחטא האדם ואשם לאלקיו הוא רק בעבור הסתת חמרו וגופו שהוא מחצית עצמותו, ע"כ נצטוה שיתן גם מחצית השקל לכפר עליו.

ד פרי צדיק, פרשת קרח אות א: וזהו ענין המחול לצדיקים והוא יושב ביניהם בגן עדן וכל אחד מראה באצבעו, ובבחינת העיגולים שם אין שום מדרגות, **שהכל שוים כמו עיגול שאין בו ראש וסוף.**

ה בראשית א, ה; ראו רש״י שם.

ו בראשית רבה ה, ד: אמר רבי ברכיה, לא פירשו המים התחתונים מן העליונים אלא בבכיה, ההי״ד (איוב כח) ״מבכי נהרות חבש״. ר׳ תנחום מייתי לה מן הכא (ירמיה י) ״עושה ארץ בכחו וגו׳ לקול תתו המון מים וגו׳״ ואין לקול אלא בכי, היך מה דאת אמר (ירמיה לא) ״קול ברמה נשמע״.

ז להרחבה בנושא ראו חלק ד.

ח רבנו בחיי במדבר כח, טו: ולעתיד לבא יהיה השמש עם הירח **שוין באורה כמו שהיו בתחלה**, וכמו שמורה על זה מלת ״הגדולים״, וכן יהיה בסוף.

ט ראו בראשית א, כא: ״וַיִּבְרָא אֱלֹקִים אֶת הַתַּנִּינִם הַגְּדֹלִים וְאֵת כָּל נֶפֶשׁ הַחַיָּה״. רש״י (שם), בהתייחס לעובדה שהכתוב אומר ״הַתַּנִּינִם הַגְּדֹלִים״ במקום רק ״הַתַּנִּינִם״, מסביר שהכוונה היא ללוייתן – יצור בעל משמעות מטפיזית (כפי שיוסבר).

י באר הגולה הבאר הרביעי: ואין צריך לראיה, הרי מורה השם על ענין זה שנקרא לויתן, כמו (משלי א) ״לוית חן הם לראשך וענקים לגרגרותיך״, **לשון לויה וחבור**.

רש״י, מלכים א ז, לו: ״כְּמַעַר אִישׁ וְלֹיוֹת״ – פתח סביב **כזכר ונקבה החבוקים בזרועותיהן**, כן פירשו רבותינו (יומא נד, א). ״כמער״ – **לשון אחיזה ודיבוק, כזכר המעורה בנקבה**, ופירושו: איש ולויותו. ולפי משמעותו ״לויות״ לשון דיבוק.

בראשית כט, לד: ״על כן קרא שמו לוי״ תרגום [המיוחס ל]יונתן: ואתעברת תוב וילידת בר ואמרת, **הדא זמנא יתחבר עמי בעלי**, ארום ילדית ליה תלתא בנין, והיכדין עתידין בנוי למהויהון מתחברין לשמשא קדם יי, בגין כן קרא שמיה לוי.

יא רש״י בראשית א, כא: לויתן ובן זוגו, שבראם זכר ונקבה, והרג את הנקבה ומלחה לצדיקים לעתיד לבא; שאם יפרו וירבו, לא יתקיים העולם בפניהם.

יב גור אריה בראשית א, כא: ודווקא הנקיבה מלחה, מפני שהגיע לה הפסד מצד עצמה ויש לה הכנה לזולתה, והיינו במה שהיא עומדת לסוף לצדיקים לעתיד לבא, והיא מוכנת בכח לדבר שיהיה בסוף, ודבר זה ענין הכח, ושייך דבר זה לנקיבה, פירוש מה שכל נקיבה היא מוכנת לזולתה – והיא בכח לא בפעל, ולכך דבר זה טבעי לנקיבה. והיינו דמשני ״בשרא דנקיבה מלחא מעלי לה״, כי דבר שהוא במלח יש לו קיום לזולתו על ידי המלח, **והוא בכח מוכן לדבר שהוא בסוף, וכל ענין הכנה ראוי לנקיבה**, והיא ענין טבעי מסודר מן השם יתברך. ואילו היו נבראים עם זוג שלהם והיו אומרים שבהם תהיה הסעודה לעתיד – היה קשה. אך מפני שכל הבריות האלו אין בריות שלימות, שהרי אין זיווג להם, **מזה תדע כי אינם בריות המתיחסים לעולם הזה, והם מתיחסים לעתיד**, לכך כל דבר זה הוא מסודר וראוי, ואין להאריך כאן יותר. והוא יתברך יתן חלקנו בחיים, ולשאוב מים בששון ממעייני הישועה, ולשמחנו עם המצפים לשמחתו, ויפרוש עלינו מזיו כבודו.

יג חידושי אגדות מהר״ל ע״ז ג, ב: אמנם מה שאמר **כי הוא משחק עם הלויתן**, לשון משחק בשביל כי רוצה לומר תכלית התאחדות הרצון שיש אל הש״י עם ברואיו, **שרצונו מתאחד עמהם**, וזהו עצם השחוק... השחוק והשמחה מצד עצמו טוב שהוא מורה **על השלימות**. והבן הדברים האלו וכאשר תבין אותם אז ימלא פיך שחוק ושמחה.

יד פירוש הגר"א לספרא דצניעותא: והחילוק שבין הסירוס לבין הריגה כי אע"פ שאין יוצא החסד הזה ע"י פי היסוד, מ"מ נהנין ממנו כידוע בסוד נהיר לנוק' דרך דופן, והוא החסד שמנהיג את כל הדורות וזן בחסדו כל בשר מקרני ראמים ועד ביצי כנים, אלא שהוא בהסתר פנים, ואין נסים נגלים עד לעתיד שאז יתגלה בפום אמה. **אבל אור הנקבה נתבטל הכל עד לע"ל.**

טו ראו פרק יב.

טז ראו פרק יג.

יז כלי יקר, שמות טו, א: ומה שנאמר השירה הזאת בלשון נקיבה ארז"ל (שמו"ר כג, יא) שכל שירות העה"ז נאמרו בלשון נקיבה, לפי שיש אחריהן צער כנקיבות שיש להם צער לידה, ועוד שהנקיבות אינן נוטלות בעה"ז כי אם עישור נכסים, כך הנחיל ה' לישראל שבעה אומות מן שבעים. אבל על העתיד נאמר "שירו לה' שיר חדש", כי אז יהיו כזכרים.

פרק טו: מה שרואים מלמטה

א רש"ש כתובות ד, ב: אולי לפי שהנשים, מפני רכות לבן, מתפעלות ומצטערות הרבה על כל צרה של"ת יותר מהאנשים ולבן נשבר כאשר יעידון הכתובים והנסיון. וזה אצלי כוונת הכתוב "הרבה ארבה עצבונך", דכל מאורע רע יעציבך ביותר.

ב באר הגולה, הבאר הרביעי: כי זה מדת הש"י שנותן מעלה תחת שפלות שהגיע לו עד שהכל שוה, והשם יתברך משוה כל הנמצאים **ולא נמצא תרעומות אצל הבורא**. וזה מה שנתן לה קרבן בר"ח, שלא תמצא בחמה ובכל שום צבא השמים מדריגה זאת, שכנגד שנתן לה מיעוט שלא נמצא בכל צבא השמים, כנגד זה נתן לה חשיבות שלא נמצא בכל צבא השמים, והוא הקרבן שכתוב בתורה, נמצא שהדבר שוה גם זה לעומת זה.

ג הרש"ר הירש בראשית לב, לג: "גיד הנשה" – "הנשה" השורש של "נשים" ו"נושה". נראה שמשמעותו הבסיסית של "נשה" היא: **להיות ברשותו של אחר** – או עצמו או רכושו. ומכאן: ה"נושה", הנותן חלק מרכושו לזולת, **וכתוצאה מכך, תובע ממנו עתה דבר**... "אשה" (בלשון יחיד), אינו "נשה" אלא "איש" – "כי מאיש לקחה" – שהרי ביחיד יחסה לאיש הוא של אשה לבעלה... אלא משלימה אותו ועומדת לצדו כשווה. אולם בלשון רבים, "נשים", מתגלה המעמד הציבורי של האשה; **אשר מפקידה ביד בעלה כמה מזכויותיה**, המיוצגות על ידו. רק בחיים הצבוריים, בחיי הקהילה, **נראות נשים כחלשות וחסרות אונים**, ואף על פי כן, הן "נשים", **ה"נושים" של האנשים**. נמצא ש"גיד הנשה" כוונתו: גיד הכניעה וחוסר האונים... אולם כל זאת לא לנצח. **"נשה" מציין ויתור זמני בלבד, ולא אובדן קבוע**. יעקב הוא "נושה", שיש לו עוד חשבון גדול להסדיר עם שרו של עשו.

ד כך כותב גם הרמב"ן (בראשית ב, ג): ביום הששי בבקר "תוצא הארץ נפש חיה למינה בהמה ורמש וחיתו ארץ למינה", והיתה בריאתה קודם זרוח השמש, כענין שכתוב (תהלים קד, כב) "תזרח השמש יאספון ואל מעונתם ירבצון", ואז נברא האדם בצלם אלהים, והוא זמן ממשלתו, שנאמר (שם כג) "יצא אדם לפעלו ולעבודתו עדי ערב",

והוא האלף הששי, כי בתחלתו ימשלו בו החיות, הם המלכיות אשר לא ידעו את ה', ואחרי עשיריתו, כשעור הנץ החמה ליום (עיין פסחים צד), יבא הגואל שנאמר בו (תהלים פט, לז) "וכסאו כשמש נגדי", זהו בן דוד הנעשה בצלם אלהים, כדכתיב (דניאל ז, יג-יד) "וארו עם ענני שמיא כבר אינש אתי הוה ועד עתיק יומיא מטא וקדמוהי הקרבוהי, וליה יהיב שלטן ויקר ומלכו", ויהיה זה קי"ח אחר חמשת אלפים לכלות דבר ה' מפי דניאל (שם יב, יא), "ומעת הוסר התמיד ולתת שקוץ שומם ימים אלף ומאתים ותשעים", ונראה משנוי הימים משרץ המים והעוף לחית הארץ, כי בתחלת האלף הששי תתחדש מלכות אומה שלטת ואימתני ותקיפא יתירא, **ומתקרבת אל האמת יותר מן הראשונות.**

ה ספר גבורות השם, פרק ס: על שם "אשתך כגפן פוריה בירכתי ביתך", ויש במדרש (עי' תנחומא וישלח) כל האילנות מקבלים הרכבה עם שאינו מינו, חוץ מן הגפן, וזה שאמר, "אשתך כגפן" **דלא מקבל מין אחר.**

ו רש"י ערכין ק, ב: וחבושה בבית האסורים – כל כבודה בת מלך פנימה.

ז ראו להלן פרק כג, איך ריבוי נשים המותר בתורה מתאים עם הנחה הזו.

ח חידושי אגדות מהר"ל נדרים לא, א: ואלו י"ג בריתות יש לך להבין מאד, כלומר ברית גמור מכל צד, וזה **כי הברית הגמור הוא לאוהב שהוא יחיד ולא שייך ברית גמור לשני אוהבים** ודבר זה מבואר. ומפני שהמילה היא ברית גמור, נקראת המילה ברית יחיד, לומר שהמילה היא ברית גמור, כי לא יתכן שיהיה הברית הגמור לשנים, רק הברית הוא ליחיד **שאם יש לו ברית עם אחר אין כאן ברית גמור, כי אין חבור לשנים** שצריך שיהיה בעל הברית עם מי שכורת עמו ברית (שיהיה) אחד, וזה אי אפשר בשנים, ודבר זה מבואר, ומפני כך אברהם שקבל הברית תחלה נקרא יחיד.

ט ספר גבורות השם, פרק מג: ויש במדרש (שה"ש רבה ד) כי היונה, אחר שמת אחד מן הזיוג, לא יתחבר השני לזוג אחר, ולכך קראם יונה שזיוג שלהם זיוג גמור, ואחר זה נמשך להיות נחפה בכסף וזהב, כי שני כנפים נמשכים אחר הגוף שהוא גוף אחד, וכך כאשר יש חבור לזכר ולנקבה בחבור אחד עד שהם גוף אחד.

י ראו רש"י במדבר יג, ג; מדרש תנחומא, שמיני ט.

יא ראו במדבר טו, לט: "ולא תתורו אחרי עיניכם... אשר אתם זונים אחריהם".

יב אגרות משה, אבן העזר ג, כח: "חייב אדם לשמח את אשתו בדבר מצוה" (פסחים עב, ב) שפרש"י אפילו שלא בשעת עונתה אם רואה שמתאוה... **עיקר העונה היא מה שהאישה משתוקקת ומתאווה.**

יג ספר תומר דבורה, פרק תשיעי: והנה, האדם בעוד שלא נשא אשה פשיטא שאין עמו שכינה כלל, כי עיקר שכינה לאדם מצד הנקבה... ולכן כתב בספר הקנה שאסור לצער את אשתו ואפילו אונאת דברים אסור עמה, כי אדם גשמי כשמצער לאשתו גורם צער גם כן למעלה לשכינה.

יד בבא מציעא נט, א: והא אמרי אינשי איתתך גוצא גחין ותלחוש לה, רש"י: אתתך גוצא – אשתך קטנה, כפוף עצמך **ושמע דבריה.**

פרק טז: השמיעיני את קולך

א זוהר ג נט, ב: כמה דאת אמר "ופניהם איש אל אחיו", בשעתא דהוו חד בחד משגיחין אנפין באנפין, כתיב "מה טוב ומה נעים". וכד מהדר דכורא אנפוי מן נוקבא, ווי לעלמא [**כשהזכר מחזיר פניו מן הנקבה, אוי לעולם**].

ב תמיד לב, א-ב, על פי תרגום אתר האגדה, אוצר אגדות חז"ל ברשת.

ג חידושי אגדות מהר"ל תמיד לב, א: בא להודיע כח אלקסנדר מוקדון ומה ענינו, שכל ענינו היה לשלוט בעולם לקצוי ארץ... ואל יעלה על דעתך כי אלכסנדר בא עד שערי גן עדן בגופו, אבל כל ענין זה מפני כי אלכסדרס היה שט בכל העולם עד תכליתו מכח גודל מלכותו, ואין ספק כי דבר זה נתן לו מן עליונים כח זה לשוט בכל העולם. וכמו שהיה שט בכל העולם בגופו, היה שט בעולם בכחו העליון אשר נתן לו עד שערי גן עדן, עד מקום שהיה כחו מגיע, ובמקום שהיה אפשר לו לבא בגופו ובחומרו היה בא, ובמקום שלא היה אפשר לו לבא רק בכחו העליון, היה בא גם כן.

ד תובנות אלו על אגדה זו שמעתי מפי הרב דב רוזנבלום, מרצה בכיר בארגון "נפש יהודי".

ה נחלת יעקב על בראשית ג, טז: הכוונה על דרך שאמרנו, שבלילה גובר הדין ועי"ז באים דברים המזיקין, ואולם ברוב רחמי השי"ת בסוף הלילה מסתלקין ובשעה זו באה השפעה של כח החסד להמין שבעולם העשייה, שמשתלשל מהכח שלמעלה, והיה ידוע להן שבאשמורה ראשונה חמור נוער ובשניה כלבים צועקים, והכל מחמת כח הדין הגובר אז בעולם, ועי"ז באין דברים המזיקין, **ובשחרית מתחיל להתעורר כוחות הרחמים והחסדים, ועי"ז אשה מספרת עם בעלה, שהשפעת הרחמים גובר אהבה וריעות**, וראייה לדברינו אלה שלעתיד לבא כתיב (ישעיה יא, ו) "וגר זאב עם כבש ופרה ודוב יחדיו וגו' לא יריעו ולא ישחיתו וגו'".

ו ראו ראש השנה לא, א; רמב"ן על בראשית ב, ג.

ז פרק יא.

ח יואל ג, א: וְהָיָה אַחֲרֵי כֵן אֶשְׁפּוֹךְ אֶת רוּחִי עַל כָּל בָּשָׂר וְנִבְּאוּ בְּנֵיכֶם וּבְנֹתֵיכֶם זִקְנֵיכֶם חֲלֹמוֹת יַחֲלֹמוּן בַּחוּרֵיכֶם חֶזְיֹנוֹת יִרְאוּ.

מלבי"ם, באור הענין: **ואז ישפוך רוחו על כל בשר** בשפע רב ועצום, כשופך מים שהם מתפשטים בכל מקום ויכסו את **הכל בשוה.**

מדרש רבה במדבר טו, כה: אמר הקב"ה, בעוה"ז נתנבאו יחידים **ולעוה"ב כל ישראל נעשין נביאים**, שנאמר (יואל ג) "והיה אחרי כן אשפוך את רוחי על כל בשר ונבאו בניכם ובנותיכם זקניכם וגו'".

ספר ישמח משה, פרשת ראה דף קיג, ב: וזה שאמר הכתוב "וכל בניך למודי ד'", שלעתיד יהיה הכל במדרגה שיהיה לימודי ה' בכל עשיתם ותנועותיהם ודבורם, וכיון שכולם יהיה כך, אם כן ידעו זה מזה, לכך "ורב שלום בניך", והבן.

בניהו בן יהוידע ברכות ג, א: "וְאִשָּׁה" – ישראל, "מְסַפֶּרֶת עִם בַּעְלָהּ" – הקב"ה. שלומדים תורה ברוח הקודש, לא על ידי רב, כמו שנאמר (ישעיהו נד, יג) "וְכָל בָּנַיִךְ

לְמוּדֵי ה׳", וכתיב (ירמיהו לא, לג) "כּוּלָּם יֵדְעוּ אוֹתִי וכו׳" וכתב (יואל ג, א) "וְנִבְּאוּ בְּנֵיכֶם וּבְנוֹתֵיכֶם", יתנבאו כנביאים.

ט רמב"ם, הלכות תלמוד תורה א, יג : **רוב** הנשים אין דעתם מכוונת להתלמד.

י ראו פרק יד.

יא ראו פרק יח.

יב אולם ראו הערה 7 בפרק כא.

יג ראו ספרה של דבורה פסטג (הערה 5 בפרק יג, אפשר להשיג אותו בעברית בפנייה לכתובת fastag.df@gmail.com), להרחבה מרתקת בנושא. אני מודה לה על שהאירה את עיניי.

יד רבנו בחיי שמות כה, יח: וצריך שתתבונן במאמרם זה, כי היו הכרובים כצורה הזו למשל נמרץ להעיד על הפלגת הדבקות שבין הקב"ה לישראל, בלא שום אמצעי, כי הוא יתעלה בדד ינחנו לישראל ואין עמו אל נכר, כשאר העובדי גלולים אשר חלק להם שרים של מעלה. **והיה אפשר שהיו הכרובים האחד כצורת אדם גדול והשני כצורת ילד קטן**... ויהיה זה להעיד על אהבתו לישראל כאהבת האב לבנו שהיא אהבה חזקה, אבל רצה לעשות משל בדבקות גופני שאין למעלה ממנו שאי אפשר באמצעי... וכל זה כדי שנדע ונשכיל שדבקותו יתעלה עמנו דבקות גדול וחזק בלא שום אמצעי... אי אפשר להודיענו אלא על ידי משל זה בהכרח. ועוד טעם אחר, כדי שנתעורר בתפילותינו ובכל שאר העבודות שלא נשים אמצעי בין הקב"ה ובינינו, שמן הטעם הזה הונחה לפני ולפנים במקום השכינה הוא התל שהכל פונים בו לתפילה.

טו משך חכמה, דברים לג, ד: "והיה ביום ההוא נאום ד׳ תקראי אישי ולא תקראי לי עוד בעלי", אמר ר׳ יוחנן, ככלה בבית חמיה ולא ככלה בבית אביה, והפירוש עפ"י מה דאמרו ביבמות דף מג סע"ב, בשלמא נשואין בלא סעודה איכא שמחה, אלא אירוסין בלא סעודה מי איכא שמחה? והוא שבזמן הבית היו ישראל ככלה בבית אביה, לכן היה השמחה האלהית ע"י סעודה, הוא השפעות חמריות וענינים גשמיים, אשר בסיבת כולם חלה השמחה הרוחנית על הנפש, ונעשה הנפש חפשי מן עבודת החומר והיא מקושרת לקונו יתברך, וכמו שאמרו במו"ק דף ט, דהיו מחנכים בהמ"ק והיו דוחין יוהכ"פ, משום דשמחה בלא סעודה ליכא, עיי"ש, אבל לעתיד יהיה השמחה בה׳ בעצמותו יתעלה, וכמו שאמרו (סוף תענית) עתיד הקב"ה לעשות מחול לצדיקים וכל אחד ואחד מראה עליו באצבעו, שישיגו שמחה מעצמות השגת אלוקותו יתברך.

טז שיר השירים רבה ה, ג: רבי ינאי אמר, "תאומתי" כביכול לא אני גדולה ממנה ולא היא גדולה ממני. ר׳ יהושע דסכנין בשם ר׳ לוי, "תאומתי", מה התאומים הללו אם חושש אחד מהן בראשו חבירו מרגיש, כך כביכול אמר הקדוש ב"ה (תהלים צא) "עמו אנכי בצרה".

יז חידושי אגדות מהר"ל ע"ז יא, א: (הקב"ה נקט נורא קמיה ישראל דכתיב "ה׳ הולך לפניהם וכו׳") ושני דברים אמר להם, האחד **שהוא צריך אל ישראל ואי אפשר שיהיה זולת ישראל**. וכל אשר צריך לאחר נתלה בו ומשמש אליו, שהרי צריך אליו, ולפיכך היה השם יתברך משמש אל ישראל.

יח זוהר ויקרא ו, א-ב. על פי תרגומו של ר׳ פנחס ראובן שליט"א, "הזוהר המתורגם",

אתר תורת אמת. אני מודה בזה למי שהראה לי מקור זה, הרב זאב קצנלבוגן, "הזכות ליהדות – שיעורי קודש לבנות סמינר".

יט מדרש תהלים מזמור עג: אמר רבי שמואל בר נחמני, לפי שבעולם הזה הזכר מסבב אחר הנקבה, אבל לעתיד לבוא הנקבה תסובב אחר הזכר, שנאמר (ירמיה לא, כא) "נקבה תסובב גבר". כך לפי שבעולם הזה הקב"ה מחזר על ישראל שיעשו תשובה, אבל לעתיד לבוא **ישראל מחזרין אחר הקב"ה שיעשה רצונם**, שנאמר (שם) "נקבה תסובב גבר".

כ כלי יקר, שמות טו, א: **ומה ענין שירה זו לתחיית המתים? אלא לפי שכשם שלעה"ב יהיו כולם מופשטים מן החומר ואז זכרים ונקבות שוין**, כך גם על הים ראתה גם השפחה זיו כבודו ית' מעין דוגמא שלעתיד, שנאמר (ירמיה לא, כב) "נקבה תסובב גבר". לכך נאמר בשירה זו "ישיר" להבא משמע, כי כשם שאמרו כולם "זה אלי ואנוהו" כך כולם יאמרו לעתיד "הנה אלהינו זה", כארז"ל (שמו"ר כג, טו) שהצדיקים יהיו מראים עליו באצבע כו', ועל פלא זה נאמר את השירה הזאת, ולכך נאמר "ותען להם מרים וגו'" כמדברת לזכרים.

פרק יז: החזון של ברכות החופה

א ספר עבודת ישראל, ליקוטים: נראה לי לבאר כוונת פנימית הענין. דהנה ביום הרביעי נבראו המאורות ברקיע השמים, השמש והירח ודוגמתם, וידוע מאמר הזוהר הק' "מארת" חסר כתיב עי"ש, דהיינו שהלבנה חסירה ואין לה אור מעצמה רק מה שמקבלת מהשמש, והם דוגמת איש ואשה, כי מה שקנתה אשה קנה בעלה, ואפשר שכיוונו רז"ל במ"ש בתולה נשאת ליום הרביעי, כדי לעשות היחוד והזיווג ביום הרביעי, **כדי לבשר ללבנה כי יבא יומה ותהיה אור הלבנה כאור החמה ביחוד עליון**.

ב ראו להלן פרק כד.

ג מהר"ל, דרך חיים ה, ט: ונראה דכתב הוא צורת האות והמכתב הוא קבלת הכתיבה, והכתב הוא בפני עצמו. ואין להקשות דהא בלא קבלת הכתיבה אין דבר כלל, ומה שייך בריאה בדבר שאין בו ממש, ואין זה קשיא שגזר הקב"ה בערב שבת האות שיהיה צורתו כך וכך, ועדיין לא היה מקבל הצורה עד שגזר על קבלת הכתב.

ד ספר תולעת יעקב – סוד ברכת נשואין: שנינו (כתובות ב, א) בתולה נשאת ליום רביעי, ואמרינן טעמא שמא יהיה לו טענת בתולים וישכים לבית דין. ובמדרשו של רשב"י ע"ה הקשו, יום חסרונה של בתולת ישראל, כי ביום רביעי **נתמעט הירח**, לא היה ראוי שבו יהיה שלמות לבתולה אחרת. והשיבו, כי נתקנו נשואי בתולה ברביעי **להראות קיום ומעלה בבתולת ישראל**, כי אף אם נתמעטה ביום ההוא הנה יש לה נחת רוח למטה בנשואי בתולה, ובת קול אומרה (מיכה ז, ח) "אל תשמחי אויבתי לי **כי נפלתי קמתי** וגו'". ולטעם זה בתולה נשאת ליום הרביעי.

ה ספר פרי צדיק לחמשה עשר באב, אות ה: ואמר וכן הוא אומר "צאינה וראינה בנות ציון במלך שלמה", היינו במלך שהשלום שלו "בעטרה שעטרה לו אמו" כנסת ישראל כמו שפירש רש"י ז"ל. וזהו על פי מה שנאמר "אשת חיל **עטרת בעלה**", וזה שהובא על זה בגמרא, אר"א עתיד הקדוש ברוך הוא לעשות מחול לצדיקים והוא יושב ביניהם בגן

עדן וכו׳, היינו **שהם יהיו כמו עטרה להקדוש ברוך הוא**, וזה בעטרה שעטרה לו אמו, דאשה יראת ה׳ הוא בחינת כנסת ישראל. וכן נפשות ישראל יסובבו כביכול את השם יתברך כמו שנאמר "עטרת בעלה" והוא סוד "נקבה תסובב גבר".

ו בעל התניא, תפילות לכל השנה קלח-קלט: אבל לע"ל שנא׳ "אשת חיל עטרת בעלה" שתתעלה במ"ל בכתר ויהיה מדריגתה למעלה מבחי׳ ז"א אז יאמר משמח חתן עם הכלה, דהיינו **שעיקר השמחה יהיה מן הכלה** שהיא בחי׳ מ"ל סוף כל דרגים, מפני שנעוץ סופן בתחילתן, **ומן הכלה יבא אור שפע שמחה** זאת אל החתן, כמ"ש "אשת חיל עטרת בעלה" וכמו כן כתיב "הנני בורא חדשה כו׳ **נקיבה תסובב גבר** כו׳", וד"ל.

ז בעל התניא, תפילות לכל השנה קלח-קלט: וזהו מהרה ישמע בערי יהודה כו׳ קול חתן וקול כלה, כי הנה עתה בזמן הגלות אין לבחי׳ מ"ל רק מה שמקבלת מבחי׳ ז"א בעלה, כי לית לה מגרמה כלום, ולכך התפילה נק׳ **צלותא דבלחש**, מפני שאין לכלה הנק׳ מלכות בחי׳ דבור בבחי׳ התפשטות וכמ"ש "נאלמתי דומיה" בבחי׳ הקטנות שהוא בבחי׳ שתיקה, וכמ"ש **"אדני שפתי תפתח", פי׳ תפתח אתה, אבל מצד עצמה אין לה בחי׳ דבור בקול, כי בטלה עם כל כוחותיה,** להיות בבחי׳ נקודה אחת בלבד באצילות כו׳.

ח בעל התניא, תפילות לכל השנה קלח-קלט: הנה יש להבין מה ששינה בחתימת ברכת שמח תשמח מחתימת ברכה אחרונה אשר ברא וכו׳, ששם אמר "משמח חתן וכלה", ובחתימת ברכת אשר ברא אומר "משמח חתן עם הכלה". וגם, מהו עניין הבקשה באמרו, "מהרה ישמע כו׳ קול חתן וקול כלה", מה שייך עניין הרמת קול לחתן וכלה בשמחתם? וגם, למה דווקא לעתיד ישמע קול חתן ולא עתה? וגם, מהו שכפל לומר שני קולות "קול חתן וקול כלה כו׳"?... אך הנה מה שאומר **"משמח חתן וכלה" קאי עתה בזמן הגלות**, ומה שאמר **"משמח חתן עם הכלה" קאי לעתיד**, דהיינו אחר שישמע קול חתן וקול כלה, אז לעתיד דווקא משמח חתן עם הכלה, אבל עכשיו שלא נשמע עדיין קול חתן וכלה משמח חתן וכלה... וההפרש ביניהם ידוע, שכשאומר משמח חתן עם הכלה, היינו שהשמח׳ באה מצד הכלה וממנה עיקר השמחה לשמח את החתן, אבל כשאומר משמח חתן וכלה, היינו שהחתן משמח לכלה ואל החתן בא עיקר השמחה בתחילה, ולכך אומר משמח חתן ואחר כך כלה כו׳ .. **כי בחי׳ נישואין יהיה לעתיד דווקא** בביאת הגואל כמ"ש "כי ובועליך עושיך כו׳", אבל עכשיו אינו אלא בחי׳ אירוסין בלבד.

ספר תפארת ישראל, פרק ל: ודבר זה מפני כי הקול מורה על המציאות שזה ענין הקול שהוא יוצא אל המציאות, והוא נמצא ונשמע אל אחר ודבר זה מבואר מעצמו, ובחבור באר הגולה נתבאר בכמה מקומות עד שהדבר הזה אין צריך ראיה, כי דברים שאין להם מציאות בשלמות הוא יושב דומם כדכתיב (איכה ג) "ישב בדד וידום כי נטל עליו".

ט חידושי אגדות מהר"ל תמיד לב, א: ואמר שהגיע למחוז שכולו היה של נשים, פי׳ שהאנשים היו טפלים אצל הנשים, **וכמו שהארץ הזאת האנשים עיקר והנשים טפלים,** ושם הוא ההפך שזה שהאשה היא עיקרית והאיש הוא פחות וטפל כל כך עד שהוא בטל אצלה... ואל יקשה לך דסוף סוף לא יהיו הנשים יותר חכמים מן האנשים בצפון. מאחרי הרי החושך... רק מפני שהעולם הזה אשר בו אנשים העיקר יש לו סוף והעדר במקום ההוא. ולכך ראוי שיהיה שם הרי חושך שהחושך הוא העדר המציאות ואחר הרי חושך **כאלו שם הויה לעולם חדש הוא.**

י ילקוט שמעוני במדבר, רמז תשעג: "ותקרבנה בנות צלפחד", כיון ששמעו בנות צלפחד שהארץ מתחלקת לשבטים אבל לא לנקבות, נתקבצו כולן זו על זו ליטול עצה, אמרו לא כרחמי ב"ו רחמי המקום, ב"ו רחמיו על הזכרים יותר מן הנקבות, **אבל הקב"ה אינו כן** אלא על הזכרים ועל הנקבות רחמיו על הכל, שנאמר "נותן לחם לכל בשר נותן לבהמה לחמה ואומר טוב ה' לכל".

פרק יח: בזכות נשים צדקניות

א סוטה יא, ב: בשכר נשים צדקניות שהיו באותו הדור נגאלו ישראל ממצרים.

ב רש"י שמות ב, א.

ג שמות א, כב.

ד רש"י שמות לח, ח: בנות ישראל היו בידן מראות שרואות בהן כשהן מתקשטות, ואף אותן לא עכבו מלהביא לנדבת המשכן. והיה מואס משה בהן מפני שעשויים ליצר הרע. א"ל הקב"ה: קבל, כי אלו חביבין עלי מן הכל! שעל ידיהם העמידו הנשים צבאות רבות במצרים. **כשהיו בעליהם יגעים בעבודת פרך, היו הולכות ומוליכות להם מאכל ומשתה ומאכילות אותם**, ונוטלות המראות, וכל אחת רואה עצמה עם בעלה במראה, ומשדלתו בדברים לומר, **"אני נאה ממך"**, ומתוך כך מביאות בעליהן לידי תאוה ונזקקות להם, ומתעברות ויולדות שם, שנא' (שיר השירים ח) "תחת התפוח עוררתיך", וזהו שנאמר "במראות הצובאות", ונעשה הכיור מהם, שהוא לשום שלום בין איש לאשתו.
דרך אחרת במדרש זה מאת המחברת, ראו באתר צריך עיון, "בין פרישות לצניעות".

ה דובר צדק, מצוות עשה א: שופרך לנשי, כי יופי הגולם מיוחד לנשים ולא לאנשים... ולכך יצירת האיש היה מן העפר מגולמים פשוטים כמו עפר... אבל יצירת האשה מן הצלע שהוא גולם האדם.

ו מועד קטן ט, ב: תנו רבנן, אלו הן תכשיטי נשים, כוחלת ופוקסת ומעבירה שרק על פניה. ואיכא דאמרי, מעברת סרק על פניה של מטה. דביתהו דרב חסדא מקשטא באנפי כלתה. יתיב רב הונא בר חיננא קמיה דרב חסדא ויתיב וקאמר, לא שנו אלא ילדה אבל זקנה לא. אמר ליה, האלהים! אפילו אמך ואפילו אימא דאימך ואפילו עומדת על קברה.

ז שפתי כהן דברים כב, ה: וריקאנטי ז"ל כתב על דרך הקבלה, הרמז הוא שלא ישנה סדרי בראשית, כי האיש הלובש שמלת אשה עושה מן המשפיע מקבל, והאשה הלובשת בגדי איש עושה מן המקבל משפיע, וסוד המלבוש הוא סוד גדול לבעלי הקבלה רמזתים במקום אחר.

ח ספר גבורות השם, פרק יט: וישב על הבאר, מיצחק ומיעקב למד. דע כי האשה נקראת באר כדכתיב (משלי ה) "שתה מים מבארך", והבאר נתן לישראל בזכותה של מרים, כי מזה תלמוד שהבאר דבר שייך לאשה. וזה כי הבאר הוא שנובע **מלמטה למעלה** וכל שאר דברים באים מלמעלה למטה, והוא דמיון האשה **שהיא משתוקקת לבעלה**.

ט ספר דרך חיים ד, א: ולפיכך אין ראוי שיתואר האדם על ידי החכמה, שהיא זולת האדם, ואין החכמה אליו מצד עצמו. וזה שאמר, איזה חכם, שראוי שיקרא חכם, זהו אשר הוא לומד מכל אדם, כלומר **שמשתוקק אחר החכמה** מצד עצמו, עד שהוא לומד מכל אדם,

הנה ראוי אדם כזה שיקרא בשם חכם בודאי שלא באה לו החכמה במקרה, רק כאשר **הוא היה משתוקק אל החכמה.**

י באר הגולה הבאר השישי: כלל הדבר כי השם יתברך סדר העולם במדרגה הראוי לבני אדם, כי כל הנמצאים משמשים האדם כפי מה שהוא אדם, ולפיכך בשביל חטא הנמצא בעולם נתן להם אור כמו שראוי להם. לכך אי אפשר שהיה דבר זה כי אם שהעולם מוכן בצד עצמו אל ההעדר יוצא מן הסדר מצד שיש בו חטא, ולפיכך היה האור שלהם כ"כ בענין זה שיש בו העדר בלתי טבעי, **כי האור מתיחס לעולם שכפי מדריגת העולם ומעלתו האור זורח עליו**... כי הכל מתייחס אל האדם, כי לפי מדרגתו נתנו לו משמשים, כי השמש והירח משמשים העולם שהעיקר הוא האדם. ואלמלי לא היה האדם מדרגתו ההעדר כמו זה, **לא היה האור של העולם מקבל העדר**, אבל בשביל שהאדם מדריגתו פחיתות זה חסרון זה **ולכך היה האור שהוא המציאות מקבל לקוי והעדר.**

יא ספר דעת תבונות, עא-צו: אבל הענין הוא, שהנשמה במציאותה ושרשה **גדולה היא מאד מאד**, אבל כדי שתבא בגוף הזה – הנה הקב"ה ממעט אורה וכחה, ומשאיר לה רק אותו השיעור הראוי לגוף בעולם הזה. והנה היא באותה שעה כירח זאת שנאמר לה (חולין ס, ב), "לכי ומעטי את עצמך", ולעתיד לבא (ישעיהו ל, כו), "והיה אור הלבנה כאור החמה". והנה בידה טובה – להתעלות מעילוי לעילוי עד תקפה העליון, לפי שלמות מעשיה. והנה לפי מיעוט הכח אשר ניתן לה בעולם הזה, היא עומדת סוגרת ומסוגרת בתוך הגוף העכור הזה כל ימי צבאה, להתנסות ולהבחן בנסיונות היצה"ר, שעל כן הושם באדם, וכמאמרם ז"ל (זוהר ח"א קו, ב), "לא נברא יצה"ר אלא לנסות בו את בני האדם". ולפי כשרון מעשיה – כך זוכה לעצמה עילוי, להתעלות ממדרגה למדרגה. והנה בזמן הגמול אז מוצאות כל הנשמות פעולתם אתם, ומתעלות במעלתם על פי מעשיהם, ובמעלתם זאת ישובו ויזככו את גופותיהם בזמן התחיה.

יב ספר צדקת הצדיק, אות קצח: ומי שאוהב התורה וישראל דבוק בהם ומי שאוהב הקב"ה שע"ז יסד שלמה המע"ה כל ספר שה"ש, הרי דבוק בו עד כביכול "והיו לבשר אחד".

יג זו הסיבה שאנו מזכירים את דוד המלך בקידוש הלבנה. ראו רבנו בחיי על בראשית לח, ל.

יד ילקוט שמעוני, רות ד: ואין הדורות נגאלים אלא בשכר נשים צדקניות שיש בדור.

טו רש"י פסחים סח, א: בעולם הבא – וחפרה הלבנה ובושה החמה שלא יהא בעולם אלא זיו זוהר ומראה שכינה.

רבנו בחיי במדבר כח, טו: **ולעתיד לבא יהיה השמש עם הירח שוין** באורה כמו שהיו בהתחלה, וכמו שמורה על זה מלת הגדולים, וכן יהיה בסוף.

ספר שני

חלק 6: נשים בהלכה

א ישעיה מט, ו: וַיֹּאמֶר נָקֵל מִהְיוֹתְךָ לִי עֶבֶד לְהָקִים אֶת שִׁבְטֵי יַעֲקֹב וּנְצוּרֵי יִשְׂרָאֵל לְהָשִׁיב וּנְתַתִּיךָ לְאוֹר גּוֹיִם לִהְיוֹת יְשׁוּעָתִי עַד קְצֵה הָאָרֶץ.

ראו את דבריו המרתקים של המהר״ל, באר הגולה חלק ה, שם מפורט קשר הגומלין שבין משה רבנו לבני ישראל, שבו משה נמצא בתפקיד הזכר ביחס לעמו.

ב ראו בבא קמא לב, ב.

ג דוגמה אחת מני רבות ניתן לראות במהר״ל, חידושי אגדות, עבודה זרה, נ. ראו גם דעת תבונות לרמח״ל בו הנשמה ״שואלת״ והשכל ״עונֶה״.

ד זוהר ח״ב רלח, ב: ובגין דסלקא לעילא לעילא, כתיב ״זאת תורת״, רזא דכר ונוקבא כחדא, תורה שבכתב ותורה שבעל פה [וּמִשּׁוּם שֶׁעוֹלָה לְמַעְלָה לְמַעְלָה, כָּתוּב ״זֹאת תּוֹרַת הָעֹלָה״ – סוֹד שֶׁל זָכָר וּנְקֵבָה כְּאֶחָד, תּוֹרָה שֶׁבִּכְתָב וְתוֹרָה שֶׁבְּעַל פֶּה.]

גר״א ליקוטים משלי א, ח: ובסיבה אשר השוו תורה שבכתב לאב, שהתורה שבכתב כל המצוות שבה הם רק בכללות שלא נתבאר פרטיהן, כמו שהאב לבנו הדרך בכללות, והאם תשים עיניה ולבה עליו להדריכו בנתיבות טוב, כן תושבע״פ מבארת לנו את חלקי המצוה.

ביאור הגר״א משלי א. ח: ״שמע גו׳״ זה קאי על מה שכתוב למעלה ״להבין אמרי בינה״ ומפ׳ מה הן אמרי בינה. ואמר שם ״אמרי״ לשון רבים, כי מוסר הוא בסוד הדעת המחבר חו״ב וקאי ״אמרי בינה״ גם על המוסר. **״מוסר אביך״ הוא תורה שבכתב ו״תורת אמך״ הוא תורה שבע״פ** ובכללות אלו הב׳ פסוקים הוא תורה ומ״ע ול״ת והיינו ״ראשית דעת״ הוא התורה, ״ושמע גו׳״ הוא מ״ע, ״ואל תטוש״ הוא ל״ת, והן נגד ג׳ שותפין שבאדם, הקב״ה ואביו ואמו.

ה יומא עא, א: אמר רבי ברכיה אלו תלמידי חכמים שדומין לנשים ועושין גבורה כאנשים.

פרק יט: ההבדלים בין גברים לנשים בהלכה

ו בראשית ב, יח.

ז באר הגולה, הבאר הראשון: ואמר בעלי אסופות, פי׳ כי אי אפשר שיהיה דעת החכמים על דרך אחד, ואי אפשר שלא יהיה חלוק ביניהם כפי מה שהם מחולקים בשכלם. כי כל דבר ודבר אי אפשר שלא יהא בחינה יותר מאחת לדבר אחד. שאף אם הדבר טמא, אי אפשר שלא יהיה לו צד בחינה אל טהרה שלמה, וכן אם הדבר טהור, אי אפשר שלא יהיה לו בחינה מה של טומאה. ובני אדם מחולקים בשכל, ואי אפשר שיהיו כל שכלי בני אדם על דרך אחד כמו שיתבאר, ולכך כל אחד ואחד מקבל בחינה אחת כפי חלק שכלו. ועל זה קראם בעלי אסופות, ר״ל שיושבים אסופות ועוסקים בתורה, שאף שהם

מחולקים בשכלם מ"מ הם מתאספים יחד, וכאשר הם מתאספים יש בהם כל הדעות המחולקות. ואמר, שמא תאמר א"כ האיך אני לומד תורה מעתה? על זה אמר, כלם נתנו מרועה אחד, אל אחד נתנן, פרנס אחד אמרן, מפי אדון כל המעשים. וביאור זה, כי הש"י כאשר נתן תורה לישראל נתן כל דבר ודבר בתורה כפי מה שהוא. ואמר שדין זה יש בו בחינה לזכות ויש בו בחינה לחובה, ודין של איסור והיתר יש בדין זה בחינה להיתר ויש כאן בחינה לאסור, וכן כשרו פסול יש בחינה אחת הפך האחרת. כמו שבעולם נמצא דבר מורכב מהפכים, ותוכל לומר על העץ שהוא מתיחס אל יסוד המים, וכן הוא האמת שיש בו מן המים, ותוכל לומר שיש בו מן יסוד האויר, וכן הוא האמת שיש בו יסוד האויר, ולא תמצא דבר פשוט לגמרי. וכן בתורה אין דבר אחד טמא לגמרי שלא יהיה בו צד טהרה, ויש בו צד טומאה ג"כ. וכאשר אחד למד על דבר אחד טהור ונתן טעמו ושכלו לטהרה, הרי אמר בחינה אחת כפי מה שהוא, והאומר טמא ואמר טעמו זה אמר ג"כ בחינה אחת.

ח שולחן ערוך, חושן משפט יב, ב.

ט ראו בבא מציעא מ, ב; שם ס, א; רמב"ם הלכות מכירה יד, א.

י ראו רמב"ם הלכות מלוה ולוה א, א; ערוך השולחן חושן משפט רכח, יד.

פרק כ: ההבדלים

א בחלק זה נעזרתי רבות בספרו של הרב משה מיזלמן, באנגלית, על נשים יהודיות בהלכה (*Jewish Woman in Jewish Law* [New York: KTAV, 1978]). רוב הדוגמאות בפרקים הבאים מתבססות על ספר נפלא זה, אך לא הרעיון הבסיסי על אודות השילוב בין הכוחות הגבריים והנשיים במסגרת ההלכה. מובן כי כל טעות או חוסר דיוק בחלק זה הם באחריותי בלבד.

ב מלבד שלוש שמהן הן פטורות מסיבות טכניות (רמב"ם, משנה תורה, הלכות עבודת כוכבים יב, יג).

ג רמב"ם, ספר המצוות, מצות עשה רמח: הנה התבאר לך כי מאלו הששים מצות ההכרחיות, יש מהן שש וארבעים מצות שהנשים חייבות בהן גם כן, וי"ד מצוות מהן שאין הנשים חייבות בהן.

ד רמב"ם, ספר המצוות, מצות עשה רמח; מיזלמן (ראו לעיל), עמ' 54.

ה כדעת הרמ"א (שו"ע אורח חיים יז, ב ותקפט ו), אף שאין הן מְצֻוּוֹת, אלא שמפני שהן בכלל ישראל המצווים לעשות, לכן יכולות לומר "וְצִוָּנוּ" בכלל כל ישראל. נשים מעדות המזרח לא מברכות בעת קיום המצוות האלו, כהוראת השולחן ערוך (אורח חיים תקפט, ו), הסובר שאין ראוי שתאמרנה "וְצִוָּנוּ", כשלמעשה אינן מְצֻוּוֹת.

ו דברים ז, יד: כי יסיר את בנך מאחרי ועבדו אלהים אחרים וחרה אף ה' בכם והשמידך. רש"י: כי יסיר את בנך מאחרי – בנו של כנעני כשישא את בתך יסיר את בנך אשר תלד לו בתך מאחרי. למדנו **שבן בתך הבא מן הכנעני קרוי בנך, אבל בן בנך הבא מן הכנענית אינו קרוי בנך אלא בנה,** שהרי לא נאמר על בתו 'לא תקח כי תסיר את בנך מאחרי' אלא "כי יסיר את בנך וגו'".

ז אין מדובר כאן בחיובן של נשים בתפילה, שאינו שונה בהרבה מחיובם של גברים (ראו מקורות להלן), אלא להשפעה שיש לדרישה לתפילה בציבור (מניין של עשרה גברים) בבית הכנסת, קריאה בתורה, ברכת כוהנים ועוד – על חיי הגבר היהודי.

ח ספר אבודרהם, ברכת המצות ומשפטיהם: והטעם שנפטרו הנשים מהמצות עשה שהזמן גרמא, לפי שהאשה משועבדת לבעלה לעשות צרכיו. ואם היתה מחוייבת במצות עשה שהזמן גרמא, אפשר שבשעת עשיית המצוה יצוה אותה הבעל לעשות מצותו, ואם תעשה מצות הבורא ותניח מצותו, אוי לה מבעלה, ואם תעשה מצותו ותניח מצות הבורא, אוי לה מיוצרה. לפיכך פטרה הבורא ממצותיו, כדי להיות לה שלום עם בעלה. וגדולה מזו מצאנו שהשם הגדול הנכתב בקדושה ובטהרה נמחה על המים כדי להטיל שלום בין איש לאשתו (שבת קטז, א).

ט הרש"ר הירש ויקרא כג, מג.

י ראו רש"י על שמות יט, יז, ומסכת שבת דף פח, א. העם היהודי עמד בפני איום שאם לא יקבל את התורה, הוא ייקבר תחת הר סיני. ראו פרק כה להרחבה בנושא.

יא מובא ברש"י שמות י, ג

יב ראו מהר"ל, תפארת ישראל, פרק רביעי.

יג משלי א, ח.

יד פסיקתא דרב כהנא, יב, א, ועוד.

טו דרשות המהר"ל – דרוש על התורה: נתן הש"י שס"ה מצות לא תעשה, שהם נחשבים מקום לנשמה, **לבלתי תעבור את מקומה. כי מצות לא תעשה הם שלא לעבור אותם ולא לצאת מהם**, הנה הם מקום לה כאשר לא יעבור עליהם האדם ויהיה לנשמה מקום קבוע בהם.

טז **חידושי אגדות מהר"ל מכות כג, ב:** והחיבור בו יתברך צריך את שני דברים. האחד **פרישה מדברים הגופנים החומרים אשר מפסיקים ומבדילים בין הש"י ובין האדם**, כי החומר הוא מסך מבדיל בין הש"י ובין האדם. ואף כאשר פירש מדברים החמריים המרחיקים והחוצצים, **צריך עוד לקנות מדריגה נבדלת, כי ע"י זה הדבוק והחיבור בו יתברך**, ודבר זה ע"י מעשים שקונים על ידם מדריגה נבדלת.

יז חידושי אגדות מהר"ל, יבמות סב, ב: ולכך אישה היא כמו חומה לאיש אשר האיש הוא כמו צורה נחשב והמקבל כמו חומה שמקבלת היושבים בה, וכל מקבל שומר את אשר הוא עומד בו, ולפיכך האשה נמי חומה שמקבל בתוכה, וזה שאמר הכתוב, (ירמיה לא) "נקבה תסובב גבר"... והאשה היא סובבת גבר והבן זה.

ביאור הגר"א משלי א, ח: "שמע גו'" זה קאי על מה שכתוב למעלה "להבין אמרי בינה" ומפ' מה הן אמרי בינה. ואמר שם "אמרי" לשון רבים, כי מוסר הוא בסוד הדעת המחבר חו"ב וקאי "אמרי בינה" גם על המוסר. "מוסר אביך" הוא תורה שבכתב ו"תורת אמך" הוא תורה שבע"פ ובכללות אלו הב' פסוקים הוא תורה ומ"ע ול"ת והיינו "ראשית דעת" הוא התורה, **"ושמע גו'" הוא מ"ע, "ואל תטוש" הוא ל"ת, והן נגד ג' שותפין שבאדם, הקב"ה ואביו ואמו.**

יח משיבת נפש, עמוד ט: "לעבדה" (את האדמה) ניתן לאיש, "ולשמרה" – ניתן לאישה.

זוהר בראשית כז, א: "ויניחהו בגן עדן לעבדה ולשמרה" (בראשית ב, טו) – "לעבדה" אלו מצוות עשה, "ולשמרה" אלו מצוות לא תעשה.

יט ספר דובר צדק, קונטרס נר המצוות מצות עשה א: **החיוב במעשים הוא מצד האיש שדרכו לכבוש, כי המעשים הם צורך הכבישה** כנ"ל, שהם הזיין. והכבישה על ידי כלי זיין לנצח האויב הוא רק על ידי האיש מצד החכמה, כמו שנתבאר לעיל. מה שאין כן אשה כלי זיינה עליה להציל עצמה (יבמות קטו) ולא לנצח, שלזה צריך כלי זיין חיצונים שהם המעשים... **עיקר הכבישה שלה במצוות לא תעשה, שהיא העדר המעשה המזיק,** אבל אין מחויבה להוליד מעשה טובה, כי אין דרכה לכבוש בכלי זיין כנ"ל, ולכך החיוב רק על האיש.

כ יבמות מז, ב. ראו תוספות שם.

פרק כא: תפילה ותלמוד תורה

א ראו סוטה כא, ב ותוספות שם; שולחן ערוך יורה דעה רמו, ו, ורמב"ם הלכות יסודי התורה ד, יג. אומנם ראו דברי הרמב"ם בהלכות תשובה י, ו, על מצוות אהבת השם, שבה נשים חייבות כגברים, "על פי הדעה תהיה האהבה – אם מעט מעט, ואם הרבה הרבה. לפיכך צריך האדם ליחד עצמו להבין ולהשכיל בחכמות ותבונות המודיעים לו את קונו כפי כח שיש באדם להבין ולהשיג".

ב חפץ חיים, ליקוטי הלכות, סוטה כ, א: ונראה דכל זה דווקא בזמנים שלפנינו, שכל אחד היה דר במקום אבותיו וקבלת האבות היה חזק מאד אצל כל אחד ואחד להתנהג כדרך שדרכו אבותיו, וכמאמר הכתוב "שאל אביך ויגדך", בזה היינו יכולים לאמר שלא תלמוד תורה ותסמוך בהנהגה של אבותיה הישרים. אבל כעת בעו"ה שקבלת האבות נתרופף מאד מאד, וגם מצוי שאינו דר במקום אבותיו כלל, ובפרט אותן שמרגילין עצמן ללמוד כתב ולשון העמים, **בוודאי מצווה רבה ללמדם** חומש וגם נביאים וכתובים ומוסרי חז"ל, כגון מסכת אבות וספר מנורת המואר וכדומה, **כדי שיתאמת אצלם ענין אמונתנו הקדושה,** דאל"ה עלול שיסורו לגמרי מדבר ד' ויעברו על כל יסודי הדת, ח"ו.

ג רמב"ם הלכות תפילה א: אם היה רגיל מרבה בתחינה ובקשה, ואם היה ערל שפתיים **מדבר כפי יכלתו ובכל עת שירצה,** וכן מנין התפלות **כל אחד כפי יכולתו,** יש מתפלל פעם אחת ביום, ויש מתפללין פעמים הרבה, והכל יהיו מתפללין נכח המקדש בכל מקום שיהיה. וכן היה הדבר תמיד ממשה רבינו ועד עזרא.

ד רמב"ם הלכות תפילת נשיאת כפיים א, ב: ולפיכך נשים... חייבין בתפלה, לפי שהיא מצות עשה שלא הזמן גרמה, אלא חיוב מצוה זו כך הוא, שיהא אדם מתחנן ומתפלל בכל יום ומגיד שבחו של הקדוש ברוך הוא, ואחר כך שואל צרכיו שהוא צריך להם בבקשה ובתחנה, ואחר כך נותן שבח והודיה לה' על הטובה שהשפיע לו, כל אחד לפי כחו.

ה משנה ברורה קו, ד: שהיא מ"ע וכו' – כ"ז לדעת הרמב"ם שרק זמני התפלה הם מדברי סופרים, אבל עיקר מצות תפלה היא מן התורה, שנאמר "ולעבדו בכל לבבכם" – איזו עבודה שהיא בלב? הוי אומר זו תפלה, אלא שאין לה נוסח ידוע מן התורה ויכול להתפלל בכל נוסח שירצה ובכל עת שירצה. ומשהתפלל פ"א ביום או בלילה יצא י"ח

מן התורה. וכתב המ"א שע"פ סברא זו נהגו רוב הנשים שאין מתפללין י"ח בתמידות, שחר וערב, לפי שאומרות מיד בבוקר סמוך לנטילה איזה בקשה, ומן התורה יוצאות בזה, ואפשר שאף חכמים לא חייבו יותר. אבל דעת הרמב"ן שעיקר מצות תפלה היא מד"ס, שהם אנשי כה"ג שתיקנו י"ח ברכות על הסדר להתפלל אותן שחרית ומנחה חובה וערבית רשות, ואע"פ שהוא מ"ע מד"ס שהזמן גרמא והנשים פטורות מכל מ"ע שהזמן גרמא אפילו מד"ס, כגון קידוש הלבנה, אעפ"כ חייבו אותן בתפילת שחרית ומנחה כמו אנשים, הואיל ותפלה היא בקשת רחמים. וכן עיקר, כי כן דעת רוב הפוסקים וכן הכריע בספר שאגת אריה. ע"כ יש להזהיר לנשים שיתפללו י"ח ונכון ג"כ שיקבלו עליהן עול מלכות שמים, דהיינו שיאמרו עכ"פ "שמע ישראל" כדאיתא בסימן ע' ויאמרו ג"כ ברכת אמת ויציב כדי לסמוך גאולה לתפלה, כמו שכתב המ"א בסימן ע'. וכ"ז לענין שחרית ומנחה, אבל תפלת ערבית שהוא רשות, אע"פ שעכשיו כבר קבלוהו עליהם כל ישראל לחובה, מ"מ הנשים לא קבלו עליהם ורובן אין מתפללין ערבית. ותפלת מוספין, בצל"ח כתב דפטורות, אבל בספר מגן גבורים פסק דחייבות, עי"ש.

ו רב משה דוד ואלי (פרשת נשא): גם רמז לזה כי "אמו"ר" בלשון לעז, ר"ל אהבה... גם אמירה היא לשון רכה **שמושכת אהבה וחסד** שיתפשטו בכל רמ"ח אברים.

ז למרות שהרמב"ם מזהיר כי נשים הלומדות תורה מסתכנות בהפיכת דברי התורה לדברי הבאי. מקובל להסביר את דבריו כדאגה מכך שאישה תעוות או תפרש את מה שתלמד באופן פשטני או קל דעת, כתוצאה מהיותה פחות מחויבת בלימוד תלמוד. ראו למעלה פרק כא הערה 18.

ח סנהדרין כד, א; שבת סג, א.

ט ספר תפארת ישראל, פרק סח: וכבר בארנו שאין לשאול למה התורה שבעל פה היא עומדת באדם כאשר היא בפה ואינה כתובה, שכבר פרשנו כי אין מיוחד לזה רק התורה שבעל פה, כי היא שייכת אל המקבל ביותר כמו שהארכנו למעלה, שעל ידי התורה שבעל פה אנו מבינים אמיתת פירוש התורה, ואז יש אל האדם חבור אל התורה והתורה חבור בין הקדוש ברוך הוא ובין ישראל. אבל אם לא הייתה התורה שבעל פה, לא היה אל האדם חבור אל התורה, כאשר התורה נבדלת מאתו ואין אנו יודעים פירושיה ועל ידי תורה שבעל פה אנו יודעים, הרי כי **על ידי התורה שבעל פה כרת הקדוש ברוך הוא הברית שהוא החבור, שכל ברית הוא חבור שנים ביחד**. וזה כי על פי הדברים האלה כרתי אתך ברית. ולכך אף אם לאומות העולם עכו"ם הייתה להם תורה שבכתב לא נקרא שהיה לאומות הנזכרים חבור אל התורה, כי אין החבור הזה רק על ידי תורה שבעל פה, כמו שאמרנו, והרי אין להם תורה שבעל פה שהרי היא מיוחדת לישראל בלבד.

י משלי כ, ה: מַיִם עֲמֻקִּים עֵצָה בְלֶב אִישׁ וְאִישׁ תְּבוּנָה יִדְלֶנָּה. אבן עזרא: איש – **אחר** ידע התבונות ידלה העצה מלבו, כלומר ילמדה מנו.

חידושי אגדות למהר"ל מסכת יבמות: כי האיש והאשה הם כנגד הצורה והחומר כאשר דבר זה ידוע והצורה אינו מתפעל והחומר הוא מתפעל.

יא ספר המצוות לרמב"ם מצוות עשה, מצוה ג: היא שצוונו לאהבו יתעלה וזה שנתבונן ונשכיל מצותיו ופעולותיו עד שנשיגהו ונתענג בהשגתו תכלית התענוג, וזאת היא

האהבה המחויבת, ולשון ספרי, לפי שנאמר "ואהבת את ה' אלהיך" איני יודע כיצד אוהב את המקום, תלמוד לומר "והיו הדברים האלה אשר אנכי מצוך היום על לבבך" שמתוך כך אתה מכיר את מי שאמר והיה העולם, כבר בארו לך כי **בהשתכלות תתאמת לך ההשגה ויגיע התענוג ותבא האהבה בהכרח**.

ראו גם הלכות תשובה לרמב"ם י, ו.

יב דרשות המהר"ל, דרוש על התורה: אבל האנשים צריכים מצד זה שיהיו עמלים וטורחים בתורה מבלי מנוח לילה ויום, וזהו גופו ותגיד לבני ישראל דברים הקשין כגידין הוא העמל הגדול הזה. אמנם לנשים בלשון רכה כי אינם צריכים כל כך, **ואעפ"כ הם ראויים לשכר יותר גדול**.

יג באר הגולה, הבאר החמישי: ועל המאמר הזה חושבים מחשבת און כי הם דברי הבאי, ויתבאר לך כמו שהרחיקו אותו ואמרו שהם דברי הבאי, כך הם הדברים שלהם עמוקים מאוד, במה שדרך חכמים לעסוק בציור העולם ובסדור שלו איך הוא סדורו וקשורו זה עם זה, עד שהעולם מקושר ומסודר יחד עד שהוא אחד, שכך ראוי שיהיה אחד לפי שהוא מפועל אחד.

מעניין שהמהר"ל משתמש במונח "הבאי" כדי לתאר איך אנשים מפרשים בטעות דברי אגדה: אף על פי שהמשלים הללו הם התמונה האמיתית של העולם, אנשים מתייחסים אל המשלים כ"דברי הבאי". זו המילה שבה הרמב"ם מתאר את התוצאה של לימוד תלמוד ל[מרבית]הנשים – הן הופכות את התורה ל"דברי הבאי".

יד את הדברים שמעתי מהרב טודרוס מילר, אשר אביו, הרב מרדכי מילר, שמע אותם באופן אישי מהרב דסלר. ראו גם מכתב מאליהו, כרך ג, 353.

טו בן יהוידע חגיגה יד, א: ואמר "מִשְׁעַן מָיִם" אֵלּוּ בַּעֲלֵי אַגָּדוֹת, כי כל לימוד האדם קץ בסופו מחמת הטורח, אך באגדות שהם **מושכין לבו של אדם ושמח בהם אינו קץ כלל**, אלא **שש ושמח** בסוף כמו ההתחלה, נמצא דרוש שלהם שוה בסופו כתחילתו, ולכן קוראו בשם "מָיִם" שהם שוים שגם אם נקראים מסיפא לרישא נקראים בשם מים.

טז פרי צדיק, האזינו, ה: נוכל לבקש ותן חלקנו בתורתך שנשיג כל אחד חלקו בתורה כמו שיהיה לעתיד, דכתיב, "ולא ילמדו איש וגו' **כי כולם ידעו את ה' למקטנם ועד גדולם**", שעיקר הלימודים להבין ולדעת מאמר "אנכי ה' אלהיך" שהוא כללא דאורייתא כולא. **וכיון שכולם ידעו את ה' לא יוצטרכו למורים ולמלמדים, וכל אחד ילמוד מנר שלו**, נר לרגלי דבריך ואור לנתיבתי, וכן אנו אומרים בסוף הקרבנות, שיבנה בית המקדש במהרה בימינו **ותן חלקנו בתורתך**.

יז ראו למעלה פרק כא הערה 7.

יח ספר מחשבות חרוץ, אות טו: ואז ישוב העולם לגמרי תיקונו כמו שהיה קודם חטא אדה"ר, ועל כן לא ילמדו עוד איש את רעהו כי כולם ידעו וגו', הכל מהתורה דכתיבא ומנחא, דלא יצטרכו ללימוד שבעל פה תלמיד מרבו יוכלל כל התורה שבע"פ בתוך התורה שבכתב... וע"כ לא ילמדו עוד איש את רעהו, כולם ידעו ולא יצטרכו ללימוד שבע"פ תלמיד לרב.

יט בוצינא קדישא עמ' יא סע' כה: פעם אחת בא הרב הקדוש הרבי ר' זושא זצללה"ה אצל

הרב הקדוש הרבי ר׳ שמעלקי מניקולסבר זצללה״ה וביקש ממנו שילמוד עמו. השיב לו הרב״ק רר״ש, ״אם אתם תלמדו עמי בכחות הנסתר, אלמוד אני עמכם בנגלות התורה״, ונתרצה הרב ר׳ זושא לזה ואמר ״לו יהי כן כדבריכם״. וישאל אותו הרר״ש איזה לימוד הוא רוצה, והשיב לו הרב ר׳ זושא בענוותנותו הגדולה בזה הלשון, ״הנה זושא הוא עם הארץ גדול וצריך ללמוד עמו משניות ולפרש כל תיבה ותיבה בפני עצמה בלשון אשכנז״. והתחילו ללמוד מתחילת מס׳ ברכות ופירש לו תיבה הראשונה מאימתי (פין ווען) קורין את שמע. אז הפיל הרב ר׳ זושא את עצמו לארץ, באימה ופחד גדול, ואמר להרה״ק הרבי ר׳ שמעלקי, ״מאין אתם יודעים שתיבת מאימתי פירושו הוא ׳פין ווען׳? דלמא פירושו מלשון ׳אימה ופחד׳, מחמת אימת השם יתברך צריך לקרות את קריאת שמע?״ אז אמר לו הה״ק הרר״ש, ״למוד אתם לעצמכם כמו שתרצו״.

כ רמב״ם, הלכות תשובה י, ו: אינו אוהב הקב״ה אלא בדעת שידעהו, **ועל פי הדעה תהיה האהבה**, אם מעט מעט ואם הרבה הרבה. לפיכך צריך האדם ליחד עצמו להבין ולהשכיל בחכמות ותבונות המודיעים לו את קונו כפי כח שיש באדם להבין ולהשיג, כמו שבארנו בהלכות יסודי התורה.

הלכות תשובה י, א: אל יאמר אדם ׳הריני עושה מצות התורה ועוסק בחכמתה כדי שאקבל כל הברכות הכתובות בה, או כדי שאזכה לחיי העולם הבא. ואפרוש מן העבירות שהזהירה תורה מהן, כדי שאנצל מן הקללות הכתובות בתורה, או כדי שלא אכרת מחיי העולם הבא׳. אין ראוי לעבוד את ה׳ על הדרך הזה, שהעובד על דרך זה הוא עובד מיראה, ואינה מעלת הנביאים ולא מעלת החכמים, ואין עובדים ה׳ על דרך זה... **שמחנכין אותן לעבוד מיראה עד שתרבה דעתן ויעבדו מאהבה.**

כא תהלים לה, י.

כב מדרש תנחומא ויקהל, ח: ״ויעש בצלאל״, אנו מוצאין כשאמר הקב״ה למשה לעשות את המשכן א״ל על כל דבר ודבר ״ועשית״ ועל הארון אמר ״ועשו״. למה? אלא שצוה הקב״ה לעשותו לכל ישראל, **שלא יהא לאחד מהם פתחון פה על חברו לומר שאני נתתי הרבה בארון, לפיכך אני לומד הרבה ואני יש לי בו יותר ממך.** ואתה לא נתת בארון כלום אלא מעט, לפיכך אין לך חלק בתורה. ולכך נמשלה התורה למים, שנאמר (ישעיה נה) ״הוי כל צמא לכו למים״, כשם שאין אדם מתבייש לומר לחברו השקני מים, כך לא יתבייש לומר לקטן ממנו למדני תורה למדני דבר זה. וכשם שהמים כל הרוצה לשתות ישתה בלא מחיר, כך **כל הרוצה ללמוד תורה לומד בלא מחיר** ובלא כסף, שנא׳ (שם) ״לכו שברו בלא כסף ובלא מחיר״. ולמה נתנה התורה במדבר? לומר, מה המדבר מופקר לכל בני אדם, **אף דברי תורה מופקרין לכל מי שירצה ללמוד**, שלא יהא אדם אומר אני בן תורה ותורה נתונה לי ולאבותי, ואתה ואבותיך לא הייתם בני תורה.

פרק כב: עדות

א ראו רמב״ם הלכות עדות ד, א.

ב רמב״ם, יסודי התורה ח, ב: ״שֶׁצִּוָּנוּ לַחְתֹּךְ הַדָּבָר עַל פִּי שְׁנַיִם עֵדִים, וְאַף עַל פִּי שֶׁאֵין אָנוּ
יוֹדְעִין אִם הֵעִידוּ אֱמֶת אִם שֶׁקֶר״.

ג שבועות לד, א.

ד תוספות, זבחים קג, א ד"ה אין.

ה כתובות עב, א. ראו גם רמב"ם הלכות סנהדרין כד, א; שולחן ערוך חושן משפט לה, יד.

ו ראו דרשות הר"ן (1376-1290) דרוש יא, על היחס בין "תיקון סדר המדיני" ומשפטי התורה.

ז יש שני מקורות מדרשיים הדנים בפסילת נשים לעדות (פרקי דרב אליעזר יד וילקוט שמעוני בראשית יח) אבל אף אחד מאלו לא מוזכר בדיון ההלכתי על פסילת נשים. ראוי לציין כאן גם לדיון על אודות כשרות אישה לתפקיד שופטת, בהקשר של דבורה הנביאה (שופטים ד-ה), ראו הסוגיות בשבועות לא, א, נידה מט, ב ויבמות מה, ב על מפרשיהן.

ח גיטין מא, א; כתובות עד, ב; תוספות שבועות ל, א ד"ה כל.

ט שבועות לא, א ורש"י וריטב"א שם.

י **ים של שלמה** בבא קמא ו, כז.

יא אור חדש למהר"ל א, ט: כי האשה גובר בה כח המדמה.

יב ספר המצוות לרמב"ם, מצוות עשה קעה, מצוות לא תעשה רצז.

פרק כג: פוליגמיה

א שו"ת אגרות משה אבן העזר א, לו: דלא יאמרו שיש לחמיו עוד אשה שהוא דבר שאינו מצוי, כדמשמע בכמה דוכתי, דאמר כיון דאגידא בי לא יהבו לי אחריתי בכתובות דף סא, אלמא דלא היו מוצאין לישא עוד אשה, וא"כ ודאי דלא שכיח כלל. ולר' אמי ביבמות דף סה, אינו יכול לישא עוד אשה בלא רשותה, דנושא אשה על אשתו יוציא ויתן כתובה, וזה **ודאי אינו מצוי שאשתו תרשהו שיקח לה צרה,** וא"כ אף לרבא דמתיר ודאי היה זה אינו מצוי. **וגם בהרבה מקומות היו אף אז נוהגין שלא לישא ב' נשים,** כדאיתא בש"ע סי' א' וסי' ע"ו, אלמא דרובא דרובא לא היו נושאין ב' נשים, והיו מחזיקין לעוולה **מצד שלום בית וגרמת שנאה ולשון הרע,** וגם הוצאה גדולה. ורק מעוטא דמעוטא העשירים הגדולים **ואוהבי ריב ומדון** אף בביתם לקחו ב' נשים, אם מצאו עניות שתתרצינה או מצד סבה אחרת, אחד מאלף ויותר, כגון שאשתו עקרה ולא רצתה להתגרש, **והרשתה** לו ליקח עוד אשה ומצא אשה שנתרצית מצד עניותה. וכמעט שמפורש זה **וגם הוא דבר מובן בפשיטות לכל וא"צ ראיה ע"ז.**

ב ספר נצח ישראל למהר"ל ח, ב: מפני כי בית המקדש הוא אחד לאל אחד, ולא יכול להתקיים שם השניות, והאחד דוחה הב'... **מפני שאי אפשר אל הרבוי שיהיה במקום שהוא אחד,** והאחד מבטל כח השני.

ג המהר"ל (נצח ישראל, פרק לב) מסביר שהמספר שבע מסמל ריבוי בעולם הפיזי. בסוכות הוקרבו על גבי המזבח שבעים פרים כנגד שבעים אומות העולם, ובשמיני עצרת הוקרב פר אחד כנגד עם ישראל, המייצג את האחדות.

ד הושע ג, ג: ואמר אליה ימים רבים תשבי לי לא תזני ולא תהיי לאיש וגם אני אליך.

מצודת דוד: עתה מפרש שזה ימים רבים תעכבי ותמתיני לי (בגולה בהמשך), עד שאנשאך לאשה... **וגם אני כמוך אהיה פרוש מאשה ואמתין אליך עד שאנשאך.**
מלבי"ם: וגם לא תהיה לאיש לתפוס אמונה אחרת מאיש אחר, **והבטיח לה שגם הוא ישב אליה** ויחכה לגאלה ולארשה לה לעולם בזמן העתיד.

ה ועל דרך שמסביר רש"י (בראשית ל, יא) את השם שנתנה לאה לבן שילדה שפחתה ליעקב: למה נקראת תיבה אחת בגד? כמו **בגדת בי** כשבאת אל שפחתי, **כאיש שבגד באשת נעורים.**

ו חידושי אגדות מהר"ל נדרים לא, א: ואלו י"ג בריתות יש לך להבין מאד, כלומר ברית גמור מכל צד, וזה כי הברית הגמור הוא **לאוהב שהוא יחיד, ולא שייך ברית גמור לשני אוהבים,** ודבר זה מבואר. ומפני שהמילה היא ברית גמור נקראת המילה ברית יחיד, לומר שהמילה היא ברית גמור, כי לא יתכן שיהיה הברית הגמור לשנים, רק הברית הוא ליחיד, שאם יש לו ברית עם אחר אין כאן ברית גמור, כי אין חבור לשנים, **שצריך שיהיה בעל הברית עם מי שכורת עמו ברית** (שיהיה) אחד, וזה אי אפשר בשנים. ודבר זה מבואר. ומפני כך אברהם שקבל הברית תחלה נקרא **יחיד.**
חידושי אגדות מהר"ל ע"ז ג, ב: ויש לך לדעת כי מתחייב מאתו הריבוי ומתחייב מאתו האחדות והרבוי מתחייב מאתו שלא מצד אמתתו והעולם הזה שיש בו ריבוי.. הוא נוהג לא כאמתתו. אבל שיהיה בצד אמתתו זה אינו. אבל כשיהיה העולם אחד ושמו אחד ודבר זה מתחייב מן הש"י מצד עצם אמתתו.

ז מלמד התלמידים (ר' יעקב אנטולי, 1194–1256) פרשת תזריע ק"א: כי כן בא הסיפור, שאשה אחת נבראה מצלע האדם להיות עזר כנגדו ולא נבראו שתיים, **כי הן על הרב לצער ונזק,** והוא שאמר "ודבק באשתו והיו לבשר אחד". ואף על פי שלא נחסרו בתורה שתיים נשים ויותר, כבר קדם לנו **כי הדברים שירחיקם השכל** יספיק לתורה במניעתם בדרך סיפור, וכשם שלא אסרה התורה השכרות בפירוש והספיק לה ברמזים וסיפורים, כן לא אסרה התורה לקחת נשים רבות, כי מי זה אשר ימלאנו לבו לעשות כן, והלואי שיספיק האחת ובניה... ואף על פי שהאבות אברהם יצחק ויעקב בא הסיפור עליהם שלא הספיקה להם אשה אחת, כבר בא הסיפור בסיבה שגרמה לכל אחד מהם לקחת אשה על אשתו, ואצל יצחק הספיק לו לרבקה שהיתה משכלת.

ח להרחבה, הרב ראובן מרגליות, **עוללות: מחקרים תלמודיים קצרים,** בסיוע מוסד הרב קוק שעל יד המזרחי העולמי, ירושלים: תש"ז, עמ' 15–18.

ט ערוך השלחן אבן העזר א, לב: כתב רבינו הבית יוסף סעיף יא: טוב לעשות תקנה בכל חומר על מי שישא אשה על אשתו, עד כאן לשונו. ביאור דבריו: דאף במקומות שלא נתפשטה תקנת רבינו גרשום מאור הגולה, טוב לעשות תקנה זו מפני שתקנה יפה היא. **ובאמת לא מצינו לכל התנאים ואמוראים והגאונים שיהיה להם שתי נשים,** ואדרבא מצינו במדרש בראשית (פרשה יז) ברבי יוסי, שהיה לו אשה רעה ולא נשא אחרת עד שגירש את הראשונה.

י מלמד התלמידים (ר' יעקב אנטולי 1194–1256) פרשת תזריע קא: אמנם המלכים שממשלתם רבה בעושר ונכסים, הם שהיה צורך להזהירם שלא ירבו להם נשים, אבל שאר אנשים אין צורך להזהירם, **כי נזהרים הם מעצמם על זה.**

יא בראשית ג, ו, על פי בראשית רבה יט, ה. נראה שהמדרש דורש את השינוי בלשון הפסוק: במקום לומר "ותתן לְאדם" או "ותתן לָאיש", נאמר "ותתן... לְאִישָׁהּ" לרמוז שנתנה לו משום שקינאה בָּאישה שתהפוך להיות האישה השנייה של בעלה, אדם.

יב חידושי אגדות למהר"ל סוטה י, א: אמר רבי יוחנן כל המזנה אשתו מזנת עליו, פירוש **כי האיש והאשה מתיחסים בחבור שלהם** וכאשר האיש מזנה ואין חבור מיוחד לאשתו [לגמרי]. באופן זה וביחוס זה אשתו יש חבור אליו, ולכך גם הוא מזנה עליו, שכיון שכתוב (בראשית ב) "והיו לבשר אחד", א"כ כאשר האיש מזנה ואין כאן אחדות גם אשתו מזנה עליו. ויש לך לדעת כי האיש הוא צורה לאשה, הצורה היא מיחדת החומר עד שאין לו הסרה מאתו, **וכאשר אין חבור לצורה בחומר לגמרי**, אז החומר פושט צורה ולובש צורה אחרת, וזה שאמר כאן כאשר האיש מזנה **ואין לו חבור לגמרי אל האשה** שהיא נחשבת כמו חומר, גם אשתו פשט' הצורה, מפני שהוא קל להסיר כאשר אין צורה מיוחדת אל האשה והבן זה.

סוטה יז, א: דריש ר"ע איש ואשה, זכו – שכינה ביניהן, לא זכו – אש אוכלתן. רש"י: "זכו" – ללכת בדרך ישרה, שלא יהא הוא נואף ולא היא נואפת, "שכינה ביניהם" – שהרי חלק את שמו ושיכנו ביניהן, יו"ד באיש וה"י באשה. "לא זכו אש אוכלתן" – שהקב"ה מסלק שמו מביניהן ונמצאו אש ואש.

יג תהלים קטז, יא: אני אמרתי בחפזי כל האדם כזב. רש"י: ובוגד באוהב בו.

יד יבמות סב, ב: ואמר רבי יהושע בן לוי: חייב אדם לפקוד את אשתו בשעה שהוא יוצא לדרך, שנאמר "וְיָדַעְתָּ כִּי שָׁלוֹם אָהֳלֶךָ וגו'". הא מהכא נפקא? מהתם נפקא! "וְאֶל אִישֵׁךְ תְּשׁוּקָתֵךְ" – מלמד שהאשה משתוקקת על בעלה בשעה שהוא יוצא לדרך.

טו שמעתי תובנה זו מהרב אמיתי פויכטוונגר.

טז שיר השירים רבה א, ד. חשוב לציין שהרעיון להתגרש מאישה עקרה הוא אפשרות מקובלת בהלכה – למעשה, עקרות הגבר גם היא עילה לאישה לפתוח בהליכי גירושין – אבל נראה שמדרש זה טוען שנקודת המבט הנשית – חשיבות הקשר שמעבר לפריון – עדיפה.

יז חידושי אגדות למהר"ל, בבא בתרא עד, ב: ונמצא כי לפי זה כי החבור הזכר עם הנקבה יש בו שלימות יותר בכלל שלהם, **לא מצד שהנקבה היא עזרו לעשות צרכו מצד המלאכה בלבד או שיהיה להם תולדות,** אך כי האחד אינו שלם וכאשר הם שנים אז הבריאה שלימה בלי חסרון. ולא זה בלבד שהחשיבות והמעלה הוא כאשר יתחברו ביחד כמו חבור זכר ונקבה, רק אף שכל אחד בפני עצמו גם כן הוא יותר חשוב כאשר נמצא זוג אליו, כי כאשר נמצא האחד בלבד הוא חלק בלבד, וכאשר נמצא זיוג אליו והזוג הוא דבר שלם, הרי כל אחד מהם חלק הכל. **ודבר זה יותר במעלה מאשר הוא חלק בלבד, ואינו חלק הכל, שכל חלק הוא חסר. נמצא כי הזכר והנקבה בחבור שניהם הוא שלימות הבריאה, וכל אחד בפני עצמו הוא חלק הכל.**

יח אנחנו מוצאים במקורות כי הנשי משמש לתיאור עוצמה של קשר. הרמב"ם במורה נבוכים (א, ו) מצביע על כך שהתורה נוקטת בלשון "אישה אל אחותה" (שמות כז, יז) כאשר היא מתארת את חיבור יריעות המשכן. כלומר, גם אישה וגם אחות הן מילים שמתארות חיבור וקשר. בדומה, בעל ה"תולדות יעקב יוסף" (רבי יעקב יוסף מפולנאה,

נפטר בשנת 1784) אומר שכשאברהם מבקש משרה אשתו "אמרי נא אחותי את" (בראשית יב, יג), הוא רומז לתשוקתו להתקשר עם החוכמה עם ירידתו למצרים. את זאת דורש ר׳ יעקב יוסף מהדמיון בין הפסוק "אמרי נא אחותי את" והפסוק "אמור לחכמה אחותי את" (משלי ז, ד), שבהן שלמה המלך מזרז אותנו להתחבר לחוכמה.

יט מהר"ל, נצח ישראל, לד: וגמלתי חסד עם אחותי, ומסרתי הסימנים לאחותי, ולא קנאתי בה, ולא הוצאתיה לחרפה ולבושה. ומה אני, שאני בשר ודם עפר ואפר, לא קנאתי לצרה שלי, ולא הוצאתיה לבושה ולחרפה. ואתה מלך חי וקיים רחמן, מפני מה קנאת לע"ז שאין בה ממש, והגלית בני, ונהרגו בחרב, ועשו אויביהם בם כרצונם. מיד נתגלגלו רחמיו של הקב"ה, ואומר בשבילך רחל אני אחזיר את ישראל למקומן. הדא הוא דכתיב (ירמיה לא, יד) "כה אמר ה׳ קול ברמה נשמע נהי בכי תמרורים רחל מבכה על בניה מאנה הנחם על בניה כי איננו". וכתיב (שם שם, טו) "כה אמר ה׳ מנעי קולך מבכי ועיניך מדמעה כי יש שכר לפעולתך וגו׳". וכתיב (שם שם, טז) "ויש תקוה לאחריתך נאם ה׳ ושבו בנים לגבולם".

כ מהר"ל, נצח ישראל, לד: ולכך קבלה רחל דבר זה באהבה, אף שידעה רחל כי היא עיקר אשת יעקב, והיא ראויה לו בפרט, ידעה גם כן שאין יעקב ראוי שיהיה לו אשה אחת בלבד, לכך קבלה דבר זה באהבה, מאחר שאין העולם ראוי לכך. ומכל שכן השם יתברך, שהוא חי וקיים, אף אם עבדו ע"ז, **דבר זה מפני שאין עולם הזה ראוי שיהיה בו השם אחד עד לעתיד.** ולפיכך מה שהוא טבע עולם הזה, ראוי שימחל השם יתברך, כי מפני שאין האחדות בעולם הזה הוא שגורם לישראל לחטוא, שזהו החסרון שהוא בעולם וממנהגו. ולכך רחל היא מבקשת רחמים, שהרי בה נראה שעולם הזה מסוגל שיהיה בו שניות וצרה בעולם הפירוד, שאינו מסוגל לאחדות. שאם לא היה מסדר העולם להיות בו צרה, לא היה דבר זה לאבות, שהאבות הם עיקר העולם וסדר שלו. וכיון שמצאנו שהיה ענין שלהם להיות להם צרה ושניות, כמו שהיה לרחל, אם כן ענין זה ראוי לעולם הזה. ולפיכך רחל בפרט מבקשת רחמים בלבד, והבן זה היטב.

כא ברכות ג, א: וְסִימָן לַדָּבָר: מִשְׁמָרָה רִאשׁוֹנָה חֲמוֹר נוֹעֵר, שְׁנִיָּה כְּלָבִים צוֹעֲקִים, **שְׁלִישִׁית,** תִּינוֹק יוֹנֵק מִשְּׁדֵי אִמּוֹ, **וְאִשָּׁה מְסַפֶּרֶת עִם בַּעֲלָהּ.**

צרור המור שמות יב, מ: ואשה מספרת. פירשתי שם שהוא לרמוז **במשמרה אחרונה...** ואשה מספרת עם בעלה רמז לגלות רביעי. שהאשה היא כנסת ישראל תחזור לספר עם בעלה. כאמרו תקראי לי אישי.

נחלת יעקב בראשית ג, טז: ובשחרית מתחיל להתעורר כוחות הרחמים והחסדים וע"י אשה מספרת עם בעלה, שהשפעת הרחמים **גובר אהבה וריעות.**

כב כלי יקר, שמות טו, א: **ומה ענין שירה זו לתחיית המתים? אלא לפי שכשם שלעה"ב יהיו כולם מופשטים מן החומר ואז זכרים ונקבות שוין,** כך גם על הים ראתה גם השפחה זיו כבודו ית׳ מעין דוגמא שלעתיד, שנאמר (ירמיה לא, כב) "נקבה תסובב גבר". לכך נאמר בשירה זו "ישיר" להבא משמע, כי כשם שאמרו כולם "זה אלי ואנוהו" כך כולם יאמרו לעתיד "הנה אלהינו זה" כארז"ל (שמו"ר כג, טו) שהצדיקים יהיו מראים עליו באצבע כו׳, ועל פלא זה נאמר את השירה הזאת, ולכך נאמר "ותען להם מרים" וגו׳ כמדברת לזכרים.

בעל הטורים בראשית טז, ה: חמסי – ב׳ במסורת. ״חמסי עליך״, ״חמסי ושארי על בבל תאמר יושבת ציון״ (ירמיה נא, לה). מקיש שרה לציון, נאמר בשרה ״ותהי שרי עקרה״ (בראשית יא, ל) ו״ציון עקרה״ (ישעיה נד, א). ומה שרי הכניסה צרה, אף ישראל – האומות הן צריהן.

כג ראו לדוגמה ברכות כד, א.

פרק כד: הכתובה

א איכה ג, כז.

ב ילקוט שמעוני שם (רמז תתרלח).

ג זהר ג נט, ב: ״שיר המעלות הנה מה טוב ומה נעים שבת אחים גם יחד״, מאי שבת אחים גם יחד?, כמה דאת אמר ״ופניהם איש אל אחיו״, בשעתא דהוו חד בחד משגיחין אנפין באנפין, כתיב ״מה טוב ומה נעים״, וכד מהדר דכורא אנפוי מן נוקבא, ווי לעלמא.

פרק כה: הגט

א ״דבר ה׳ זו הלכה״, שבת קלח, ב.

ב גיטין צ, ב: כל המגרש אשתו ראשונה אפי׳ מזבח מוריד דמעות.

ג רמב״ן ויקרא א, ט: יחשוב אדם בעשותו כל אלה כי חטא לאלוקיו, בגופו ובנפשו, וראוי לו שישפך דמו וישרף גופו, לולא חסד הבורא שלקח ממנו תמורה וכפר הקרבן הזה, שיהא דמו תחת דמו, נפש תחת נפש, וראשי אברי הקרבן כנגד ראשי אבריו.

ד חידושי אגדות, סנהדרין: דאמר רבי אלעזר כל המגרש אשתו ראשונה אפילו מזבח מוריד עליו דמעות וכו׳. פירוש דבר זה, כי המזבח הוא החבור שהוא בין השם יתברך ובין ישראל אשר ישראל נקראו אשה להקדוש ברוך הוא, והמזבח שעליו מקריבין קרבנות הוא החבור והקירוב שיש להקדוש ברוך הוא עם ישראל, וכאשר מגרש אשתו הראשונה שיש לה חבור גמור אל אישה ויש בטול אל חבור של איש ואשה, **כאלו יש בטול גם כן אל חבור שהוא בין השם יתברך ובין ישראל**, וזהו בכיה שהמזבח בוכה על זה, כי כל בכיה הוא בטול והפסד למי שבוכה עליו ולכך בוכין כאשר הגיע הפסד לקרוב, ודבר זה נחשב כאלו גם כן הפסד ובטול אליו בדבר מה, ולכך אמר כאשר מגרש אשתו ראשונה דבר זה בטול והפסד מהנחש בא להמזבח שהוא חבור של הקדוש ברוך הוא עם ישראל, **ולכך המזבח בוכה עליו כי זה גם כן בטול אליו נחשב**.

ה רמב״ן, במדבר כח, ב: אין במוספי השבת חטאת כשאר כל המוספין, מפני שכנסת ישראל בת זוגו והכל שלום, והמשכיל יבין.

חידושי אגדות למהר״ל שבועות ט, א: ובשביל זה יש קירוב גמור אל הש״י והקירוב הזה עצמו הוא סלוק ההעדר. ואל תשאל מן השבת שהוא יום קדוש ואין בו חטאת, **כי זהו מפני שהוא יום מנוחה, יום שהכל מתוקן בפרט מעשה האדם, ואין ראוי לתקן החסרון ביום המתוקן**, וכמו שאסור כל תקון ביום הזה ולכך אין חטאת ביום השבת.

ו רבנו בחיי שמות כה, יח: וצריך שתתבונן במאמרם זה, כי היו הכרובים כצורה הזו למשל נמרץ להעיד על הפלגת הדבקות שבין הקב״ה לישראל בלא שום אמצעי ...ואי אפשר להודיענו **אלא על ידי משל זה בהכרח**.

ז בית הלוי שמות לב, ד: אחד, התקרבות של האב ובנו. שנית, התקרבות של איש ואשתו. והנה התקרבות של האב ובנו הוא דבר שלא יפול בו בגידה בשום אופן, וגם אם ירצה הבן שמעתה לא יהיה לו בנו והאב ירצה שלא יהיה לו לאב, הוא דבר הבלתי אפשר להתפרד לעולם, ובע"כ כן יקום לעד... משא"כ התקרבות של איש ואשתו יכולה להתפרד ע"י גט וגירושין.

ח רמב"ן בראשית ב, יח: וראה הקב"ה שטוב יהיה העזר עומד לנגדו, והוא יראנו, ויפרד ממנו ויתחבר אליו **כפי רצונו**.

ט תפארת ישראל לב.

י בלשונו של המהר"ל (שם): אם כן שלמות העולם היה תולה בדבר אפשרי – שהיה אפשר שיקבלו ואפשר שלא יקבלו.

יא ילקוט שמעוני, יחזקאל כ: כשבקשו לפרוק עול בימי יחזקאל, באו מזקני יהודה לדרוש, אמרו לו, בן אדם כהן הקונה עבד מהו שיאכל בתרומה? אמר להם, יאכל. אמרו לו, אם חזר ומכרו לישראל, אם יצא מרשותו? אמר להם, הן. אמרו לו, **אף אנו יצאנו מרשותו של הקדוש ברוך הוא, נהיה כאומות העולם.** אמר להם יחזקאל, "העולה על רוחכם היה לא תהיה, חי אני נאום ה' אם לא ביד חזקה ובחמה שפוכה אמלוך עליכם".

יב נפש החיים ד, יא.

יג רמב"ם, הלכות אישות א, א; הלכות מלכים ט, ח.

חלק 7: עולם פנימי

פרק כו: צניעות

א מיכה ו, ח: הִגִּיד לְךָ אָדָם מַה טּוֹב וּמָה ה' דּוֹרֵשׁ מִמְּךָ, כִּי אִם עֲשׂוֹת מִשְׁפָּט וְאַהֲבַת חֶסֶד **וְהַצְנֵעַ לֶכֶת עִם אֱלֹהֶיךָ.**

רד"ק שם: והצנע לכת עם אלהיך – הוא יחוד האל יתברך ואהבתו בכל לבבו ובכל נפשו, ואמר "והצנע" כי הדבר הזה **מסור ללב.**

מצודות דוד שם: וללכת עם אלהיך בדרכי מצוותיו בצנעה, **לא בפרסום רב ולהתייהר.**

מלבי"ם שם: זה יהיה בהצנע – ובסתר, **כי הם דברים שבינך ובין קונך** ובזה טובה הצניעות.

ב תובנה זו שמעתי מפי הרב אברהם משה קירשנבוים, מראשי ישיבת נחלת הלויים, חיפה.

ג ר' חיים שמואלביץ, שיחות מוסר צא, "דרכי היצר": עניינו של שם הוא להראות מהותו ואיכותו של הנקרא בשם זה, וזהו שבח גדול שנשתבח בו אדם הראשון... וזו היא כוונת השאלה "הגידה שמך", כי רצה יעקב אבינו לדעת את מהותו וכוחותיו של המלאך, ותשובתו של המלאך הייתה **שכל כוחו ומהותו הוא "למה זה תשאל לשמי", דהיינו שמהותו הוא לסמא את עיני האדם שלא יחקור אחריו ולא ישאל,** ועל ידי כן יש בכוחו להכשיל בני אדם, כי ברגע שיחקרו וישאלו אחריו יאבד היצר הרע את כל כוחו להכשיל בני אדם.

החזון איש מתאר את ההתגוששות בין הדמיון לשכל בספרו **אמונה ובטחון** (א, ח): "כי טבע הדמיון למהר ולהתקדם ולהגיד משפט, טרם שהשכל הכין מאזני משפט לשקול בפלס דבר על אפנו, והדמיון חורץ משפטו כרגע: מהו מן האמת ומהו מן הכזב".

ד ר' חיים שמואלביץ, שיחות מוסר צא, "דרכי היצר": וייתכן גם לפרש שתשובת המלאך "למה זה תשאל לשמי", לא היה לפרש את מהותו וכחו, אלא תשובתו היתה **שאין להגדיר אותו כלל ואין לקרוא לו בשם**. מהותו של היצר הרע הינה אך **דמיון ואינה מציאות כלל**, ולכן לא שייך שיהיה לו שם, כי שם מורה על מהותו ומציאותו של הדבר כאמור, ומכיוון שהרע הוא **דמיון בלבד** אין שייך לקוראו בשם.

ה רש"י בראשית כ, טז: ואונקלוס תרגם בפנים אחרים, ולשון המקרא כך הוא נופל על התרגום: הנה הוא לך כסות של כבוד על העינים שלי **ששלטו בך** ובכל אשר אתך, ועל כן תרגומו "וחזית יתיך וית כל דעמך".

ו אחרי החטא כתוב "ותפקחנה עיני שניהם וידעו כי עירומים הם" (בראשית ג, ז), אלא שגם לפני החטא הם לא לבשו בגדים. ראו דברי המפרשים שם בשאלה מה השתנה בתפיסתם אחרי החטא.

ז מדרש תנחומא כי תשא, לא: "ויהי ביום השלישי בהיות הבקר וגו'", וכאן "וגם איש אל ירא" – הלוחות ראשונות על שנתנו בפומבי לפיכך שלטה בהם עין הרע ונשתברו, וכאן א"ל הקב"ה אין לך יפה מן הצניעות, שנאמר (מיכה ו) "ומה ה' דורש ממך כי אם עשות משפט ואהבת חסד והצנע לכת".

ח ארחות צדיקים, שער הבושה: אמרו חכמים, השכל הוא הבושה והבושה הוא השכל, כי על אדם וחוה נאמר (בראשית ב, כה): "ויהיו שניהם ערומים האדם ואשתו ולא יתבוששו", ולא היו יודעים הצניעות ולהבחין בין טוב ובין רע, ולאחר שאכלו מעץ הדעת נאמר (בראשית ג, ז): "ותפקחנה עיני שניהם". וכן כל בעלי חיים זולתי האדם אין להם בושה, הואיל ואין להם חכמה. וכל חכם לב יודע מעלת השכל והחכמה, **כי בה יגיע אל אמיתת הדברים, ובה גם יגיע אל ייחוד בוראו, ברוך הוא, לעבודתו**... וראיה: שלא ראית ביישן חסר דעת ולא דעתן בלי בושה. ועל כן ראוי לכל אדם להשתדל ולהתענג במידה החשובה הזאת, להתחבר לה עד שתהא קבועה בנפשו, ויגביר אותה על כל טבעיו, ותהיה בעיניו חשובה משאר מידותיו, כי בה יגיע אל רוב המעלות ויימנע מעבירות ומכל מידות מגונות.

ט התובנות בקטע הזה מקורן בחיבור יפהפה של הרבנית רבקה שפירא, "סוד הצניעות", כתנות אור: בירור אמוני בסוגית הצניעות, עריכה: אופיר שוורצבוים ועמיחי סדן, הוצאת נחלים: תש"ס, עמ' 111–114.

פרק כז: הזירה הציבורית מול הזירה הפרטית

א דעת תבונות, קנח: ותראי כמה כבוד גדול חלק הבורא ב"ה אל הצדיקים שחשבם לשותפים אליו, וכמו שארז"ל (זוהר ח"א, ה ע"א), "עמי אתה" – "עימי אתה". כי באמת חלק הניחו להם **בתיקונו של עולם ובשכלול הבריאה**, וכמו שביארנו לעיל, עד שנמצא תיקון הבריאה, כביכול, מחולק בין הקב"ה והצדיקים, **שאינו נשלם אלא**

בשניהם... והנה הקב"ה מחלק מעצם הנהגתו לכנסת ישראל, להיותה שותפת עמו בהשלמת הבריאה, שיהיה הוא ית' מתקן מצד אחד, והיא מצד אחר, ומיניה ומינה יסתיים התיקון השלם.

הרש"ר הירש בראשית ט, כו: **אלא משתתפים בהגשמת תכלית העולם**, כן אומר כל יהודי אל נפשו, גם את, "ברכי נפשי את ה'"! ובשעה שהיהודי אומר "ברוך אתה ה'", הרי הוא נודר להקדיש את כל כוחותיו לקיום רצון ה'... שכן, שעה שאנחנו אומרים "ברוך", הרי אנחנו נודרים להקדיש את כל כוחותינו ונכסינו לעבודת ה', כ"לחם אשה לה'", **לפרנס ולקיים את הקודש**.

ב רמח"ל, מאמר הגאולה ב, טו: "ויניחהו בגן עדן לעבדה ולשמרה", ואמרו (זוהר בראשית כז, א) "לעבדה" אלו מצוות עשה, אולם בהמשך כתוב "מכל עץ הגן אכול תאכל" והוא מצות עשה, **לתקן את הבנין** כמו שאמרתי, "ומעץ הדעת טוב ורע לא תאכל" הוא לא תעשה, משמע שלעבדה היא נתבטאת על ידי מכל העץ... אכל תאכל ולשמרה נתבטאת על ידי מ"עץ הדעת לא תאכל".

ג ראו תפילת חנה בשמואל א ב, א-י, שם היא מהללת את הקב"ה על שהראה שערך חיצוני הוא חסר משמעות.

חלק 8: היהודי כאב־טיפוס של האישה

א ראו בראשית א, כז ודברי רש"י שם.

ב נפש החיים שער א, יב: וזה שאמרו ז"ל "כל ישראל יש להם חלק **לעולם הבא**" ולא אמרו '**בעולם הבא**', שמשמעו היה שהעוה"ב מוכן בעת הבריאה... **אבל האמת שהעולם הבא הוא הוא מעשה ידי האדם עצמו.**

דעת תבונות, יד: רצה הרצון העליון שיהיה האדם משלים את עצמו ואת כל הנברא בשבילו, וזה עצמו יהיה זכותו ושכרו. זכותו לפי שהוא מתעסק ויגע להשיג השלמות הזה, וכשישיגהו – **יהיה נהנה רק מיגיע כפיו וחלקו מכל עמלו.** שכרו – שהרי סוף סוף הוא יהיה מושלם.

ג ראו פרק ה.

ד אני אסירת תודה לרב ד"ר עקיבא טץ על שפקח לראשונה את עיניי למושגים אלו בספריו פורצי הדרך: *WorldMask* (Southfield, MI: Targum Press, 1993), *Living Inspired* (Southfield, MI: Targum Press, 1995), *Letters to a Buddhist Jew* (Southfield, MI: Targum Press, 2005). רבות מהדוגמאות בפרקים הבאים לקוחות מספריו, ומומלץ מאוד לקרוא ספרים אלה להבנה מעמיקה ורחבה יותר של המושגים.

פרק כח: גבורה – הצבת גבולות

ה ספר דרך חיים ג, יד: וידוע כי העולם הזה הגשמי הוא כמו מלבוש אל עולם הנבדל.

ו רש"י בראשית ב, כד: לבשר אחד – הולד נוצר ע"י שניהם ושם נעשה בשרם אחד.

ז בתרגום "ספר האגדה" ברשת.

ח רש"י כתובות סז, ב: ומקרבא הנייתי – הנאתי מזומנת, שאני מחלקת לחם ובשר ומלח, אבל אתה נותן מעות לעניים והם טורחים וקונים סעודה.

ט מסילת ישרים יב, שער הפרישות: וְלָמָּה נְחַדֵּשׁ עַתָּה גְּזֵרוֹת אֲשֶׁר לֹא רָאוּ הֵם לִגְזֹר אוֹתָם? וְעוֹד, שֶׁאֵין גְּבוּל לַדָּבָר הַזֶּה, וְנִמְצָא אִם כֵּן הָאָדָם שׁוֹמֵם וּמְעֻנֶּה וְלֹא נֶהֱנֶה מִן הָעוֹלָם כְּלָל, וַחֲכָמֵינוּ ז"ל אָמְרוּ (ירושלמי קדושין פד) שֶׁעָתִיד אָדָם לִתֵּן דִּין לִפְנֵי הַמָּקוֹם עַל כָּל מָה שֶׁרָאוּ עֵינָיו וְלֹא רָצָה לֶאֱכֹל מִמֶּנּוּ, אַף עַל פִּי שֶׁהָיָה מֻתָּר לוֹ וְהָיָה יָכוֹל, וְאַסְמְכוּהָ אַקְּרָא (קהלת ב): "וְכֹל אֲשֶׁר שָׁאֲלוּ עֵינַי לֹא אָצַלְתִּי מֵהֶם".

י מסילת ישרים פרק א: "יסוד החסידות ושרש העבודה התמימה הוא שיתברר ויתאמת אצל האדם מה חובתו בעולמו, ולְמה צריך שישים מבטו ומגמתו בכל אשר הוא עמל כל ימי חייו. והנה מה שהורונו חכמינו זכרונם לברכה, הוא, שהאדם לא נברא אלא להתענג על ה' ולֵהָנות מזיו שכינתו, שזהו התענוג האמיתי והעידון הגדול מכל העידונים שיכולים להִמָּצֵא. ומקום העידון הזה באמת הוא העולם הבא, כי הוא הנברא בהכנה המצטרכת לדבר הזה. אך הדרך כדי להגיע אל מחוז חפצנו זה, הוא זה העולם. והוא מה שאמרו זכרונם לברכה (אבות ד, טז): "העולם הזה דומה לפרוזדור בפני העולם הבא". והאמצעים המגיעים את האדם לתכלית הזה, הם המצוות אשר צִוָּנוּ עליהן הא־ל יתברך שמו. ומקום עשיית המצוות הוא רק העולם הזה. על כן הוּשַׂם האדם בזה העולם בתחלה, כדי שעל ידי האמצעים האלה המזדמנים לו כאן יוכל להגיע אל המקום אשר הוכן לו, שהוא העולם הבא, לרוות שם בטוב אשר קנה לו על ידי אמצעים אלה. והוא מה שאמרו זכרונם לברכה (ערובין כב, א) "היום לעשותם ומחר לקבל שכרם".

פרק כט: אמונה

א רעיא מהימנא, ספר במדבר פרשת פנחס דף רל, א.

ב חידושי אגדות למהר"ל, סנהדרין עמוד רמג: שכל הבוכה בלילה וכו'. פי' שהלילה הוא חורבן ויללה, כי לכך נקרא לילה על שם היללה הפך היום שהוא כולה אור והאור הוא שמחה... וכל זה מפני שהלילה בעבור שבו ההעדר האור שהוא שמחה עד שהלילה הוא מסוגל לבכיה, וכאשר שומע מי שבוכה הוא בוכה עמו, שהלילה מסוגל לבכיה **ולא כן היום שהיום בשביל האור יש בו שמחה ואין מוכן לבכיה.**

ג ראו שמות יט-כ. זה אחד ההסברים שניתנו למדרש האומר שהקב"ה כפה על עם ישראל לקבל את התורה (ראו פרק כה הערה 7). האמת בהר סיני הייתה כה מסנוורת עד שלא הותירה בידם ברירה אלא להאמין באלוקים ובתורתו.

ד במדבר רבה פרשת פינחס כא, י: "ותקרבנה בנות צלפחד" אותו הדור היו הנשים גודרות מה שאנשים פורצים, שכן את מוצא שאמר להן אהרן (שמות לב) "פרקו נזמי הזהב אשר באזני נשיכם", ולא רצו הנשים ומיחו בבעליהן, שנאמר "ויתפרקו כל העם את נזמי הזהב וגו'" והנשים לא נשתתפו עמהן במעשה העגל.

ה רש"י במדבר כו, סד: "ובאלה לא היה איש וגו'" – אבל על הנשים לא נגזרה גזרת המרגלים, לפי שהן היו מחבבות את הארץ. האנשים אומרים (במדבר יד, ד) "נתנה ראש ונשובה מצרימה", והנשים אומרות (במדבר כז, ד) "תנה לנו אחוזה".

ו ספר נתיבות עולם א, נתיב האמונה, פרק א: ויש לך להבין למה האשה עמדה באמונתה ביותר, וזה בודאי בשביל כי אמונת אשה לאיש יותר מן אמונת האיש לאשה כי אמונה לשון נקבה ואמת הוא לשון זכר, ואין כל כך נמצא האמת באשה כמו שנמצא האמונה ולכך עמדה האשה באמונתה ולא האיש, ותבין זה כי האיש מותר באחרת ואין האשה מותרת באחר.

ז ילקוט שמעוני (וגם זוהר שמות סד, ב): ראתה שפחה על הים מה שלא ראה יחזקאל בן בוזי.

ח כך מתאר הרמב״ן (שמות כ, יז) את הניסיון שהיה לעם ישראל כאשר פגה התרגשות ההתגלות הראשונית: ועל דעתי הוא נסיון ממש – יאמר, הנה רצה האלהים לנסותכם **התשמרו מצותיו, כי הוציא מלבכם כל ספק, ומעתה יראה הישכם אוהבים אותו, ואם תחפצו בו ובמצוותיו.** וכן כל לשון נסיון בחינה, ״ללכת באלה כי לא נסיתי״ (ש״א יז, לט), לא בחנתי נפשי מעולם ללכת בהם. ויתכן שיהיה הנסיון הזה בטובה, כי האדון פעם ינסה עבדו בעבודה קשה **לדעת אם יסבלנה לאהבתו,** ופעם ייטיב עמו לדעת אם יגמול אותו בטובה אשר עשה עמו להוסיף לאדוניו עבודה וכבוד. כענין שאמרו חכמים (שמו״ר לא, כ) אשרי אדם שעומד בנסיוניו, שאין לך בריה שאין הקב״ה מנסה אותה, העשיר מנסה אותו אם תהיה ידו פתוחה לעניים, העני מנסה אותו אם יוכל לקבל יסורין וכו׳. ולכך אמר הכתוב, הטיב לכם האלהים להראותכם את כבודו, אשר לא עשה כן לכל גוי, לנסותכם **אם תגמלו לפניו כטובה אשר עשה עמכם להיות לו לעם נחלה,** כענין שאמר ״הלה׳ תגמלו זאת״ (דברים לב, ו), ואמר ״רק אתכם ידעתי מכל משפחות האדמה על כן אפקוד עליכם את כל עונותיכם״ (עמוס ג, ב), כי העמים אינם חייבים לי ככם אשר ידעתי אתכם פנים בפנים.

ט שבת צז, א.

י ספר השל״ה הקדוש שמות, פרשת בשלח, תורה אור: ובזה מתורץ שהקפיד הקב״ה ״מעשי ידי טבעו בים ואתם אומרים שירה?״ כלומר, לאחר שטבעו בים אמרתם שירה, היה לכם להקדים ולשורר קודם הטביעה מיד לאחר הבטחה, להיותכם גבורי כח ואמיץ לב בהאמונה. **ומצינו מדה זו היתה בנשים יותר מבאנשים,** ובזכות נשים צדקניות נגאלו ישראל ממצרים (סוטה יא, ב), כי האמינו בה׳ ולקחו תופים ומחולות, כי האמינו בתשועת ה׳ אשר יעשה להם, **ונתהפכו הנשים לגבורת האנשים להיותם אמיץ לב,** והאנשים להנשים, על כן באנשים כתיב לשון נקבה ובהנשים לשון זכר.

יא רד״ק בראשית ד, א: רז״ל פירשו קניתי איש את ה׳, **המצאתי בעולם איש שלא היתה בריאתו כאחד ממנו** וקניתיו עם השם, כי הוא שם בו חלקו שנפח בו נשמה, וקניתי כענין ״קונה שמים וארץ״ (בראשית יד, כב) כלומר שהמציא את העולם, **וסמכה המעשה לעצמה, לפי שהיא עיקר המצאת הולד ובבטנה נוצר וגדל עד שיצא.**

יב דעת תבונות, קנח: ותראי כמה כבוד גדול חלק הבורא ב״ה אל הצדיקים שחשבם לשותפים אליו, וכמו שארז״ל (זוהר ח״א, ה ע״א), ״עמי אתה״ – ״עימי אתה״. כי באמת חלק הניחו להם בתיקונו של עולם ובשכלול הבריאה, וכמו שביארנו לעיל, עד שנמצא תיקון הבריאה, כביכול, מחולק בין הקב״ה והצדיקים, שאינו נשלם אלא בשניהם.

פרק ל: מלכות

א לדוגמה, איסורי רכילות, לשון הרע, שקר, חנופה, ליצנות, כעס ודברי נבלה. ראו רמב"ם הלכות דעות ז וספר חפץ חיים.

ב המילה "תולדות" עשויה להתפרש הן במובן של צאצאים, והן במובן של תוצאות.

ג תנחומא (בובר) לך לך, ד: אמר ר' תחליפא, אמר הקדוש ברוך הוא, בך הבטתי ובראתי את העולם, שנאמר "אלה תולדות השמים והארץ בהבראם" (בראשית ב, ד), מהו **בהבראם? באברהם** בראם.

תנחומא (בובר) חיי שרה, ו: אמר ר' חלפתא בר כהנא, כתיב "אלה תולדות השמים והארץ בהבראם" (בראשית ב, ד), הן הן האותיות **שבאברהם**, הוי שבזכותו נבראו העולם הזה והעולם הבא.

ד רש"י בראשית כד, ז: "ה' אלהי השמים אשר לקחני מבית אבי" – ולא אמר 'ואלהי הארץ ולמעלה' אמר "ואשביעך וגו'". אמר לו, עכשיו הוא אלהי השמים ואלהי הארץ שהרגלתיו בפי הבריות, אבל כשלקחני מבית אבי היה אלהי השמים **ולא אלהי הארץ**, שלא היו באי עולם מכירים בו ושמו לא היה רגיל בארץ.

מדרש רבה בראשית נט, ח: "ואשביעך בה' אלהי השמים" א"ר פינחס, עד שלא הודעתי אותו לבריותיו "אלהי השמים", **וכיון שהודעתי אותו לבריותיו "אלהי הארץ".**

ה סנהדרין צא, א: אמר ליה אנטונינוס לרבי, גוף ונשמה יכולין לפטור עצמן מן הדין, כיצד? גוף אומר: נשמה חטאת, שמיום שפירשה ממני – הריני מוטל כאבן דומם בקבר. ונשמה אומרת: גוף חטא, שמיום שפירשתי ממנו – הריני פורחת באויר כצפור. אמר ליה, אמשול לך משל למה הדבר דומה: למלך בשר ודם, שהיה לו פרדס נאה, והיה בו בכורות נאות, והושיב בו שני שומרים, אחד חיגר ואחד סומא. אמר לו חיגר לסומא: בכורות נאות אני רואה בפרדס. בא והרכיבני ונביאם לאכלם. רכב חיגר על גבי סומא, והביאום ואכלום. לימים בא בעל פרדס. אמר להן: בכורות נאות היכן הן? אמר לו חיגר: כלום יש לי רגלים להלך בהן? אמר לו סומא: כלום יש לי עינים לראות? מה עשה? הרכיב חיגר על גבי סומא ודן אותם כאחד. אף הקדוש ברוך הוא, מביא נשמה וזורקה בגוף, ודן אותם כאחד. שנאמר "יקרא אל השמים מעל ואל הארץ לדין עמו", יקרא אל השמים מעל – זו נשמה, ואל הארץ לדין עמו – זה הגוף.

ו לדוגמה, מצוות "וְשָׂמַחְתָּ בְּחַגֶּךָ" (דברים טז, יד), הנראית כמצווה של הרגש בלבד, מתורגמת בהלכה למעשים מוגדרים שעל האדם לעשות, שנועדו להביא לידי שמחה (פסחים סח, ב).

ז פסחים סח, ב: אמר רבה, הכל מודים בשבת דבעינן נמי "לכם". מאי טעמא? "וקראת לשבת ענג".

משנה ברורה רמב, א: דהיינו לקדשו ולכבדו בכסות נקיה **ולענגו בעונג אכילה ושתיה,** והפליגו חז"ל [שבת קיח] מאד במצוה זו, ואמרו, דכל המענג את השבת נותנין לו נחלה בלי מצרים, וניצול משעבוד מלכיות וזוכה עבור זה לעשירות, ועי"ש עוד כמה מאמרים בענין זה.

שבת קיג, א: "וכבדתו מעשות דרכיך" וכבדתו – שלא יהא מלבושך של שבת כמלבושך של חול, וכי הא דרבי יוחנן קרי למאניה "מכבדותי".

שו"ע או"ח רסב, ב: **ישתדל שיהיו לו בגדים נאים לשבת.**

משנה ברורה רסב, ה: ישתדל וכו' – דכתיב "וכבדתו" ודרשו חז"ל שלא יהא מלבושיך של שבת כמלבושיך של חול וטוב שלא ילבש בשבת מכל מה שלבש בחול אפילו חלוק.

ואם אפשר לו טוב שיהיה לו גם טלית אחר לשבת.

שו"ע או"ח רפ, א: תשמיש המיטה מתענוגי שבת הוא.

ח ראו מהר"ל תפארת ישראל ד.

ט סוטה יז, א: דריש ר"ע איש ואשה, זכו – שכינה ביניהן, לא זכו – אש אוכלתן.

רש"י: "זכו" – ללכת בדרך ישרה, שלא יהא הוא נואף ולא היא נואפת, "שכינה ביניהם" – שהרי חלק את שמו ושיכנו ביניהן, יו"ד באיש וה"י באשה. "לא זכו אש אוכלתן" – שהקב"ה מסלק שמו מביניהן ונמצאו אש ואש.

בדומה לזה נמצא במסכת כלה רבתי א, בשם רבא, ובפסיקתא זוטרתא בראשית ב, בשם ר' מאיר, עי"ש.

י רש"י שמות טו, א: שהיו"ד ע"ש המחשבה נאמרה.

ספר תפארת ישראל, פרק מט: וזה כי היו"ד סימן העתיד שכל לשון עתיד שמשמש עליו יו"ד אית"ן אי אפשר שיהיה רק בכונה... ולפיכך לשון עתיד הוא מורה על המחשבה בלבד שעלה על דעתו אותו דבר שבא עליו יו"ד האית"ן, וטעם זה כי יו"ד האית"ן שבא על העתיד א"א בלא מחשבה ובלא דעת, לא כמו העבר כי אפשר שיהיה בלא מחשבה.

פירוש הגר"א לספרא דצניעותא, ליקוט יא: והנה יו"ד הוא במחשבה, והיו"ד היא נקודה שאין לה רוחק כלל, וזאת העיקר... וכן ו' ד' של יו"ד שהן התפשטות המחשבה לאורך ורוחב הוא כמו צורה לנקודה שבמחשבה.

יא פירוש הגרא לספרא דצניעותא ליקוט יא: ד' של יו"ד הוא השטח שיש לו ב' רחקים אורך ורוחב, וכולם הם במחשבה. ומ"מ י' עצמה יותר דק מהם שאין לה רוחק כלל. ה"א של השם מתחיל הגילוי כידוע, והיא העומק שיש לו ג' רחקים.

כלי יקר בראשית יז, טו: לא תקרא שמה שרי. לפי שכל יו"ד תואר לזכר, ומצינו לשון זה בזכר שנאמר (שופטים ה, טו) ושרי בישכר. לפי שהיתה עקרה כזכרים לא יולדים, ועכשיו ניתן לה ה"א במקום יו"ד כי **כל ה"א תואר לנקבה להורות שמעתה תהיה נקיבה יולדת,** וכדי שלא יהיה ליו"ד תרעומת לומר שנעקר מן התורה חצי מספרה. על כן הוסיף ה"א לאברהם להשליטו על כל המון גוים ועל ה' ראשי אברים. **ולדעת חכמי הקבלה יש בה"א כח התולדה כמ"ש** (בראשית מז, כג) **"הא לכם זרע",** וכמו שאמר (שם ל, ב) התחת אלהים אנכי וגו'. וזהו טעם לשני ההי"ן של בלהה. על כן נתנו כאן שני ההי"ן אחת לאברהם ואחת לשרה. ונלקחה הי' מן שרה לאברהם, להורות שזכות של שרה גרם להם לתולדה זו, כמו שאמר ואבנה גם אנכי ממנה (שם ל, ג) בזכות שהכניסה צרתה לביתה. וא"כ זכותה של שרה גרם לאברהם שיוליד. ד"א לכך ניתן להם הה"א כי בה"א ברא ה' את העולם ולא לתוהו בראה כי אם לשבת יצרה על כן תהיה הה"א סבה לתולדותם לצורך יישוב העולם. ויכול להיות שמה שנאמר ואגדלה שמך בתוספת ה"א רמז שיוסיף ה"א על שמו, ובסיבה זו אעשך לגוי גדול:

זוהר ג, רטז: **"הא לכם זרע וזרעתם את האדמה"** (בראשית מז, כג), אות ה"א נזרעת ומוליד פירות.

יב ראו רש״י על בראשית לו, ב.

יג שמות יט, ג: ״כה תאמר לבית יעקב ותגד לבני ישראל״ ורש״י שם: ״׳בית יעקב׳ אלו הנשים, ו׳בני ישראל׳ אלו הזכרים״. ראו מהר״ל גבורות ה׳ ג, על ההבדל בין השמות יעקב וישראל.

יד שערי אורה, שער א; דעת תבונות, קס; ספר כללים גדולים, כלל לג.

טו ספר קול אליהו בראשית לז, ח: כי מלך נקרא מי שממנים אותו ברצון העם, והוא נגזר מלשון המלכה שמתיעצין למנות את זה עליהם למלך. ומושל נקרא מי שמושל בחזקה על העם, וזהו שאמר ״לה׳ המלוכה״ היינו ישראל מקבלים עליהם עול מלכותו ית׳ ברצון, ״ומושל בגוים״ בחזקה אף שלא ברצונם. אבל לעתיד (זכרי׳ יד, ט) ״והיה ה׳ למלך על כל הארץ״, שכל העולם יקבלו עול מלכותו ברצון.

טז הרש״ר הירש בראשית ט, כו: שהקב״ה תלה את קיום רצונו עלי אדמות בהחלטתו החופשית של האדם, הרי הוא אמר לו: ברכני. קדם את מטרתי, עשה את מצוותי, הגשם את רצוני, ברך את מלאכתי, שהשלמתה עלי אדמות תלויה היא בידך! וכדרך שמלאכיו, כל צבאיו, משרתיו, עושי רצונו, כדרך שכל מעשיו בכל מקומות ממשלתו מברכים את ה׳ – ולא רק מהללים אותו, אלא **משתתפים בהגשמת תכלית העולם** – כן אומר כל יהודי אל נפשו: גם את, ״ברכי נפשי את ה׳״! ובשעה שהיהודי אומר ״ברוך אתה ה׳״, **הרי הוא נודר להקדיש את כל כוחותיו לקיום רצון ה׳.**

יז שיעורי הרב משה שפירא זצ״ל (הוצאת ZYA), ממלכת כוהנים וארא תשס״ח, כרך רביעי, פרסום מספר 17. ראו גם רבנו בחיי דברים לג, ח.

יח תנחומא פקודי ג: ללמדך שהמשכן שקול כנגד כל העולם וכנגד יצירת האדם שהוא עולם קטן.

מדרש בראשית רבתי, יא: כשם שבראתי העולם וגופך, כן אתה עושה את המשכן. ומנין שכן הוא? את מוצא במשכן שהיו הקרשים קבועים בהאדנים, ובגוף – הצלעות קבועות בחוליות, ובעולם – כן ההרים קבועים ביסודי הארץ; במשכן – היו הקרשים מצופי זהב, ובגוף – הצלעות מצופות בשר וגידין נמתחין ומעמידין האדם, בעולם – אילנות ועשבים נמתחין בארץ; במשכן – היו היריעות מכסות את מעלה שלו ומכסות את שני צדדיו, ובגוף – עור של אדם מכסה אבריו וצלעותיו משני צדדיו, ובעולם – השמים מכסים את הארץ משני צדדיה; במשכן – היה הפרכת מבדיל בין הקדש ובין קה״ק, ובגוף – זרעפת הגוף [מבדלת] בין הלב ובין הבטן, ובעולם – הרקיע שהוא מבדיל בין המים העליונים למים התחתונים.

יט הרש״ר הירש בראשית ט, כז: ייעוד התורה הוא ״שכינה״; כל מקום שאדם מקדש את ביתו, והיה מחנהו קדוש, שם ה׳ מתהלך בקרב מחנהו, משביעו שובע שמחות עלי אדמות ומנחילו בעולם הזה מעין העולם הבא.

כ זהר חדש, בראשית (מאמר נעשה אדם): אמר רבי שמעון, שמים כנגד איש ארץ כנגד אשתו ולעולם קב״ה שותף עמהם, ועל כן נאמר ״נעשה אדם״ בלשון שותפות, ואין הקב״ה שותף עם שום בריה זולת עם אדם.

תודות

מי שהפגיש אותי עם הרעיון של המעגל, החץ והספירלה (הנידון בחלק א) היה **הרב ד"ר שלום סרברניק**. הרב סרברניק נודע ביכולתו לקחת רעיונות מורכבים, בפרט אלה שבצומת הפילוסופיה והפסיכולוגיה, ולתרגם אותם לפרדיגמות רחבות יישומים. חלק גדול מהפרק הראשון מבוסס על הרעיונות שלו. אני מודה לו על הזמן שהקדיש – לפני שנים, בתחילת המחקר שלי – לחלוק עימי את המודל הזה. המודל הזה נותן ממשות למושגים שבלעדיו קשים לאחיזה, ועם השנים הוא נעשה קרש קפיצה לרעיונות בספר הזה.

הרב אמתי פויכטוונגר, שחיבר ילקוט רב ממדים על מושג המשפיע והמקבל (טרם יצא לאור), היה נדיב מאוד כלפיי בזמן ובחוכמה. העבודה שלו סייעה לי להבין איך שני הכוחות האלה מִתקשרים ברובד המעשי, ואיך יכול כל אחד מהם להפעיל את רעהו. חלק ב, משפיע ומקבל, שאוב ברובו מן הרעיונות שלו. תובנותיו של הרב פויכטוונגר על האופן שבו שינויים חברתיים בעולם של היום משקפים עיוות של הרעיונות הרוחניים האלה, היו עמוקות ומקוריות כאחד. אני מודה לו על הזמן שהקדיש להסביר לי, בכתב, את רעיונותיו ועל כיוון החשיבה החדש שפתח לפניי.

הרב דב רוזנבלום הוא אחד המרצים המייצגים ביותר של 'נפש יהודי', והוא גם בעל אחיזה עמוקה בהיבטים הפנימיים של התורה. כשאני מקשיבה להרצאות שהוא מעביר לסטודנטים, אני תמיד מרגישה שמותג היהדות שלו הוא כזה שהייתי רוצה לקנות. שלמות המחשבה שלו – היכולת לשמוע את האמת בהשקפות מנוגדות, להישאר נאמן לחלוטין לכתובים ולראות את ההיסטוריה והסוציולוגיה כביטוי לרצון ה' – בונה חזון שמהדהד הן עם מציאות חיינו כאן בעולם הזה, הן עם הכמיהות העמוקות ביותר שלנו

לעתיד. לא פעם בהרצאותיו הייתי שומעת משפט אחד קטן שהיה כה עוצמתי, עד שנדמה שהוא הזריח אור על סוגיה שלמה. בסופם של דברים, התובנות שלו הן שהובילו אותי לקשור בין המודלים השונים בספר הזה ולנסח את התמה הרוחשת מתחת לכל חלקיו השונים. התובנות שלו נמצאות כמעט בכל עמוד בספר. חלק ו, העוסק בנשים בהלכה, מבוסס בעיקר על רעיונות ששמעתי ממנו.

בסביבות התקופה שבה התחלתי לחקור את נושא הנשים והשוויון, קראתי את הספר **אורה האבוד של הלבנה** (*The Moon's Lost Light*) מאת **דבורה פַּסטַג**, שפתח לי שער לאפיק מחקר אחר לגמרי.[1] **אורה האבוד של הלבנה** המעוטר בהסכמות רבנים חשובים, בוחן את השורשים הקוסמיים של אי־שוויון הנשים לאורך ההיסטוריה ובכל תרבות מבעד לעדשת האגדה המפורסמת על מיעוט הלבנה. ההקבלה בין מיעוט הלבנה ומעמד האישה היא כיום נחלת רבים, אבל כשהיא כתבה את ספרה הייתה זו תובנה משנת פרדיגמה. מתברר שחז"ל התחבטו בסוגיית השוויון הרבה לפני שהתודעה המערבית שמעה בכלל על המושג הזה. ספרה של דבורה פקח את עיניי לדרך חדשה לגמרי בסוגיה, ואני אסירת תודה לה על שחלקה חוכמה זו עם העולם.

הכרת טובתי **לרב אהרן פלדמן** שליט"א, ראש ישיבת נר ישראל (בולטימור, מרילנד), על שהסכים שדבריו יפארו את כריכת המהדורה האנגלית של הספר. למרות מדיניותו שלא לתת הסכמה למי שאינם בוגרי הישיבה, הוא חרג ממנה עבור הספר הזה. לדבריו, בשל חשיבות הנושא.

הערכתי הרבה **לרב אהרן לופיאנסקי** שליט"א ראש ישיבת סילבר ספרינג, **לרב טודרוס מילר** מנהל סמינר גייטסהד, אנגליה, ו**לרב אברהם אדלשטיין** נשיא סמינר נוה ירושלים (לדוברות אנגלית), שהקדישו מזמנם היקר לעבור על כתב היד שלי לפני פרסומו באנגלית ולבקר אותו. כבוד הוא לי לשאת את הסכמותיהם על ספרי באנגלית (ההסכמות זמינות גם באתר שלי miriamkosman.com).

אני רוצה להודות גם למבקר האנונימי שעבר על כתב היד ביסודיות ובדק את כל המקורות. הסטנדרטים המחמירים שלו ותחושת האמת החזקה שלו אילצו אותי לחשוב מחדש על חלקים מסוימים בספר. אני אסירת תודה לו שהשקיע כל כך הרבה זמן ומאמץ לעזור לי לאתר מקורות חשובים.

1. תרגום לעברית של הספר בכתובת fastag.df@gmail.com.

חוט אחד קישר בין כמה מן האנשים שזכיתי ללמוד מהם, רבים מהם ראו עצמם כתלמידי **הרב הגאון ר' משה שפירא** זצ"ל. במשך שנים התענגתי על תורתו כפי שנמסרה מפי תלמידיו השונים. כשהחלו שיעוריו לצאת לאור בכתב, היה זה בשבילי כמו למצוא מטמון. תוך כדי הקריאה העמיקו רעיונות ששמעתי לאורך השנים מתלמידיו השונים, וקשרים בין מושגים שונים התבררו.

הרב שפירא זצ"ל היה מורה הדרך של 'נפש יהודי' עד לפטירתו בשנת תשע"ז, וחותמו עדיין מורגש ברחבי הארגון. זכות גדולה הייתה לי כאשר הזדמן לי במסגרת עבודתי כמרצה בארגון להבהיר עימו כמה מהרעיונות בספר הזה.

הרב שפירא הביע סלידה מההצגה הפשטנית שבה מוצגים לעיתים הבדלי מגדר ביהדות; הוא התעקש על כך שקלישאות שטחיות מכזיבות את המורכבות – ובשורה התחתונה, את הגדלות – של מין האדם. הנושא המרכזי אינו 'מעמד האישה ביהדות' הנדוש, אלא אופן תיאור ההבדל בין הכוח הזכרי והנקבי, ששורשיו משתרגים עד סיפור בריאת העולם. כוחות אלה, מרגע שיזוהו, ישפיעו על כל פעולות האישה (והאיש).

כדי להסביר איך זכריות ונקביות מתבטאות לא במעשים אלא בהוויה, השתמש ר' משה זצ"ל במשל של הטעמות שונות לאותה מילה – המילה נותרת כשהייתה, אבל המנגינה משתנה. גברים ונשים עשויים לעסוק או להתעמת עם אותם נושאים, עיסוקים ומצבים – אבל בעולם אידיאלי הגישה והתקשורת שלהם לנושאים הללו תהיה שונה. הבנת שני הכוחות האלו בעומק תאפשר לנו לשחזר את הסינתזה ביניהם שהיא האידיאל התורני.

לפני שהתפרסמה המהדורה האנגלית של הספר הזה ב־2014, בעלי ואני הלכנו לדבר עם הרב בירושלים, שם עיין בקפידה בכל אחד ממכתבי ההסכמה של הרבנים המנויים לעיל, ובירך אותי שאזכה שהספר יַרבה כבוד שמיים.

קשה לי לאכן במדויק את הרעיונות בספר הזה ששמעתי ישירות מפי ר' משה שפירא, אבל נראה שלא תהיה זו הפרזה לומר שכל הגישה של הספר בנויה על יסוד הֲבָנָתִי את התורה שלו. אלא שמלבד הנושא המסוים הזה, תורתו של ר' משה שפירא שינתה, פשוטו כמשמעו, את נוף ההגות התורנית של דורנו. כה הרבה מתלמידיו מתרגמים את רעיונותיו למדיומים שונים, עד שאדוותיהם משפיעות על העולם במעגלים הולכים ומתרחבים.

כשלומדים את תורתו של ר׳ משה שפירא, ההרגשה היא לא בדיוק של רכישת ידע חדש אלא יותר של החדווה שבגילוי – סדרה של תובנות, שכל אחת מובילה בהכרח לבאה אחריה בלולאה אין־סופית של אור. כחומר ביד היוצר היו המילים בידיו של ר׳ משה שפירא זצ״ל, כל מילה מושכת בעדינות ניואנס נוסף אל הבמה. ובכל זאת, כשמקשיבים לשיעוריו, במיוחד היום כשהוא כבר לא איתנו למרבה הצער, אפשר לחוש את המאמץ שדרש ממנו – אפילו את הכאב שנדמה שעורר בו – הצורך לתרגם את חוכמת העומק הנסתר של התורה לשפה שתהא נגישה לשומעיו. אני יודעת שאיני לבד באומרי שתורתו שינתה עבורי את העולם.

המהר״ל (על המשנה הראשונה בפרקי אבות) אומר שמסירת החוכמה תלויה לגמרי באיכויות הקיבול של התלמיד. כלי יכול לקבל רק מה שביכולתו להכיל, תהא מידת הַשְּׁפִיעָה של החוכמה אשר תהא. על כן, חשוב לי מאוד לציין שכל טעות או אי־דיוק בספר הזה הם תוצאה של חוסר היכולת שלי ולא אשמת איש מן המנויים ברשימה זו. נוסף על כך, אף שעשיתי כל מאמץ לייחס כל רעיון למקורו הראשון, יש מקרים שבהם אולי שכחתי את המקור הראשון שממנו שמעתי את הרעיון, ועל כך אבקש סליחה.

* * *

זכיתי להיות חלק מארגון נפש יהודי מאז הקמתו לפני כעשרים שנה. בתפקידי כמרצה אני פוגשת מאות סטודנטים בכל שבוע, ויש לי הזדמנות לחלוק איתם תורה דרך הרצאות, קבוצות דיון ושיעורים. אני רוצה להודות לאותם סטודנטים, שבשאלותיהם הכנות, בחיפוש האמיתי שלהם אחר האמת והצדק ובמחויבות שלהם לכמה מן היָפִים שבערכי המערב, היו הזרז לפריחת רבים מן הרעיונות בספר הזה.

לעולם אהיה אסירת תודה **לרב אליהו אילני**, יו״ר נפש יהודי ואיש החזון שהשיג את הבלתי־ייאמן – אלפי־אלפי סטודנטים ישראלים לומדים מחשבת ישראל ברמה גבוהה – על שנתן לי הזדמנות להיות חלק מן המהפכה הזאת. אני מודה לו על התמיכה בי ובעבודה שלי לאורך כל הדרך, כולל השגת המימון למהדורה האנגלית של הספר.

לחבריי ולעמיתיי בנפש יהודי (שסבלו את לַהֲגִי על הספר הזה שנים כה רבות). תודה על ידידותכם, התעניינותכם ועידודכם במיזם הזה. זכות היא לי לעבוד עם קבוצה של אנשים שכה מחויבים להנגשת העומק והיופי

של התורה לכל יהודי הנקרה לפניהם. בפרט אני רוצה להודות **ליעל זהבי**, שבתור המנהלת החינוכית של נפש יהודי הותירה חותם על חייהם של אלפים. יעל ואני בילינו שעות בדיון ובליבון הרעיונות בספר הזה, אבל ברמה האישית תודתי לה על היותה לי ידידת נפש אמיתית.

* * *

הכרת הטוב עצומה יש לי לחברתי **אסטל כהן**, שפנתה אליי לאחר שקראה את ספרי באנגלית והציעה לקחת חסות על תרגום הספר לעברית. אסטל היא בעלת חזון אמיתית, אשר אינה מניחה לכשלים טכניים להפריע לה בדרכה אל המטרה: הנגשת יופייה של התורה לכול. האופטימיות והאמונה שלה במיזם הזה לא רק אפשרו את הגרסה העברית הזו, אלא גם לימדו אותי הרבה על הדרך להפיכת חזון למציאות.

* * *

תרגום משפה אחת לאחרת – זיהוי הניואנסים של כל מילה ומציאת המקבילה בשפת היעד – הוא מעשה אומנות של ממש, ותרגום ספר זה לעברית היה תהליך מפותל וארוך, שכלל סבבים רבים של חידוד ועריכה. תודה **לגברת טובה מש** על שקיבלה על עצמה את המלאכה המורכבת של התרגום הראשוני של הספר וסללה את הדרך לבאים אחריה. הכרת טוב רבה גם **לרב יוחנן סלייטר** שעבר על הספר ממש בסוף התהליך (בעיקר, אני חושדת, כמעשה של חסד כלפיי, עת עמדתי על שערי ייאוש מלהוציא אי־פעם את הספר הזה). הידע של הרב סלייטר בדקדוק, בתחביר ובאטימולוגיה, הקפדתו על הפרטים הקטנים, נאמנותו הן למצלול הן למשמעות הכתוב ויכולתו למצוא את צורת הביטוי המתאימה ביותר הופכים אותו למתרגם מבוקש. אלא שבמקרה הזה הוא נאלץ לערוך תרגום שכבר עבר כמה גלגולים בלחץ זמן אדיר. אני מלאת תודה לו על שקיבל על עצמו את המיזם הזה – בלעדיו, סביר להניח שהספר היה נשמר על המחשב עד עצם היום הזה.

תודה **להוצאת קורן** על שניאותה לקבל את הספר שלי לספרייה היוקרתית שלה, ובמיוחד **לרב ראובן ציגלר** שראה את הפוטנציאל בספר הזה **ולאוריה מבורך** אשת הקשר האישית שלי בקורן, על שהשקיעה כל כך הרבה זמן, עניין ובעיקר מיומנות וחוכמה בספר. אני מודה לה על מתן

תוקף לחרדתי על חשיבות הניואנסים בשפה, על השעות הרבות שהשקיעה בסבבי העריכה, ועל החיוביות והאמונה הבלתי־פוסקות שלה בספר הזה. כמו כן תודתי נתונה לאפרת גרוס, אריאל הורוביץ, שרה המר, רינה בן גל ושמואל לעסרי על עבודתם המקצועית והמדויקת.

* * *

אי אפשר באמת להודות להורים, בפרט להורים כמו שלי, **הרב משה אייזמן שליט"א ומרת פעסא אייזמן ע"ה**, שלצד החיים שנתנו לי, היו לנו מקור איתן של חוכמה, תובנה, הדרכה ודוגמה גדולה בחיים לדמות עבד השם. האחריות והיושרה שהיו נר לרגלם בחייהם ואור לנתיבתם בהחלטות היום־יום שלהם, הולידו חשיבה ערכית על היהדות ועל החיים.

להוריי הייתה אמונה עצומה בטוב. הם האמינו בטובו של הקב"ה והראו מחויבות חסרת פשרות לגלות את הטוב הזה בשגרת אורח החיים התורני. הם האמינו גם בטוב של אנשים, הם הניחו קיומן של כוונות טובות אצל אחרים, ועל כן עודדונו לחפש תמיד את נקודת היושר גם בדעות מנוגדות. מעולם לא ויתרו על אמונם בטוב הזה, אפילו כשהיה קשה לראותו. ציניות לא הייתה בלקסיקון שלהם.

אבי התענג על החוכמה בכל מקום שנמצאה, ונכונותו לשאת ולתת עימנו, הילדים, בשיח עיוני למרות עולמות הלמדנות שהפרידו בינינו, דרשה מאיתנו לחתור אל מעבר לשטחיות ולקלישאה. אבי היה מעורב מקרוב במהדורה האנגלית של הספר הזה – נדירים היו השבועות שבהם לא דיברתי איתו פעם או פעמיים, לשאול אותו על רעיון או להבהיר עימו מושג כלשהו. עצם הצורך לפרוש רעיון חדש לפני אבי – בהכירי את אמות המידה המחמירות והדייקניות שלו לבחינת האמת, הקריאה הדקדקנית שלו את הטקסט וסירובו לקבל כל סוג של זיוף – הכריח אותי לחזור ולחשוב עליו בעומק רב יותר.

עידודה הצלול של אימי להקפיד על כנות עם עצמנו ולדלות מתוכנו את המניעים האמיתיים שלנו בכל מצב נתון, זלג, בהגדרה, גם אל ממלכת הרעיונות.

אני חושבת שאני מייצגת את כל הָאַחָאִים שלי בפרפרזה הזו על תיאורו של רבי יהושע בן חנניה "אַשְׁרֵי יוֹלַדְתּוֹ" (אבות ב, ה): "אשרי שֶׁאֵלּוּ יְלָדוּם".

חמי וחמותי, **הרב משה והרבנית רבקה קסמן עליהם השלום**, נסעו כל

יום במשך 18 שנה – שעה הלוך ושעה חזור – כדי לקחת את שבעת ילדיהם לבתי ספר יהודיים באיכות גבוהה. העובדה שחיו במרחק רב מקהילה דתית מבוססת, יצרה אצלם עונג מרענן ומקורי לתורה וליהדות, שעבורי, כמי שהצטרפה אל משפחתם, הוסיף ממד חדש ומרתק לחיי. אף שגרנו במרחק 10,000 ק"מ מהם, חמי וחמותי תמיד היו חלק אינטגרלי מחיינו. במשך שנים קיבלנו מהם **בכל יום** מכתב בדואר אוויר. החום, הדאגה וההומור שלהם היו מהקבועים שיצרו את הרקע של חיינו כאן בארץ.

שאר ענפי האילנות הללו – אחיי ואחיותיי, גיסיי וגיסותיי – תודה לכם. כנראה אחת המתנות המדהימות ביותר שיכול הורה לתת לילד היא אחים ואחיות, ובתחום הזה בעלי ואני זכינו בכל הקופה.

הודיה לבן הזוג על גבי דפי ספר די סותרת את האופי הפרטי מאוד של חיי הנישואין. מצד שני, איך אוכל שלא להודות לאיש שדרכו קמו לתחייה כל הרעיונות האלה, שתמיכתו המלאה והדוגמה התוססת שלו לחיי בן עלייה הן השראה לכל אשר אני עושה. בעלי, אברהם, מגלם את הרעיון המתואר בספר: היכולת לראות את הטוב בכל אדם ובכל מצב ולשקף את הטוב הזה חזרה לאדם. תלמידיו וילדיו – למעשה, כל מי שבא איתו במגע – מתמגנטים להשתקפות הזאת של עצמם, להבלטה ולהעצמה של הטוב שבהם. כמו דבורים לדבש, אנשים נמשכים להכלה שלו את חולשות האדם, בנעימות ובטבעיות, לחוש ההומור הקוסמי שלו וליכולת שלו לראות את המתנות והיופי הטמונים בכל מצב ובכל אדם.

לו ולילדינו, לחתנינו, לכלותינו ולנכדינו האהובים והיקרים, אני מודה על שאפשרו לי לפגוש את הרעיונות האלה בחיים האמיתיים בצורה כה משמעותית ומלאת שמחה.

מרים קסמן
שבט תשפ"ה